미시경제학 입문

Introduction to Microeconomics

강남호

정독
DEEP READING

머리글

선택과학으로서 경제학은 우리가 살아가는 세상을 이해하는 데 도움을 주는 이론체계로서 매우 중요하다. 개인이나 조직, 그리고 국가를 운용하는 과정에서 우리는 매번 중요한 의사결정의 순간에 직면해 있다. 최적선택을 이끌어 내야 하는 순간순간마다 경제학은 우리에게 언제나 훌륭한 안내지도로 활용된다.

경제학은 경제사, 경제정책, 그리고 경제이론으로 구성되어 있다. 이 중에서도 경제이론은 경제학의 주춧돌과 같은 역할을 수행한다. 또한 경제이론은 미시경제학과 거시경제학이라는 양대 산맥으로 형성되고 발전해 왔다.

본서는 미시경제학을 본격적으로 심화학습하기 이전에 미시경제학의 기본적인 용어의 개념, 모형을 이루는 기본적인 함수나 방정식, 그리고 함수에 의해 그려진 다양한 그래프들을 보다 쉽게 설명하기 위한 입문서로서 저술되었다.

전공기초로서의 본서는 모형의 기본적인 개념이나 원리, 그리고 체계성을 보다 쉽게 설명하기 위해 서술방식을 단순화하고 명료화하는 데 주안점을 두었다. 무엇보다도 기본적인 개념을 정확하고 정밀하게 이해하였는지, 어떤 부분들을 보다 더 학습해야 하는지를 점검할 수 있도록 객관식 연습문제들을 각 장마다 수록해 두었다.

이론을 학습한 다음 이해의 정확성이나 정밀성을 점검하고 훈련하는 데에는 주관식 연습문제보다 객관식 연습문제가 훨씬 적합성이 높은 것으로 판단한다. 이런 차원에서 그동안 공무원시험이나 각종 자격증 시험에 출제되었던 수년간의 기출문제를 분석하고 선별한 다음 각장의 말미에 정리해 두었다.

본서를 통해서 미시경제학을 처음 학습하는 수강생들에게 쉽고 정확한 개념이해의 단초가 제공되기를 기대해 본다.

이 책이 출판되기까지 격려와 지원을 아끼지 않으신 도서출판 정독 김중용 대표님께 감사드린다.

2020년 3월

저자 강 남 호

차례

제 4 장 생산이론과 생산비이론

제 5 장 시장이론

1032,103

제1장

경제학과 미시경제학

1. 경제학의 기초

1) 경제(economy)의 개념

경제란 생산과 소비가 그 핵심을 이룬다. 인간의 역사는 생산과 소비의 역사라 해도 지나치지 않을 것이다. 생산하지 않았는데 소비할 수 없지 않은가? 생산과 소비는 경제라는 수레를 끌고 가는 두 바퀴와 같다. 생산과 소비가 균형을 이룰 때 경제라는 수레는 잘 나아갈 수 있다. 생산은 과학기술이 주도하고 소비는 문화수준이 결정한다. 잘산다는 것은 무엇인가? 풍요란 생산과 소비가 상대적으로 높은 수준을 유지한다는 것을 의미한다. 부자란 생산력이 높고 소비의 질이 높다는 것의 반영이고 선진국이란 생산능력이 높고 소비수준이 높은 나라들을 일컫는 용어이다. 국민소득이 높다는 것은 그 나라의 생산능력이 높다는 것이다. GNI(gross national Income)란 그 나라 국민들이 1년 동안 소유하고 있는 생산요소를 국내외에 제공한 대가로 벌어들인 소득을 화폐가치로 환산한 개념이다. 또한, 국민소득은 3면 등가의 원칙이 작동하는데 총생산=총소득(분배)=총지출이 모두 일치함을 뜻한다. 어떤 나라에서 생산된 모든 것(총생산)은 그 나라 국민 모두에게 생산에 기여한 바에 따라 모두 분배되어진다(총소득). 총소득으로 그 나라 국민들은 경제활동에 지출하게 되고(총지출) 이것은 다시 기업으로 들어가(소비+투자) 생산을 결정한다.

저축이 투자되고 자본이 축적되어 새로운 생산방식이 기존의 생산방식을 대체한다. 인류의 역사는 저축과 투자 그리고 자본축적의 역사이고 이 과정에서 기술진보가 지속되었다. 원시인류가 집어든 최초의 돌맹이는 약 10만 년 동안의 저축과 투자 그리고 자본축적의 과정을 거쳐 오늘날 A.I로 진화한 것이라 할 수 있다. 석기시대 → 청동기시대 → 철기시대를 거쳐 농업혁명 → 1차 산업혁명 → 2차 산업혁명 → 3차 산업혁명 → 4차 산업혁명은 생산의 역사이고 과학기술의 역사이다.

국민경제는 〈그림 1-1〉의 A → B → C → D → E → F의 순환과정을 말한다. 가계와 기업간의 〈그림 1-1〉의 A → B → C → D 순환과정, 즉 생산 → 소득 →

지출 → 생산이라는 순환과정을 시장경제(market economy)라 하고, 〈그림 1－1〉의 E → F의 순환과정, 즉 조세수입 → 정부지출이라는 순환과정을 정부경제 또는 공공경제(public economy)라 한다. 〈그림 1－1〉의 G의 순환과정, 즉 수출과 수입의 순환과정을 국제경제(international economy) 또는 세계경제(world economy)라 한다.

경제란 "만들어내고 사용하는 것", 즉 생산행위(production)와 소비행위(consumption), 그리고 자원배분(allocation)과 소득분배(distribution)의 연속된 과정을 말한다.

무엇을 얼마나 생산할 것인가?를 결정하고 그 생산물을 생산하기 위해 투입되는 생산요소를 선택하는 과정에서 자원배분(allocation)이 이루어진다. 생산된 생산물들을 누가 사용할 것인가?를 결정하는 과정에서 소득분배(distribution)가 이루어진다. 현실의 생산과 소비과정은 자원배분과정이며 이것이 경제적 선택의 문제를 야기한다. 모든 경제행위는 선택행위이며 선택의 과정에서 반드시 경제문제가 발생

〈그림 1－1〉 경제의 순환모형

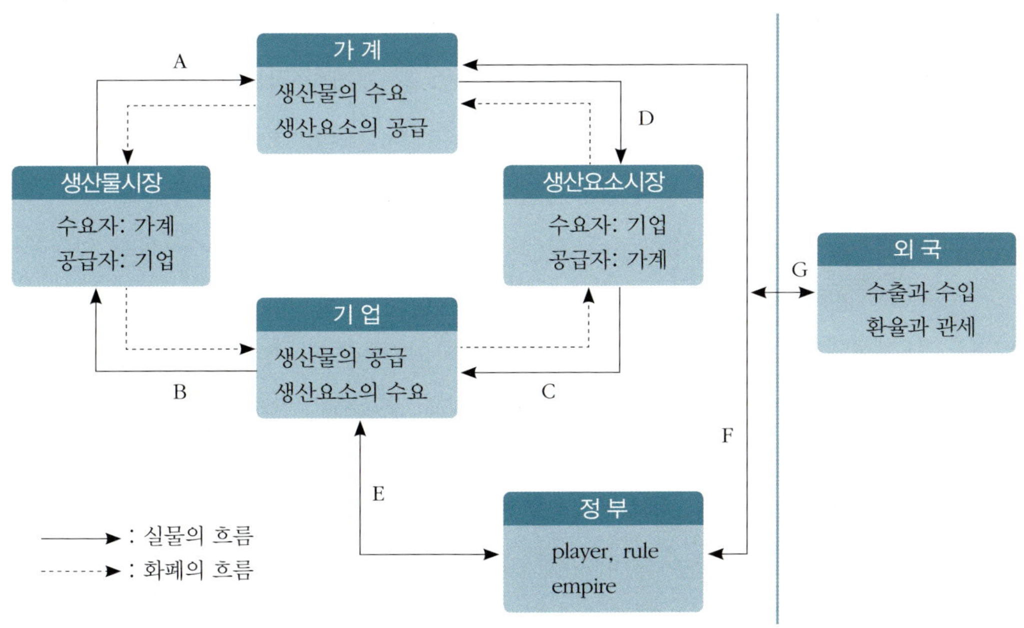

한다. '무엇을 얼마나' '어떻게' 그리고 '누구를 위하여' 생산하는가라는 문제, 즉 국민경제 3대 문제가 발생한다. 현실경제는 인간의 욕구에 비해 항상 자원은 부족하기 때문이다.

① 무엇을, 얼마나 생산할 것인가?의 경제문제는 〈그림 1-1〉의 A, B구간에서 결정된다. 기업은 A, B구간에서 무엇을, 얼마나 생산할 것인가?를 결정하게 되는데 이윤을 극대화하려면 소비자가 원하는 것을 원하는 만큼 생산해야 한다. 소비주체인 가계는 생산물시장에서 자신의 효용을 극대화할 수 있는 상품과 상품의 양을 결정한다. 소비자(가계)는 돈 투표(dollar voting)를 통해 자신이 원하는 소비를 실현하는데, 돈 투표는 바로 소비자의 선호를 반영한다.

시장은 소비자가 돈 투표한 결과를 반영한 시장가격을 발표하고, 그 시장가격에 따른 수요·공급을 조율하여 시장균형에 이르게 된다. 소비자들이 선호하는 상품의 경우에는 돈 투표가 몰리게 되어 가격이 오르게 되고, 그렇지 않은 상품의 경우에는 가격은 떨어지게 된다. 기업의 입장에서는 시장가격이라는 신호를 보고 조사할 필요 없이 소비자들이 무엇을 얼마나 원하는지를 파악할 수 있고, 그에 따라 최적한 공급을 결정할 수 있다. 그런데 경쟁시장에는 항상 경쟁자가 존재하므로 기업은 다른 경쟁자보다 질 좋고 값싼 제품을 공급해야 한다. 그래야만 이윤의 극대화를 달성할 수 있기 때문이다. 따라서 시장원리는 기업이 소비자를 위해서가 아니라 자신의 이윤을 위해서 소비자가 원하는 상품을 원하는 만큼, 그리고 최고의 품질로 가장 싼 가격에 공급하도록 작동하게 된다. 또한 〈그림 1-1〉의 A, B구간에서는 소비자들이 상품의 공급을 자유로운 선택에 의해 결정하는 방식, 즉 소비자주권이 실현되고 있을 뿐만 아니라 생산자와 소비자가 모두 만족하는 생산물에 대한 자원배분이 조화를 이루게 된다.

② 어떻게 생산할 것인가?의 경제문제는 〈그림 1-1〉의 B, C구간에서 결정된다. 기업은 소비자들이 원하는 상품을 원하는 만큼 다른 경쟁기업보다 우수한 질로 값싸게 공급하여야 한다. 만약 소비자들이 원하지 않는 상품을 생산하거나 다른 경쟁기업보다 품질이 떨어지면서 값비싼 제품을 공급한다면, 그 기업은 소비자들로부터 버림받고, 시장에서 퇴출(파산)될 것이다. 경쟁시장은 효율적인 생산

자에게는 이윤으로 보상하고 비효율적인 생산자에게는 파산으로 처벌하기 때문이다. 따라서 기업은 〈그림 1-1〉의 C구간에서 가장 효율적인 생산공정과 생산기술을 선택해야 하고, 가장 생산성 있는 생산요소로 가장 효율적인 기술적 배합을 선택하게 된다.

③ 누구를 위하여 생산할 것인가?의 경제문제는 〈그림 1-1〉의 D, C구간에서 결정된다. 기업은 생산과정에서 필요한 생산요소들의 조합을 선택하게 되는데, 마치 생산물시장에서 소비자가 돈 투표 하듯이 기업의 목적을 달성하기 위해 생산요소에 돈 투표하게 된다. 가계는 이 과정에서 노동력, 자본, 토지, 경영력 등의 생산요소를 기업에 공급하고 그 대가로 소득(기업의 돈 투표=생산요소의 가격)을 얻게 된다.

기업은 〈그림 1-1〉의 C, B구간에서 다른 경쟁기업보다 값싸고 질 좋은 제품을 생산하기 위해 질 좋고 값싼 생산요소를 고용하고, 가장 효율적인 생산요소의 조합(기술적 생산방법)을 선택하게 된다. 또한 가계는 생산요소시장에서 기업이 어떤 생산성을 갖춘 생산요소를, 얼마나 공급받기를 원하는지 정보를 확보하고 그 수요에 맞는 생산요소를 공급하게 된다.

따라서 〈그림 1-1〉의 C, D구간에서는 소득수준이 높은 가계와 그렇지 않은 가계가 결정되고, C, B구간에서는 이윤을 획득하여 성장하는 기업과 경쟁과정에서 이윤을 얻지 못해 파산하는 기업이 결정된다.

〈그림 1-1〉의 A, B, C, D 순환구간은 ①, ②, ③의 경제문제를 해결하는 시장경제의 작동원리를 보여주고 있다. 시장경제는 경제주체인 가계와 기업이 모든 자원을 효율적으로 배분하도록 유인기구(당근과 채찍=경쟁과 이윤)가 작동하는 자원배분의 기제라 할 수 있다.

④ 〈그림 1-1〉의 E와 F구간에서는 가계와 기업은 정부에 조세를 납입하고 정부는 가계와 기업에게 공공재(public goods)를 비롯한 보조금(subsidy)이나 이전지출(transfer)을 제공한다. E와 F구간에서 발생하는 순환체계를 공공경제(public economy)라 부른다. 정부는 생산과 소비행위에 따르는 공공선택(public choice)을 하는 과정에서 시장에서의 경쟁규칙을 설정하고 경쟁규칙에 대한 심판의 역할을 수행한다. 따라서 〈그림 1-1〉의 A → B → C → D → E → F의

전 과정을 국민경제(national economy) 또는 혼합경제(mixed economy)라 부른다. 혼합경제란 시장경제가 주도하되 시장이 실패하는 경우, 정부가 보완하는 경제체제를 말한다.

⑤ 〈그림 1-1〉의 G구간에서는 국가와 국가 간의 교역경제의 순환을 나타낸다. 서로 다른 국민경제 간에 수출과 수입이 이루어지고 외환이 거래되고 관세와 비관세 장벽이 만들어진다. 서로 다른 많은 국민경제가 순환하는 경제체제를 국제경제(international economy) 또는 세계경제(world economy)라 한다.

2) 기회비용과 생산가능곡선

인간의 욕구는 무한한데 그것을 충족시킬 자원은 유한하다. 이것을 희소성의 원칙(law of scarcity)이라 한다. 모든 경제문제는 희소성의 원칙에서 비롯된다. 모든 경제적 선택은 선택에 따르는 대가를 지불해야 한다. "공짜 점심은 없는 법이다"(There is no such thing as a free lunch). 현실경제는 무엇인가를 선택하는 동시에 반드시 다른 무엇인가를 포기해야만 하는 기회비용이 발생한다. 기회비용이란 어떤 선택의 결과로 발생하는 다른 선택기회에 대한 포기비용이라 할 수 있다. 따라서 경제적 선택과 기회비용(opportunity cost)은 동전의 양면과 같다.

〈그림 1-2〉의 생산가능곡선은 기회비용을 반영한 그래프이다. 생산가능곡선(PPC; production possibility curve)이란 어떤 국민경제 내의 모든 생산요소를 가장 효율적으로 투입했을 때 최대로 생산가능한 X재와 Y재의 조합을 나타내는 곡선을 의미한다.

① 일반적인 생산가능곡선은 우하향한다. X재를 피자라 하고 Y재를 로켓이라 하자. 피자를 ΔX만큼 더 생산하기 위해서는 로켓을 ΔY만큼 생산을 포기해야 한다. 역으로 로켓을 ΔY만큼 더 생산하기 위해서는 피자를 ΔX만큼 생산을 포기해야 한다.

② 생산가능곡선이 원점에 대하여 오목한 형태를 가지는 것은 한계변환율(MRT; marginal rate of transformation)이 체증하기 때문이다. 한계변환율이란 X재 한 단위를 추가생산하기 위해 포기해야 하는 Y재의 수량을 의미한다.

〈그림 1－2〉 생산가능곡선(PPC)

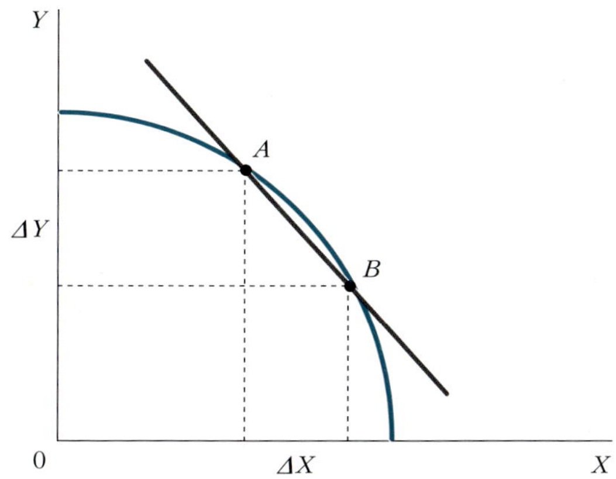

$$MRT_{xy} = -\frac{\Delta Y}{\Delta X}$$

예를 들어 $\Delta X = 2$이고, $\Delta Y = 4$라면 $MRT_{xy} = -\frac{\Delta Y}{\Delta X} = \frac{4}{2} = 2$가 된다.

여기서 $MRT_{xy} = 2$라는 것은 X재(피자) 1단위를 추가로 얻기 위해 Y재(로켓) 2단위를 포기해야 한다는 것을 의미한다.

그런데 생산가능곡선이 원점에 대하여 오목하다는 것은 X재 생산을 증가시킬수록 한계변환율(MRT_{xy})의 값이 더 커진다는 것을 의미한다. 생산가능곡선상의 접전의 기울기가 한계변환율(MRT_{xy})의 크기이다. 〈그림 1－2〉에서 오른쪽으로 내려올수록 접선의 기울기가 커진다는 것을 알 수 있다. 이런 현상을 기회비용체증의 법칙이라 한다. 어떤 재화의 생산량을 증가시킴에 따라 그 재화생산의 기회비용은 체증한다는 것을 나타낸다.

③ 한계변환율(MRT; marginal rate of transformation)이 체증하는 이유로는 X재의 생산량이 증가할수록 점점 더 Y재 생산에 적합한 생산요소도 X재 생산에 투입해야 하기 때문이다.

3) 생산가능곡선의 이동

① 〈그림 1 – 3〉에서 생산가능곡선 안의 C점은 생산이 비효율적으로 이루지고 있는 경제상태를 의미한다. 노동의 일부가 실업상태이거나 자본의 일부가 유휴상태에 있는 점이다. 가장 효율적이며 최대생산점이 아니라는 것을 의미한다.

② 생산가능곡선상의 A점과 B점은 모든 생산요소가 가장 효율적으로 사용되어 효율적인 최대생산이 이루어진 경제상태를 나타낸다.

③ 생산가능곡선 밖의 D점은 현재의 자원이나 생산기술로는 도달이 불가능한 경제상태를 의미한다. D점이 실현가능한 생산점이 되려면 생산가능곡선이 우측으로 이동하여 D점을 지나야 한다. 기술진보, 교육수준의 향상, 인구증가, 천연자원의 새로운 발견, 경제활동참가율의 증가 등으로 인하여 생산가능곡선이 D점상으로 우측 이동할 수 있다.

〈그림 1 – 3〉 생산가능곡선의 이동

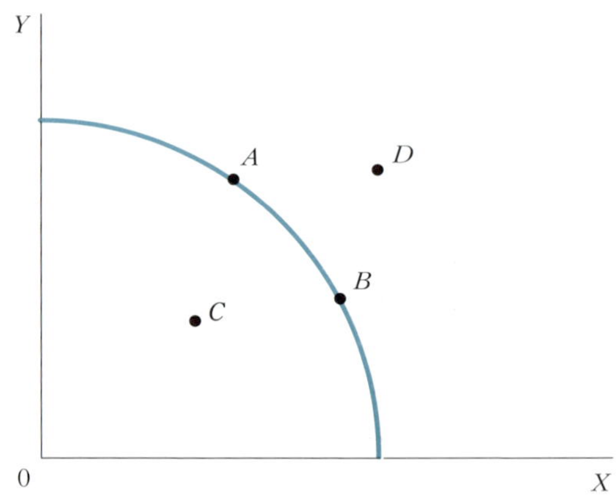

2. 경제학(economics)과 미시경제학

1) 경제학의 개념

경제학(Economics)은 경제문제와 경제현상을 연구하는 학문이다. 경제학은 희소한 자원을 선택적으로 사용하여 재화와 서비스를 생산·교환·분배·소비하는 과정에서 일어나는 경제문제와 경제현상을 연구한다. 따라서 경제학은 선택과학(choice science)이며 모든 사회현상을 이해하는 데 도움을 준다.

경제현상은 경제를 구성하고, 경제이론은 경제현상을 설명·분석하고 예측한다. 경제현상을 과학적으로 모형화하여 이론체계로 담아낸 것이 경제학이론이다. 따라서 경제학은 경제의 중요한 현상, 즉 생산과 소비, 그리고 자원배분과 소득분배를 다룰 뿐만 아니라 시장, 교환과 교역, 화폐, 금융, 외환에 이르기까지 다양한 범주를 포괄한다. 또한 어떤 국민경제를 전체적으로 접근한다 하더라도 결국 생산과 소비가 이루어지는 과정에서 경제성장, 경제안정, 개인의 경제적 자유, 경제규칙이나 제도, 삶의 질 등의 문제를 다루게 된다.

따라서 경제학은 경제성장, 경제안정, 개인의 경제적 자유, 경제규칙이나 제도, 삶의 질 등과 관련된 경제현상이나 경제문제들을 다루는 학문이라 정의할 수 있다.

경제학은 희소성, 기회비용, 그리고 최적화(최선의 선택)라는 개념들로 짜여진 이론체계이고, 사회과학에서 가장 중요한 영역을 차지한다. 경제학은 선택과학이며 사회현상에서 발생하는 모든 선택문제에 폭넓게 적용될 수 있다. 따라서 경제학은 전통적으로 경제현상이 아닌 사회현상으로 분류되어왔던 자녀, 교육, 범죄와 처벌, 스포츠, 예술, 성차별 같은 사회문제들을 이해하고 해결하는 데에도 널리 활용되고 있다.

2) 경제학의 구분

경제학은 분류기준에 따라 여러 가지 범주로 나뉜다.

(1) 경제이론, 경제정책 그리고 경제사

경제학은 전통적으로 경제이론, 경제정책, 경제사로 분류한다.

① 경제이론(economic theory)은 여러 경제현상 사이에 존재하는 경제법칙을 찾아내고 그 법칙을 사용하여 현재의 경제현상을 설명하고 분석하며 미래의 경제현상을 예측한다.

② 경제정책(economic policy)은 경제이론으로 분석한 경제상태가 바람직한지, 즉 좋은 상태인지, 그렇지 못한 상태인지를 판단하고 바람직한 경제상태를 만들기 위한 효율적 정책수단은 무엇인지를 다루는 분야이다.

③ 경제사(economic history)는 과거의 경제현상을 해석하거나 과거의 경제자료를 분석하여 경제법칙을 찾는 분야이다.

(2) 실증경제학과 규범경제학

경제학은 가치판단의 유무에 따라 실증경제학과 규범경제학으로 구분한다.

① 실증경제학(positive economics)은 경제현상을 있는 그대로(What is) 분석하여 경제현상 간의 인과관계를 규명하는 분야이다.

② 규범경제학(normative economics)은 경제현상을 가치기준을 반영하여 바람직한 상태인지 아닌지를 분석하고 경제가 바람직한 상태(what should be)에 도달하는 방법을 다루는 분야이다.

(3) 부분균형분석과 일반균형분석

경제학은 어떤 한 시장만을 따로 분리하여 분석하느냐 아니면 모든 시장의 상호작용을 한꺼번에 분석하느냐에 따라 부분균형분석과 일반균형분석으로 구분한다.

① 부분균형분석(partial equilibrium analysis)은 다른 시장은 일정하게 주어진 것으로 가정하고 특정시장만을 분리하여 독립적으로 시장균형을 분석한다.

② 일반균형분석(general equilibrium analysis)은 특정시장이 모든 시장들과 상호작용하는 연과관계를 고려하면서 특정시장균형만을 분석하거나 모든 시장균형을 동시에 분석한다.

(4) 미시경제학과 거시경제학

경제학은 연구대상에 따라 미시경제학과 거시경제학으로 구분한다.

① 미시경제학(microeconomics)은 개별경제주체들(가계, 기업, 정부, 외국)의 경제행위와 그들 간의 상호작용을 연구대상으로 한다.

② 거시경제학(macroeconomics)은 국민경제 전체를 경제주체가 아닌 총량중심의 경제현상으로 연구한다. 거시경제변수들(국민소득, 물가, 이자율, 통화량, 국제수지, 경제성장 등)이 어떻게 상호작용하며 안정된 경제균형을 위해 효과적인 경제정책 수단은 무엇인지에 관해 연구한다.

③ 미시경제학과 거시경제학은 경제학을 떠받치는 두 개의 기둥과 같다. 미시경제학은 경제라는 숲이 있다면 그 숲속에 들어가 숲을 이루고 있는 개별 주체들을 바라보는 관점이라 할 수 있으며, 거시경제학은 숲을 한 눈에 볼 수 있도록 숲을 벗어나 숲 전체의 움직임을 관찰하는 관점이라 할 수 있다. 어느 한 나라의 국민경제를 예로 든다면 미시경제학은 국민경제를 구성하고 있는 경제주체, 즉 가계, 기업, 정부라는 개별 경제주체들이 경제문제에 대해 어떻게 의사결정하고 행동하는지를 이론체계로 밝히려는 관점인 데 반하여 거시경제학은 국민경제 전체를 경제주체를 중심으로 분석하는 것이 아니라 경제량을 중심으로 제 변수들 간의 관계를 밝히려는 관점이다.

④ 미시경제학과 거시경제학에서의 수요·공급분석을 비교하면 〈그림 1-4〉와 같다. 미시경제학에서는 개별 시장의 수요·공급량이 표시되는 반면, 거시경제학에서는 한 국가 전체의 총생산, 즉 국민소득(한 나라 국민에 의해 생산된 총생산물의 가치를 화폐가치로 환산한 것)으로 표시된다. 또한 그래프의 종축에는 미시경제학에서는 한 재화의 시장가격이 표시되는 데 비하여 거시경제학에서는 모든 상품의 가격을 집계한 물가로 표시된다. 미시경제학에서는 개별시장의 수요와 공급을 나타내는 데 비하여 거시경제학에서는 국민경제 전체의 총수요와 총공급을 나타낸다.

⑤ 미시경제학은 애덤 스미스의 고전파 경제학을 모태로 발전하였고, 거시경제학은 케인즈 경제학을 바탕으로 체계화되었고 발전하였다. 미시경제학은 자유주

〈그림 1-4〉 수요·공급곡선과 총수요·총공급곡선

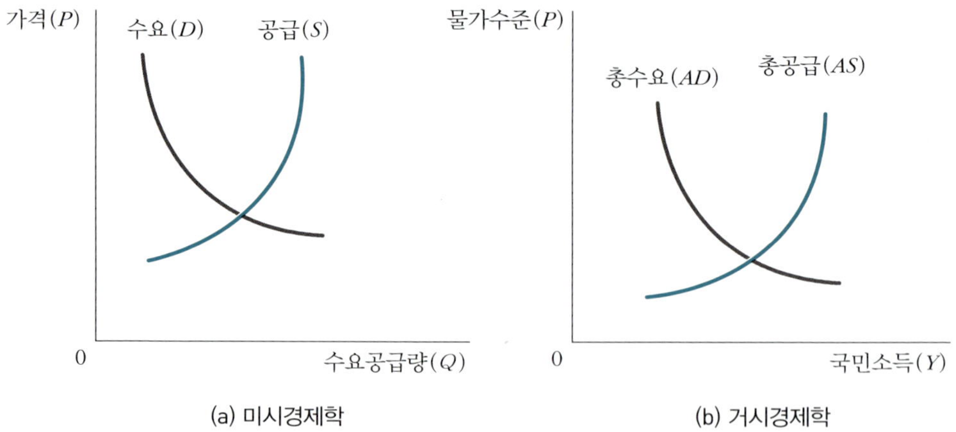

의 사상을 바탕으로 하는 시장주의 논리를 구성하는 시장중심의 이론체계이다. 거시경제학은 개입주의를 바탕으로 하는 정부의 경제 관료들에 의한 미세조정(fine turning)에 의해서 시장의 실패를 조정할 수 있다는 정부개입의 이론체계이다. 시장이 모든 경제문제를 해결할 수 있다는 고전파적 믿음은 1920~30년대의 세계대공황에 의해 무너지게 되었고, 소위 유효수요의 부족이라는 시장불균형, 즉 공급과잉, 대량실업이 고전파 경제학을 침몰시켰다. 침몰된 고전파 경제학을 대신 할 수 있는 웅장하고 역동적인 새로운 경제이론체계로서 케인스경제학은 혜성처럼 등장하게 된다. 경제적 지식과 경제정책에 대한 노하우와 경험으로 무장한 경제관료들이 시장에 적극적으로 개입하여 총수요를 조절함으로써 당면한 실업문제, 경제공황을 타개할 수 있다는 혁명적 이론체계가 거시경제학의 태동이다. 오늘날에는 케인즈 혁명에 대한 반혁명이라는 이름으로 통화주의학파, 합리적 기대가설학파가 내세우는 거시경제학의 시장주의화가 진행되고 있다는 관점을 포함하여 미시경제학과 거시경제학을 이해하여야 할 것이다.

⑥ 미시경제학과 거시경제학으로 분리된 이론체계는 종합의 오류(fallcy of composition)문제를 피할 수 있다. 부분의 논리로 전체의 문제를 설명하는 경우, 발생할 수 있는 논리적 모순을 종합의 오류라 한다. 미시경제학은 부분의 관점에서

경제현상을 이론화하고, 거시경제학은 전체의 관점에서 경제현상을 이론화하였다. 미시경제학과 거시경제학의 논리체계를 달리함으로써 부분의 논리와 전체의 논리가 서로 모순을 일으키는 논리적 함정을 피할 수 있게 되었다. 위대한 경제학자 Marshall은 이 같은 현상을 숲의 이론으로 설명한 바 있다. 부분의 논리, 즉 숲 속에 존재하는 것들을 하나씩 합성하여 숲 전체의 모습을 유추할 수 없고 숲 전체의 모습은 전체의 논리, 즉 그 숲 속을 벗어나 한눈에 숲 전체를 조망할 때 숲 전체의 모습을 제대로 유추할 수 있다는 설명이다. 위대한 경제학자 케인스도 이 같은 현상을 영화관이야기, 저축의 역설이라는 개념으로 설명한 바 있다. 영화를 관람하는 사람 중에 한 사람이 일어서면 그 사람은 시야가 확 트이게 되어 영화를 보다 잘 감상할 수 있겠지만, 모두 일어서서 영화를 감상한다면 아무도 확 트인 시야를 확보할 수 없게 되는 현상을 말한다. 어떤 국민경제가 불황에 처해 있는 상황에서 국민 하나하나가 저축을 증가시키면 국민전체의 저축은 증가하는 것이 아니라 오히려 감소하는 결과를 초래하게 될 것인데 이를 저축의 역설(thrift's paradox)[1]이라 한다. 이 같은 현상은 개인의 저축 증대가 개인의 소비를 감소시키게 되어 전체 저축을 줄어들게 만든다. 개인의 소비 감소는 그렇지 않아도 재고가 쌓여있는 경제를 더욱 위축시킨다. 소비가 줄어 생산이 줄고 생산이 줄어 개인의 소득수준이 낮아진다. 개인이 높은 저축률로 저축액이 증가한다 할지라도 경기위축으로 인한 소득의 감소로 인한 저축액의 감소를 상쇄시키기 어렵게 된다. 이런 경우, 한 나라의 저축을 증대시키기 위해서는 역설적으로 개인의 저축을 줄여서 소비를 증대시켜야 한다. 즉 개인의 저축률을 줄여야 한다는 역설적 현상이 발생하는 것이다.

1) 개인의 저축률이 90%이고, 소득액은 1만원이라면 저축액은 9천원이 된다. 개인의 저축률이 10%이지만 소득액이 10만원이라면 저축액은 1만원이 된다. 국민경제 전체의 저축액의 크기는 개인의 저축률보다는 개인의 소득액의 크기가 결정한다. 따라서 저축함수는 $S=f(Y)$와 같이 국민소득의 증가함수이다. 총저축이 증가하려면 개인의 저축보다는 개인의 소비가 증가해야 한다. 개인소비의 증가가 국민소득을 증대시킨다. 경제가 불경기인 상황에서는 이런 이유로 '저축이 아닌 소비'가 미덕이 된다.

연습문제

EXERCISE

1. 경제학에서 합리성의 정의에 가장 적합한 것은? 〔7급 행정〕

① 돈을 아껴 쓴다.
② 자기 이익을 최대로 도모한다.
③ 계획을 세워 행동한다.
④ 금전적 이익을 최대로 한다.
⑤ 한정된 자원으로 주어진 목적을 최대한 달성한다.

2. 시장경제체제하에서 가격기구가 해결해야 할 일은? 〔공인회계사〕

① 무엇을 얼마만큼 생산할 것인가?
② 어떠한 방법으로 생산할 것인가?
③ 생산물을 어떻게 분배할 것인가?
④ ①과 ②와 ③
⑤ 맞는 답이 없다.

3. 무슨 재화를, 어떻게, 누구를 위하여 생산할 것인가 하는 경제문제는 다음 중 어느 경우에 적용되는가? 〔군법무관〕

① 경제발전의 단계나 정치형태를 막론하고 모든 사회에서 다 적용된다.
② 가계나 기업에 적용될 문제이지 사회 전체의 문제는 아니다.
③ 전체주의 사회에 주로 적용된다.
④ 자본주의 사회에만원칙적으로 적용된다.
⑤ 거의 전적으로 개발도상국에만 적용된다.

4. '보이지 않는 손'이 의미하는 것은? 〔7급 행정〕

① 정부가 시장체제의 기능을 통제한다는 것
② 가격을 경쟁적 수준보다 높게 책정하려는 독점판매자의 경향
③ 경쟁적 상황하에서 각 개인의 이기적 동기에 따른 의사결정은 사회적 이익을 증대시킨다는 것
④ 조세제도가 부자로부터 가난한 사람에게로 소득을 재분배한다는 것
⑤ 자본주의 경제체제하에서 정부의 통제는 자원의 효율적 배분을 달성한다는 것

5. 다음 중 자본주의 경제체제와 관계가 없는 것은? 〔국회 7급〕

① 자유경쟁 ② 사유재산제도 ③ 생산수단의 사회화
④ 경제활동의 자유 ⑤ 영리주의

6. 통제경제제도의 가장 심각한 문제는? 〔7급 행정〕

① 소비재를 과다생산하는 경향이 있음
② 공공재를 과소 생산함
③ 국민소득을 평등하게 분배하기 어려움
④ 생산성의 효율성이 떨어짐
⑤ 국제수지가 악화됨

7. 실증경제학에서 하나의 이론이 완성되는 과정은? 〔공인감정사〕

① 가정 → 추론 → 예측 → 검정 → 채택
② 추론 → 가정 → 검정 → 예측 → 채택
③ 예측 → 추론 → 가정 → 검정 → 채택
④ 검정 → 예측 → 추론 → 가정 → 채택
⑤ 가정 → 예측 → 추론 → 검정 → 채택

8. 다음 중 기회비용에 대한 예로서 옳지 않은 것은? 〔보험계리사〕

① 서류를 보관하였다면 내지 않을 수 있었는데 서류를 보관하지 않아서 지불하게 된 세금
② 아이스크림과 커피주에서 하나를 골라야 하는 상황에서 고민 끝에 커피를 선택한 경우에 포기한 아이스크림
③ 자신소유의 건물에서 레스토랑사업을 하지 않았더라면 받을 수 있었던 건물임대료 수입
④ 사업을 하기 위해 포기한 직장에서 받을 수 있었던 월급

9. 직장인 K는 거주할 아파트를 결정할 때 직장까지 월별 통근시간의 기회비용과 아파트 월별 임대료만을 고려한다. 통근시간과 임대료가 다음과 같은 경우 K의 최적 선택은?(단, K의 통근 1시간당 기회비용은 1만원이다.)

거주 아파트	월별통근시간(시간)	월별임대료(만원)
A	10	150
B	15	135
C	20	125
D	30	120

① A 아파트　② B 아파트　③ C 아파트　④ D 아파트

10. 다음 중 생산가능곡선을 이동시키는 요인을 모두 골라 묶은 것은? 〔보험계리사〕

가. 자본량 증가	나. 노동량 감소	다. 기술진보	라. 청년실업의 감소

① 가, 나, 다, 라　② 가, 나, 다　③ 가, 나　④ 가, 나　⑤ 나, 라

11. 아래 그림과 같이 생산점이 생산가능곡선상을 따라 점 *A*에서 점 *B*로 이동하는 원인으로서 가장 알맞은 것은? 〔보험계리사〕

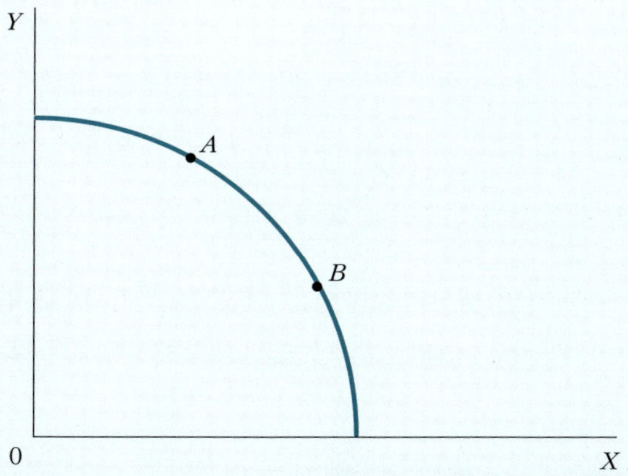

① 실업의 감소 ② 자본량의 감소 ③ 기술의 진보 ④ 재화의 상대가격 변동

12. *X*재와 *Y*재를 생산하는 K국가의 생산사능곡선상에는 두 개의 재화 생산 조합점$(x_1, y_1)=(200, 300)$과 $(x_2, y_2)=(240, 290)$이 있다. 다음 중 기회비용체증의 법칙이 성립하기 위한 이 생산가능곡선상의 재화생산조합점(x_3, y_3)은? 〔감정평가사〕

① (160, 310) ② (160, 315) ③ (280, 270) ④ (280, 280) ⑤ (280, 285)

13. 다음은 한 국가의 생산가능곡선 그림이다. 다음 설명 중 옳지 않은 것은? 〔공인회계사〕

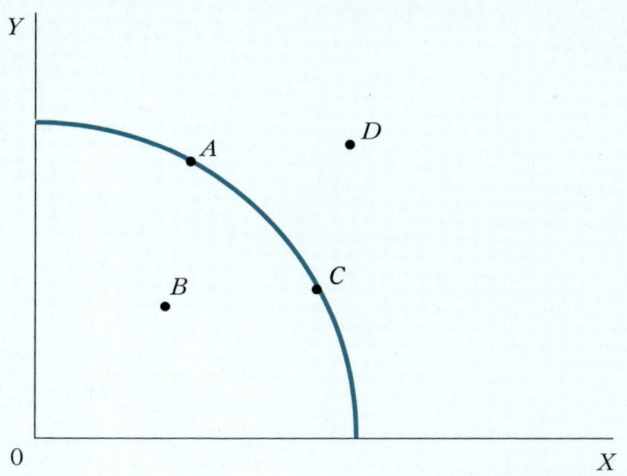

① 점 A에서 생산에서의 효율성이 달성되고 있다.
② 독점기업이 있는 경우 점 B에서 생산이 된다.
③ 기술개발을 통하여 점 D를 달성할 수 있다.
④ X재를 생산하는 기업이 해외로 이전하게 되면, 점 A에서 점 C로 이동하게 된다.
⑤ 점 A에서 생산하는 경우, 점 C보다 X재의 한계비용이 상대적으로 작다.

14. 원점에 대해 오목한 생산가능곡선에 대한 설명으로 옳지 않은 것은? 〔지방직 7급〕

① 기술진보가 이루어지면 생산가능곡선은 원점으로부터 바깥쪽으로 이동한다.
② 생산가능곡선이 원점에 대해 오목한 것은 재화생산의 증가에 따른 기회비용이 체증하기 때문이다.
③ 원점에 대해 볼록한 사회무차별곡선이 주어진다면 생산가능곡선 선상의 한 점에서 최적의 생산수준이 결정된다.
④ 생산가능곡선의 외부에 위치하는 점은 비효율적인 생산점인 반면, 내부에 위치한 점은 실현이 불가능한 생산점이다.

15. 다음 중 구성의 오류와 관련된 설명 중 잘못된 것은?

① 배추농사를 짓는 농부 중에서 갑돌이만 배추농사가 풍년이 되자 배추값이 금값이 되었다.
② 숲속을 나는 새는 숲 전체의 모습을 보기 어렵다.
③ 영화관에서 한사람이 일어나는 경우와 모두 일어나는 경우 결과가 서로 다르다.
④ 소비가 미덕이다.
⑤ 배추농사로 큰 돈을 번 갑돌이를 보고 모든 동네사람들이 배추농사를 따라 지으면 농가소득이 증대한다.

16. 갑은 보유하고 있는 중고 의자를 일상생활에서 사용하기 위해 이미 18만원을 수리비로 지불하였다. 갑에게 현재 이 의자의 주관적 가치는 13만원이다. 만약 이 의자를 20만원을 주고 추가로 손질하면 시장에 36만원에 팔 수 있고, 현재 상태로 팔면 10만원에 팔 수 있다고 한다. 갑의 합리적인 의사결정은? (국가직 9급)

① 추가로 손질해서 36만원에 판다.
② 그대로 이 의자를 보유한다.
③ 10만원을 받고 이 의자를 현재 상태로 판다.
④ 갑이 어떠한 의사결정을 하든 결과는 같다.

17. 을은 자신의 저축 1,000만원과 은행으로부터 대출받은 2,000만원을 투자하여 사업을 시작하였다. 저축예금 이자율과 대출이자율이 모두 연 5%로 동일할 경우, 이 사업에 투입된 금융자본의 연간 기회비용은? (국가직 9급)

① 100만원 ② 150만원 ③ 2,000만원 ④ 3,000만원

18. 다음 중 실증경제학과 가장 가까운 것은?

① 사중적 손실을 줄이기 위해 독점은 규제되어야 한다.
② 제4차 산업혁명 기술의 발전을 위한 산업정책이 필요하다.
③ 수도권의 아파트 가격을 안정시키기 위해 다양한 정책이 필요하다.
④ WTO 개도국 지위 포기는 쌀생산 농가에 손실을 주게 될 것이다.

19. 다음 중 미시경제학과 가장 거리가 먼 것은?

① 숲속을 나는 새의 관점에서 경제를 관찰한다.
② 상대가격을 중요한 지표로 삼는다.
③ 절대가격을 중요한 지표로 삼는다.
④ 가격, 수요량, 공급량과 같은 유량(flow)의 개념이 많다.

1032,103

제2장

수요·공급의 이론

1. 수요

1) 개별수요와 시장수요

어떤 소비자가 일정기간 동안 어떤 상품을 구매하려는 의도를 개별수요라 한다. 수요함수는 종속변수인 수요량(Q_x)과 독립변수인 가격(P_x)으로 구성된다. 여기서 독립변수로는 그 재화의 가격(P_x)뿐만 아니라 다른 재화의 가격(P_y), 소득수준(I), 기호(T), 미래에 대한 예측(E) 등의 다른 변수들이 다수 존재한다. 하지만 이론은 단순화를 위해서 다른 조건은 일정하다는(ceteris-paribus) 가정으로 그 재화의 가격(P_x)만을 독립변수로 남겨둔다. 수요함수를 수식으로 나타내면 (수식 2-1)과 같다.

$$Q_x = f(P_x;\ P_y,\ I,\ T,\ E) \quad \text{(수식 2-1)}$$

시장수요는 시장에 참여하는 모든 개별소비자의 수요를 수평으로 합한 수요를 의미한다. 수평으로 합한다는 것은 일정가격수준에서 수요량만을 더해가는 것을 말하고, 개인의 추가수요를 충족하기 위해서는 추가생산이 필요하다는 것을 의미한다. 사적재(private goods)는 경합성을 갖고 있기 때문에 소비자가 늘어나면 그만큼 그 재화를 더 생산해야 한다. 이런 이유로 추가생산이 필요하고 따라서 추가비용이 지불된다. 사적재의 한계비용(M_C)은 0보다 커지게 된다.

공공재(public goods)의 경우에는 비경합성을 가진다. 비경합성이란 다른 사람이 이용하더라도 추가생산이 필요 없는 성질을 말한다. 도로처럼 한번 생산되면 모든 사람이 동시에 이용할 수 있는 특성을 가진다. 따라서 추가생산이 필요 없고 추가비용이 지불되지 않는다. 한계비용(M_C)이 0과 같아진다. 이런 현상을 공동소비(Joint consumption)라 한다.

경합성과 비경합성 때문에 사적재는 〈그림 2-1〉에서 보는 바와 같이 개별수요곡선을 수평으로 합하여 시장수요곡선을 도출할 수 있다. 하지만 공공재의 경우에는 사적재와 다르게 개별수요를 수직으로 합해서 시장수요가 도출된다.

〈그림 2－1〉 시장수요곡선의 도출

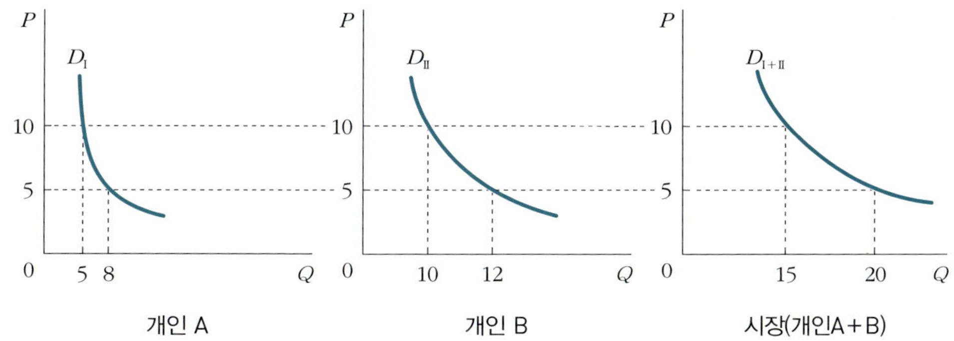

사적재의 개별수요함수를 그래프로 나타내면 〈그림 2－1〉의 개인 A나 개인 B와 같고 이를 수평으로 합하면 시장수요곡선이 된다. 사적재이고 소비자의 개별수요가 독립적으로 형성된다면 개별수요곡선을 수평으로 합하여 시장수요곡선을 도출할 수 있다. 시장수요곡선을 도출하는 과정은 〈그림 2－1〉과 같다. 개인 A의 개별수요곡선 D_A와 개인 B의 개별수요곡선 D_B를 수평으로 합하면 시장수요곡선 D_{A+B}가 도출된다. 시장가격이 10원일 때 개인 A의 수요량은 5이고 개인 B의 수요량은 10이다. 따라서 수평으로 합하면 시장수요량은 15가 된다. 시장가격이 5원인 경우에는 개인 A의 수요량은 8이고 개인 B의 수요량은 12이다. 따라서 수평으로 합하면 시장수요량은 20이 된다.

개별수요가 독립적으로 형성되기 위해서는 편승효과(bandwagon effect)나 속물효과(snob effect)가 발생하지 않아야 한다. 비독립적인 개별수요를 네트워크 외부효과라고도 한다. 다른 소비자의 수요량이 증가함에 따라 어떤 개인의 수요량이 증가하는 현상을 양(＋)의 네트워크 외부효과라 하고 편승효과가 그 사례이다. 다른 소비자의 수요량이 증가함에 따라 어떤 개인의 수요량이 감소하는 현상을 음(－)의 네트워크 외부효과라 하고 속물효과가 그 사례이다. 편승효과와 속물효과를 그림으로 나타내면 〈그림 2－2〉와 같다.

〈그림 2－2〉의 (a)편승효과는 다른 소비자의 수요에 영향을 받아 수요곡선이 탄력적으로 변하게 된다. D_H는 다른 사람의 수요가 많은 경우이고 D_L은 다른 사람

〈그림 2-2〉 네트워크 외부효과

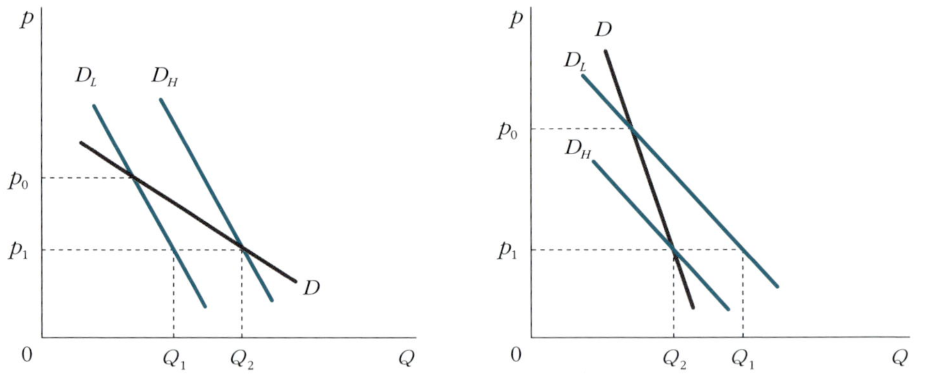

(a) 편승효과 (b) 속물효과

의 수요가 적은 경우이다. 가격이 p_0에서 p_1으로 하락할 때 Q_1에서 Q_2로 수요가 더욱 증가하는 현상을 편승효과라 한다. 〈그림 2-2〉의 (b) 속물효과는 다른 소비자의 수요에 영향을 받아 수요곡선이 비탄력적으로 변하게 된다. D_H는 다른 사람의 수요가 많은 경우이고 D_L은 다른 사람의 수요가 적은 경우이다. 가격이 p_0에서 p_1으로 하락할 때 Q_1에서 Q_2로 수요가 본래의 수요보다 적게 증가하는 현상을 속물효과라 한다.

2) 수요량의 변화

가격이 상승하면 수요량은 감소하고, 가격이 하락하면 수요량은 증가한다. 이 같은 현상을 수요의 법칙(Law of Demand)이라 한다.[1] 재화의 가격이 하락하면 그 수요량이 증대하는 이유로는 첫째, 소비자가 그 재화에 지출할 수 있는 화폐액은 동일한데, 그 재화의 가격이 하락한 결과 소비자의 구매력이 증가함으로써 소비자의 실질소득이 증가한 것과 같은 효과가 나타난다. 이를 소득효과(income effect)라 한다. 소비자는 소득이 증가하는 경우, 정상재라면 그 재화를 더 소비하게 되는 효과이다. 둘째, 다른 대체재의 가격은 변하지 않는 상황에서 본 재화의 가격이 하

1) 기펜재를 제외한 대부분의 재화에 적용되는 법칙이다.

락한다면, 본 재화의 상대가격이 대체재에 비해 저렴하게 된다. 그렇다면 소비자는 다른 대체재를 구매하던 예산을 본 재화로 대체 구매하게 되는 효과를 말한다. 따라서 상대가격이 하락하는 효과로 인해 소비자는 본 재화를 더 많이 소비하게 되는 현상을 대체효과라 한다.[2] 어떤 재화의 가격이 하락하는 경우, 다른 재화의 가격이 변하지 않는다는 가정은 여전히 유효하다. 이와 같은 소득효과+대체효과=가격효과로 나타나게 되어 수요량이 증가하는 것이다. 가격이 상승하면 정반대의 소득효과와 대체효과가 발생하여 수요량은 감소하게 된다. 따라서 수요곡선은 우하향하는 곡선으로 나타나게 되는 것이다. 베블렌효과는 수요법칙의 예외적인 현상이다. 베블렌효과(Veblen effect)란 재화의 가격이 상승할 때 오히려 그 재화의 소비량이 증가하는 현상을 말한다. 베블렌효과가 존재하는 경우에는 수요곡선이 우상향하는 형태로 도출된다. 베블렌효과가 발생하는 이유로는 어떤 소비자가 값비싼 재화를 소비할 능력을 다른 소비자에게 과시하고자 하는 심리라 할 수 있다. 베블렌효과를 그림으로 나타내면 〈그림 2－3〉과 같다.

〈그림 2－3〉에서 가격이 p_0에서 p_1으로 상승하면 수요량은 Q_0에서 Q_1으로 감소하지 않고 오히려 Q_2로 증가하는 현상을 베블렌효과라 한다. 따라서 수요곡선이

〈그림 2－3〉 베블렌효과

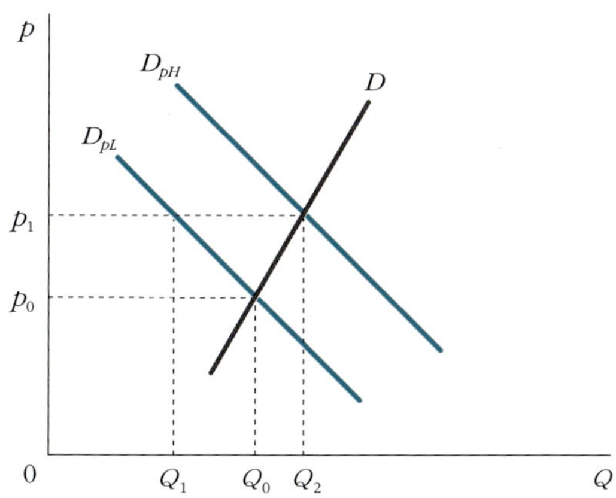

2) 상대가격의 하락은 그 재화에 대한 용도의 폭을 확대하기도 한다.

〈그림 2-4〉 수요량의 변화

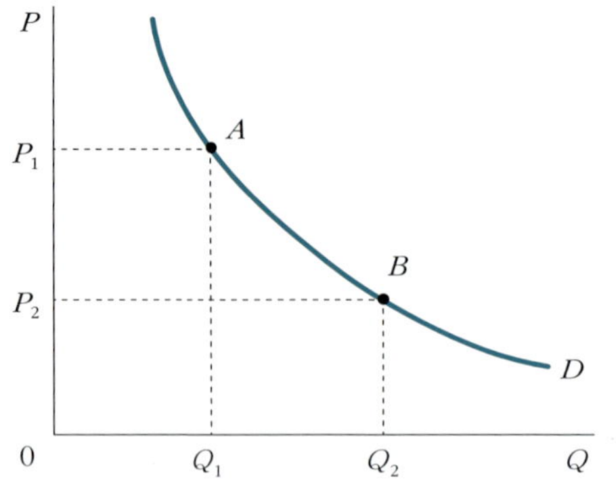

〈그림 2-5〉 수요의 변화

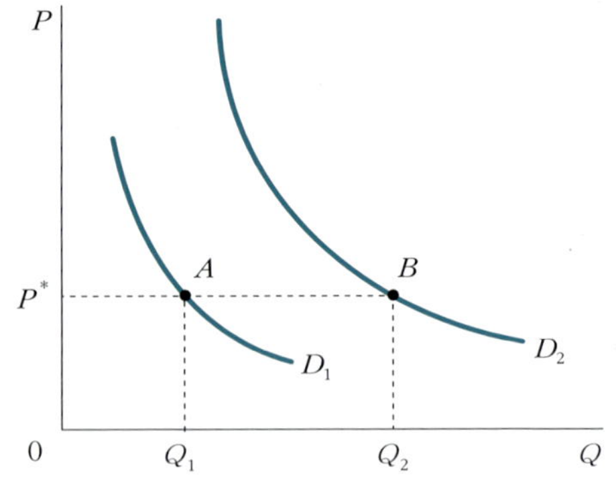

우상향하는 D의 형태를 보이게 된다.

〈그림 2-4〉에서 A점에서 B점으로의 이동을 수요량의 변화라 한다. 이는 가격이 변함에 따라 수요량이 변하는 것을 의미하고 수요곡선상의 점의 이동을 말하는 것이다. 그렇다면 가격이 변할 때 수요량은 얼마나 변화할까? 가격변화와 수요량의 변화 비율을 측정하는 개념은 수요의 가격탄력성으로 설명할 수 있다. 수요의 가격탄력성은 다음에 학습하게 된다.

3) 수요의 변화

수요량의 변화와 수요의 변화는 그 경제적 의미가 다르기 때문에 구분된다. 수요량의 변화는 가격이 변할 때 수요량이 변하는 것을 나타내는 개념이며, 수요의 변화는 가격은 일정한데 수요량이 변하는 다른 변수와 수요량간의 변화를 의미한다. 〈그림 2-5〉에서 D_1의 A점에서 D_2의 B점으로의 이동을 수요의 변화라 한다. 수요의 변화는 수요곡선 자체의 이동을 의미하는 것이다. 수요의 변화에 영향을 주는 가격이 아닌 다른 변수들을 정리하면 ① 소비자소득의 변화, ② 타재화 가격의 변화(대체재나 보완재), ③ 소비자들의 기호 및 선호의 변화, ④ 인구의 변화, ⑤ 소비자들의 소득분포의 변화, ⑥ 소비자들의 미래에 대한 예측 등으로 요약할 수 있다. 수요곡선의 이동에 따른 수요량의 변화의 크기를 탄력성이라는 개념으로 계산할 수 있는데, 수요의 소득탄력성과 수요의 대체탄력성이라는 개념이 있다.

2. 공급

1) 개별공급과 시장공급

수요의 경우, 수요의 법칙이 작용하는 것과 유사하게 공급의 경우에는 재화의 가격이 상승하면 공급량은 증가하고 재화의 가격이 하락하면 공급량은 감소하는 공급의 법칙이 작용한다. 공급곡선의 경우에도 수요곡선의 경우처럼 공급곡선은 공급함수에 의해 도출된다. 공급법칙을 함수로 표현하면 공급함수가 되고 공급함수는 가격의 정함수이다. 수식으로 표현하면 $Q=f(P)$이고 기울기가 양의 값을 가진다.

또한 개별공급함수에 의해 개별 공급곡선이 도출되고, 개별 공급함수가 독립적이라면, 이를 수평으로 합하여 시장공급곡선을 도출할 수 있다. 아래 〈그림 2-6〉은 일정한 시장가격수준에서 개인 A와 개인 B의 개별공급곡선을 수평으로 합하여 시장공급곡선은 $S_{\mathrm{I}}+S_{\mathrm{II}}$을 나타내고 있다.

아래의 〈그림 2-6〉에서 보는 것처럼 시장가격 5원에서 개인 I의 공급량은 2이고 개인 II의 공급량은 4이다. 따라서 시장공급량은 5이 된다. 또한 시장가격 10원에서 개인 I의 공급량은 4이고 개인 II의 공급량은 6이다. 따라서 시장공급량은 10이 된다.

〈그림 2-6〉 시장공급곡선의 도출

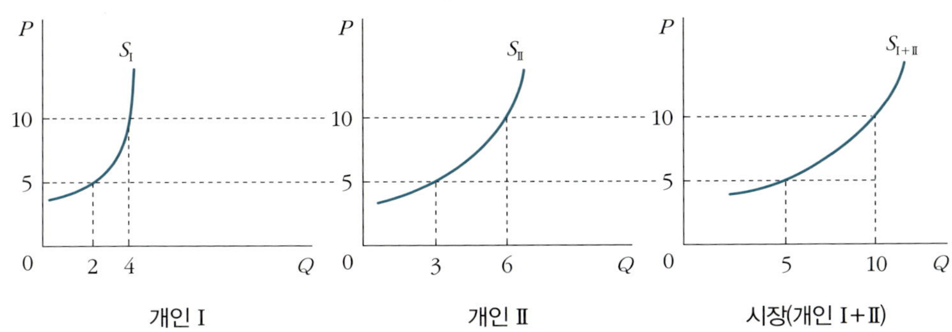

2) 공급량과 공급의 변화

공급량의 변화란 가격변화에 따른 공급량의 변화를 말한다. 즉 가격이 상승하면 공급량은 증가하고, 가격이 하락하면 공급량은 감소하게 되는 현상을 말한다. 공급량의 변화는 〈그림 2-7〉에서 공급곡선상의 점 A에서 점 B으로의 이동을 말한다. 이와 같은 가격변동에 따른 공급량변화를 측정하는 개념을 공급의 가격탄력성이라 한다.

공급의 변화란 가격은 불변인데 공급량은 변하는 경우를 말한다. 가격이 아닌 다른 변수가 변화하여 공급량이 변한 경우를 공급의 변화라 한다. 공급량의 변화는 가격이 변할 때 공급량이 변하는 것을 나타내는 개념이며, 공급의 변화는 가격은 일정한데 공급량이 변하는 다른 변수와 공급 간의 변화를 의미한다. 〈그림 2-8〉에서 S_1의 A점에서 S_2의 B점으로의 이동을 공급의 변화라 한다. 공급의 변화는 공급곡선 자체의 이동을 의미하는 것이다. 공급의 변화에 영향을 주는 가격이 아닌 다른 변수들을 정리하면 ① 타재가격의 변화(대체재나 보완재), ② 생산요소가격의 변동, ③ 기술수준의 발달, ④ 기업목표의 변화, ⑤ 경기에 대한 전망 등으로 요약할 수 있다. 대체재가격이 오르면, 대체재의 공급이 증가하므로 당해 재화의 공급곡선은 좌측으로 이동한다. 보완재가격이 오르는 경우, 보완재공급이 증가하므로 당해 재화의 공급곡선은 우측으로 이동한다. 생산요소의 가격이 오르면, 당해 재화

〈그림 2-7〉 공급량의 변화

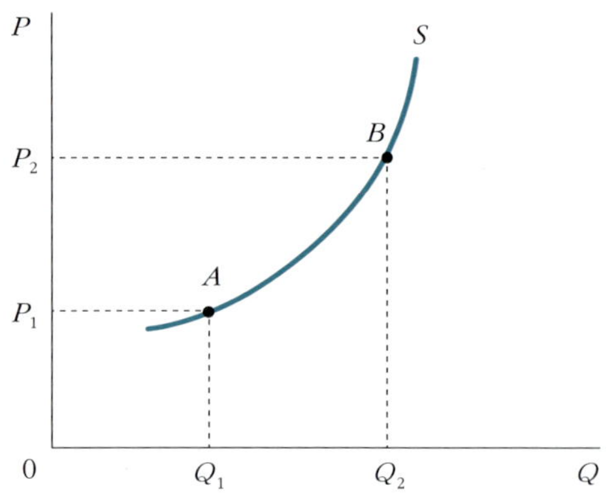

〈그림 2-8〉 공급의 변화

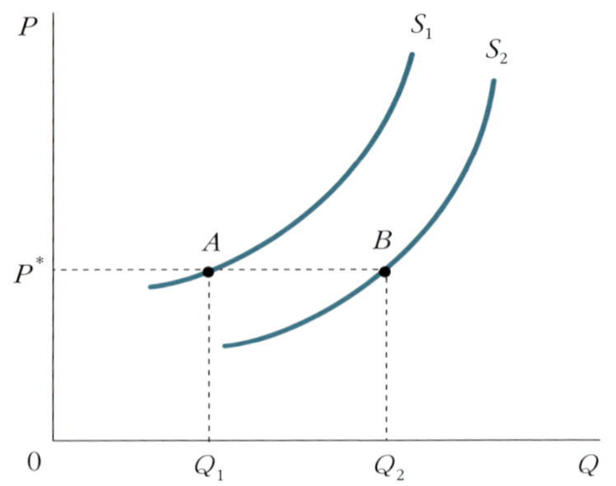

의 생산비용이 증가하게 되므로 공급곡선은 좌측으로 이동한다. 기술수준이 발달하게 되면, 생산성이 증가하여 당해 재화의 생산비용이 감소하게 되므로 공급곡선은 우측으로 이동한다.

3. 수요·공급의 탄력성

1) 탄력성의 개념

수요·공급분석에서 탄력성(elasticity) 개념은 유용하다. 탄력성을 활용하여 가격이나 다른 변수가 변할 때 수요·공급량이 얼마나 변하는지를 정확하게 계산할 수 있다. 수요와 공급의 탄력성(elasticity)은 수요량과 공급량을 변화시키는 어떤 요인이 변할 때 수요량과 공급량이 변하는 비율을 측정하는 개념이다. 수요와 공급의 가격탄력성 개념이 주로 활용되고 수요의 소득탄력성이나 수요의 대체탄력성 개념도 활용되고 있다. 탄력성 개념은 변수와 변수 간의 변화율을 비율(%)로 정확하게 측정할 수 있는 도구이다. 따라서 탄력성을 활용하면 유익한 경제변수들의 특징을 파악할 수 있고, 이를 분석도구로 삼아 다양한 경제적 의사결정에 활용할 수 있는 유용한 개념이다.

탄력성을 측정하는 방식은 비율의 개념($\frac{\partial p}{p}$, $\frac{\partial q}{q}$)으로 되어 있으며, 가격변화에 대한 수요·공급량의 변화의 크기를 변화비율로 측정하기 때문에 양을 측정하는 측정단위에서 비롯되는 변화량 크기에 대한 혼란을 예방할 수 있다.

예를 든다면 참깨의 수요량이 1,000g에서 1,200g으로 증가한 것은 200g이 증가한 것이고 1kg에서 1.2kg으로 증가한 것은 0.2kg이 증가한 것이므로 어떤 측정단위를 사용했는가에 따라 변화한 계수 크기가 g일 경우 200이고 kg일 경우 0.2라는 차이가 발생할 수 있는 반면 변화비율로($\frac{\partial q}{q}$) 계산하면 모두 20% 증가한 것으로 어떤 단위로 측정하든 변화비율은 동일한 값을 갖는다는 것을 알 수 있다.

2) 수요의 가격탄력성

① 점탄력성과 호탄력성

수요의 가격탄력성은 수요량을 변화시키는 독립변수(가격)의 변화율이 0에 가까워지면 점탄력성(point elasticity)이라 하고, 독립변수의 변화율이 커지면 호(arc elasticity)탄력성이라 한다. 수요의 점탄력성의 정의는 가격의 변화율이 0.01% 정도의 아주 작은 변화율이어야 한다. 변화율이 커지면 호탄력성의 개념을 사용하여야 한다. 변화구간 중 변화시점을 어디에서 계산하느냐에 따라 탄력성이 달라지므로 하나의 변화구간에 2개의 상이한 탄력성이 존재할 수 있다. 이런 문제를 해결하기 위해 호탄력성의 측정공식은 (수식 2-2)와 같다.

$$\frac{\Delta Q/(Q_1+Q_2/2)}{\Delta P/(P_1+P_2/2)}=\frac{\Delta Q/(P_1+P_2)}{\Delta P/(Q_1+Q_2)} \qquad \text{(수식 2-2)}$$

이 공식에 따라 계산하면 변화하는 두 점(시작점과 끝점)의 평균값을 취하여 두 점 간의 어느 점을 변화의 시작점으로 삼든 간에 관계없이 동일한 값으로 측정될 수 있다는 장점이 있다.

② 수요의 가격탄력성의 측정

점탄력성을 측정하는 수요의 가격탄력성 산식은 (수식 2-3)과 같다. 이것은 수요량의 변화율을 가격변화율로 나눈 값이다.

$$|\varepsilon_d|\,(\text{수요의 가격탄력성})=-\frac{\Delta Q/Q}{\Delta P/P}=-\frac{\Delta Q}{\Delta P}\cdot\frac{P}{Q} \qquad \text{(수식 2-3)}$$

수요의 가격탄력성의 크기는 〈그림 2-9〉에서 보는 것처럼 수요곡선상의 점의 위치에 따라 변화한다. 수요곡선의 중앙점에서는 수요의 가격탄력성이 1이고 좌측으로 상향할수록 1보다 커져간다는 것을 우측으로 하향할수록 1보다 작아져간다는 것을 알 수 있다. 수요함수 $P=-Q+6$을 그래프로 나타내면 〈그림 2-9〉와 같은 수요곡선이 된다.

$|\varepsilon_d|\,(\text{수요의 가격탄력성})=-\frac{\Delta Q/Q}{\Delta P/P}=-\frac{\Delta Q}{\Delta P}\cdot\frac{P}{Q}$에 $Q=3$인 점을 대입해보

〈그림 2-9〉 수요의 가격탄력성

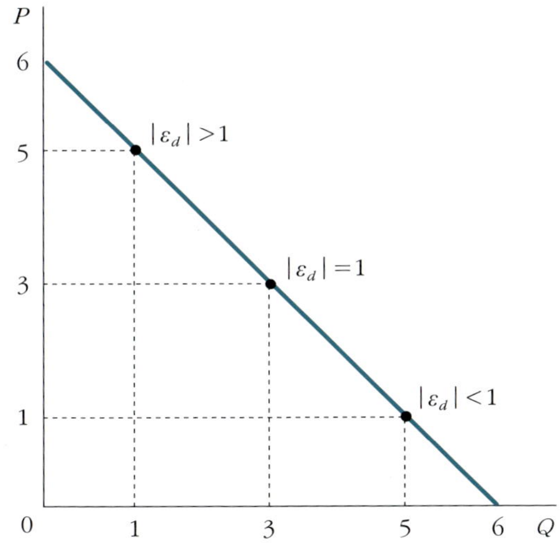

면 1(수요곡선의 기울기의 역수 $\frac{\Delta Q}{\Delta P}$)$\times\frac{3}{3}$($\frac{P}{Q}$)=1이라는 것을 알 수 있다. 탄력성의 값은 수요함수가 음함수이기 때문에 음의 값을 가진다. 그런데 탄력성의 값을 절댓값으로 정의하는 이유는 탄력성의 크기가 기수적으로 큰 값이 더 탄력적이라는 것을 나타내기 위함이다. $Q=1$인 점을 대입해보면 1(수요곡선의 기울기의 역수 $\frac{\Delta Q}{\Delta P}$)$\times\frac{5}{1}$($\frac{P}{Q}$)=5가 되고 Q=5인 점을 대입해 보면 1(수요곡선의 기울기의 역수 $\frac{\Delta Q}{\Delta P}$)$\times\frac{1}{5}$($\frac{P}{Q}$)$=\frac{1}{5}$이라는 것을 알 수 있다. 이 같은 원리가 작동하여 수요곡선이 직선인 경우 수요의 가격탄력성은 $\frac{P}{Q}$가 된다. 따라서 기하학적으로도 수요의 가격탄력성은 $\frac{P}{Q}$로 설명될 수 있다. 또한 수요의 가격탄력성 공식에서 $\frac{\Delta Q}{\Delta P}$는 수요곡선의 기울기의 역수이므로 수요의 가격탄력성과 수요곡선의 기울기는 역의 관계에 있다는 사실도 확인할 수 있다.

③ 수요의 가격탄력성과 기업의 총수입(가계의 총지출)

수요의 가격탄력성은 기업의 총수입(가계의 총지출)과 밀접한 관계를 가진다. (수식 2-4)에서 보는 것처럼 기업의 총수입(가계의 총지출)=가격(P)×수요량(Q)으로 산정된다. 가격의 변화의 크기와 수요량변화의 크기가 기업의 총수입(가계의 총지출)의 변화를 결정한다는 것을 알 수 있다.

$$기업의 총수입(TR) = P(가격) \times Q(수량) \qquad (수식 2-4)$$

따라서 가격변동에 대한 수요량의 변화비율을 나타내는 수요의 가격탄력성은 기업의 가격전략에 따른 총수입의 변화를 예측하는 중요한 도구가 된다. 〈그림 2-10〉에서 보는 바와 같이 수요의 가격탄력성($\varepsilon_d = 1$)이 1인 경우에는 가격변화비율과 수요량의 변화비율이 동일하기 때문에 가격변화에 따른 기업의 총수입은 변화하지 않는다. 가격이 변한 만큼 수요량이 변하기 때문에 P(가격) × Q(수요량) = TR(기업의 총수입)은 변하지 않는다. 수요의 가격탄력성이 1보다 큰 경우($\varepsilon_d > 1$)에는 수요법칙에 따라 가격이 상승하면(수요곡선을 따라 왼쪽으로 이동) 수요량은 감소하는데 가격상승비율보다 수요량의 감소비율이 더 크게 되어 기업의 총수입은

〈그림 2-10〉 수요의 가격탄력성과 기업의 총수입

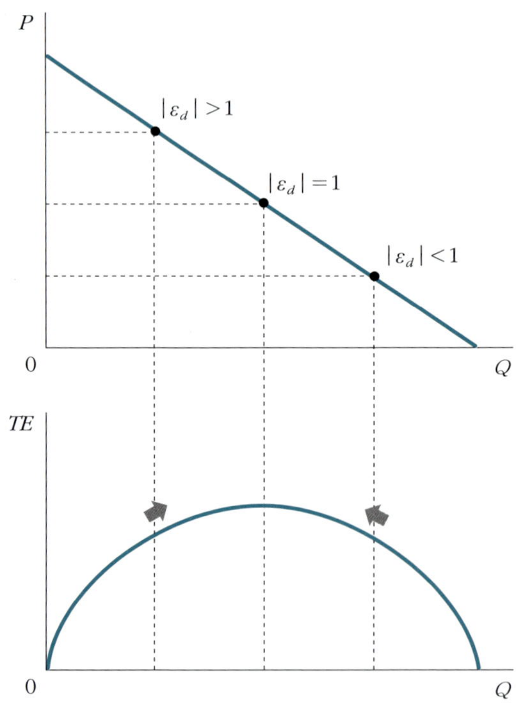

감소하게 된다. 가격이 하락하는 경우에는(수요곡선을 따라 오른쪽으로 이동) 가격하락비율보다 수요량의 증가비율이 더 크게 되어 기업의 총수입은 증가하는 것이다. 수요의 가격탄력성이 1보다 작은 경우($\varepsilon_d < 1$)에는 가격이 상승하면, 수요량은 감소하는데 가격상승비율보다 수요량의 감소비율이 작게 되어 기업의 총수입은 증가하게 된다. 가격이 하락하는 경우에는 수요량은 증가하지만 그 비율이 가격하락비율보다 작게 되어 기업의 총수입은 감소하게 된다. 이 내용을 요약해 보면 수요의 가격탄력성이 1보다 큰 경우에는 가격을 인하할수록 기업의 총수입은 증가하고 1보다 작은 경우에는 가격을 인상할수록 기업의 총수입은 증가한다는 것을 알 수 있다.

수요의 가격탄력성은 기업의 경우 수입을 극대화하는 가격전략을 수립하는 데 매우 유용하게 활용된다. 다양한 가격차별전략 또한 수요의 가격탄력성과 밀접한 관련성을 가진다. 임금인상협상이나 광고효과에 대한 분석도 수요의 가격탄력성을 활용할 수 있다. 임금협상의 경우 생산제품의 수요의 가격탄력성이 상당히 탄력적이라면 제품가격을 인하하여 기업의 수입을 증대시킨 후 임금인상이 가능해질 수 있다. 경영진은 수요의 가격탄력성이 1에 가깝다고 주장하고 노조는 수요의 가격탄력성이 1보다 크다고 주장할 가능성이 높다. 광고효과의 경우에는 광고 이후에는 그 제품의 수요의 가격탄력성이 작아져야 한다. 수요의 가격탄력성이 얼마나 작아졌나를 측정하여 광고효과를 분석할 수 있다. 광고로 인해 가격이 오르더라도 수요량이 줄어들지 않는다면 그 제품에 대한 충성도가 높아졌다고 볼 수 있기 때문이다.

수요의 가격탄력성은 여러 가지 정부정책의 효과를 분석하는 데에도 유용하다. 가격정책이나 임금정책 그리고 흡연이나 마약과 관련된 정책을 결정하는 데에도 중요한 분석수단이 된다. 수요의 가격탄력성이 탄력적인 경우에는 가격인상으로 수요량을 효과적으로 줄일 수 있지만 비탄력적인 경우에는 가격정책보다는 비가격정책이 더 효과적일 수 있다는 것을 알 수 있기 때문이다.

④ 수요의 가격탄력성의 결정요인

수요의 가격탄력성은 여러 가지 요인에 영향을 받는다. 우선 재화의 특성에 따라 다를 수 있다. 예를 들어 마약이나 담배와 같은 중독성이 강한 재화의 경우에는 수요의 가격탄력성이 아주 작은 비탄력적이라는 특성을 가진다. 가격이 오른다 해서 담배나 마약을 쉽게 끊을 수 없기 때문이다. 반면에 보석과 같은 사치품의 경우에는 수요의 가격탄력성이 매우 큰 재화이다. 가격이 변할 때 수요량의 변화가 매우 민감하게 변화하는 탄력적인 특성을 가진다. 수요의 가격탄력성을 결정하는 요인들을 정리하면 다음과 같다. 첫째, 대체재의 존재 여부가 수요의 가격탄력성을 결정한다. 대체재가 존재하면 수요의 가격탄력성은 커진다. 그 재화의 가격이 오른다면 그 재화에 대한 수요가 가격이 변하지 않은 대체재로 이동할 수 있기 때문이다. 둘째, 재화의 용도나 성질은 수요의 가격탄력성을 결정한다. 사치재인 경우에는 수요의 가격탄력성이 커지고, 필수재인 경우에는 수요의 가격탄력성은 작아진다. 가격이 변동할 때 필수재인 경우에는 수요량의 변화가 크지 않겠지만 사치재인 경우에는 수요량의 변화가 크기 때문이다. 셋째, 재화의 가격이 소득에서 차지하는 비중도 수요의 가격탄력성을 결정하는 요소이다. 그 재화의 가격이 소득에서 차지하는 비중이 높으면 탄력성은 커지고, 그렇지 않으면 작아진다. 소득에서 차지하는 비중이 작은 재화의 경우에는 그 재화의 가격변동이 그 재화의 수요량변동에 작은 영향을 미치지 때문이다. 넷째, 소비자가 가격변화에 따른 적응기간도 수요의 가격탄력성을 결정한다. 가격변화에 적응하는 기간이 길어지면 수요의 가격탄력성은 커지고, 그렇지 않은 경우에는 작아진다. 가격변화에 적응할 수 있는 기간이 길어지면, 소비자는 단기적으로는 쉽게 바꿀 수 없는 소비습관을 바꿀 수 있기 때문이다. 따라서 단기에는 가격변화에 소비량을 바꿀 수 없지만 장기에는 소비습관을 바꿀 수 있게 되어 수요량의 변화가 커질 수 있는 것이다.

3) 소득탄력성과 교차탄력성

수요의 가격탄력성은 수요곡선상의 점의 이동과 관련한 것이었다.[3] 그런데 수요의 소득탄력성이나 교차탄력성은 수요곡선 자체의 이동과 관련된 개념이다. 가격은 일정하고 소득이나 다른 재화의 가격이 변할 때 수요량의 변화를 측정하는 개념이다. 수요의 소득탄력성(income elasticity of demand)은 수요함수에서 독립변

3) 가격 이외의 독립변수들은 불변임을 전제한 개념이다.

수인 소득수준이 변할 때 수요량의 변화를 측정하는 개념이며 측정산식은 (수식 2-5)와 같다. 수요의 교차탄력성(cross elasticity of demand)은 수요함수에서 독립변수인 타재화의 가격이 변할 때 수요량의 변화를 측정하는 개념이며 측정산식은 (수식 2-6)과 같다. 또한 수요의 소득탄력성과 교차탄력성의 값은 수요의 가격탄력성과는 달리 절댓값을 취하지 않는다. 음수, 0, 양수의 값을 가지며 소득탄력성의 값이 음수이면 열등재이고 양수이면 우등재이다. 소득이 증가할 때 수요량이 증가하면 수요의 소득탄력성은 양의 값을 가지고 소득이 증가할 때 수요량이 감소하면 수요의 소득탄력성은 음의 값을 가지게 되기 때문이다.

$$\text{수요의 소득탄력성: } \varepsilon_i = -\frac{\Delta Q/Q}{\Delta I/I} \qquad \text{(수식 2-5)}$$

$\varepsilon_i > 0$이면 정상재이고, $\varepsilon_i < 0$이면 열등재이다.[4]

수요의 교차탄력성은 다른 재화의 가격이 변할 때 수요량의 변화를 측정한 개념이다. 다른 재화의 가격이 오를 때 수요량이 증가하면 두 재화의 관계가 대체재라는 것을 알 수 있고 다른 재화의 가격이 오를 때 수요량이 감소하면 두 재화의 관계가 보완재라는 것을 알 수 있다.

$$\text{수요의 교차탄력성: } \varepsilon_{XY} = -\frac{\Delta Q_x/Q_x}{\Delta P_Y/P_Y} \qquad \text{(수식 2-6)}$$

$\varepsilon_{XY} = 0$이면 X재와 Y재와의 관계는 독립재이며, $\varepsilon_{xy} > 0$이면 X재와 Y재의 관계는 대체재이고, $\varepsilon_{xy} < 0$이면 X재와 Y재의 관계가 보완재이다.[5]

---

4) 소득이 증대할 때 수요가 감소하는 재화는 열등재이며, 소득이 증대할 때 수요가 증대하는 재화는 정상재, 우등재, 보통재이다.

5) 교차탄력성이 0이라는 것은 Y재의 가격변동이 X재의 수요변동에 전혀 영향을 미치지 못한다는 의미이고, 0보다 크다면 Y재의 가격변동이 X재의 수요변동에 동일한 방향으로 영향을 미친다는 의미이며, 0보다 작다면 Y재의 가격변동이 X재의 수요변동에 반대방향으로 영향을 미친다는 의미이다. 또한 절댓값의 크기는 그 정도의 척도이다.

4) 공급의 가격탄력성

공급의 탄력성(elasticity of supply)이란 수요의 탄력성처럼 공급량을 변화시키는 어떤 요인이 변화하는 경우 그 요인의 변화비율과 공급량의 변화비율을 측정하는 개념이다. 공급의 탄력성을 이해하는 것은 수요의 탄력성을 이해하는 것이나 다를 바 없다. 공급의 탄력성을 계산하는 산식은 공급함수에서 모든 독립변수의 변화에 따른 종속변수의 변화비율을 측정하는 산식으로 구성된다. 여기서는 수요·공급 분석에 가장 유용한 공급의 가격탄력성을 중심으로 살펴보기로 한다. 가격이라는 독립변수가 변할 때 종속변수인 공급량이 얼마나 변하는지를 비율로 나타낸 산식이다.

$$\text{공급의 가격탄력성: } \varepsilon_s = \frac{\Delta Q/Q}{\Delta P/P} = \frac{\Delta Q}{\Delta P} \cdot \frac{P}{Q} \qquad \text{(수식 2-7)}$$

〈그림 2-11〉에 나타난 3개의 그래프를 이용하여 공급의 가격탄력성을 기하학적으로 측정해 보자. $\frac{\Delta Q}{\Delta P}$는 공급곡선의 기울기의 역수이므로 선분와 $\frac{AB}{BC}$와 같고, $\frac{P}{Q}$는 선분 $\frac{BC}{OB}$와 같다. 따라서 공급의 가격탄력성은 수식을 그래프에 대입하고 정리하면 $\varepsilon_s = \frac{\Delta Q/Q}{\Delta P/P} = \frac{\Delta Q}{\Delta P} \cdot \frac{P}{Q} = \frac{AB}{BC} \cdot \frac{BC}{OB} = \frac{AB}{OB}$가 성립한다. 기하학적으로 공급의 가격탄력성은 $\frac{\overline{AB}}{\overline{OB}}$의 비율이 된다는 것을 확인할 수 있다.

이와 같은 기하학적 원리를 적용하여 〈그림 2-11〉의 3가지 그래프를 모두 정리하면 ① 원점을 지나는 직선인 공급곡선은 $\overline{AB} = \overline{OB}$이므로 모두 공급의 가격탄

〈그림 2-11〉 공급의 가격탄력성

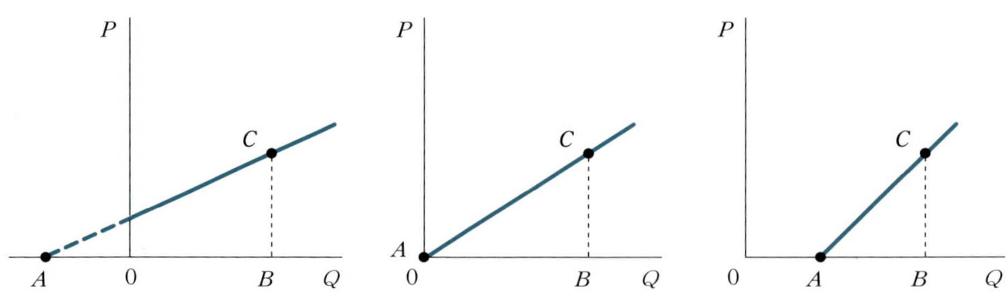

력성 $\varepsilon_s=1$인 것을 알 수 있고, ② 수직축을 자르는 직선인 공급곡선은 $\overline{AB}>\overline{OB}$이므로 모두 공급의 가격탄력성 $\varepsilon_s>1$인 것을 알 수 있으며, ③ 수평축을 자르는 직선인 공급곡선은 $\overline{AB}<\overline{OB}$이므로 모두 공급의 가격탄력성 $\varepsilon_s<1$인 것을 알 수 있다.

〈그림 2-11〉에서 수직축을 자르는 모든 공급곡선의 가격탄력성은 1보다 크게 나타나면서 공급곡선상의 점의 위치에 따라 공급의 가격탄력성이 달라지는데 점이 우측으로 이동할수록, 다시 말하면 Q가 커질수록 공급의 가격탄력성은 1을 향해 작아져간다. 공급의 가격탄력성은 $\frac{P}{Q}$이므로 P가 양이면 Q가 커질수록 전체값은 작아지기 때문이다. 반면에 수직축을 자르는 모든 공급곡선은 가격탄력성이 1보다 작게 나타나면서 공급곡선상의 점의 위치에 따라 공급의 가격탄력성이 달라지는데 점이 우측으로 이동할수록, 다시 말하면 Q의 값이 커질수록 공급의 가격탄력성은 1을 향해 커지게 된다. 공급의 가격탄력성은 $\frac{P}{Q}$이므로 P가 음이면 Q가 커질수록 전체값은 커지기 때문이다.

〈그림 2-12〉에서 보는 바와 같이 원점을 통과하는 모든 공급곡선[6]은 공급의 가격탄력성이 모두 $\varepsilon_s=1$이다. 〈그림 2-13〉에서 보는 바와 같이 수평선인 공급곡선은 공급의 가격탄력성은 모두 $\varepsilon_s=\infty$이며, 수직선인 공급곡선은 공급의 가격탄력성은 모두 $\varepsilon_s=0$이라는 것을 알았다. 또한 원점을 통과하거나 수평이나 수직인 공급곡선은 가격탄력성은 모든 점에서 동일하다는 것도 알 수 있다.

〈그림 2-12〉 $\varepsilon_s=1$인 경우

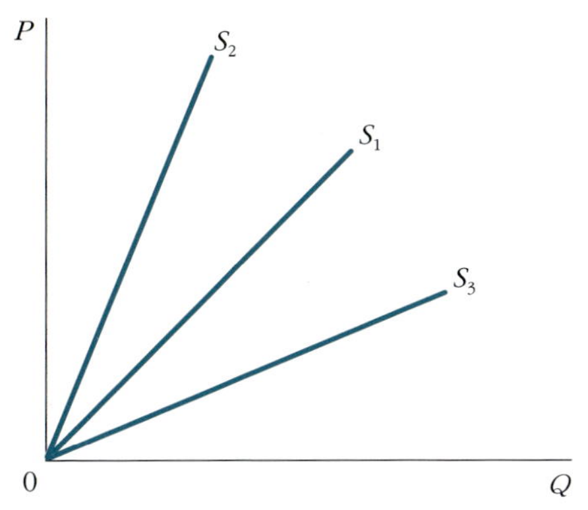

〈그림 2-13〉 $\varepsilon_s=\infty$, $\varepsilon_s=0$인 경우

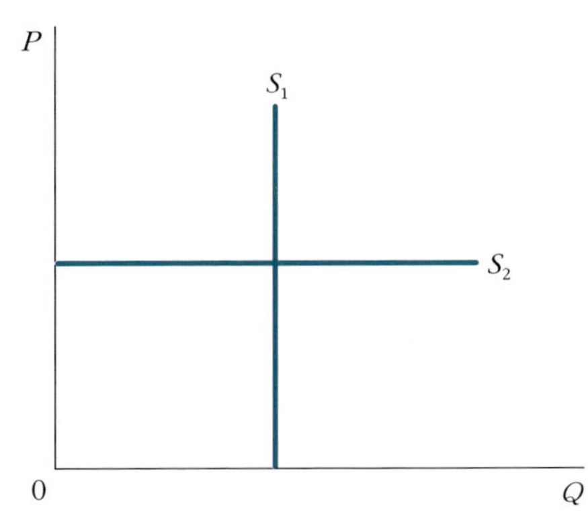

6) 선형함수인 직선을 말한다.

4. 수요·공급의 시장균형

1) 시장균형

시장균형은 시장이란 무대에서 수요자와 공급자가 가격과 수·급량에 모두 동의한 상태를 말한다. 시장균형은 주어진 시장가격을 수요자와 공급자가 받아들이면서 수요량과 공급량, 거래량이 일치된 상태를 의미한다. 〈그림 4-12〉에서 E점을 수요·공급에 의한 시장균형이라 한다. 수요곡선과 공급곡선이 교차하는 점을 시장균형이라 한다. 이 상태는 수요자나 공급자가 모두 최선의 선택으로 받아들이는 상태여서 이 상태를 유지하려는 힘이 작동한다. 시장균형에서는 가격측면에서도 수요자와 공급자가 모두 만족하는 가격이라는 것을 의미하고 수량측면에서도 수요자에게 필요한 양과 공급자가 공급한 양이 일치함으로써 모자람(shotage)이나 과잉공급(surplus)이 전혀 존재하지 않는 최적의 상태를 의미하는 것이다. 시장경제에서 경제주체들[7]은 시장에서 경제행위를 하는, 생산자인 기업과 소비자인 가계만이 존재한다. 생산자의 경제행위는 시장공급곡선[8]으로 나타나고, 소비자의 경제행위는 시장수요곡선[9]으로 나타난다. 즉 우하향하는 수요곡선과 우상향하는 공급곡선이 시장에서 도출되며,[10] 시장수요곡선과 시장공급곡선이 만나게 되면 시장균형이 성립한다.[11] 요약정리하면 수요자와 공급자가 자유로운 거래를 통해서 시장균형에 이르게 되는데, 시장균형은 수요자와 공급자가 모두 만족하는 시장가격과 균형 수·급량에서 결정된다. 따라서 시장균형은 일정한 조건이 충족된다면 소비자는 효용의 극대화를 달성하는 점이고 공급자는 이윤극대화를 달성하는 점일 수 있는 것

7) 가계, 기업, 정부, 외국

8) 시장공급함수이다.

9) 시장수요함수이다.

10) 정상재와 완전경쟁시장을 전제한다.

11) 시장균형분석에는 부분균형분석(partial equilibrium analysis)과 일반균형분석(general equilibrium analysis)이 있다. 여기서는 부분균형분석을 전제한다. 부분균형분석은 하나의 시장이 독립적으로 존재한다고 가정하는 분석방법이고, 일반균형분석은 서로 다른 여러 개의 시장이 상호연관관계에 있음을 전제하는 분석방법이다.

이다. 따라서 시장균형에서는 사회적 후생도 극대화될 수 있는 셈이다. 따라서 시장균형은 지속되려는 힘이 작동하고 균형이 무너지게 되면 다시 회복하려는 힘이 작동한다는 것도 알 수 있다. 이런 원리를 균형의 안정성이라 하고 정태적 안정성과 동태적 안정성 개념이 있다. 시장균형이 무너지는 경우, 시장가격은 탄력적으로 조정기능을 발휘하게 되고, 시장가격은 수·급량을 적절하게 조정함으로써 시장을 다시 균형상태로 되돌려 놓는 매개변수의 역할을 수행한다. 시장은 시장가격이 균형가격보다 높게 되면 초과공급(excess supply)을 발생시켜 시장가격은 하락하게 된다. 또한 시장가격이 균형가격보다 낮게 되면 초과수요(excess demand)를 발생시켜 시장가격은 상승하게 된다. 결과적으로 시장가격이 탄력적으로 수·급량을 조정함으로써 시장은 다시 균형을 회복하게 된다.

시장균형은 〈그림 2-14〉에서 보는 바와 같이 만약 시장가격이 시장균형가격 P_E 수준보다 높은 P_2 수준에서 결정된다면 선분 $\overline{ab}$만큼의 초과공급(excess supply)이 발생할 것이다. 공급량이 수요량을 초과하게 되면 시장가격은 하락하게 되어, 균형가격을 향해 수렴해 간다. 반대로 만약 시장가격이 시장균형가격 P_E 수준보다 낮은 P_1 수준에서 결정된다면 선분 $\overline{cd}$만큼의 초과수요(excess demand)가 발생하게 된다. 수요량이 공급량을 초과하게 되면 시장가격은 상승하게 되고 균형가

〈그림 2-14〉 수요·공급에 의한 시장균형

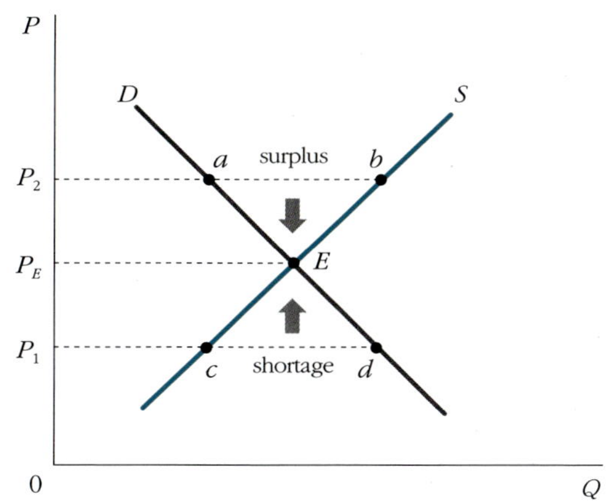

격을 향해 수렴해 간다. 〈그림 2 - 14〉에 나타난 수요곡선과 공급곡선에 의한 시장 균형은 안정성이 있다는 것을 알 수 있다. 수량중심으로 분석해 보더라도 균형의 왼쪽에서는 수요가격이 공급가격보다 높은 수준에 있으므로 공급량이 증가하여 균형점으로 이동할 것이며 균형의 오른쪽에서는 수요가격이 공급가격보다 낮은 수준에 있으므로 공급량이 감소하여 역시 균형점으로 이동한다는 것을 알 수 있다.

시장수요곡선 D와 시장공급곡선 S는 수요자와 공급자가 시장에서 자신들의 경제적 목적을 달성하기 위한 합리적 선택의 결과이다. 그리고 수요곡선과 공급곡선이 교차하는 E점은 시장균형점이다. 이 균형점은 수요자와 공급자가 균형가격 P_e에 그리고 균형수·급량 Q_e에 동시적으로 동의한 상태이다.

2) 시장균형의 변동

시장균형은 수요나 공급이 변하게 되면 새로운 시장균형으로 변하게 된다. 〈그림 2 - 15〉에서 보는 바와 같이 수요나 공급이 변하는 경우, 수요곡선이나 공급곡선이 이동하게 되고 새로운 수요공급에 의한 균형이 성립하게 된다.

예를 들어 소득수준이 증가하면 수요곡선이 우측으로 이동한다. 〈그림 2 - 15〉에서 수요곡선 D가 d_H로 이동하게 된다. 따라서 시장균형은 P_e, Q_e 균형점에서 새로운 균형점 P_2, Q_2로 변하게 된다. 수요곡선이 우측으로 이동하면 균형가격이 상승하고 균형수·급량이 증가한다. 역으로 소득수준이 감소하면 수요곡선이 좌측으로 이동하게 된다. 〈그림 2 - 15〉에서 수요곡선 D가 d_L로 이동하게 된다. 따라서 시장균형은 P_e, Q_e 균형점에서 새로운 균형점 P_1, Q_1으로 변하게 된다. 수요곡선이 좌측으로 이동하면 균형가격이 하락하고 균형수·급량도 하락한다.

한편, 생산기술이 진보하면 공급곡선이 우측으로 이동한다. 〈그림 2 - 15〉에서 공급곡선 S가 S_H로 이동한다. 따라서 시장균형은 P_e, Q_e에서 새로운 균형점 P_1, Q_2로 변하게 된다. 기술진보는 균형가격을 떨어뜨리고 균형수·급량을 증대시킨다. 역으로 조세가 부과되면 공급곡선은 좌측으로 이동한다. 〈그림 2 - 15〉에서 공급곡선 S가 S_L로 이동하게 된다. 따라서 균형점은 P_e, Q_e에서 새로운 균형점 P_2, Q_1으로 변하게 된다. 조세가 부과되면 균형가격은 오르고 균형수·급량은 감소한다.

〈그림 2-15〉 시장균형의 변동

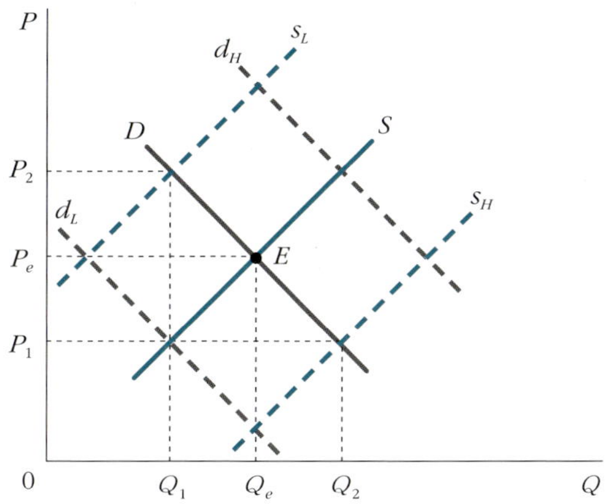

3) 시장균형의 존재

우리는 지금까지 시장균형이 존재하고 균형화된 시장가격과 수요·공급량에 관해 살펴보았다. 그런데 어떤 조건에서나 항상 시장의 균형이 존재하거나 유지되는 것은 아니다. 우선 시장균형은 어디까지나 이론적인 결과물에 불과하다. 일반적으로 항상 일관되게 현실에 그대로 적용될 수는 없다. 또한 이론적으로도 시장균형이 존재하려면 일정한 조건을 갖추어야 하며, 균형이 존재한다 하더라도 몇 개의 균형이 존재하는지 ?, 아니면 유일(unique)하게 존재하는지 등의 문제에 직면하게 된다. 또한 시장균형이 존재하더라도 순간적으로 깨어져버리고 다시는 그 균형으로 돌아갈 수 없다면 시장균형은 무의미할 것이다. 만약 균형이 깨어진다 하더라도 시장은 다시 그 균형을 회복할 수 있는지? 또는 다시 균형으로 돌아가려면 어떤 조건을 필요로 하는 것인지?에 대한 의문이 남아있게 된다. 따라서 여기서는 ① 시장균형이 존재하는지? 어떤 조건에서 시장균형이 존재할 수 있는지? ② 시장균형이 존재한다면 유일한 것인지? 아니면 몇 개의 균형이 존재하는 것이지?에 대해 정리해 보자.

(1) 시장균형이 존재하지 않는 경우

시장균형은 어떤 조건에서나 항상 존재하는 것은 아니다. 〈그림 2-16〉의 (a)에서 보는 바와 같이 공급비용이 수요효용보다 엄청나게 높은 경우,[12] 예를 든다면 엄청난 비용의 우주여행 같은 경우이다. 〈그림 2-16〉의 (b)에서 보는 바와 같이 공급이 거의 무한하여 수요가 선택적[13]으로 이루어질 필요가 없는 경우, 예를 들면 공기와 같이 공급이 거의 무한한 상태에서 이루어지는 경우에는 시장균형은 성립되지 않는다.

(a)의 경우에는 공급된다 해도 수요가 이루어지지 않는 상태이다. (b)의 경우에는 가격을 지불하지 않고 수요가 충분히 실현되는 상태이므로 수요·공급에 의한 시장균형은 존재할 수 없다.

〈그림 2-16〉 시장균형이 성립할 수 없는 수요와 공급

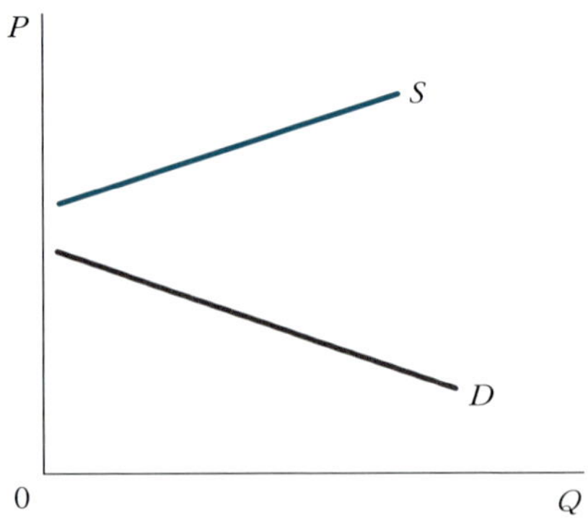

(a) 비용이 효용보다 너무 높은 경우

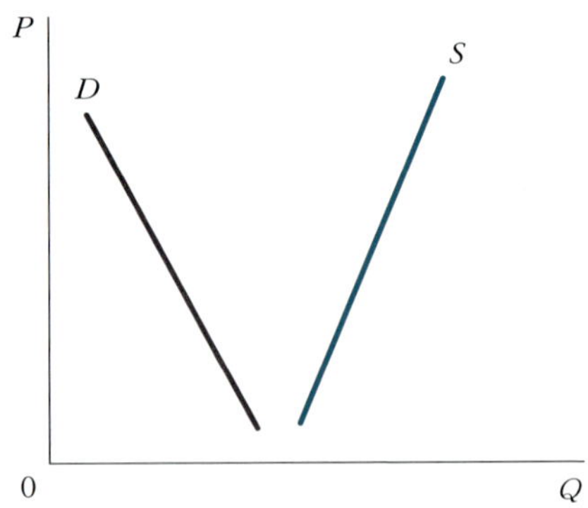

(b) 공급이 수요를 너무 많이 초과하는 경우

(2) 시장균형이 유일하지 않는 경우

시장균형이 존재하되 유일하지 않을 수 있다. 〈그림 2-17〉에서 보는 바와 같이 수요곡선이나 공급곡선이 비정상적인 경우에 여러 개의 시장균형이 성립될 수 있

12) 수요자가 얻을 수 있는 만족도보다 공급비용이 너무 높은 경우이다.

13) 수요의 대가를 지불하지 않을 정도로 공급이 충분한 경우인데, 예를 들면 자유재(free goods)의 경우이다.

〈그림 2 - 17〉 여러 개의 시장균형이 존재하는 경우

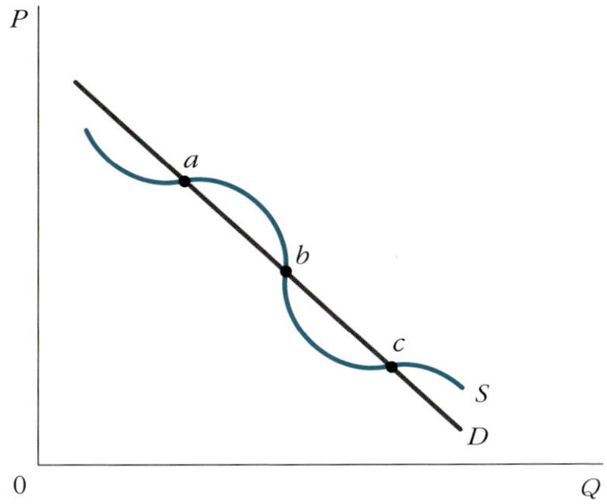

다. 〈그림 2 - 17〉에서 보는 바와 같이 *a*, *b*, *c*의 3개의 균형이 동시에 존재할 수도 있다. 이 같은 현상은 수요곡선이 직선이 아닌 곡선이거나 공급곡선이 직선이 아닌 곡선이거나 혹은 수요·공급곡선이 모두 곡선인 경우에 나타난다. 경제이론체계에서 일반적으로 고려하지 않는 균형의 개념이다.

4) 시장균형의 안정성

수요·공급에 의한 시장균형은 어떤 외부적인 교란요인이 발생하였을 때 균형을 이탈할 수 있다. 이탈된 시장균형은 다시 본래의 균형을 회복하려는 내성적 속성을 지니는 경우와 그렇지 않은 경우가 존재한다. 본래의 균형으로 회복하려는 내성적인 속성을 지니고 있는 균형을 ① 안정적 균형, 그렇지 않은 경우의 균형을 ② 불안정적 균형이라 할 수 있다. 균형의 안정성(stability of equilibrium)은 균형이 깨어졌을 때 균형을 향해 움직이는 경향이 존재하는가를 평가기준으로 삼는다. 균형으로 회복되려는 경향이 있으면 안정적이라 하고, 균형으로 회복되려는 경향이 없으면 불안정적이라 평가하는 개념이다. 또한 균형의 안정성을 분석하는 데에는 정태적 안정성(static stability)[14]과 동태적 안정성이라는 두 가지 분석방법으로 분류

14) 왈라스적 안정성(Walrasian stability)과 마샬적 안정성(Marshallian stability)이 있다.

하고 있다. ① 정태적 안정성은 시간을 고려하지 않고 운동의 방향만을 분석하는 방식이며, ② 동태적 안정성은 시간을 고려하여 운동의 방향과 운동의 과정(time path)을 모두 분석하는 방식을 말한다.

(1) 정태적 안정성

① 왈라스적 안정성

운동의 방향만을 고려하는 정태적 안정성에는 왈라스적 안정성과 마샬적 안정성이 있다. 왈라스적 안정성은 가격을 독립변수로 수량을 종속변수로 규정하는 분석방법이다. 다시 말하면 균형이 깨어졌을 때 조정변수로 가격이 작동한다는 것을 의미한다.[15] 균형수·급량이 깨어져 초과공급이 발생하면 독립변수인 시장가격은 하락하게 된다. 시장가격이 하락했으므로 수요량는 증가하고 공급량은 감소하게 될 것이다.

따라서 시장균형은 무너뜨린 초과공급은 사라지고 시장은 다시 균형수·급량으로 회귀하게 된다.[16] 〈그림 2-18〉에서 오른쪽의 ED곡선은 초과수요(excess demand)곡선이다. 초과수요함수는 다음과 같다.

〈그림 2-18〉 초과수요곡선과 왈라스적 안정성

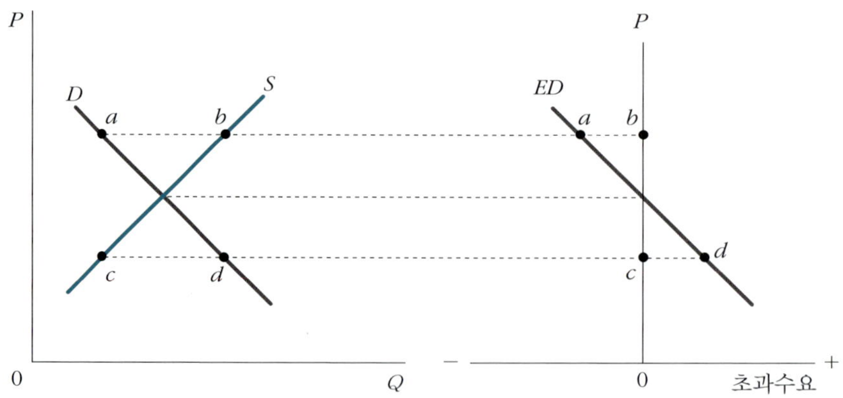

15) 왈라스적 조정과정(Walrasian adjustment process)이라고도 한다.

16) 그 반대의 경우도 같은 논리가 적용된다.

$$ED(p) = D(p) - S(p) \cdots\cdots \langle\text{초과수요가 감소하면 안정적이다.}\rangle$$

〈그림 2-18〉에서 초과수요곡선은 우하향하는 기울기를 가진다. 이것은 가격이 하락할 때 초과수요는 증가하고 가격이 상승할 때 초과수요는 감소한다는 것을 의미한다. 따라서 가격이 상승할 때 초과수요가 감소한다면 왈라스적으로 안정적이라 할 수 있다.

참고로 왈라스적 안정조건은 수요곡선의 기울기와 공급곡선의 기울기로 정의되기도 한다.

$$\text{왈라스적 안정조건} = \frac{1}{\text{공급곡선의 기울기}} > \frac{1}{\text{수요곡선의 기울기}}$$

〈그림 2-19〉에서 보는 바와 같이 초과수요곡선이 우하향하면 균형은 왈라스적으로 안정적이고 〈그림 2-20〉에서 보는 바와 같이 초과수요곡선이 우상향하면 왈라스적으로 불안정적이다. 초과수요곡선의 기울기가 양의 값을 가진다는 것은 초과수요가 발생해 있음에도 불구하고 초과수요가 더욱 증가하고 있는 상태를 말한다.

〈그림 2-19〉 안정적인 경우

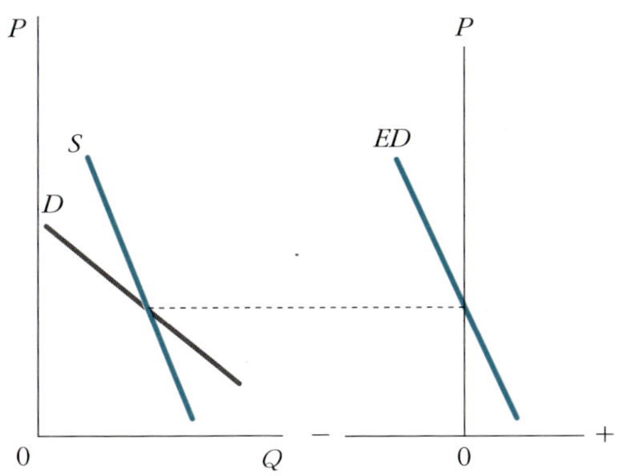

〈그림 2-20〉 불안정적인 경우

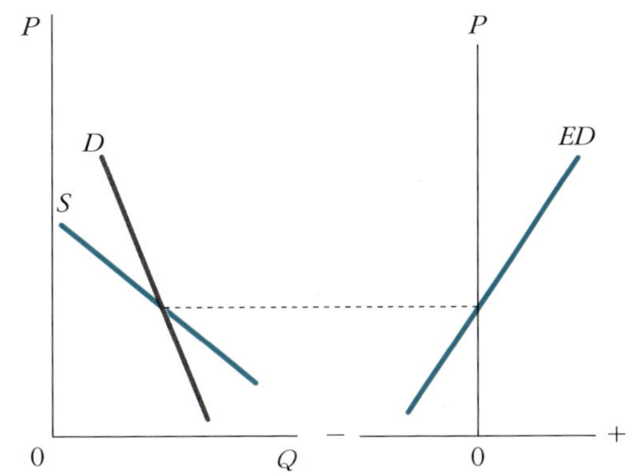

② 마샬적 안정성

마샬적 안정성은 왈라스적 안정성과 정반대로 수·급량을 독립변수로 가격을 종속변수로 삼아 안정성을 분석하는 방식이다.[17] 다시 말하면 균형이 깨어졌을 때 조정변수로 가격이 아닌 수·급량이 매개기능을 수행한다는 뜻이다. 균형가격이 깨어져 초과공급가격이 형성되면 공급가격이 수요가격보다 높게 되므로 독립변수인 공급수량은 감소하게 되고 공급량이 감소하였으므로 수요가격은 높아지고 공급가격은 낮아져 또다시 균형가격을 회복하게 된다.

〈그림 2-21〉의 초과수요가격곡선을 도출하는 과정이고 초과수요함수는 다음과 같다.

$$EDP(Q) = P_D - PS \cdots\cdots$$ 〈초과수요가격곡선이 우하향하면 안정적이다.〉

참고로 마샬적 안정조건은 수요곡선의 기울기와 공급곡선의 기울기로 정의되기도 한다.

마샬적 안정조건=공급곡선의 기울기>수요곡선의 기울기

마샬의 안정조건[18]은 〈그림 2-22〉과 〈그림 2-23〉에서 보는 바와 같이 초과수요가격이 양의 값을 가지면 수량은 증대하고, 초과수요가격이 음의 값을 가지면 수량은 감소하게 될 때 균형은 안정성을 가진다. 다시 말하면 초과수요곡선의 기울기가 음의 기울기를 가지면 그 수요·공급의 균형은 마샬적으로 안정적이라 할 수 있고, 양의 기울기를 가지면 불안정적이라 할 수 있다.

초과수요가격이 양이면 수요가격이 공급가격보다 높으므로 수량을 증대시키고, 초과수요가격이 음이면 수요가격이 공급가격보다 낮으므로 수량을 감소시킨다. 따라서 초과수요곡선이 우하향하면 균형을 향해 수량이 조정됨으로써, 가격도 균형가격으로 회귀한다. 〈그림 2-21〉과 〈그림 2-22〉는 초과수요곡선(*EDP*)이 우하향함으로써 마샬적으로 안정적인 경우를 보여주고 있으며, 〈그림 2-23〉에서는 초과수요곡선(*EDP*)이 우상향함으로써 마샬적으로 불안정한 경우를 보여주고 있다. 〈그림

17) 우리가 일반적으로 사용하는 가격/수량의 좌표는 마샬적으로 규정되어 있는 것이다.

18) 가격이나 수요량의 변화에 비해 공급량의 변화가 매우 느리다는 점이 중요하다.

〈그림 2-21〉 초과수요가격곡선

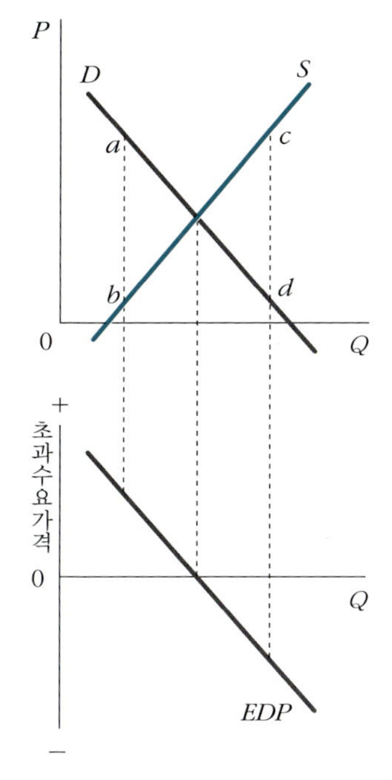

〈그림 2-22〉 안정적인 경우

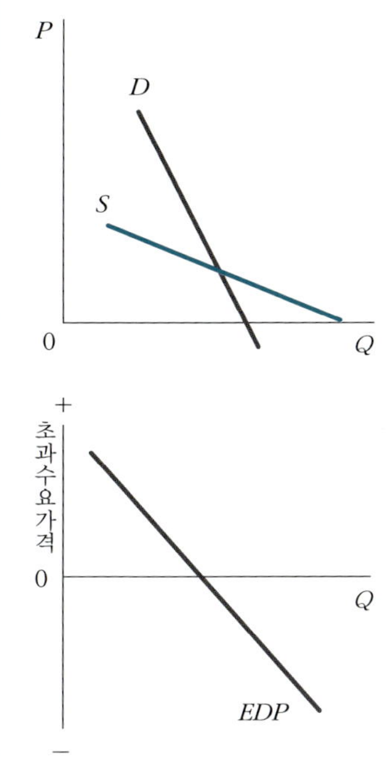

〈그림 2-23〉 불안정적인 경우

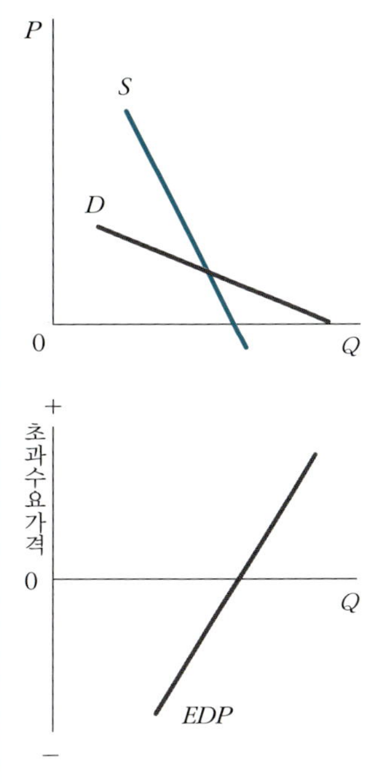

2-18〉, 〈그림 2-21〉과 같이 일반적인 수요·공급곡선의 형태에서는 왈라스적으로나 마샬적으로 모두 안정적이다. 〈그림 2-19〉, 〈그림 2-23〉은 왈라스적으로 안정적이며 마샬적으로는 불안정적이고 〈그림 2-20〉, 〈그림 2-22〉는 마샬적으로는 안정적이고 왈라스적으로는 불안정적이라는 상반적인 결과를 보여주고 있다.

(2) 동태적 안정성

동태적 안정성(dynamic stability)은 정태적 안정성과는 달리 균형이 깨어졌을 때 어떤 과정을 거쳐 균형으로 회복하려는 혹은 균형을 벗어나 버리려는 내성적 속성의 분석방식이다.[19] 다시 말하면 외적인 충격에 의해 균형이 무너졌을 경우, 운동의 방향과 운동의 과정을 중요시하는 분석방식이다. 시간(time path)이라는 요소

19) 시간을 고려함에 있어 연속적(continuous)으로 고려하는 방식과 불연속적(discrete)으로 고려하는 방식이 있다. 여기서는 주로 불연속적 개념인 기간(period)을 고려한다.

를 고려할 때 공급은 수요보다 비탄력적이고,[20] 가격이 수요량과 공급량에 영향을 미치는 시점이 서로 다를 수 있다. 이러한 조건하에서 균형의 안정성을 분석한 이론이 에치켈의 거미집모형(cob-web theorm)이다.[21] 정태적 기대와 시차(time-lag)의 개념을 도입한 동태적 분석기법이다. 정태적 기대란 다음 연도의 가격이 올해의 가격과 동일할 것으로 예상하는 것을 의미한다. 따라서 정태적 기대라는 개념으로 공급이 비탄력적인 농산물의 경우 나타나는 가격파동을 이론적으로 설명할 수 있다. 거듭되는 농산물의 가격파동은 corn-hoc cycle이론에서 수요는 당기 가격의 함수이지만 공급은 전기 가격의 함수이기 때문에 발생하는 현상이다.[22] 수요함수와 공급함수는 다음과 같이 정의된다.

$D_t = f(P_t)$ …… t기의 수요량은 t기의 가격에 의존

$S_t = f(P_{t-1})$ …… t기의 공급량은 $t-1$기의 가격에 의존

〈그림 2 - 24〉에서 보는 바와 같이 가격의 동태적 균형조정과정이 거미집과정임을 알 수 있다. 2004년의 고추생산량이 Q_L이라 하자. 그리면 Q_L의 생산량이 모두 판매되기 위해서는 고추가격이 P_H에서 형성될 것이다. 이제 2005년도 고추생산량을 계획하는 농부가 있다 하자. 그는 고추생산량을 계획할 때 고추가격은 P_H가 기준이 된다. 따라서 2005년에는 Q_H의 고추가 생산되게 될 것이다. Q_H의 생산량이 모두 판매되기 위해서는 고추가격은 P_L로 형성될 것이다. 이런 조정과정을 거쳐 결국 시장균형인 Q_E, P_E로 수렴해 간다. 이와 같은 가격과 수·급량의 조정과정을 선으로 연결하면 P_H, P_L, P_M, P_E에 이르는 거미집모양이 만들어진다.

시장균형이 동태적인 안정성을 확보하려면 일정한 안정조건이 충족되어야 한

20) 공급은 생산기간이 필요하기 때문이다.

21) 가격이 균형가격을 향해 조정되어가는 과정이 그림으로 그리면 마치 거미집과 같다 하여 붙여진 이름이다(cob-web process).

22) 돼지와 옥수수를 주요 산출물로 삼는 농가가 있다. 작년에는 돼지값은 폭등하고 옥수수값은 폭락했다. 이유는 돼지의 과소생산과 옥수수의 과잉생산이였다. 그런데 올해에는 정반대의 현상인 옥수수값은 폭등. 돼지값은 폭락하였고, 이유는 돼지의 과잉생산과 옥수수의 과소생산이였다. 이러한 현상이 거듭되는 원인은 수요는 그 해의 가격에 의하여 결정되고, 공급은 전해의 가격에 의해 결정되기 때문이다. 이와 함께 농산물 가격의 파동폭이 큰 또 하나의 이유는 농산물은 수요의 가격탄력성도 작기 때문이다.

〈그림 2-24〉 동태적 안정성과 거미집과정

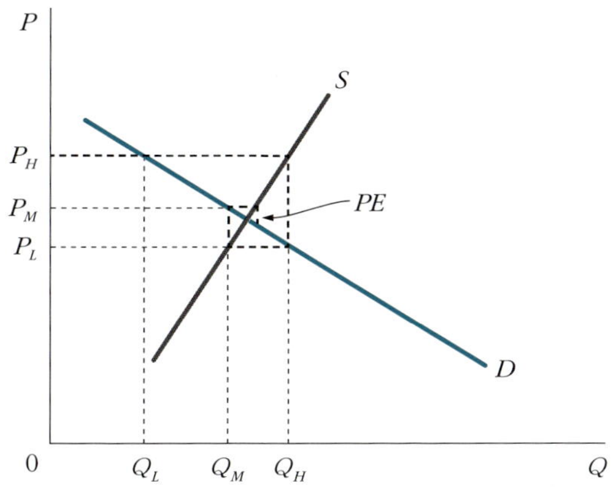

다.[23] 거미집과정을 통한 안정조건은 공급의 가격탄력성이 수요의 가격탄력성보다 작아야 한다. 이는 수요곡선의 기울기가 공급곡선의 기울기보다 작아야 한다는 것을 의미한다.[24] 이를 수식으로 정리하면 다음과 같다.

시장균형의 동태적 안정조건 = |공급곡선의 기울기| > |수요곡선의 기울기|

따라서 〈그림 2-24〉에서 보는 바와 같이 수요곡선이 공급곡선보다 완만하게 그려지는 경우 거미집과정을 통하여 가격은 균형가격으로 수렴하게 된다. 한편, 〈그림 2-25〉의 (a)와 같이 공급곡선과 수요곡선이 동일한 기울기로 그려지는 경우에는 다시 균형으로 수렴하지 못하고 제자리에서 순환하게 된다. 〈그림 2-25〉의 (b)와 같이 공급곡선이 수요곡선보다 완만하게 그려진다면 오히려 가격은 균형으로부터 점점 멀어져가는 발산형으로 나타나게 된다.

(a)의 진동하는 경우에는 |공급곡선의 기울기| = |수요곡선의 기울기|
(b)의 발산하는 경우에는 |공급곡선의 기울기| < |수요곡선의 기울기|

23) 수학적인 정밀한 논증은 차분방정식(difference equation)으로 가능하다.

24) 절댓값을 기준으로 크고 작은 값을 평가하며, 공급곡선의 기울기 값이 커야 하는 이유는 기울기 값과 공급의 가격탄력성과는 역의 관계를 형성하고 있기 때문이다. 즉, 공급은 생산기간이 필요하기 때문에 수요에 비해 가격탄력성이 작을 수밖에 없다.

〈그림 2-25〉 시장균형이 동태적으로 불안정적인 경우

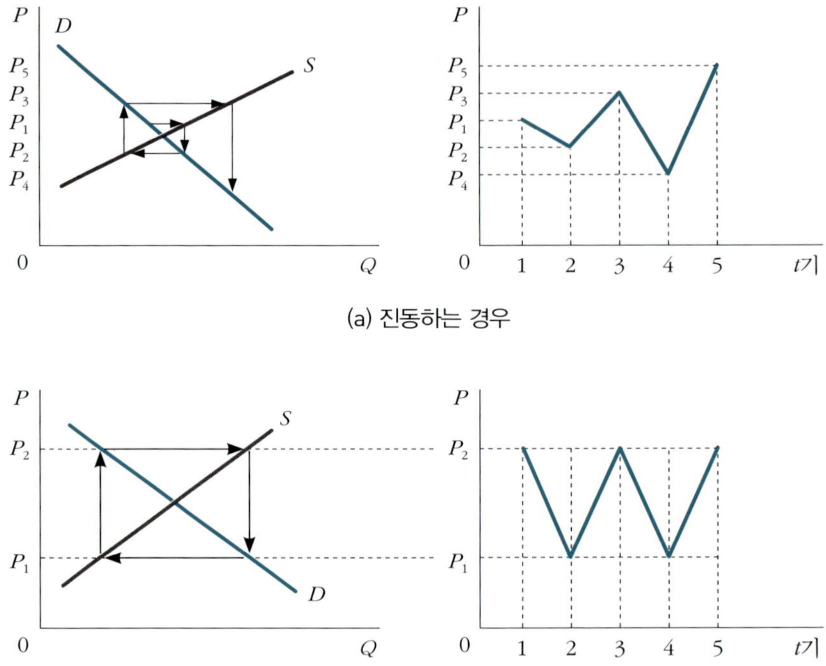

(a) 진동하는 경우

(b) 발산하는 경우

5. 수요·공급이론의 응용

1) 시장균형과 사회적 후생

수요·공급이론은 시장경제를 분석하는 가장 유용한 기본적인 도구라 할 수 있다. 수요·공급이 시장에서 균형을 이룰 때 시장균형이라 하며, 소비자와 생산자가 서로 동일한 가격과 동일한 수·급량에 의해 거래할 것을 기꺼이 받아들이는 상태를 말한다. 시장에서 생산된 모든 재화와 용역이 남거나 모자람 없이 생산자가 기꺼이 판매하고자 하는 가격에, 또한 소비자가 기꺼이 지불하고자 하는 가격에 의해 서로

〈그림 2-26〉 시장균형과 사회적 후생

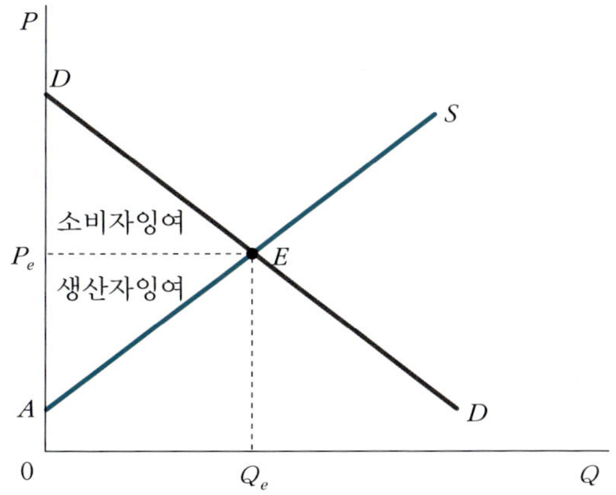

만족스럽게 청산되는 상태를 의미한다. 후생경제학적 측면에서는 일정한 조건이 충족될 때 시장균형은 가장 최적한 자원배분을 달성한다고 정의되어 있다.[25] 〈그림 2-26〉의 시장균형 E점은 소비자잉여와 생산자잉여가 극대화된 점으로서 자원배분이 가장 효율적으로 이루어졌음을 의미하기도 한다. 여기서 소비자잉여(consumer surplus)란 소비자가 Q_e만큼의 재화를 구매하는데 기꺼이 $D0Q_eE$만큼의 금액을 지불할 용의가 있음에도 불구하고 실제로는 P_e0Q_eE만큼의 금액을 지불하였으므로 DP_eE만큼의 대가를 지불하지 않은 이득을 말한다. 생산자잉여(producer surplus)란 생산자가 Q_e만큼의 재화를 최소한 $A0Q_eE$만큼의 수취의도에 비해 실제로는 P_e0Q_eE만큼의 금액이 수취되었으므로 P_eAE만큼의 의도하지 않은 이득을 말한다. 사회적 후생(social welfare)이란 소비자잉여와 생산자잉여의 합을 의미한다.

〈그림 2-26〉의 $\triangle D0E$의 면적이 곧 사회적 후생을 의미하며, $\triangle D0E$의 크기가 가장 극대화되는 E점이므로 시장균형은 사회적 후생을 극대화시키고 있다고 말할 수 있다. 여기서 우리는 정부의 정책이나 조세가 미치는 경제적 효과를 분석하는데 수요·공급이론이나 사회적 후생=생산자잉여+소비자잉여의 개념을 활용할 수 있다.

25) 후생경제학 제1정리 〈소비자의 선호체계가 강단조성을 가지며 외부성이 존재하지 않는다면 경쟁시장일반균형은 파레토최적이 된다.〉

여기서는 정부의 가격규제나 조세부과와 같은 경제행위가 시장경제에 어떤 경제적 변화를 초래했는지, 가격규제나 조세부과에 대한 효과분석의 예를 수요·공급 분석의 틀을 이용하여 분석하고자 한다.

2) 가격규제의 효과분석

시장의 균형이 가치판단기준에 비추어 바람직하지 못한 상태에 있을 때 정부는 권력을 동원하여 시장에 직접 개입함으로써 시장균형을 조정하려 한다. 이같이 정부가 시장에 직접 개입하여 인위적으로 가격을 통제하는 방식을 가격규제라 하며, 여기에는 최고가격을 설정하여 규제하는 방식, 즉 가격상한제와 최저가격을 설정하여 규제하는 방식, 즉 가격하한제가 있다.[26)]

① 가격상한제(price ceiling)

가격상한제(price ceiling)를 설명하기 위해 쌀시장을 예로 들어 보자. 엄청난 홍수피해로 쌀생산량이 현저히 감소하여 쌀시장의 시장균형이 현재 가마당 100만원이고 〈그림 2-27〉의 P_e 수준이라 하자. 실제로 일반 서민들의 주식인 쌀이 가마당 100만원이라면 이러한 시장균형은 사회적으로 매우 부적절한 상황이다. 즉, 매일매일 굶어 죽는 사람들도 속출할 것이다. 따라서 정부는 쌀가격을 직접 통제하기 위해 가격상한선 P_c를 설정할 수 있다. 시장균형가격이 너무 높다는 가치판단 아래 시장균형가격보다 낮은 가격수준을 설정해 놓고 그 이상의 가격으로 거래하는 것은 규제하는 가격규제방식을 가격상한제(price ceiling)라 한다. 이런 조건하에서 가격이 상한선을 유지한다면 수량은 $Q_s - Q_d$만큼의 초과수요가 발생하게 될 것이다. 규제가격이 시장가격보다 낮은 수준에 있기 때문에 공급자는 Q_e보다 적은 Q_s만큼을 공급하려 하고 수요자는 Q_e보다 많은 Q_d만큼을 수요하려 한다. 초과수요가 존재하게 되면 암시장(black market)이 출현할 가능성이 높아진다. 〈그림 2-27〉에서 암시장이 발생할 경우, 최고가격은 P_d수준이라는 것을 알 수 있다. 만약 이

26) 여기서는 시장의 실패가 아닌 가치기준에 따른 정부의 개입을 말한다. 시장실패, 즉 독과점에 대한 규제의 경우에는 한계가격설정규제와 평균가격설정규제나 이중가격설정규제 같은 방식이 존재한다.

〈그림 2-27〉 가격상한제의 효과분석

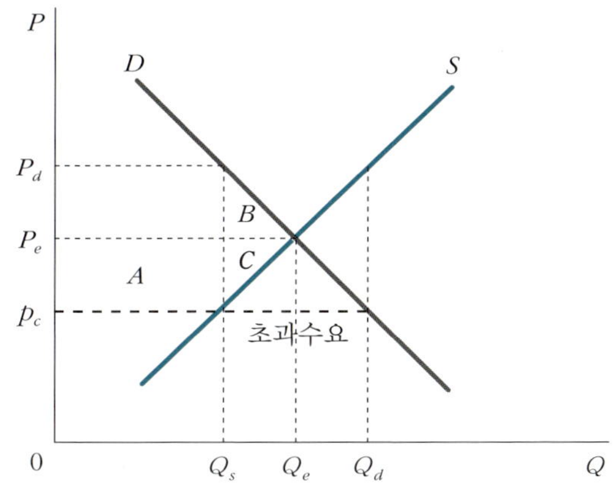

런 상황이 전개된다면 가격상한제는 아무런 정책효과를 거둘 수 없게 된다. 또한 △$(B+C)$만큼의 사회적 후생의 손실이 발생하며, 암시장이 발생하지 않는 경우에는 □A의 범위 내에서 판매되는 제품의 질이 저하될 가능성이 매우 높다. 지적된 여타의 문제가 발생하지 않는다고 하더라도 수요량에 비해 공급량이 부족하므로 적절한 배분방식의 문제가 제기된다.[27)] 한편 가격상한제는 소비자를 보호하기 위한 정책에 해당하고 전쟁이나 천재지변 같은 위기상황에서 단기적으로 대처할 수 있는 수단에 불과하다. 장기적으로는 시장원리를 이용하여 문제를 근본적으로 해결하여야 한다. 예를 든다면 공급측면에서 수입을 확대하거나, 생산장려정책을 활용하여 공급곡선을 우측으로 이동시키거나 수요측면에서 쌀수요를 억제하는 홍보나 교육 또는 대체재(분식이나 혼식)로 수요를 유인하는 정책을 활용하여 수요곡선을 좌측으로 이동시켜야 한다.

② 가격하한제(price floor)

가격하한제를 설명하기 위해 노동시장의 예를 들어 보자. 〈그림 2-28〉에서 보는 바와 같이 P_e가 시장균형, 즉 노동시장에서 노동에 대한 수요와 공급에 의해 결정된 임금수준이고 월 10만원이라 가정하자. 이런 상황에서 정부는 월 10만원의 임

27) 여기에는 공급자의 정실, 선착순, 배급제 등의 배분방식이 있다.

〈그림 2-28〉 가격하한제의 효과분석

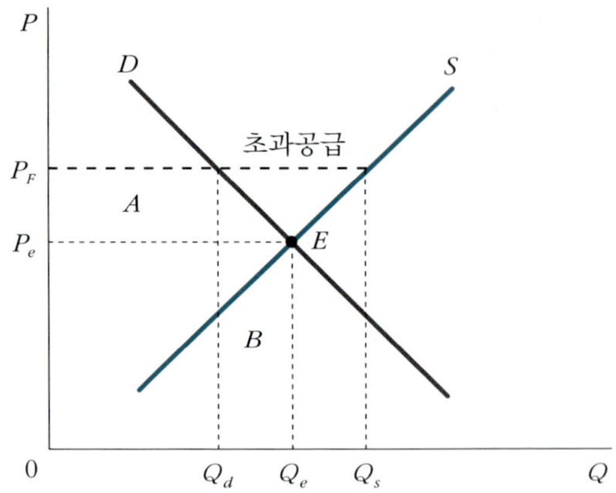

금이 적정하지 못하다고 판단하는 경우, 시장균형가격 P_e보다 높은 수준의 최저가격 P_F를 설정하고 그 수준 이하로 떨어지지 못하도록 규제하는 방식을 가격하한제라 한다. 이 같은 경우 임금이 하한선인 P_F를 유지한다면 Q_s-Q_d만큼의 노동의 초과공급이 발생한다. 노동시장에서 가격하한제(최저임금제)를 실시하면 임금수준은 P_F수준으로 상승하지만 Q_s-Q_d만큼의 초과공급, 즉 비자발적 실업이 발생한다는 것을 알 수 있다.

최저임금제(가격하한제)는 초과공급의 문제(비자발적 실업)뿐만이 아니라 총노동소득을 오히려 감소시키는 결과를 가져올 수도 있다. 〈그림 2-28〉에서 보는 바와 같이 최저임금제는 P_e에서 P_F수준으로 임금이 상승하면 □A만큼의 임금소득이 증가하는 반면 □B만큼의 임금소득이 감소하게 된다. 따라서 근로자를 보호하기 위한 최저임금제가 비자발적 실업의 증가로 인한 실업자의 임금소득의 상실 B의 면적이 임금상승으로 인한 임금소득의 감소 A의 면적보다 크게 된다면 근로자의 총임소득은 오히려 감소하게 된다. 임금상승으로 인한 근로자의 총임금소득이 증가하려면 A의 면적이 B의 면적보다 커져야 하며, 이를 위해서는 노동수요의 임금탄력성이 1보다 작아야 한다. 왜냐하면 최저임금제는 임금을 시장균형가격 보다 상승시키지만, 기업의 입장에서 노동의 수요를 감소시킨다. 임금이 상승할 때 총임금소득이 증가하려면 임금상승의 비율보다 기업의 노동수요의 감소비율이 작아야 하기 때문이다. 가격상한제가 소비자를 보호하기 위한 제도에 해당한다면 최저임금제와 같은 가격하한제는 생산자를 보호하기 위한 제도라고 할 수 있다. 기업들의 과당경쟁으로 판매하는 재화의 시장균형가격이 장기적으로 기업의 정상적인 생산활동을 위협할 정도로 낮은 수준에 놓이게 되는 경우에도 가격하한제와 같은 규제수단을 동원하여 과당경쟁하에 있는 기업을 보호할 수 있다. 장기적으로는 시장원리를 이용하여 문제를 근본적으로 해결하는 정책적 접근이 필요하다. 예를 든다면 인구조절, 다양한 자영업의 육성, 해외이민의 장려 등을 통하여 노동공급곡선을 좌측으로 이동시킬 수 있다. 또한 다양한 일자리 창출, 기업투자의 촉진 등을 통하여 노동수요곡선을 우측으로 이동시킬 수 있다.

3) 조세부과의 효과분석

정부가 조세를 부과하면 시장경제, 즉 민간부문에 영향을 주게 된다. 크게는 조세부과로 민간부문에 있는 금융자산이 공공부문으로 구축(crowding-out)되며, 초과부담(excess burden)과 조세부과로 인한 자원배분의 왜곡을 초래하는 비효율성으로 인한 손실(deadweighted loss)이 나타나게 된다. 이 같은 현상들의 효과분석은 재정학에서 자세히 다루기로 하고 여기서는 조세가 부과되는 경우, 소비자와 생산자 간의 조세부담의 결정과정에서 발생하는 조세부담의 전가(tax shift) 및 조세부담의 귀착(tax incidence)문제를 다루고자 한다.[28)]

① 조세부담의 전가

조세가 부과되면 각 경제주체들은 경제활동을 조정하여 자신에게 부과된 조세를 다른 경제주체에게 이전시키려고 노력한다. 이러한 노력의 결과로 나타나는 경제현상을 조세부담의 전가라 한다. 조세부담의 전가현상은 생산자에게 부과된 조세를 소비자에게 전가시키는 전전현상, 생산요소공급자에게 전가시키는 후전현상, 생산과정에서 비용절감으로 조세부담을 흡수하는 소전현상 등으로 분류할 수 있다.

---

28) 물품세(excise tax)에는 부과되는 방식에 따라 종량세(per unit tax, specific tax)와 종가세(ad valorem tax)가 있다.

② 조세부담의 효과

조세가 부과되면 각 경제주체들은 조세부담에 따른 경제활동의 축소, 경제활동의 축소로 인한 후생의 감소에 직면하게 된다. 〈그림 2-29〉에서는 수요·공급분석에 의한 조세부담의 경제적 효과를 보여주고 있다.

〈그림 2-29〉에서 보는 바와 같이 물품세가 종량세방식으로 $t(P_d-P_s)$만큼 부과되면 공급곡선은 S에서 S_t로 t만큼 좌측으로 수평이동하게 된다. 따라서 시장균형은 E점에서 새로운 균형점 $E'(P_d,\ Q_t)$점으로 이동하게 된다. Q_t에 부과된 단위당 세액은 P_d-P_s이고 공급자는 P_s-P_E만큼의 세액을 부담하게 되고 수요자는 P_E-P_d만큼의 세액을 부담하게 된다. $t(P_d-P_s)$만큼의 종량세 부과에 따른 조세부담으로 인한 균형수요·공급량은 Q_E-Q_t만큼 감소하게 된다. 따라서 생산과 소비가 위축되고 결과적으로 생산자·소비자잉여가 $(B+A)$만큼 사라지게 되는데, 이것이 바로 조세부과로 인한 $\triangle(B+A)$만큼의 사회적 후생의 손실에 해당한다.

〈그림 2-29〉 조세부담의 효과

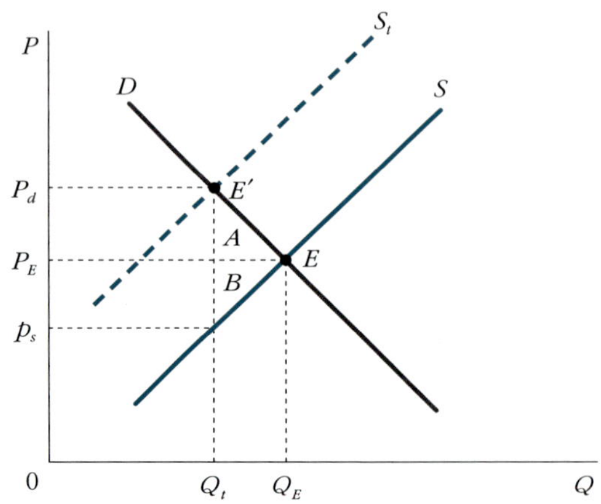

③ 조세부담의 귀착

어떤 경제주체에게 조세가 부과되면 각 경제주체 간에 조세의 전가가 이루어지고, 그 결과로 인해 본래의 조세부과와는 다른 조세부담의 귀착현상이 나타나게 된다. 수요·공급이론은 조세부과에 따른 수요자와 공급자간의 조세전가와 조세부담의 귀착을 설명하는 데에도 매우 유용하다. 수요·공급의 가격탄력성은 경제주체 간에 전가되는 조세부담의 귀착의 크기를 결정하는 중요한 요소로써 작용하기 때문이다. 〈그림 2-29〉에서 보는 바와 같이 종량세가 $t(P_s-P_d)$만큼 공급자에게 부과된다 하자.[29] 공급자는 t만큼의 가격을 인상하려 할 것이고, 수요자는 인상된 가격에 따라 수요량을 줄이려 할 것이다. 일단 공급자에게 납세의무가 있는 것으로 전제하였으므로 공급곡선이 S에서 S_t로 상향이동하게 된다.[30] 따라서 수요·공급의 시장균형은 E점에서 새로운 균형점 E'점으로 이동하게 되고, 균형가격도 P_E에서 P_d로 상승하게 되며, 균형수·급량은 Q_E에서 Q_t로 감소하게 된다. 결과적으로 종량세의 부과는 균형가격의 상승과 균형수·급량의 감소를 초래한다. 그런데 〈그림 2-29〉에서 세금은 P_s-P_d만큼 부과되었지만 새로운 균형가격은 P_s-P_d만큼이 아닌 P_E-P_d만큼만 상승하고 있다. 이러한 현상은 종량세 부과에 대한 P_s-P_E만큼의 조세는 공급자가 부담하였다는 것을 의미하고, 나머지 P_E-P_d만큼의 조세는 소비자가 부담하였다는 것을 의미한다. 따라서 소비자가 부담한 만큼의 조세가 가격상승으로 나타나게 되는 것이다. 여기서 공급자가 부담하게 될 P_s-P_E의 길이는 수요의 가격탄력성이 클수록, 공급의 가격탄력성이 작을수록 길어진다는 것을 알 수 있으며, 소비자가 부담하게 될 P_E-P_d의 길이는 수요의 가격탄력성이 작을수록, 공급의 가격탄력성이 클수록 길어진다는 것을 알 수 있다. 따라서 수요자의 조세부담은 수요의 가격탄력성이 클수록 작아지는 것이며 공급자의 조세부담은 공급의 가격탄력성이 커질수록 작아진다는 것을 알 수 있다.

〈그림 2-30〉에서는 공급의 가격탄력성이 무한대인 경우, 공급곡선이 수평인 경우의 조세부담의 귀착을 나타내고 있다. 종량세가 t만큼 부과되면 t만큼의 가격이 상승하여 새로운 균형가격은 P_t가 된다. 공급의 가격탄력성이 무한대이므로 t만큼의 종량세가 모두 소비자에게 전가되고 있는 것이다. 반대로 〈그림 2-31〉에서는 수요의 가격탄력성이 무한대인 경우, 수요곡선이 수평인 경우의 조세부담의 귀착을 보여주고 있다. 여기서는 종량세가 t만큼 부과된다 해도 균형가격은 변하지

29) 납세의무자가 공급자인가 아니면 수요자인가에 따라 공급곡선이나 수요곡선이 이동하게 된다.

30) 수요자에게 납세의무가 있다면 수요곡선이 좌측으로 이동할 것이며, 여기서는 납세의무자가 공급자이므로 공급곡선이 좌측으로 이동하는 경우이다.

〈그림 2-30〉 공급곡선이 수평인 경우

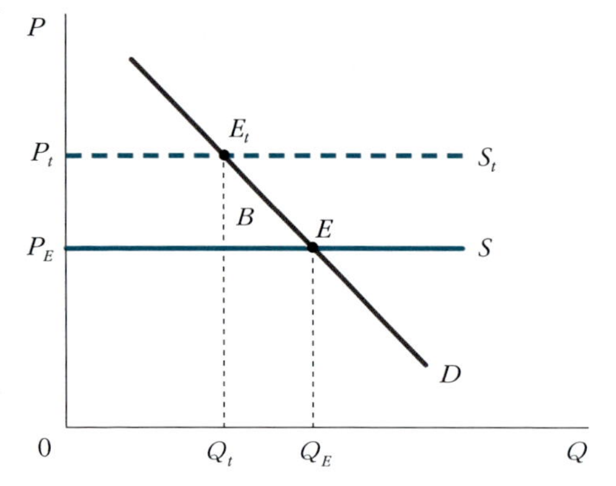

〈그림 2-31〉 수요곡선이 수평인 경우

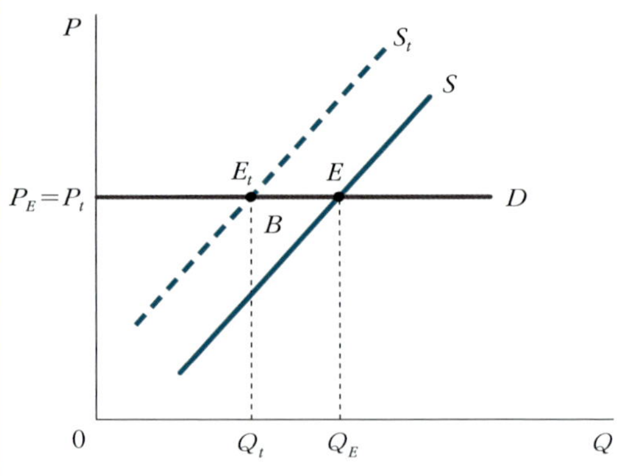

않고 있다. 이것은 t만큼의 조세를 생산자가 모두 부담하고 있다는 것을 의미한다. 〈그림 2-30〉와 〈그림 2-31〉에서는 수요곡선과 공급곡선이 완전탄력적인 경우의 조세부과를 보여주고 있다. 조세가 부과되면 균형수·급량이 모두 Q_E에서 Q_t로 감소한다는 것을 알 수 있으며, $\triangle B$만큼의 사회후생의 손실이 발생한다는 것을 알 수 있다.

〈그림 2-32〉에서는 공급의 가격탄력성이 완전비탄력적인 경우, 공급곡선이 수직인 경우의 조세부담의 귀착을 나타내고 있다. t만큼의 종량세가 부과된다 해도 균형가격은 변하지 않으므로 부과된 조세를 모두 생산자가 부담하게 된다. 〈그림 2-33〉에서는 수요의 가격탄력성이 완전비탄력인 경우, 수요곡선이 수직인 경우의 조세부담의 귀착을 나타내고 있다. t만큼의 종량세가 부과되는 경우 t만큼의 가격이 상승하여 균형가격은 P_E에서 P_t로 이동하게 된다. 따라서 t만큼의 조세를 수요자가 모두 부담하게 된다.

〈그림 2-32〉와 〈그림 2-33〉에서는 공급의 가격탄력성과 수요의 가격탄력성이 모두 완전비탄력적인 경우의 조세부과에 따른 효과를 나타내고 있다. 〈그림 2-30〉과 〈그림 2-31〉에서와 같이 균형수·급량이 감소하지 않으며 조세부과에 따른 사회후생의 손실이 발생하지 않는다는 것을 알 수 있다. 따라서 수요·공급의 가격탄력성이 커질수록 수요·공급곡선의 기울기가 완만할수록 조세부과에 따른 사회적 후생의 손실이 비례적으로 증가한다는 것을 알 수 있다.

〈그림 2-32〉 공급곡선이 수직인 경우

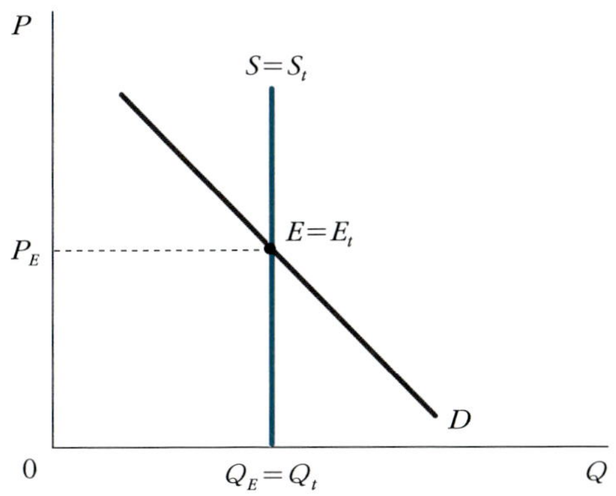

〈그림 2-33〉 수요곡선이 수직인 경우

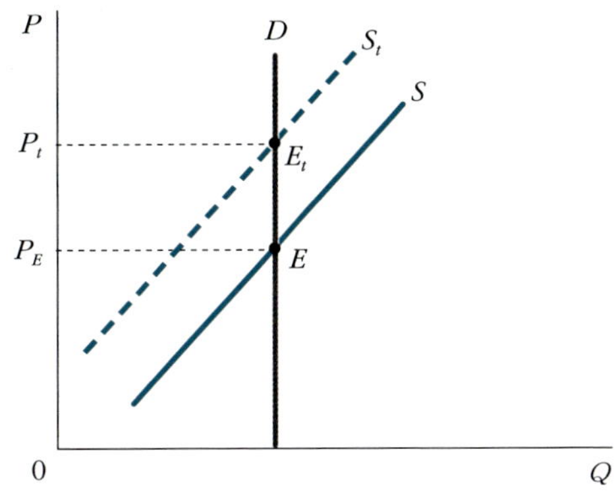

연습문제

EXERCISE

1. X재, Y재가 서로 보완재의 관계에 있을 때 다음 설명 중 옳지 않은 것은? (국민연금 4급)

① X재 가격이 상승하면 Y재 수요는 감소한다
② 일반적으로 X재, Y재를 각각 소비하는 경우의 효용보다 함께 소비하는 경우의 효용이 크다.
③ 잉크와 펜의 경우가 대표적인 경우이다.
④ X재 가격이 하락하면 Y재 가격은 하락한다.

2. 수요증대가 있더라도 다음의 어떤 경우에 가격이 오르지 않는가? (공인감정사)

① 수요가 완전탄력적인 경우
② 수요의 소득탄력성이 큰 경우
③ 공급탄력성이 완전탄력적인 경우
④ Giffen재의 경우
⑤ 열등재인 경우

3. X상품에 대한 개개인의 수요함수가 $Q_D = 12 - 2P_X$로 동일한 소비자가 10,000명이 있다. 또 이 상품의 공급자는 1,000명이 있는데 이들 각 공급자의 공급함수는 $Q_S = 20P_X$이다. 이 시장에서 X상품의 균형가격(P)과 균형수량(Q)의 값은 얼마인가? (공인회계사)

① $P=0.55$, $Q=109,000$
② $P=3$, $Q=60,000$
③ $P=3.50$, $Q=70,000$
④ $P=6.67$, $Q=133,400$
⑤ $P=0.54$, $Q=110,000$

4. 원래 어떤 재화에 대한 수요, 공급함수가 각각 $Q_D=100-2P$, $Q_S=10+4P$였으나 소비자 선호의 변화로 수요함수가 $Q_D=80-3P$로 변화하였다. 가격과 균형수급량의 변화는? 〔공인회계사〕

	가격	균형수급량
①	5원 상승	10만큼 감소
②	5원 상승	20만큼 감소
③	5원 하락	5만큼 감소
④	5원 하락	15만큼 감소
⑤	5원 하락	20만큼 감소

5. 가격이 변할 때, 총수입이 일정하다면 수요의 가격탄력성은? 〔국회 7급〕

① 0이다. ② 1이다. ③ 1보다 작다.
④ 0보다 작다 ⑤ 0보다 크고 1보다 작다.

6. 잉여농산물이 발생할 경우 농가소득이 줄어드는 이유는? 〔7급 행정〕

① 곡물의 공급이 탄력적이므로
② 곡물의 공급이 비탄력적이므로
③ 곡물에 대한 수요가 탄력적이므로
④ 곡물에 대한 수요가 단위탄력적이므로
⑤ 곡물에 대한 수요가 비탄력적이므로

7. 세 개의 수요곡선 D_1, D_2, D_3가 있다고 하자. 이들의 탄력성이 각각 0.3, 1.0, 1.2라면 가격의 하락이 수입의 증가를 가져다주는 수요곡선은 어느 것인가? 〔공인감정사〕

① D_1 ② D_1과 D_2 ③ D_2와 D_3 ④ D_3 ⑤ D_1, D_2 및 D_3

8. 어떤 독점기업이 직면하는 시장수요곡선은 $Q_D=300-(3/4)P$로 주어졌다. (단, Q_D는 시장수요량, P는 시장가격). 수입을 극대화하기 위해 이 독점기업이 책정하여야 될 가격수준은? (군법무관)

① 100 ② 200 ③ 225 ④ 400 ⑤ 300

9. 어떤 상품 가격에 대한 수요곡선이 $Q=25/P$로 주어졌을 때 다음 중 옳은 것은?(단, Q : 수요량, P : 가격) (공인회계사)

① 한계수입이 0보다 크다.
② 한계수입이 0보다 작다.
③ 한계수입이 가격과 같다.
④ 한계수입이 0이다.
⑤ 정답이 없다.

10. 두 재화의 교차탄력성이 부(−)의 값을 가지면 이 두 재화는 어떤 관계인가? (경정 승진)

① 열등재이다. ② 대체재이다. ③ 독립재이다.
④ 보완재이다. ⑤ Giffen재이다.

11. 쌀의 가격탄력도는 0.2이고 소득탄력도는 0.1이라 하자. 쌀의 가격이 5% 상승하였을 때 쌀의 소비가 종전과 동일하려면 소득은 얼마나 변하여야 하는가? (감정평가사)

① 10% 증가 ② 10% 감소 ③ 0.1% 증가
④ 0.1% 감소 ⑤ 2.5% 증가

12. 어떤 상품의 공급함수가 $Q=8P$(단, Q : 공급량, P : 가격)라고 할 때 공급의 가격탄력성은? (공인회계사)

① 1.0보다 크다. ② 8.0과 같다. ③ 0과 같다.
④ 1.0보다 작다. ⑤ 1.0과 같다.

13. 재화의 공급탄력성을 크게 하는 요인은? 〔경정 승진〕

① 생산자원의 부족 ② 완전고용상태의 실현
③ 유휴설비와 실업자의 충만 ④ 기술의 저수준

14. 거미집 이론(cob-web theory)에 의하면 금기의 공급량은? 〔공인회계사〕

① 금기의 가격에 의존한다. ② 전기의 가격에 의존한다.
③ 미래의 예상가격에 의존한다. ④ 미래의 예상수요에 의존한다.
⑤ 정답이 없다.

15. 시장균형가격보다 낮은 가격에서 최고가격이 설정되면 다음과 같은 상태가 발생한다. 〔감정평가사〕

① 공급곡선이 왼쪽으로 이동한다. ② 공급량이 수요량보다 적다.
③ 공급량이 수요량보다 많다. ④ 수요곡선이 오른쪽으로 이동한다.
⑤ 수요·공급이 균형을 이룬다.

16. 등유의 수요곡선이 $D=10,000-10P$이고, 공급곡선이 $S=2,000+10P$일 때 최고가격 500을 설정한다면? 〔공인회계사〕

① 초과수요가 나타난다. ② 초과공급이 나타난다.
③ 아무런 변화가 없다. ④ 이상의 모두가 가능하다.
⑤ 맞는 답이 없다.

17. 물품세 부과시 누가 부담을 지는가? 〔행시〕

① 생산자만 진다.
② 소비자만 진다.
③ 공급의 가격탄력성이 크면 공급자 많아진다.
④ 수요의 가격탄력성이 크면 수요자가 많아진다.
⑤ 생산자·소비자 모두에게 부담이 되지만 수요 및 공급의 가격탄력성의 크기에 따라 다르다.

18. 완전비탄력적인 공급곡선을 갖는 재화에 세금이 부과되면, 그 세금은? 〔감정평가사〕

① 소비자와 생산자에게 반반씩 전가된다.
② 소비자와 생산자에게 나누어 전가되지만 그 비율은 알 수 없다.
③ 소비자에게 완전히 전가된다.
④ 공급자에게 완전히 전가된다.
⑤ 생산성을 낮춘다.

19. 농산품가격과 공산품가격의 평형을 유지하기 위한 가격정책은? 〔군법무관〕

① 이중가격　② 협상가격차　③ 최저가격제
④ 최고가격제　⑤ Parity 가격

20. 이중가격제도의 실시와 관련하여 다음 중 옳지 않는 것은? 〔감정평가사〕

① 소비자, 생산자를 보호하기 위한 제도이다.
② 농가보호정책이다.
③ 재정적자를 수반한다.
④ 이 제도는 수요·공급이 비탄력적일수록 효과적이다.
⑤ 이 제도는 수요·공급이 탄력적일수록 효과가 크다.

21. X재의 수요함수가 $Q_x=200-0.5P_x+0.4P_y+0.3M$이다. $P_x=100$, $P_y=50$, $M=100$일 때, Y재 가격에 대한 X재 수요의 교차탄력성은? 〔국가직 7급〕

① 0.1　② 0.2　③ 0.3　④ 0.4

22. 완전경쟁시장에서 거래되는 어느 재화의 수요곡선과 공급곡선이 다음과 같다. 수요곡선 $Q_D=10-2P$, 공급곡선 $Q_s=-2+2P$이다. 정부가 균형가격을 시장가격으로 설정하고 시장거래를 2로 제한할 때, 소비자잉여와 생산자잉여의 합은? 〔국가직 7급〕

① 2　② 4　③ 6　④ 8

23. 어느 재화를 생산하는 기업이 직면하는 수요곡선은 $Q_d=200-P$이고, 공급곡선은 Q_s는 $P=100$에서 수평선으로 주어져 있다. 정부가 이 재화의 소비자에게 단위당 20원의 물품세를 부과할 때, 초과부담을 조세수입으로 나눈 비효율성계수(coefficient of inefficiency)는?

(국가직 7급)

① 1/8　　② 1/4　　③ 1/2　　④ 1

24. 다음 그림은 보통사람과 중증환자에 대한 의료서비스 수요곡선을 나타낸다. 보통사람의 수요곡선은 D_1, 중증환자의 수요곡선은 D_2일 때 옳지 않은 것은? (국가직 7급)

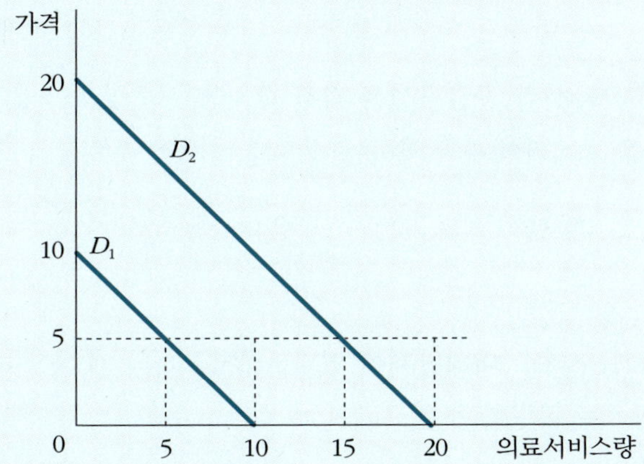

① 보통사람은 가격 5에서 탄력성이 1이다.
② 중증환자는 가격 5에서 탄력성이 1/3이다.
③ 이윤을 극대화하는 독점병원은 보통사람보다 중증환자에게 더 높은 가격을 부과한다.
④ 가격 5에서 가격 변화율이 동일할 경우 보통사람이나 중증환자 모두 수요량의 변화율은 동일하다.

25. 수요함수와 공급함수가 각각 $D=10-P$와 $S=3P$인 재화에 1원의 종량세를 공급자에게 부과했다. 이 조세의 경제적 귀착에 대한 설명으로 옳은 것은?

① 소비자 0.75원, 생산자 0.25원　　② 소비자 0.5원, 생산자 0.5원
③ 소비자 0.25원, 생산자 0.75원　　④ 소비자 0원, 생산자 1원

26. 다음은 사과와 배의 수요함수를 추정한 식이다. 이에 대한 설명으로 옳지 않은 것은?

(국가직 7급)

> 사과의 수요함수: $Q_A = 0.8 - 0.8P_A - 0.2P_B + 0.6I$
> 배의 수요함수: $Q_B = 1.1 - 1.3P_B - 0.25P_A + 0.7I$

① 사과와 배는 보완재이다.
② 사과와 배는 모두 정상재이다.
③ 사과와 배 모두 수요법칙이 성립한다.
④ 사과와 배 모두 가격 및 소득과 무관한 수요량은 없다.

27. 재화 A에 대한 수요곡선과 공급곡선은 각각 $Q_d = 12 - P$ 및 $Q_s = 2P$로 표현된다. 이 재화에 개당 3원의 세금을 소비자에게 부과하는 경우에 경제적 순손실의 크기는? (국가직 7급)

① 1원 ② 3원 ③ 5원 ④ 7원

28. 돼지고기와 닭고기는 서로 대체관계에 있다. 돼지고기의 가격이 하락함에 따라 닭고기 시장에 나타날 현상으로 적절한 것은? (국가직 9급)

① 균형가격상승, 균형거래량 증가
② 균형가격 상승, 균형거래량 감소
③ 균형가격하락, 균형거래량 증가
④ 균형가격하락, 균형거래량 감소

29. 다음은 비합리적 소비에 대한 설명이다. Ⓐ와 Ⓑ에 들어갈 효과를 바르게 연결한 것은?

(국가직 9급)

> 고가품일수록 과시욕에 따른 수요가 증가하는(Ⓐ)효과는 가격에 직접 영향을 받고, 보통사람과 자신을 차별하고 싶은 욕망으로 나타나는 (Ⓑ)효과는 가격이 아닌 다른 사람의 소비에 직접 영향을 받는다.

① bandwagon Ⓐ, Veblen Ⓑ
② bandwagon Ⓐ, snob Ⓑ
③ Veblen Ⓐ, snob Ⓑ
④ snob Ⓐ, bandwagon Ⓑ

30. 돼지고기 수요의 닭고기 가격에 대한 교차탄력성이 2일 때, 돼지고기 수요량이 10% 감소하였다. 이 경우 닭고기 가격은 얼마나 감소하였는가? (국가직 9급)

① 1% ② 2% ③ 5% ④ 10%

31. 수요와 공급의 법칙이 성립하는 자동차 시장에서 세금부과 전의 균형거래량은 250대이다. 지동차 1대당 5만원의 세금이 부과될 때 소비자는 3만원, 생산자는 2만원의 세금을 각각 부담하게 된다. 정부가 1,000만원의 조세수입을 확보할 경우, 세금부과에 의한 자중손실(deadweight loss)은? (국가직 9급)

① 50만원 ② 75만원 ③ 125만원 ④ 250만원

32. 과자와 도넛만을 소비하는 소비자가 있다. 이 소비자는 소득이 늘면 항상 과자 소비를 줄인다. 이 경우, 도넛 가격의 하락으로 나타나는 현상으로 옳은 것은?(단, 과자 가격은 불변이다) (국가직 9급)

① 과자 수요량은 감소한다.
② 도넛 가격이 충분히 하락하면 과자수요량은 증가할 수 있다.
③ 도넛 수요곡선이 우측으로 이동하고 장기적으로 도넛 가격은 어느 정도 다시 상승하게 된다.
④ 도넛 수요량은 증가하지만 위의 정보로는 과자 수요량에 미치는 영향은 알 수 없다.

33. 어떤 상품시장의 수요함수는 $Q_d=1,000-2P$, 공급함수는 $Q_s=-200+2P$이다. 이 상품시장에 대한 설명으로 옳은 것만을 모두 고른다면? (국회 8급)

Ⓐ 현재 상품시장의 생산자잉여는 40,000이다.
Ⓑ 최고가격이 150으로 설정되는 경우, 초과수요량은 500이 된다.
Ⓒ 최고가격이 150으로 설정되는 경우, 암시장가격은 450원이 된다.
Ⓓ 최고가격이 150으로 설정되는 경우, 사회적 후생손실은 40,000이 된다.

① Ⓐ, Ⓑ ② Ⓐ, Ⓒ ③ Ⓑ, Ⓒ ④ Ⓐ, Ⓑ, Ⓒ ⑤ Ⓑ, Ⓒ, Ⓓ

34. 최근 정부는 경유차의 구매수요를 현재보다 20% 줄이고 대기정화를 위한 재원을 확보하기 위해 유류가격을 인상하려 한다. 경유 자동차 구매 수요의 경우 가격탄력성은 3, 경유 자동차구매 수요의 휘발유 탄력성은 2이다. 경유가격을 10% 인상하였다면 위 목표를 달성하기 위해서는 휘발유가격을 얼마나 인상하여야 하는가?

① 5%　② 7.5%　③ 10%　④ 12.5%　⑤ 15%

35. 다음은 소매시장의 오리고기 수요곡선과 공급곡선이다. $P_b=7$, $P_c=3$, $P_d=5$, $Y=2$라고 할 때, 시장균형점에서 오리고기에 대한 수요의 가격탄력성은? (국가직 7급)

> 수요곡선: $Q_d=105-30P-20P_c+5P_b-5Y$
> 공급곡선: $Q_s=5+10P-3P_d$
>
> (단, P는 소매시장 오리고기 가격, P_b는 쇠고기 가격, P_c는 닭고기 가격, P_d는 도매시장 오리고기 가격, Y는 소득이다.)

① 1/6　② 1/3　③ 3　④ 6

36. 재화 X는 가격이 상승할 때 수요량이 증가하는 재화이다. 재화 X재에 대한 설명으로 옳은 것은? (국가직 7급)

① 재화 X는 정상재이다.
② 재화 X의 수요의 소득탄력성은 0보다 크다.
③ 재화 X는 대체효과와 가격효과가 동일한 방향으로 나타난다.
④ 재화 X재의 가격변화에 따른 소득효과는 대체효과보다 더 크다.

37. 다음 그림에 따를 때 휘발유 가격이 리터당 3,000원인 경우 휘발유의 시장 수요량으로 옳은 것은? 〔국회 8급〕

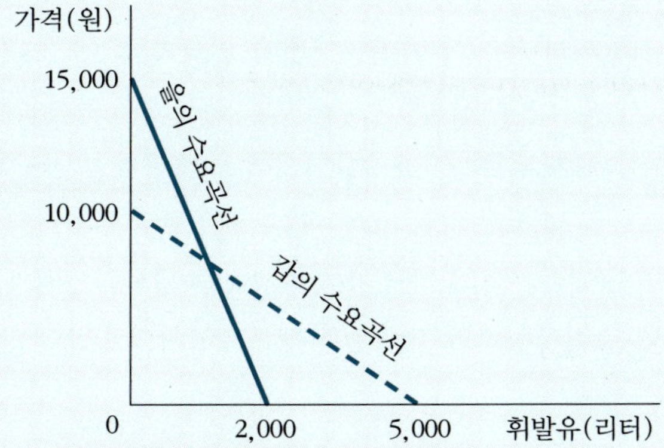

① 5,100　② 5,200　③ 5,300　④ 5,400　⑤ 5,500

38. 정부가 생산자에게 담배 한 갑당 1,000원의 개별소비세를 부과한 후, 소비자잉여가 400만원 감소하였고, 생산잉여는 300만원 감소하였으며, 정부는 650만원의 세수를 얻었다고 한다. 이 경우 소비자 균형 담배소비는 몇 갑에서 몇 갑으로 감소하였겠는가? 〔국회 8급〕

① 7,500, 6,500　② 8,000 7,500　③ 6,000 5,000
④ 7,000 6,500　⑤ 8,000 6,500

39. 아래의 그림과 같이 수요곡선과 공급곡선이 직선인 경우 점 *a*에서 수요의 가격탄력성과 점 *b*에서 공급의 가격탄력성 값은 각각 얼마인가? 〔보험계리사〕

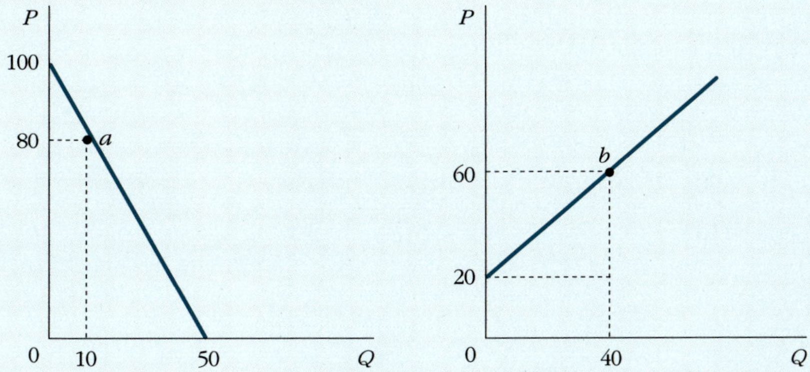

① 4, $\frac{2}{3}$　② 4, $\frac{3}{2}$　③ $\frac{1}{4}$, $\frac{2}{3}$　④ $\frac{1}{4}$, $\frac{3}{2}$　⑤ $\frac{1}{4}$, $\frac{1}{3}$

40. 정상적인 수요곡선과 공급곡선하에서 일반적으로 조세는 경제적 비용을 유발한다. 이러한 현상에 대한 설명으로 옳지 않은 것은? (국가직 9급)

① 주어진 수요곡선하에서 공급의 가격탄력성이 비탄력일수록 세금 부과에 의한 경제적 순손실은 작다.
② 주어진 공급곡선하에서 수요의 가격탄력성이 비탄력적일수록 세금 부과에 의한 경제적 순손실은 작다.
③ 세금이 부과되면 거래량이 감소하고 소비자잉여와 생산자잉여가 감소한다.
④ 세금이 부과되면 소비자잉여의 감소분과 생산자잉여의 감소분의 합은 정부의 조세수입과 같아지게 된다.

41. A국은 경쟁시장인 주택시장에서 결정된 높은 임대료를 규제하기 위해 가격상한제를 시행하고자 한다. 이 경우 단기와 장기 관점에서의 설명으로 옳은 것은? (국가직 9급)

① 주택물량 부족 규모는 단기적으로 크고 장기적으로도 크다.
② 주택물량 부족 규모는 단기적으로 작으나 장기적으로는 크다.
③ 주택물량 과잉 규모는 단기적으로 크고 장기적으로도 크다.
④ 주택물량 과잉 규모는 단기적으로 작으나 장기적으로는 크다.

42. 완전경쟁시장에서 A재의 시장공급은 $Q_s = 100 + 2P$이고 시장수요는 $Q_d = 400 - P$이다. 이 시장의 소비자에게 한 단위당 30의 종량세를 부과할 경우 새로운 균형에서 공급자가 받는 가격과 소비자가 지불하는 가격은? (국가직 9급)

	공급자가 받는 가격	소비자가 지불하는 가격
①	80	110
②	90	120
③	100	130
④	110	140

43. 어시장에서 활어를 공급하는 시장공급곡선은 가격에 대하여 완전비탄력적이다. 활어를 공급하는 생산자에게 조세(종량세)를 부과할 경우의 변화로 옳은 것은?(단, 시장수요곡선은 우하향한다.) (국가직 9급)

① 조세는 생산자가 모두 부담하게 된다.
② 조세는 소비자가 모두 부담하게 된다.
③ 시장균형가격은 조세부과 전보다 상승하며, 상승폭은 조세부과액만큼 상승한다.
④ 시장균형가격은 조세부과 전보다 상승하지만, 상승폭은 조세부과액보다 작다.

44. 상품 A의 수요곡선이 우하향하는 직선일 때 옳게 설명한 것은? (국가직 9급)

① 수요곡선상의 모든 점에서 수요의 가격탄력성은 일정하다.
② 수요의 가격탄력성이 1일 때 기업의 총수입은 극대화된다.
③ 가격탄력성의 크기와 상관없이 가격이 하락할수록 기업의 총수입은 증가된다.
④ 가격이 하락할수록 수요의 가격탄력성은 증가한다.

45. 조세부과에 대한 설명으로 옳지 않은 것은(단, 수요곡선은 우하향, 공급곡선은 우상향)

① 공급자에게 조세 납부의 책임이 있는 경우 소비자에게는 조세부담이 전혀 없다.
② 조세부과로 인해 시장가격은 상승한다.
③ 조세부과로 인해 사회적 후생이 감소한다.
④ 가격탄력성에 따라 조세 부담의 정도가 달라진다.

1032,103

제3장

소비자이론

1. 소비자이론의 개요

1) 소비자이론과 수요곡선

소비자행동을 설명하는 소비자이론에는 ① 한계효용이론(marginal utility theory), ② 무차별곡선이론(indifference theory), ③ 현시선호이론(reveled preference theory)이 있고, 불확실성하에서의 소비자이론으로 ④ 기대효용이론(expected utility theory)이 있다. 한계효용이론의 경우에는 주관적인 만족도에 대한 가정이나 소비자의 선호체계[1]에 대한 공리에서 차이가 발생한다. 또한 이론이 정립된 시대 순으로 기존이론의 한계를 극복하려는 노력들이 모형에 반영돼 있다. 첫째, 한계효용이론은 소비자의 주관적 만족도를 기수적으로 측정할 수 있는 선호체계를 가정한다. 둘째, 무차별곡선이론은 주관적 만족도를 서수적으로 측정할 수 있는 선호체계를 가정한다.[2] 무차별곡선이론에서는 주관적 만족도의 기수적 측정 가능성을 부정할 뿐만 아니라 기수적 효용은 경제분석에 있어 중요한 의미가 없다는 점을 강조한다. 셋째, 현시선호이론은 기수적이든, 서수적이든 주관적 만족도에 대한 측정가능성을 부정하고 소비자가 실제시장에서 현시하는 선호체계를 가정한다. 가정이 서로 다른 3가지의 소비자이론은 주관적 만족도에 대한 가정에서는 차별적이지만 소비자의 균형조건에서 모두 우하향하는 수요곡선을 도출한다는 관점에서 모두 동일성을 함축하고 있다.

〈그림 3-1〉에서 소비자는 객관적 조건, 즉 소비자의 소득과 재화의 시장가격이라는 제약조건하에서 자신의 선호체계에 따라 자신의 효용을 극대화할 수 있는 최적의 선택, 즉 소비자균형에 이르게 된다. 소비자의 최적의 선택, 소비자균형점을 가격-수요량을 나타내는 평면좌표에 그림으로 옮겨 그리면 보편적으로 우하향하는 수요곡선의 모양을 갖게 된다. 소비자가 주어진 선호체계로 소득-가격에 의해 제약된 상황에서 효용을 극대화하는 과정을 모형화한 이론체계가 소비자선택이

1) 소비자의 소비행위에 있어 선호되는 순위관계의 총칭

2) 현대경제학에서 사용하는 대부분의 선호체계는 서수적 효용개념을 전제하고 있다.

〈그림 3-1〉 소비자의 선택과 수요곡선의 도출

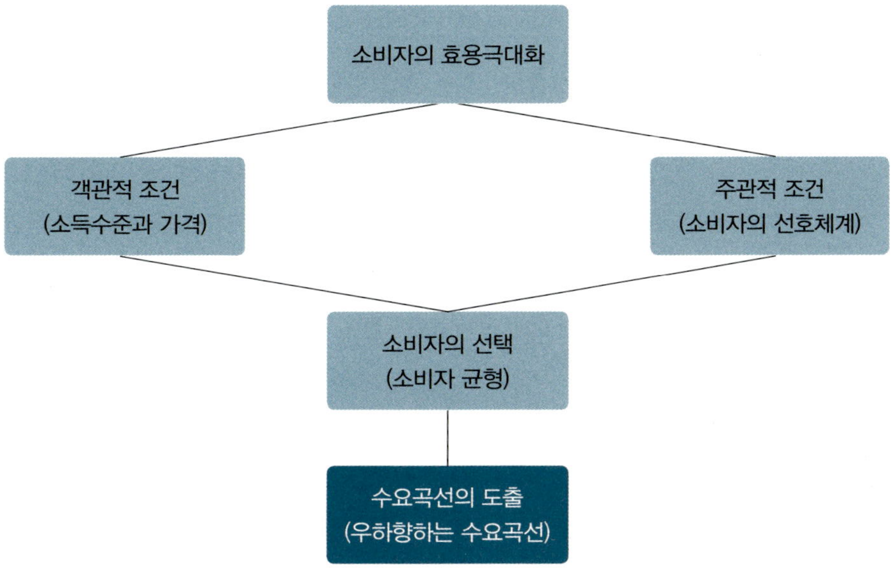

론(the theory of consumer choice)이고 이를 소비자행동이론(the theory of consumer behavior)이라 한다.

소비자이론을 역사적으로 살펴보면 소비자의 주관적 조건, 즉 소비자가 소비과정에서 주관적으로 느끼는 만족도를 어떻게 측정할 수 있는가? 즉, 기수적인 측정 가능성을 가정한 한계효용이론과 서수적 측정 가능성을 가정한 무차별곡선이론, 그리고 아예 소비자의 주관적 만족도의 측정 가능성을 배제시킨 현시선호이론으로 발전해 왔다. 이처럼 서로 다른 가정하에서 만들어진 세 가지 소비자이론들이 공통으로 수요의 변화과정을 설명하는 모형으로서 유용하다.[3] 또한 각각의 소비자이론들이 서로 다른 이론들을 압도하거나 전적으로 부정하는 이론체계로 전개된 것이 아니라 각각의 이론체계가 가지고 있는 단점들을 서로 보완하는 유용한 성격을 가지고 있다.

3) 소비자의 선택결과에 대한 불확성이 전제되는 기대효용이론도 소비자이론에 해당한다.

2) 선호체계와 효용함수

소비자는 소비행위라는 경제적 선택을 통해 자신의 만족을 극대화하려 한다. 자신이 원하는 상품 조합을 주어진 소득의 범위 안에서 가장 만족도가 높은 조합으로 선택하기 위해 고심한다. 소비자의 최적선택의 문제를 설명하는 모형을 이해하기 위해서는 어떤 상품조합이 소비자에게 더 만족스러운 상품조합인지를 판단할 수 있는 선호체계에 대한 개념이 중요하다. 선호체계란 소비자의 여러 가지 선택적 소비행위들에 있어 선호관계에 대한 질서체계이다. 이러한 소비자의 선호체계를 좀 더 구체적이고 조직적으로 개념화하는 과정을 거치면 효용함수가 만들어진다. 그런 다음 효용함수를 이용하여 소비자의 소비행위를 설명하고 분석할 수 있는 소비자행동이론이 모형화되는 것이다.

소비자선호체계를 규정하는 기본적인 공리를 정리하면 다음과 같다.

① 완비성(completeness)이 충족되어야 한다. 어떤 서로 다른 상품묶음이 A와 B가 있다 하자. 소비자는 A와 B 중에서 어떤 장바구니를 더욱 선호하거나 아니면 A, B 장바구니 모두를 동일하게 선호한다는 판단을 내릴 수 있다.

② 이행성(transitivity)이 충족되어야 한다. 어떤 서로 다른 상품묶음 A와 B 그리고 C가 있다 하자. 소비자가 A를 B보다 선호하고 B를 C보다 선호한다면 소비자는 A를 C보다 선호하여야 한다. 또는 A를 최소한 B만큼 선호하는 동시에 장바구니 B를 최소한 C만큼 선호한다면, 소비자는 A를 C만큼 선호하여야 한다.

③ 연속성(continuity)이 충족되어야 한다. 어떤 서로 다른 상품묶음 A와 B 그리고 C가 있다 하자. 상품묶음의 변화가 아주 작게 변화한다면 소비자의 선호도에도 아주 작게 변화하여야 한다. 상품묶음에서 어느 특정 상품의 변화에 의해 선호의 연속성이 무너지면 안된다는 것을 의미한다. 사전편찬법적 선호순서를 부정되어야 선호의 연속성이 유지된다.

④ 강단조성(strong monotonicity)이 충족되어야 한다. 2개의 재화로 구성된 서로 다른 상품묶음 A와 B 그리고 C가 있다 하자. 어떤 한 재화의 개수는 모두 동일하고 다른 재화의 개수가 서로 다르다면 더욱 많은 양의 상품묶음이 소비자에게 더욱 높은 수준의 효용을 가져다주고, 더욱 선호된다는 것을 의미한다.[4)]

4) The more, The better라고도 하며, 무차별곡선이론에서 보다 우측에 있는 무차별곡선이 보다 높은 소비자의 만족수준을 나타낼 수 있게 하는 공리이다.

2. 한계효용이론

1) 총효용과 한계효용

한계효용이론은 ① 기수적(cardinal) 선호체계에 의하여 소비자의 만족도를 측정할 수 있다는 것을 가정한다. 소비자가 재화를 소비할 때 얻는 그 만족도를 키나 몸무게를 측정하듯이 절대적인 수로 측정가능하다는 것을 가정한다.

따라서 재화소비량과 소비자의 만족도간에는 일정한 상관관계가 존재하고 이를 바탕으로 효용함수를 도출하게 된다. 총효용함수는 $U=U(X)$, $U=(X,Y)$로 표현된다.

한계효용이론은 ② 한계효용은 체감한다고 가정한다. 소비자가 어떤 재화의 소비량을 증가시켜 갈 때 총효용은 증대하지만 증가하는 단위당 재화의 효용의 증가

〈그림 3-2〉 총효용과 한계효용

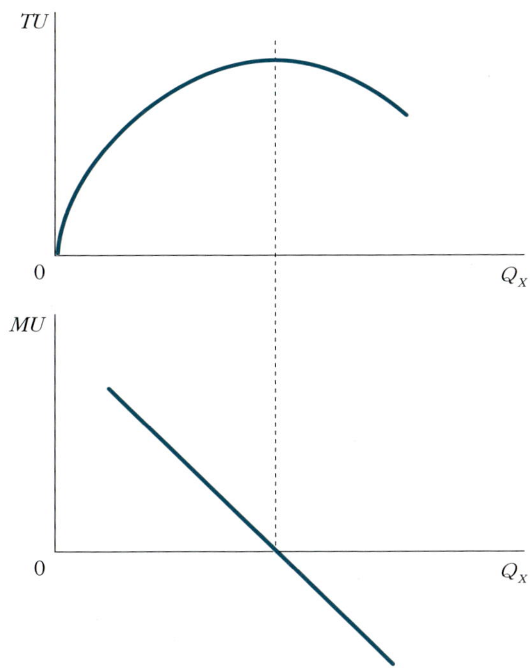

분(한계효용)은 체감한다. 여기서 한계효용(MU)은 효용함수의 미분값이며, 총효용(TU)의 변화율로 나타낸다.

수식으로 표현하면 X재의 한계효용은 $MU_x = \frac{\Delta U}{\Delta X}$가 된다. 〈그림 3-2〉는 총효용($TU$)과 한계효용($MU$)의 관계를 그림으로 나타낸 것이다.

〈그림 3-2〉에서 한계효용(MU)이 0이 되는 수준에서 총효용(TU)은 극대가 된다. 또한, 총효용곡선은 재화의 소비량이 증가할수록 기울기가 작아지고, 한계효용곡선의 기울기는 음(−)의 값을 갖는다는 것을 알 수 있다. 한계효용곡선은 총효용곡선의 접선, 즉 기울기로부터 도출된 그림이다. 총효용곡선의 기울기가 한계효용이므로 총효용의 증가비율이 감소한다는 것은 한계효용이 체감한다는 것을 의미한다. 이를 한계효용체감의 법칙(law of diminishing marginal utility)이라 한다.

2) 소비자균형

소비자는 소비행위를 통하여 만족을 얻을 수 있다. 그러나 소비자가 얼마만큼의 소비행위가 가능한가를 제약하는 것은 그 재화의 가격과 소득수준이다. 따라서 소비자는 제약된 소득으로 어떤 재화[5]를 얼마만큼 소비할 것인가를 결정하여야 한다. 소비자는 소비행위를 함에 있어 자신의 효용[6]을 극대화시킬 수 있는 어떤 상품조합을 선택해야 한다. 설명의 편의를 위하여 X재와 Y재만이 존재하는 경제에서 소비자는 주어진 소득으로 X재와 Y재의 배합을 선택한다고 가정하자. 그리고 소비자가 자신의 효용을 극대화할 수 있는 최적선택, 소비자균형에 이르게 되는 조건과 결과를 살펴보자.

(1) 소비자균형조건

소비자가 자신이 원하는 만큼의 모든 재화를 소비할 수 있다면 소비자선택의 문제는 존재하지 않는다. 소비자는 자신의 소비행위에 있어 주어진 소득과 주어진 가격에 의하여 소비행위가 제약된다. 다시 설명하자면 소비자의 소비행위가능경계가 존재하며, 소비자는 소비행위가능경계 범위 내에서만 상품의 조합을 선택할 수 있

5) 재화와 서비스를 총칭하는 의미로 사용한다.

6) 효용은 만족도의 구체화된 용어이다.

〈그림 3-3〉 소비자의 제약과 소비가능경계

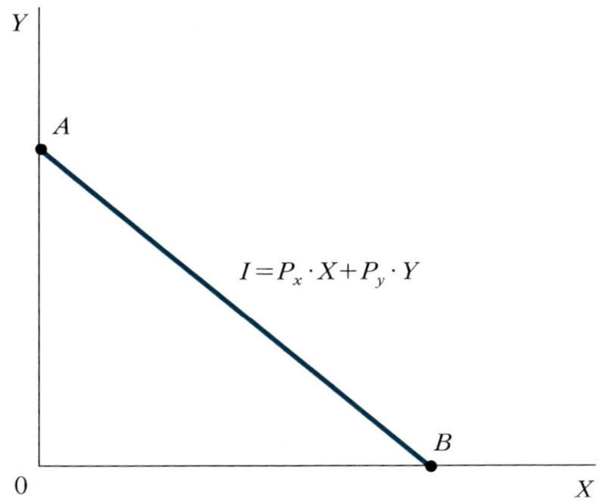

다. 소비가능경계를 벗어난 소비행위는 호주머니의 소득이 부족해서 현실적으로 소비가 불가능하기 때문이다. 따라서 소비자균형은 다음 두 가지 조건을 충족하여야 한다.

① 소비자는 주어진 소득과 가격하에서 소비행위를 선택하여야 한다. 이것을 수식으로 나타내면 $P_x \cdot X + P_y \cdot Y = I$가 되고 그림으로 나타내면 〈그림 3-3〉과 같다. 〈그림 3-3〉에서 AB로 나타난 소비가능경계[7]는 소득 I와 X와 Y재의 가격 P_x. P_y에 의해서 도출된 그림이다. 〈그림 3-3〉의 $A(\frac{I}{P_y})$점은 소득 I로 Y재만을 최대한 구매할 수 있는 경계이고, $B(\frac{I}{P_x})$점은 소득 I로 X재만을 최대한 구매할 수 있는 경계이다. AB선의 기울기는 X재와 Y재의 상대 가격비인 $\frac{P_x}{P_y}$가 된다. 따라서 소비자는 AB소비가능경계선상과 선 내에서 소비행위가 가능하다는 것을 알 수 있다.

② 소비자의 효용극대화조건이다. 소비자는 〈그림 3-3〉의 AB소비가능경계선상에서 소비자의 효용을 극대화하는 어떤 점, 소비자균형점을 선택해야 한다. 그런데 여기서 한계효용이론은 소비자가 X재와 Y재의 1원당 한계효용이 균등하도록 상품조합을 선택할 때 소비자의 총효용이 극대화된다는 것을 밝히고 있다. 이와

7) 이는 예산선 또는 가격선이라고도 한다.

같은 소비자 효용극대화 조건을 가중된 한계효용균등의 법칙(law of equality of weighted marginal utility)이라 한다. 수식으로 나타내면 다음과 같다.

$$\frac{MU_x}{P_x} = \frac{MU_y}{P_y}$$

이 조건을 충족하는 상품조합을 선택할 때 총효용은 극대가 된다.

(2) 수요곡선의 도출

위의 소비자균형조건에서 X재의 수요는 Ⓐ X재화의 가격, Ⓑ Y재화의 가격, Ⓒ 소비자의 소득, Ⓓ 소비자의 X재에 대한 선호체계에 의해서 결정된다. 또한 수요함수는 다음과 같은 두 가지 특징이 있다. ① 영차동차함수라는 점이다. 이것은 독립변수들이 일정한 비율로 변할 경우 종속변수인 수요는 변하지 않음을 의미한다. 예를 들어 소비자가 1,000원의 소득으로 100원의 X재를 10개(수요량은 종속변수) 구매할 수 있었는데, 소득이 2,000원으로 증가하였고, X재의 가격도 200원으로 증가하였다면(소득과 X재의 가격은 독립변수) 소비자의 소비량은 여전히 10개(종속변수)가 유지한다는 것을 알 수 있다. ② 수요량과 그 재화의 가격관계는 역의 관계에 있다는 점이다(위의 X재의 수요량$=\frac{I}{P_x}$). 따라서 다른 조건은 일정하고

〈그림 3-4〉 한계효용곡선과 수요곡선의 유도

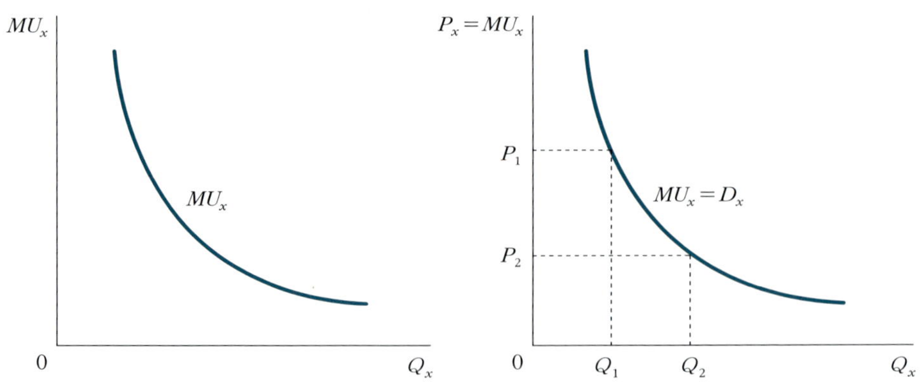

(a) 한계효용이 수요량의 증가에 따라 체감 (b) 소득 1원의 $MU=1$인 경우 $P_x = MU_x$이다.

그 재화의 가격만이 변하는 경우 소비자는 소비자의 효용을 극대화하기 위하여 가중된 한계효용균등의 법칙에 따라 선택하게 된다.

만약 X재의 가격만이 하락한다면 $\frac{MU_x}{P_x} > \frac{MU_y}{P_y}$가 되어 다시 등식이 성립되도록 하기 위해서는 X재의 수요를 증대시켜야 한다. X재 한계효용 MU_x를 작아지게 하려면 한계효용체감의 법칙에 따라 X재의 수요를 증가시켜야 하기 때문이다.

가중된 한계효용균등의 법칙에 따른 소비자의 선택을 그림으로 나타내면 〈그림 3-4〉와 같은 수요곡선이 도출된다. $\frac{MU_x}{P_x} > \frac{MU_y}{P_y}$ 수식의 좌변은 X재에 대한 1원당 한계효용, 그리고 우변은 Y재에 대한 1원당 한계효용을 나타낸다. 가중된 한계효용균등의 법칙은 좌변과 우변이 같아지는 $\frac{MU_x}{P_x} = \frac{MU_y}{P_y}$가 성립해야 하므로 다른 변수는 불변이고 X재 가격만이 하락하였으므로 좌변이 우변보다 더 커지게 된다. 소비자는 자신의 효용을 극대화시키기 위해서는 좌변과 우변을 다시 등식으로 만들어야 한다.

〈그림 3-4〉의 (a)는 수요량이 증가함에 따라 한계효용이 체감하는 한계효용곡선을 그림으로 나타낸다. 〈그림 3-4〉의 (b)는 X재의 가격만이 P_1에서 P_2로 하락하면 $\frac{MU_x}{P_x} > \frac{MU_y}{P_y}$가 되어 등식이 무너지므로 $\frac{MU_x}{P_x} = \frac{MU_y}{P_y}$로 등식을 성립시키기 위해서는 X재의 수요를 Q_1에서 Q_2로 증가시켜야 한다. 따라서 D_x와 같은 우하향하는 모양의 수요곡선이 도출된다.

그런데, 소득의 한계효용이 m이고 X재만을 구입한다고 가정하면 P_x와 MU_x 그리고 D_x의 관계는 다음과 같은 수식으로 나타낼 수 있다.

$$\frac{MU_x}{P_x} \geq m$$

이 조건은 X재를 소비하면서 얻는 1원당 한계효용보다 X를 구매하는데 지출한 소득 1원당 한계효용이 적거나 적어도 같아질 때 소비자는 X재를 구매하게 될 것이다. 따라서 $\frac{MU_x}{P_x} \geq m$을 $P_x = \frac{1}{m}MU_x$로 변형하면 $m = 1$일 경우 $P_x = MU_x$가 성립된다는 것을 알 수 있다. 〈그림 3-4〉의 (b)는 $m = 1$일 때 $D_x = P_x = MU_x$를 그림으로 나타낸 것이다.

(3) 수요곡선의 의미

수요곡선은 $P_x = \frac{1}{m}MU_x$에서 $\frac{1}{m}MU_x$이다. 따라서 $m=1$인 경우, X재의 수요는 MU_x의 역함수이고 수요량은 MU_x에 의해서 결정된다. 수요곡선의 높이는 각각의 수요량에 대응하는 한계효용의 크기를 나타내고, 수요곡선 이하의 면적은 한계효용의 합인 총효용을 나타낸다. 이것을 수식으로 나타내면 다음과 같다.

$\frac{1}{m}\int_0^{Q_x} P_x dQ_x$은 수요곡선 이하의 면적을 적분한 것이다.

소비자가 P_1가격에서 Q_1만큼 소비하는 경우, 소비자의 한계효용은 수요곡선 D와 같고, 소비자의 총효용은 〈그림 3-5〉의 $\square 0P_1dQ_1$ 크기와 $\triangle AP_1d$ 크기를 합한 면적 수요곡선 $D-D$로 나타난 한계효용 모두 합한 총효용의 크기를 의미한다.

$\frac{1}{m}\int_0^{Q_x} P_x dQ_x$에서 $m=1$인 경우 개별소비자의 총효용은 $\int_0^{Q_x} P_x dQ_x$가 되며, 〈그림 3-5〉의 수요곡선이 시장수요곡선을 도출한 것이라면 $A0dQ_1$의 면적은 사회적 총편익을 의미한다.

〈그림 3-5〉 수요곡선의 의미

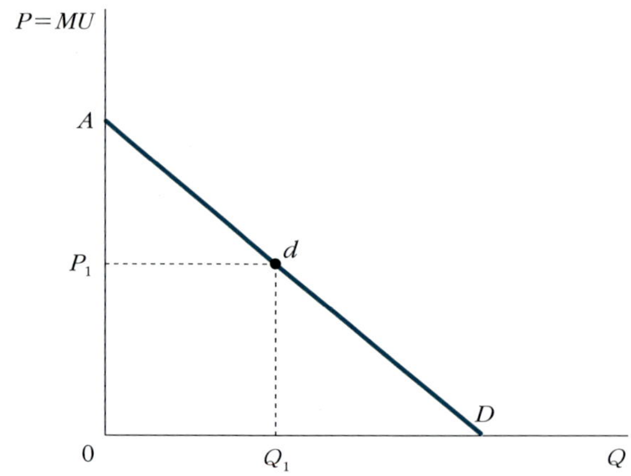

3) 한계효용이론의 응용

(1) 가치의 역설

공기가 없으면 우리는 단 하루도 살지 못한다. 하지만 점심 한 끼를 굶었다 해서 생명에 심각한 문제를 가져오지는 않는다. 여기서 공기와 점심식사를 비교한다면 우리에게 점심식사보다 공기는 우리에게 훨씬 중요한 소비재이다. 그런데 이렇게 소중한 공기를 비닐봉투에 가뜩 담아가지고 붕어빵 장사 아저씨에게 붕어빵 1개와 교환하자고 하면 아마도 그 아저씨는 화를 버럭 낼 것이다. 그렇다면 공기 1봉지가 붕어빵 1개보다 가치없는 보잘것없는 재화란 말인가? 점심식사나 붕어빵보다 소중한 공기임에는 분명한데 왜 공기 1봉지가 붕어빵 1개와 교환할 만한 가치가 존재하지 못할까?라는 아이러니가 발생하고 있다. 이 같은 현상을 사용가치(use value)와 교환가치(exchange value) 사이에서 빚어지는 가치의 역설(paradox of value)이라 하고, 아담 스미스가 이 같은 가치의 역설을 발견하였으나 고전학파의 노동가치설에 의해서는 이를 설명하지 못하였다. 이 같은 가치의 역설은 한계효용이론에 의해 설명될 수 있으며, 사용가치는 총효용의 반영이며 교환가치는 한계효용의 반영이라는 것이다. 다시 말하면 공기는 점심식사나 붕어빵에 비해 총효용은 크지만 한계효용은 작기 때문에 교환가치는 작게 된다는 것이다. 여기서 한계효용의 크기는 무엇이 결정하는가가 중요한 논점이 되겠는데, 한계효용이론에 의하면 한계효용의 크기는 소비자의 욕망의 크기에는 비례하고 재화의 존재량의 크기에는 반비례한다는 논리이다. 즉, 소비자의 욕망의 크기가 비슷하다면 한계효용의 크기는 전적으로 재화의 존재량의 크기에 의해 좌우된다는 것이다. 따라서 공기는 점심식사나 붕어빵보다 존재량이 무한할 정도로 많이 존재하므로 공기의 한계효용은 거의 0에 가깝다고 할 수 있을 것이다. 아무리 많은 공기를 담아 가지고 간들 한계효용이 0이므로 교환가치가 전혀 존재할 수 없는 것이다.

한편, 한계효용이론에서는 한계효용의 크기가 욕망의 강도에는 비례하고 존재량의 크기에는 반비례한다. 또한 사용가치는 총효용의 크기가 결정하고, 시장의 수요와 공급에 의해서 결정되는 가격이 곧 교환가치이지만, 가격이란 수요측면에서 곧 한계효용의 크기와 동일하다.

따라서 한계효용은 존재량과 역의 관계이고 한계효용은 곧 가격이므로 교환가치는 존재량과 역의 관계에 있다.

〈그림 3-6〉에서 MU_A는 공기의 한계효용곡선이고 MU_F는 붕어빵의 한계효용곡선이라 하자. MU_A, MU_F곡선은 존재량이 증가함에 따라 한계효용은 체감하므로 우

〈그림 3-6〉 가치의 역설

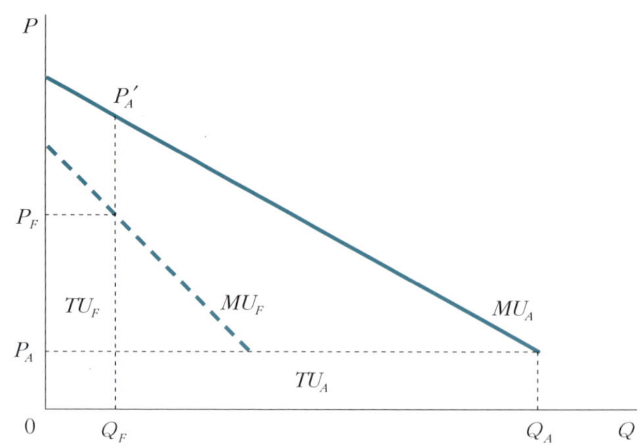

하향하게 그려진 것이다. 또한 붕어빵의 존재량보다 공기의 존재량이 더 풍부하기 때문에 MU_A보다 MU_F가 훨씬 우측에 그려져 있다. 만약 붕어빵과 공기의 존재량이 Q_F로 동일하다면 공기의 가격 P_A'가 붕어빵의 가격 P_F보다 높게 된다. 그런데 붕어빵의 존재량이 Q_F이고 공기의 존재량이 Q_A이라면 붕어빵의 가격 P_F가 되고 공기의 가격은 P_A가 되어 붕어빵의 가격이 공기의 가격보다 높게 나타나게 된다. 또한 공기를 Q_A 소비하고 얻는 총효용 TU_A가 붕어빵 Q_F를 소비하고 얻는 총효용 TU_F보다 많은 면적을 차지하고 있다. 따라서 총효용은 사용가치를 의미하고 한계효용은 교환가치를 의미하므로 붕어빵은 공기보다 한계효용이 높으므로 공기보다 가격이 높은 것이고, 공기는 붕어빵보다 총효용이 많으므로 사용가치가 붕어빵보다 높다는 것을 설명할 수 있다. 소비자균형조건인 가중된 한계효용균등의 법칙을 이용하여 한계효용의 크기가 가격의 크기를 결정하는 중요요소임을 증명할 수 있다.

$$\frac{MU_a}{P_a} = \frac{MU_f}{P_f} = m \qquad \text{〈가중된 한계효용균등의 법칙〉}$$

$P_a = \frac{1}{m} MU_a$이고 $P_f = \frac{1}{m} MU_f$임을 알 수 있다.

(2) 소비자잉여

소비자나 생산자는 시장교환을 통하여 일반적으로 교환이익을 얻고 있다. 소비자는 교환을 통하여 자신이 지불한 총지출 이상의 만족(총효용)을 얻고 있으며, 생산자는 자신이 투입한 생산비 이상의 총수입을 얻고 있다.[8] 소비자가 얻는 총효용의 잉여를 소비자잉여(consumer's surplus)라 하고, 생산자가 얻는 총수입의 잉여를 생산자잉여(producer's surplus)라 한다. 여기서는 〈그림 3-7〉을 이용하여 소비자잉여만을 설명하기로 한다. 단 화폐의 한계효용이 체감하지 않음을 가정하고 있다.[9] 이를 마샬의 소비자잉여라고도 한다. 마샬의 소비자잉여를 쉽게 이해하기 위해 첫째 소비자의 소득에 대한 한계효용은 일정하다. 둘째 가격이 하락할 때 소득효과는 0이라고[10] 가정한다.

〈그림 3-7〉의 a)에서 삼각형 DP_5E가 소비자잉여이다. 소비자가 만약 5단위의 상품을 수요하는 경우, 한계효용은 $D-D$곡선을 따라 E점까지 체감하게 된다. 소비자가 지불하게 되는 시장가격은 수요와 공급이 만나는 E점에서 결정된다. 여기서 E점은 P_5점이며 P_5점은 재화 5단위인 Q_5의 한계효용과 동일하다. 즉 시장가격은 마지막 단위인 재화 5단위인 Q_5의 한계효용수준인 P_5에서 결정된다. 따라서 소비자가 5단위의 상품을 수요함에 있어 얻을 수 있는 총효용은 Q_1에서 Q_5까지의 한계효용의 합, 즉 〈그림 3-7〉의 $0DEQ_5$의 면적에 해당한다. 그런데 소비자가 실제 지불하는 화폐액은 Q_1에서 Q_5까지의 가격수준을 합한 사각형 $0P_5EQ_5$의 면적과 같다. 따라서 소비자는 사각형 $0P_5EQ_5$의 면적만큼의 화폐를 지불하고 $0DEQ_5$의 면적만큼의 총효용을 얻게 되는 것이다. 요약하면 소비자잉여는 $0DEQ_5-0P_5EQ_5$가 된다. 만약 시장가격이 Q_1은 P_1에서 Q_5는 P_5까지 한계효용만큼 차별화된다면 소비자잉여는 존재할 수 없다. 이를 1급 가격차별이라 하는데 독점시장이론에서 자세히 설명할 것이다. 〈그림 3-7〉의 (b)의 경우에는 소비자잉여가 발생하지 않는다. 수요곡선이 수평인 경우에는 소비자잉여는 존재할 수 없다. 수요곡선이 한계효

8) 시장이론에서 설명하겠지만 완전경쟁시장은 소비자잉여와 생산자잉여를 극대화시켜 준다.

9) 소득의 한계효용이 체감하는 경우의 소비자잉여는 무차별곡선이론에서 다룬다.

10) 소득효과가 0이 아닌 경우 보상수요곡선을 이용한 소비자잉여를 계산해야 한다. 보상수요곡선도 무차별곡선이론에서 소개한다.

〈그림 3-7〉 마샬의 소비자잉여

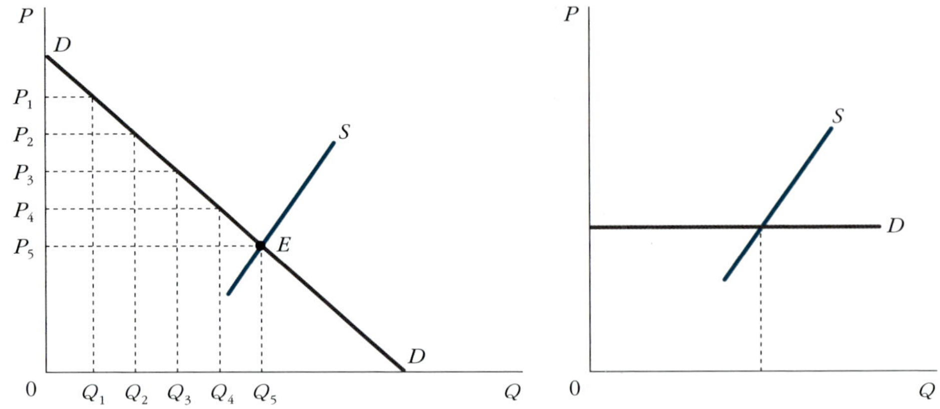

용곡선이므로 한계효용이 일정하다면, 즉 한계효용이 체감하지 않는 경우에는 소비자잉여는 존재할 수 없다.

3. 무차별곡선이론

1) 무차별곡선

무차별곡선은 효용함수 $U=f(X \cdot Y)$에 의해 그려진 그래프이다. 효용수준을 나타내는 U축은 생략돼 있다. 2차원 공간에서 나타낼 수 없기 때문이다. 따라서 무차별곡선은 마치 지도에 나타난 등고선과 같다고 이해하면 된다.

(1) 무차별곡선의 기본성격

무차별곡선은 효용함수 $U=f(X \cdot Y)$를 평면좌표에 그림으로 나타낸 것이다. 무차별곡선은 소비자가 선택한 상품조합이 모두 동일한 만족수준을 나타내는 점들을 연결한 궤적이다. X재와 Y재축으로 나타나는 평면좌표에 무차별곡선을 나타내기 위해서는 소비자가 선택할 수 있는 상품은 X재와 Y재만이 존재하는 것으로 가정한다. 효용수준을 나타내는 제3의 축은 생략하고, 소비자의 효용수준을 제1상한에 표시한다. 무차별곡선을 X재와 Y재의 평면좌표에 두 상품조합으로 동일한 효용수준의 괘적을 그래프로 연결하면 다음과 같은 기본성질로 그 특징을 표현할 수 있다.

① 제1상한에 상품의 조합으로 표시되는 모든 점들은 높고 낮음의 선호관계에 따라 순위가 매겨진다. 이것은 선호관계에서의 완비성이라는 기본적 공리에 해당한다.
② 상이한 두 무차별곡선은 서로 교차할 수 없다. 이것은 선호관계에서의 이행성이라는 기본적 공리에 해당한다.

〈그림 3-8〉은 서로 다른 무차별곡선 I와 I'가 교차하고 있다. 무차별곡선의 상의 모든 점들은 효용수준이 동일하므로 무차별곡선 I'선상의 점 B, C, D는 소비자의 효용수준이 모두 같다. 또한 무치별곡선 I선상의 점 A, C, E는 소비자의 효용수준이 모두 동일하다는 것을 알 수 있다. $A=E$와 $B=D$의 효용관계가 성립되는 것이다. 그런데 〈그림 3-8〉에서처럼 무차별곡선이 서로 교차하게 되는 경우, 윗부분에서는 점 $A=E$의 효용수준은 점 $B=D$의 효용수준보다 낮은 것을 나타내는데(원점에 대하여 가깝기 때문에), 아랫부분에서는 점 $E=A$

〈그림 3-8〉 무차별곡선의 성질(I)

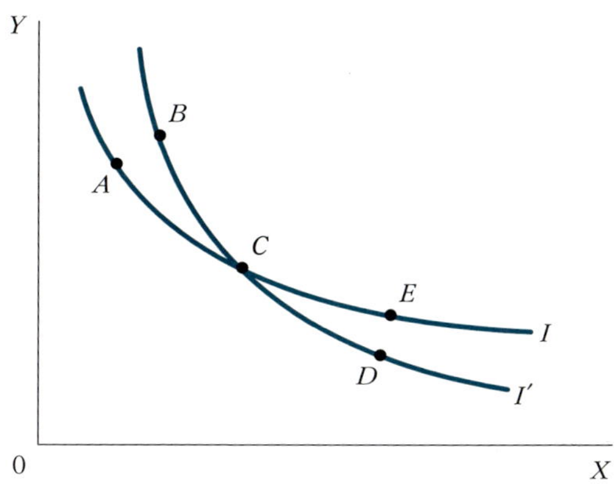

의 효용수준이 점 $B=D$의 효용수준보다 높다는 것을 알 수 있다. 따라서 무차별곡선이 교차하게 되면 선호관계에서 이행성이 무너지게 된다.

③ 무차별곡선은 소비자의 선호체계에 있어 연속성을 유지한다. 즉, 사전편찬법적 선호체계가 존재하지 않는다. 이것은 선호체계가 어느 특정 상품에 의해 단층을 형성하지 않는 다는 것을 의미한다. 즉 제1상한의 무수한 점들은 동일한 효용수준으로 표시될 수 있다. 선호체계에 연속성이 존재하지 않는다면 무차별곡선은 존재할 수 없다.

사전편찬법적 선호관계란 X재와 Y재 중 어떤 재화의 수요가 선호관계를 우선적으로 결정한다는 것을 의미한다. 예를 들어 사전에서 "첫 번째 글자의 철자순이 두 번째 글자의 어떤 철자순보다 우선한다." "강화도"는 "나가가"보다 항상 우선순위를 차지한다. 무차별곡선에서는 X재와 Y재 어떤 상품도 사전편찬식으로 우선적인 선호를 결정할 수 없다. 이런 선호관계를 연속성이라 한다. 〈그림 3-9〉는 선호관계가 X재에 의해 우선적으로 결정되는 그림을 보여준다. 〈그림 3-9〉에서 소비자는 C점(6, 4)보다 좌측에 있는 모든 점($A \rightarrow B$)은 C점보다 효용수준이 낮다는 것을 나타낸다. 또한 C점 아래의 점선부분도 C점보다는 효용수준이 낮은 것을 나타낸다. C점 아래의 점선은 적어도 X재는 C점과 동일하고 Y재는 C점보다 작은 양을 나타내기 때문이다. A점(4, 6)은 C점(6, 4)보

〈그림 3-9〉 무차별곡선의 성질(II)

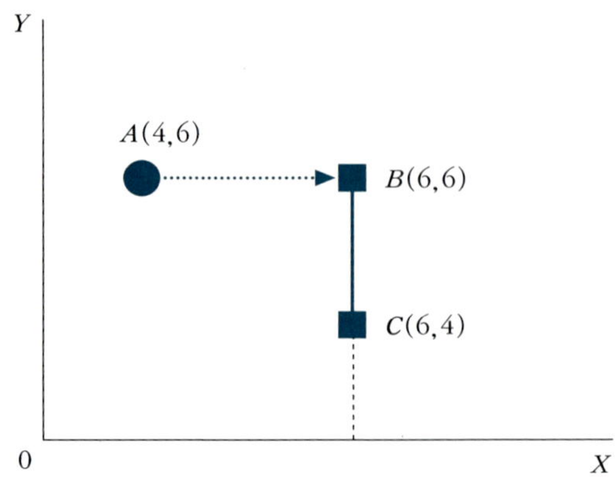

다 Y재를 더 많이 수요하더라도 좌측에 위치하기 때문에 C점보다 X의 수요량이 작다는 이유로 낮은 효용수준을 나타낸다. 왜냐하면 사전편찬법적 선호관계란 X재의 수요량이 우선적으로 효용수준을 결정하기 때문이다. 따라서 A점에서 화살표를 따라 B점(6, 6)으로 이동하면 B점의 직전(5, 6)까지는 C점(6, 4)보다 낮은 효용수준이었는데 Y재 수요량과는 관계없이 오로지 X재 수요량에 의해 갑자기 C점보다 높은 효용수준에 도달하게 된다. 이런 현상을 사전편찬법적 선호관계라 하고 연속성공리가 무너진 예에 해당한다.

④ 무차별곡선은 원점에서 멀어질수록 곡선상의 모든 상품조합들이 보다 높은 수준의 만족도를 나타낸다. 이것은 기본적 공리에서 강단조성(strong monotonicity)에 해당한다. 효용수준은 재화가 더 많을수록 높다(the more, the better)는 공리에 해당한다. 또한 소비자의 욕망은 완전히 충족될 수 없고, 만족의 포화점(satiation point)이 존재하지 않는 것을 의미한다. 강단조성은 무차별곡선이 원점에서 멀어질수록 소비자의 만족도는 무한히 높아진다는 것을 반영한다. 〈그림 3-10〉에서 A점과 B점을 비교하면 A점은 X재 2개와 Y재 4개인 상품조합을, B점은 X재 4개와 Y재 4개인 상품조합을 나타낸다. B점이 A점보다 적어도 X재가 2개 더 많은 상품조합이라는 것을 알 수 있다. 무차별곡선 U_1이 U_0보다

〈그림 3-10〉 무차별곡선의 성질(Ⅲ-1)

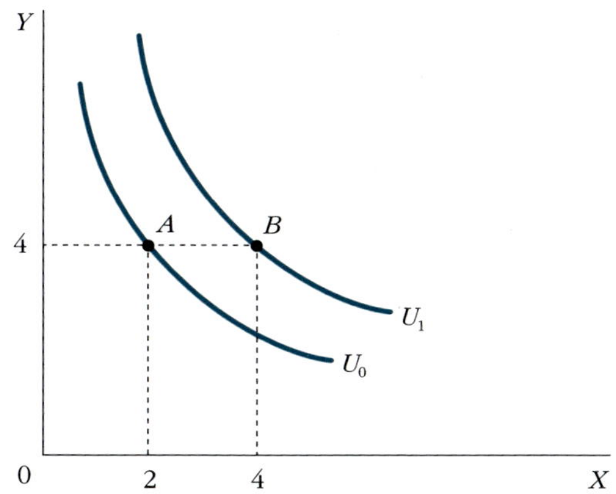

〈그림 3-11〉 무차별곡선의 성질(Ⅲ-2)

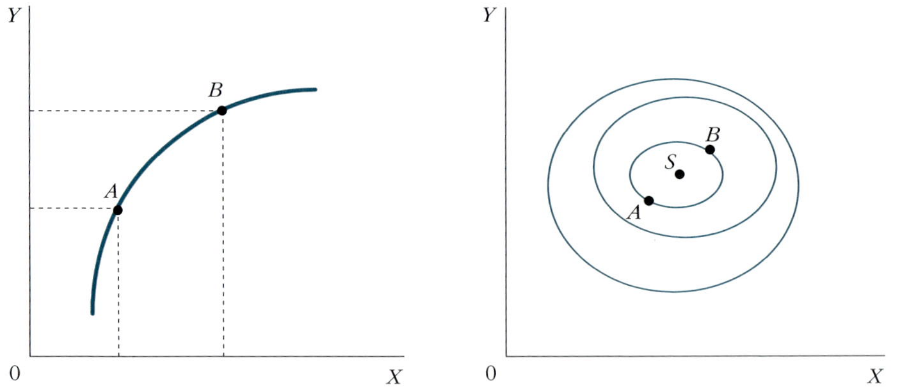

(a) X나 Y가 비재화일 경우 (b) 소비자의 만족수준에 포화점이 존재할 경우

원점에서 멀리 있다는 것은 상품이 더 많은 조합을 의미하고 그러므로 무차별곡선 U_1이 U_0보다 효용수준이 높은 것이다.

〈그림 3-11〉은 강단조성에 위배되는 무차별곡선의 예를 나타낸 그림이고 이런 경우 효용의 포화점이 존재하거나 더 많은 상품조합이 더 높은 만족도를 나타내지 않는다는 것을 의미한다.

〈그림 3-11〉의 (a)에서 B점은 A점보다 X재와 Y재를 모두 더 많이 담고있는 상품조합임에도 불구하고 소비자의 만족도는 모두 동일하다는 것을 나타낸다.[11] 따라서 X재나 Y재 중 어느 하나는 비재화인 경우에 해당한다. 이런 경우에는 무차별곡선은 우상향한다. 〈그림 3-11〉의 (b)에서는 S점이 만족포화점이다. 점 B의 상품조합이 점 A의 상품조합보다 X재나 Y재 모두 더 많은 양을 담고 있지만 점 A와 점 B는 모두 동일 무차별곡선 위에 위치한다. 따라서 두 점은 소비자의 만족수준이 동일하다는 것을 알 수 있다.

⑤ 무차별곡선은 우하향하면서 원점을 향하여 볼록하다. 이 같은 공리를 볼록성(convexity)이라 한다. 무차별곡선이 우하향한다는 것은 X재와 Y재 간의 기회비용이 적용되고 한계대체율은 음의 값을 가진다는 것을 의미한다. 또한 무차별

11) 두 점은 동일 무차별곡선 위에 위치하기 때문이다.

〈그림 3-12〉 무차별곡선의 성질(Ⅳ)

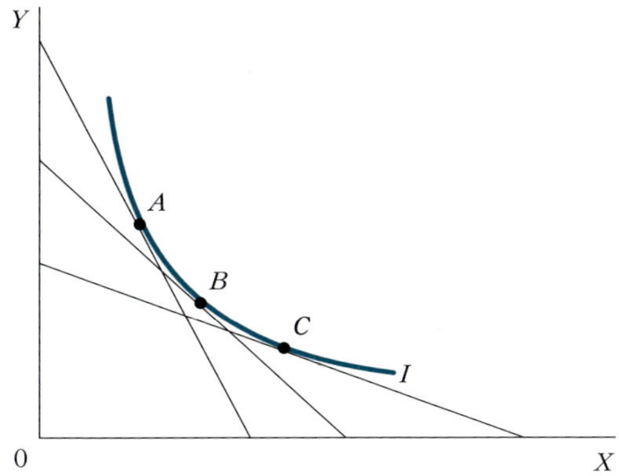

곡선이 원점을 향하여 볼록하다는 것은 X재의 수요량을 증가시켜 갈수록 한계대체율$(-\frac{\Delta Y}{\Delta X})$의 절댓값이 작아진다는 것을 의미한다. 한계대체율이 체감한다는 것은 경제적으로 소비자는 두 재화의 고른 상품배합을 극단적인 상품배합보다 더욱 선호한다는 것을 의미한다.

〈그림 3-12〉의 그림에서 무차별곡선 I위의 점 A, B, C는 우하향하고 있으며, 점 A, B, C의 기울기는 X재를 늘려갈수록 점점 작아져가고 있다. 이것은 점 A, B, C의 기울기인 한계대체율$(-\frac{\Delta Y}{\Delta X})$이 체감하기 때문이다.[12)]

(2) 한계대체율체감의 법칙

한계대체율이란 X재와 Y재 간의 주관적 교환비율 나타낸 개념이다. 〈그림 3-13〉의 무차별곡선의 기울기인 A점, B점, C점에 대한 접선의 기울기가 한계대체율(marginal rate of substitution)이다.

한계대체율 MRS(marginal rate of substitution) $X, Y = -\frac{\Delta Y}{\Delta X}$은 X재 수요량이 증가할수록 체감하는 것을 알 수 있다. 한계대체율은 구체적으로 X재 1단위를 증대시킬 경우 이전 효용과 동일한 수준을 유지하기 위해 포기해야 하는 Y재의 수량을 나타낸다. 이것은 X의 가치를 Y재의 수량으로 나타낸 개념에 해당한다. 또한 무차별곡선상의 모든 점의 효용수준은 동일하므로 〈그림 3-13〉에서 A점에서 B점

12) 효용함수는 정규강준오목함수(regular strictly quasi-concave function)로 가정한다.

〈그림 3-13〉 무차별곡선과 한계대체율

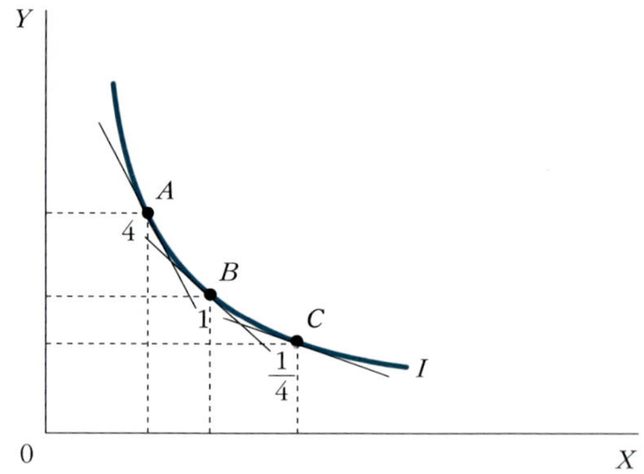

으로의 이동은 $MU_x \cdot \varDelta x + MU_y \cdot \varDelta y = \varDelta U = 0$로 나타낼 수 있다.[13] 이 수식을 정리하면 MRS $X, Y = -\frac{\varDelta Y}{\varDelta X} = \frac{MU_x}{MU_y}$가 된다. 따라서 X, Y재의 한계대체율은 X의 한계효용을 Y재의 한계효용으로 나눈 값과 같다. X, Y재의 한계대체율은 X와 Y재의 한계효용비율의 역수와 같다.

〈그림 3-13〉의 무차별곡선상의 점이 A → B → C로의 이동해 감에 따라 접선의 기울기인 $-(\frac{\varDelta Y}{\varDelta X})$의 절댓값은 4, 1, $\frac{1}{4}$로 체감하고 있다. 무차별곡선의 형태가 원점을 향하여 불록한 경우에는 이처럼 무차별곡선의 기울기가 작아진다는 것을 알 수 있다. 따라서 무차별곡선이 원점을 향해 볼록하다는 것은 한계대체율체감의 법칙(law of diminishing marginal utility)이 작동한다는 것을 의미한다. 또한 소비자는 효용의 증대를 위해 보다 다양한 상품조합을 선호하는 선호체계를 갖고 있음을 반영한다.

(3) 특수한 무차별곡선

앞에서 살펴본 보편적인 무차별곡선은 우하향하고 원점을 향해 볼록한 모양을 가지고 있다. 보편적인 무차별곡선은 X재와 Y재가 모두 정상재이고, 두 재화의 관계는 독립재인 경우를 반영한다. 〈그림 3-14〉의 (a)는 X재와 Y의 관계가 완전대

13) 연속미분이 가능함을 전제한다.

〈그림 3 - 14〉 특수한 무차별곡선

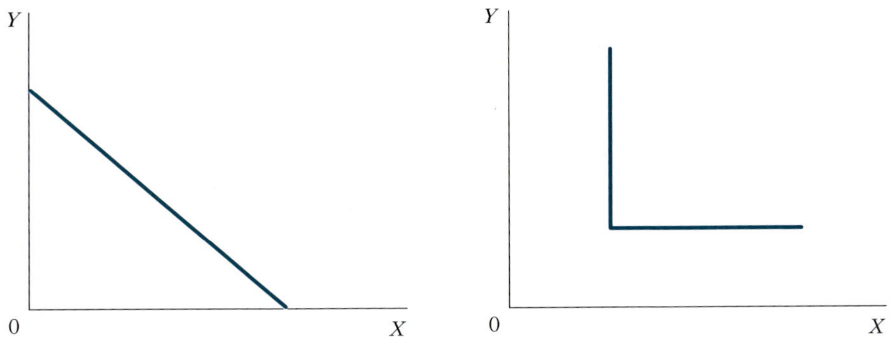

(a) 두 재화의 관계가 완전대체재인 경우 (b) 두 재화의 관계가 완전보완재인 경우

체재인 경우의 무차별곡선이고, 〈그림 3 - 14〉의 (b)는 *X*재와 *Y*의 관계가 완전보완재인 경우의 무차별곡선을 나타낸 것이다.

*X*재와 *Y*의 관계가 완전대체재인 경우에는 〈그림 3 - 14〉의 (a)처럼 무차별곡선이 직선의 형태를 갖는다. 이것은 볼록성의 기본적 공리를 위배한 형태이며, 한계대체율은 무차별곡선상의 모든 점에서 일정한 값을 가진다. 효용함수는 $U = x + y$로 정의된다. 어떤 한 재화의 수요를 아무리 증대시킨다 할지라도 두 재화의 한계대체율은 변하지 않고 일정수준을 유지한다. *X*재와 *Y*재의 관계가 완전보완재인 경우에는 〈그림 3 - 14〉의 (b)처럼 무차별곡선이 L자형의 형태를 갖는다. 이것은 볼록성의 기본적 공리를 위배한 형태이며, 한계대체율은 무차별곡선상의 모든 점에서 0의 값을 갖는다. 효용함수는 $U = \min(x, y)$로 정의된다. 두 재화 중 적게 수요하는 어떤 재화가 만족도를 결정한다. 즉 두 재화 중 작은 것이 증가하는 경우에만 효용수준은 높아진다는 것을 의미한다. 이런 원리를 최솟값 극대화원리로 설명하고, 두 재화 간의 대체가 전혀 이루어지지 않는 상태를 의미한다.

2) 예산선

(1) 예산선의 기본성격

소비자가 일정한 소득을 가지고 주어진 가격하에서 구매할 수 있는 모든 상품조합을 연결한 궤적을 예산선이라 한다. 예산선상과 예산선 안의 모든 점들은 소비자가 현실적으로 선택가능한 모든 상품조합을 나타낸다. 예산선(budget line) 또는 가격선(price line)은 〈그림 3-15〉의 우하향하는 직선으로 나타난다. 예산선 위의 모든 점들은 소비자가 주어진 소득을 모두 사용하여 구매할 수 있는 상품조합에 해당한다. 따라서 예산선은 소비가능경계선이며, X재와 Y재만이 존재하는 경우, 두 재화의 가격비와 소비자의 소득수준에 의해 그 경계와 모양이 결정된다.

〈그림 3-15〉의 예산선은 $P_x \cdot X + P_y \cdot Y = I$ 예산함수에 의해 그려진다. 이 수식은 Y에 대하여 정리하면 $Y = -\frac{P_x}{P_y}X + \frac{I}{P_y}$가 된다. 따라서 X재와 Y재의 상대가격비($-\frac{P_x}{P_y}$)는 예산선의 기울기이고, 소비자의 소득수준(I)은 예산선의 Y축 절편을 결정한다. 예산선은 재화의 상대가격비가 변하는 경우 그 기울기가 달라지고, 소비자의 실질소득수준이 변하는 경우 예산선 자체가 이동하게 된다.

예산선은 다음과 같은 특징을 가진다.

① 〈그림 3-15〉의 예산선의 기울기는 X재와 Y재의 가격비($\frac{P_x}{P_y}$)에 의해 결정되고 그 기울기는 기회비용을 반영하여 음(−)의 값을 가진다. 예산선의 기울기가 음(−)이라는 것은 어떤 상품을 더 소비하기 위해서는 반드시 다른 상품의 소비를 포기해야 하는 기회비용의 반영이다. 이것은 재화에 대한 효용이 아닌 가격비에 의한 기회비용이므로 예산선의 기울기는 객관적 교환비율을 의미한다. 우하향하는 무차별곡선의 기울기도 기회비용을 반영하지만, 재화에 대한 효용에 의한 비율이므로 주관적 교환비율이라 할 수 있다.

② 우하향하는 직선인 예산선은 X재와 Y재의 상대가격비가 모든 점에서 일정하다.[14] 또한 예산선이 연속적인 선분이라는 것은 상품의 조합을 구성함에 있어 조밀한 가분성을 반영한 결과이다.

---

14) 곡선일 수도 있다.

〈그림 3-15〉 예산선의 기본성질

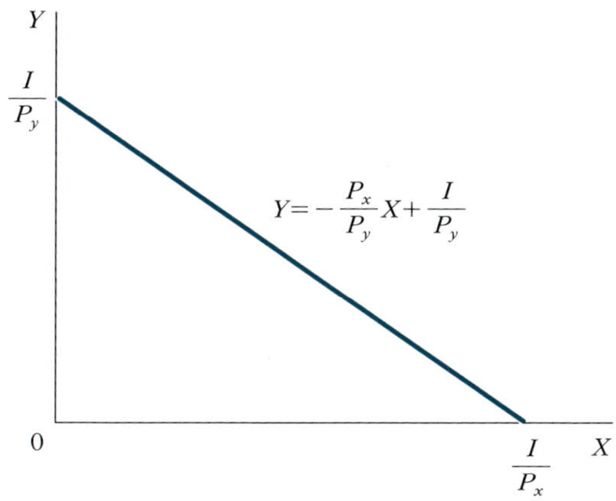

③ 예산선상의 모든 점들은 소비자가 소득을 모두 사용한 경우에 소비자가 선택할 수 있는 상품조합을 나타내고, 예산선 안에 있는 모든 점들은 소비자가 소득을 일부 남겨두고 선택할 수 있는 상품조합을 나타낸다.[15] 예산선을 벗어난 상품조합점들의 경우에는 소비자에게 주어진 소득으로는 구매할 수 없는(소득이 부족해서) 소비불가능한 점들을 의미한다. 예산선을 벗어난 영역에서는 효용수준이 높기는 하나, 현실적으로 소비가 불가능한 영역이므로 분석에서 제외된다.

(2) 예산선의 변동

예산선은 $Y=-\frac{P_x}{P_y}X+\frac{I}{P_y}$에 의해 그려진 직선이다. 따라서 상대가격비($\frac{P_x}{P_y}$)가 변하면 예산선의 기울기가 달라지고, 실질소득수준($\frac{I}{P_y}$)이 변하면 예산선은 좌우로 이동하게 된다.

① 두 재화의 가격은 일정한데 소득이 증가하게 되면 예산선은 우측으로 평행이동하고, 소득이 감소하면 예산선은 좌측으로 평행이동하게 된다.

〈그림 3-16〉에서 소득수준이 I일 때의 예산선 I에서 소득수준이 I''로 증대하면 예산선은 I''로 우측이동하고 I'로 감소하면 예산선은 I'로 좌측이동한다.

15) 이는 예산집합(budget set) 또는 기회집합(opportunity set)이라고도 한다.

〈그림 3-16〉 실질소득의 변동과 예산선

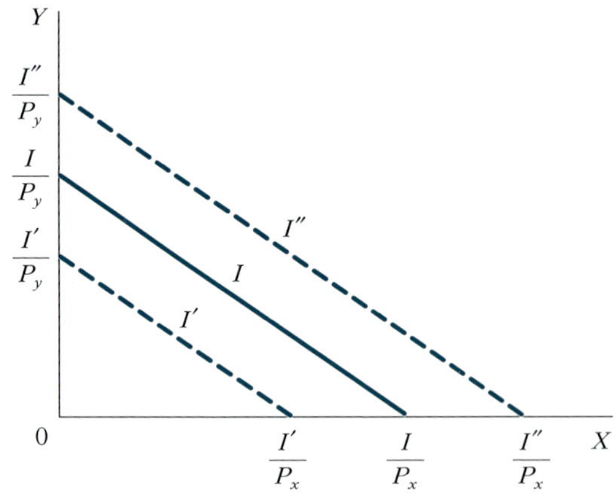

P_x와 P_y는 일정한 상황에서 I가 증가하면 Y축의 절편 $\frac{I}{P_y}$가 커지므로 우측 $\frac{I''}{P_y}$로 이동하고 X축의 절편 $\frac{I}{P_x}$ 역시 커지므로 우측 $\frac{I''}{P_x}$로 이동하게 된다. 또한 P_x와 P_y가 일정한 상황에서 I가 감소하면 Y축의 절편 $\frac{I}{P_y}$은 작아져서 예산선은 좌측 $\frac{I'}{P_y}$로 이동하고, X축의 절편 $\frac{I}{P_x}$ 또한 작아져서 예산선은 좌측 $\frac{I'}{P_x}$로 이동하게 된다.

② 소비자의 소득수준은 일정하고 두 재화의 가격비가 변하는 경우, 예산선은 기울기가 변하게 된다. 소비자의 소득수준과 Y재의 가격은 일정하고 X재의 가격만

〈그림 3-17〉 가격비의 변동과 예산선

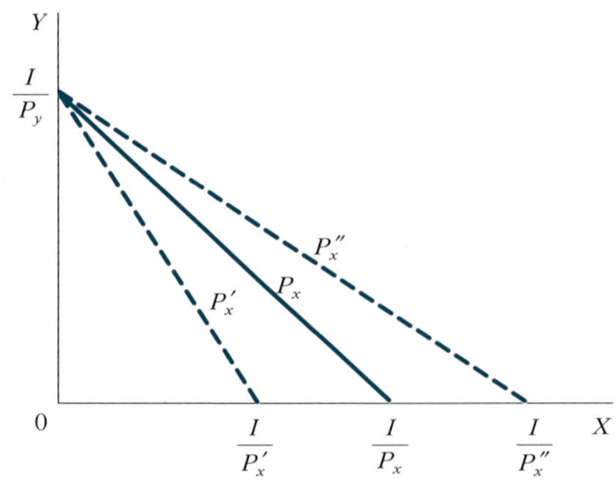

이 변한다 하자. 예산선은 〈그림 3-17〉의 점선처럼 기울기가 변하게 된다. 〈그림 3-17〉에서 소득수준 I와 Y재의 가격 P_y는 일정하므로 Y축의 절편 $\frac{I}{P_y}$는 변하지 않는다. 하지만 X재의 가격이 하락하면 $\frac{I}{P_x''}$가 커지게 되어 예산선의 X축 절편은 우측으로 이동하고, X재의 가격이 상승하면 $\frac{I}{P_x'}$가 작아지게 되어 예산선의 X축 절편은 좌측으로 이동한다.

3) 소비자균형

소비자의 효용극대화는 한계효용이론의 경우, 가중된 한계효용균등의 법칙($\frac{MU_x}{P_x} = \frac{MU_y}{P_y}$)에 의해 달성된다. 무차별곡선이론에서는 소비자의 효용극대화는 소비자균형점에서 달성된다. 소비자균형점이란 소비자의 최적선택조건을 충족한 상태를 의미하고, 즉 소비자효용의 극대화조건이 충족된 상태를 함축한다. 소비자가 효용을 극대화하는 최적조건은 무차별곡선과 예산선이 접하는 점에서 달성된다. 따라서 무차별곡선의 기울기($-\frac{\Delta Y}{\Delta X}$)와 예산선의 기울기($-\frac{P_x}{P_y}$)가 서로 같아질 때 소비자의 효용은 극대화된다.

(1) 소비자 균형조건

무차별곡선에 의한 소비자 균형점은 무차별곡선의 기울기($-\frac{\Delta Y}{\Delta X}$)와 예산선의 기울기($-\frac{P_x}{P_y}$)가 서로 같아지는 〈그림 3-18〉의 E점에 해당한다. E점은 소비자의 주관적 교환비율($-\frac{\Delta Y}{\Delta X}$)과 객관적 교환비율($-\frac{P_x}{P_y}$)이 같아진다는 것을 의미한다. 또한 E점은 소비가능경계에서 원점으로부터 가장 우측에 있는 무차별곡선상에 위치한다. 따라서 E점은 소비자의 효용수준이 가장 극대화된 점이다.

〈그림 3-18〉의 A점은 주관적 교환비율($\frac{\Delta Y}{\Delta X} = \frac{MU_x}{MU_y}$)이 객관적 교환비율($\frac{P_x}{P_y}$)보다 크다는 것을 알 수 있다. 따라서 합리적인 소비자는 X재를 더 소비하여 주관적 교환비율을 줄이려 할 것이다. 〈그림 3-18〉의 B점은 주관적 교환비율($\frac{\Delta Y}{\Delta X} = \frac{MU_x}{MU_y}$)이 객관적 교환비율($\frac{P_x}{P_y}$)보다 작다는 것을 알 수 있다. 따라서 합리적인 소비자는 Y재를 더 소비하여 주관적 교환비율을 증가시키려 할 것이다. 〈그림 3-18〉의 E점의 경우에는 효용극대화조건, 즉 주관적 교환비율($\frac{\Delta Y}{\Delta X} = \frac{MU_x}{MU_y}$)과

〈그림 3-18〉 소비자 균형점과 균형조건

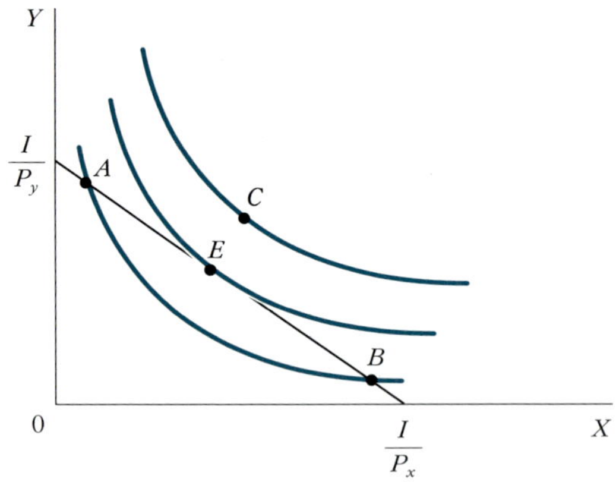

객관적 교환비율($\frac{P_x}{P_y}$)이 같아지는 균형점임을 보여준다.[16] $\frac{MU_x}{MU_y}=\frac{P_x}{P_y}$ 균형식의 양변에 $\frac{MU_y}{P_x}$를 곱하여 변형하면 $\frac{MU_x}{P_x}=\frac{MU_y}{P_y}$이 도출된다.

무차별곡선상의 점의 이동은 $MU_x \cdot \Delta x + MU_y \cdot \Delta y = \Delta U = 0$으로 표현된다. 이 수식의 $MU_x \cdot \Delta x = MU_y \cdot \Delta y$ 양변에다가 ($\frac{1}{MU_y} \times \frac{1}{\Delta X}$)을 곱하면 $\frac{\Delta Y}{\Delta X}=\frac{MU_x}{MU_y}$로 정리된다. 따라서 무차별곡선이론의 소비자균형조건은 $\frac{\Delta Y}{\Delta X}=\frac{P_x}{P_y}=\frac{MU_x}{MU_y}$로 나타난다. 여기서 $\frac{MU_x}{MU_y}=\frac{P_x}{P_y}$ 균형식의 양변에 $\frac{MU_y}{P_x}$를 곱하여 변형하면 $\frac{MU_x}{P_x}=\frac{MU_y}{P_y}$가 도출된다.

무차별곡선과 예산선이 접하는 소비자균형점 〈그림 3-18〉의 E점은 한계효용이론에서의 소비자균형점과 동일한 조건을 충족한다. 따라서 한계효용이론과 무차별곡선이론은 가정은 다르지만 결론은 같다는 것을 알 수 있다.

(2) 소비자균형의 변동

소비자균형점은 소득이나 상대가격비가 변하는 경우 이동하게 된다. 또한 소비자균형점은 무차별곡선의 형태가 변하는 경우에도 변동하게 된다. 무차별곡선이 변하는 것은 소비자의 선호체계의 변화를 반영한다. 즉, 효용함수가 변하는 것을

16) 효용함수의 극대화 제1계 조건을 충족한다.

〈그림 3-19〉 소득변화와 소득소비곡선

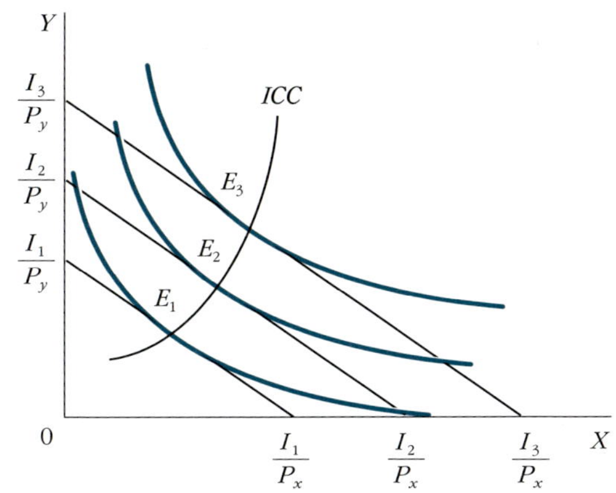

의미한다. 예산선은 소비자의 실질소득이나 재화의 상대가격비가 변하는 경우 변동하게 된다. 효용함수가 변한다는 것은 소비자의 선호체계가 바뀌는 것을 의미하므로 설명의 편의를 위해 효용함수는 일정한 것으로 가정한다. 따라서 무차별지도는 일정하게 주어져 있고 예산선만이 변화한다는 가정하에서 소비자균형점의 변동을 살펴보자.

① X재와 Y재의 가격은 일정하고 소득이 변하는 경우, 가격선은 좌우로 평행 이동한다. 가격선이 이동하면 소비자의 균형점은 〈그림 3-19〉의 E_1, E_2, E_3점으로 이동한다. 새로운 소비자균형점들을 연결하면 소득소비곡선(ICC; income-consumption curve)이 된다.

〈그림 3-19〉에서 X재와 Y재의 가격은 일정하고 소득수준이 I_1, I_2, I_3로 증대해가면, 가격선은 우측으로 평행이동하여 소비자균형점은 $E_1 \rightarrow E_2 \rightarrow E_3$로 변동하게 된다. 소비자균형점은 $E_1 \rightarrow E_2 \rightarrow E_3$를 연결하여 *ICC*(소득소비곡선) 곡선이 도출된다.

한편, *ICC*곡선의 형태가 우상향하면 X재와 Y재가 모두 정상재이고, X재와 Y재는 모두 0보다 큰 소득탄력성을 가진게 된다.[17] 소득이 증가함에 따라 X재

17) 좌표를 변화시켜 엥겔곡선을 도출할 수 있다. 엥겔곡선이 직선이면 소득탄력성은 1이다.

와 Y재 모두 수요가 증가했기 때문이다. 만약 ICC곡선이 횡축을 향해 강하게 휘어진다면 소득이 증가하는 경우, Y재의 수요는 증가하지만 X재의 수요는 감소하게 된다. 이런 경우에는 Y재는 정상재이지만 X재는 열등재라는 것을 의미한다. 반대로 ICC곡선이 수평축을 향해 강하게 휘어진다면 X재는 정상재이고 Y재는 열등재라는 것을 의미한다.

② 소득은 일정, 한 재화의 가격은 일정하고 다른 재화의 가격이 변하는 경우, 가격선은 기울기가 변하게 된다. 가격선의 기울기가 변화하면 소비자균형점은 〈그림 3-20〉의 E_1, E_2, E_3점으로 이동한다. 새로운 소비자균형점들을 연결하면 〈그림 3-20〉의 가격소비곡선(PCC; price-consumption curve)이 도출된다. 〈그림 3-20〉에서 소득과 Y재의 가격은 일정하고 X재의 가격이 P_1, P_2, P_3로 하락함에 따라 가격선 기울기는 작아져가고 소비자균형점은 $E_1 \rightarrow E_2 \rightarrow E_3$로 변동하게 된다. PCC곡선의 형태에 따라 X재의 가격이 하락할 때 X재에 대한 소비지출의 크기를 알 수 있다. Y축의 $\frac{I}{P_y}$는 소득을 전부 Y재의 구입에 지출하는 것을 의미한다. Y재의 가격을 1원으로 가정하면 Y축은 소득이라 할 수 있고, Y재를 구매한 나머지는 X재에 대한 총지출액이 된다. 최초의 소비자 균형점 E_1에서 소비자는 소득을 Y재에 y_1만큼 지출하고 나머지 $\frac{y_1 - I}{P_y}$만큼을 X재에 지출했

〈그림 3-20〉 상대가격의 변화와 가격소비곡선

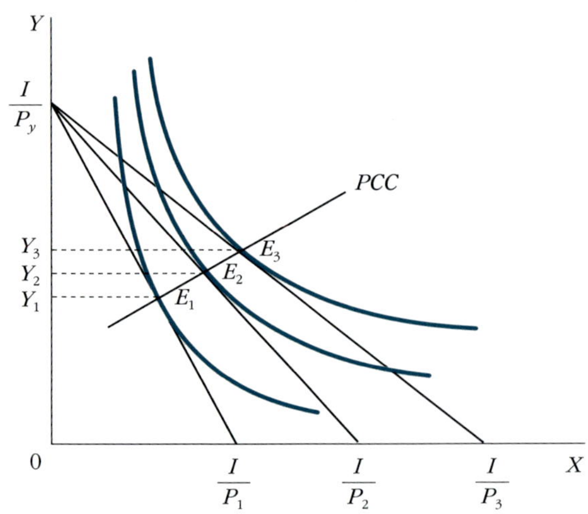

다. X재의 가격이 하락해서 E_2, E_3의 새로운 균형점으로 이동해 갈 때 Y재에 대한 지출은 y_2, y_3로 증대해 가고 X재에 대한 지출은 $\frac{y_2 - I}{P_y}$, $\frac{y_3 - I}{P_y}$로 감소해 간다. 따라서 우상향하는 PCC곡선은 X재의 가격탄력성이 1보다 작은 경우이고, 우하향하는 PCC곡선은 X재의 가격탄력성이 1보다 큰 경우이다. 또한 PCC곡선이 수평인 경우에는 X재의 가격탄력성이 1이라는 것을 알 수 있다.[18)]

(3) 가격효과

어떤 재화의 상대가격이 변화하면 수요량도 변화한다. 수요의 법칙이 적용되는 경우, 가격이 상승하면 수요량은 줄어들고 가격이 하락하면 수요량은 증가한다. 가격효과란 어떤 재화의 가격이 변할 때 수요량이 변하는 과정을 측정하는 개념이다. 예를 든다면 어떤 재화의 상대가격이 하락하는 경우, 기펜재가 아니라면 수요량은 증가하게 된다.[19)] 가격이 하락할 때 수요량이 증가한 크기를 가격효과(price effect)로 측정할 수 있다. 또한, 가격효과는 대체효과와 소득효과의 크기를 합한 개념이다.

가격이 하락할 때 수요량이 증가하는 원인으로는 ① 가격이 하락해서 물건값이 싸졌으므로 화폐소득은 동일하지만 실질구매력($\frac{M}{P}$)은 증가하기 때문이다. ② 어떤 재화의 가격하락은 다른 재화에 대한 상대가격이 하락한 것을 의미하므로 그 재화를 더 수요하게 된다. ①의 경우를 소득효과(income effect), 즉 실질소득이 증가한 효과로 인해 그 재화를 더 수요하게 된다. ②의 경우를 대체효과(substitution effect), 즉 다른 재화보다 상대적으로 싸졌기 때문에 그 재화를 더 수요할 수 있다. ①과 ②를 합하여 수요량이 증가한 것을 계산하면 가격효과(price effect)가 된다.

다른 조건(소득이나 Y재의 가격)은 일정하고, X재의 가격이 $P_1 - P_2$로 하락하는 경우, 소비자균형점은 $E_1 \rightarrow E_2$로 변동하게 된다. 〈그림 3-21〉에서 X재의 가격하락으로 인하여 X재의 수요량은 $X_1 - X_3$로 증가하였다는 것을 알 수 있다. 이 같은 현상을 가격효과(price effect)라 한다.

〈그림 3-21〉에서 $E_1 - E'$로의 소비자균형점의 이동을 대체효과라 한다. $E_1 - E'$

---

18) 수요의 가격탄력성과 소비자의 총지출과의 관계를 적용하면 이해하기 쉽다.

19) 기펜재는 가격이 하락하면 수요량이 감소하는 재화이다.

〈그림 3-21〉 소득효과와 대체효과

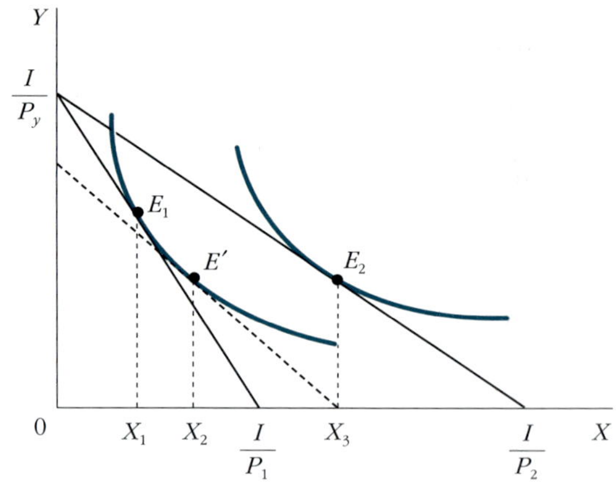

로의 소비자균형점의 이동은 동일 무차별곡선상에서의 점의 이동이며 예산선의 기울기만 작아진 결과이다. 이것은 소비자의 효용수준은 동일한데 X재의 수요량만 증가했다는 것을 의미한다. 따라서 〈그림 3-21〉의 $X_1 \rightarrow X_2$로의 수요량증가는 예산선의 기울기 변화에 의해 발생했다는 것을 알 수 있다. 예산선의 이동(소득의 변화)이 예산의 기울기의 변화(상대가격의 변화)에 의한 수요량의 증대효과이다. 소비자균형점 $E_1 \rightarrow E'$ 변동으로 인한 수요량의 증가$(X_1 - X_2)$현상을 대체효과라 한다.

〈그림 3-21〉에서 소비자균형점 $E' \rightarrow E_2$로의 이동은 무차별곡선은 우측으로 이동하고, 예산선도 우측으로 수평 이동한 결과이다. 예산선이 우측으로 수평 이동한 것은 실질소득이 증가한 것을 의미한다. 따라서 소비자균형점 $E' - E_2$로의 이동은 X재 가격하락으로 인한 소비자의 실질소득증가현상에 의해 발생한 X재의 수요량 증가$(X_2 - X_3)$현상이다. 소비자균형점 $E' \rightarrow E_2$ 변동으로 인한 X재의 수요량의 증가$(X_2 - X_3)$현상을 소득효과라 한다.

〈그림 3-22〉에서 소득은 일정하고 X재의 가격이 하락할 때 소비자균형점은 E_1에서 E_2로 변동하고 X재의 수요량은 $X_1 - X_3$로 오히려 감소한다. 이런 경우 X재는 기펜재이다. 기펜재란 가격이 하락할 때 수요량이 감소하는 재화로 정의된다. X재의 가격이 하락했을 때 가격효과가 수요량을 줄이는 음(-)의 방향으로 나타난 결과이다. 기펜재의 경우에도 〈그림 3-22〉처럼 대체효과(예산선의 기울기 변화)

〈그림 3-22〉 가격효과와 기펜재

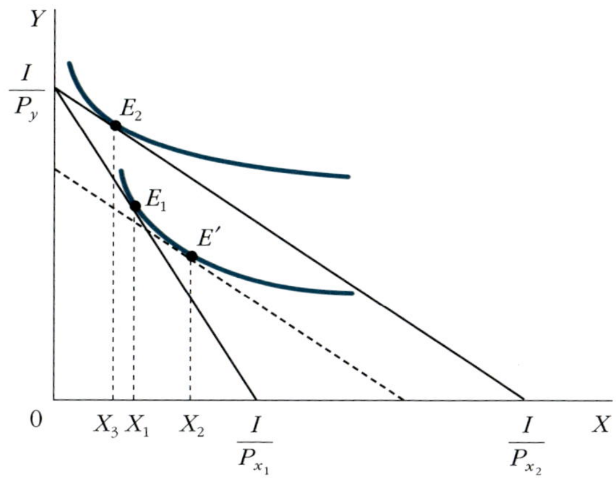

는 $X_1 - X_2$만큼의 X재 수요량을 증가시키지만 소득효과(예산선의 이동)는 $X_2 - X_3$ 만큼의 X재 수요량을 더 많이 감소시키게 된다. 따라서 소득효과(−)가 대체효과(+)를 상쇄하고도 $X_1 - X_3$만큼 X재에 대한 수요량을 오히려 감소시켜 버리기 때문에 가격효과는 음의 값을 갖게 된다. 요약하면,

① 정상재의 경우에는 그 재화의 가격이 하락할 때 대체효과나 소득효과가 모두 수요량을 증대시키는 양(+)방향으로 나타나게 되어 가격효과는 소득효과와 대체효과를 합한 만큼 수요량을 증가시킨다.

② 열등재의 경우에는 대체효과는 수요량을 증대(+)시키고, 소득효과는 수요량을 감소(−)시키므로 가격효과는 대체효과로 인한 수요량의 증가분에서 소득효과로 인한 수요량의 감소분을 차감한 나머지만큼 수요량을 증가시킨다.

③ 기펜재의 경우에는 소득효과(−)가 대체효과(+)를 상쇄하고도 X재에 대한 수요량을 오히려 감소시켜 버리기 때문에 가격효과는 수요량을 감소시킨다.

④ 열등재와 기펜재는 가격효과로 정의된다. 열등재는 소득효과는 음(−)으로 나타나지만 그 절댓값이 대체효과(+)보다는 작은 재화로 소득이 상승할 때 수요량이 감소하는 재화로 정의된다. 열등재는 가격이 하락할 때 정상재처럼 수요량이 증가하지만 정상재보다 작게 증가한다. 반면에 기펜재란 소득효과(−)의 절댓값이 대체효과(+)의 절댓값보다 크게 나타남으로 가격하락이 수요량의 감소

를 가져오는 재화이다. 따라서 기펜재는 가격이 하락할 때 수요량이 감소하는 재화로 정의된다. 또한 기펜재(Giffen goods)는 소득효과가 음(−), 즉 소득이 증가할 때 수요량이 감소하는 재화이기 때문에 열등재의 일종이라 할 수 있다. 하지만 기펜재는 가격이 하락하는 경우 수요량이 감소하게 되어 수요의 법칙에서 벗어난 특이한 재화로 정의되는 것이다.[20]

(4) 수요곡선의 도출

한계효용이론에서 소비자의 균형조건, 소비자의 효용극대화조건을 충족하는 가

〈그림 3-23〉 수요곡선의 도출

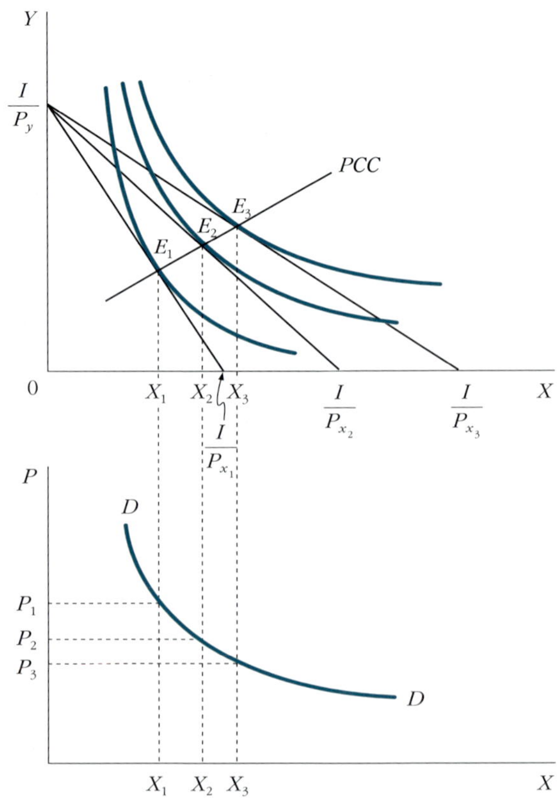

20) 수요의 소득탄력성이 1이면 엥겔곡선은 원점을 통과하는 직선이다(엥겔곡선은 종축이 소득, 횡축이 수요량). 수요의 소득탄력성이 1보다 작으면 사치재이고 0보다 크고 1보다 작으면 필수재이다.

격과 수요량 간의 좌표에서 우하향하는 수요곡선을 도출한 바 있다. 무차별곡선이론에서도 소비자의 효용을 극대화하는 조건, 소비자균형점에서 가격과 수요량 간의 좌표에서 우하향하는 수요곡선이 도출된다. 이미 앞에서 소비자균형조건은 $\frac{\Delta Y}{\Delta X}=\frac{P_x}{P_y}=\frac{MU_x}{MU_y}$로 정리되고 이를 변형하면 $\frac{MU_x}{MU_y}=\frac{P_x}{P_y}$균형식의 양변에 $\frac{MU_y}{P_x}$를 곱하여 $\frac{MU_x}{P_x}=\frac{MU_y}{P_y}$가 성립한다는 것을 증명한 바 있다.

〈그림 3-23〉에서 X재의 가격이 P_1, P_2, P_3로 하락해 갈 때 소비자균형점은 E_1, E_2, E_3로 변화해 간다. 따라서 X재의 수요량은 X_1, X_2, X_3로 증가해 간다. 이 같은 현상을 X재의 가격과 수요량 간의 좌표에 옮겨 그리면 〈그림 3-23〉의 아래 그림 $D-D$와 같은 수요곡선이 된다. 우하향하는 수요곡선(demand curve)은 무차별곡선으로 주어지는 소비자의 선호체계와 예산선으로 주어지는 소비자의 제약조건하에서 소비자가 효용을 극대화하는 선택의 결과라 할 수 있다.[21)]

4) 무차별곡선이론의 응용

무차별곡선이론을 응용하여 보상수요곡선(compensated demand curve)과 소비자잉여(consumer's surplus)를 설명할 수 있다.

(1) 보상수요곡선의 도출

보통의 수요곡선은 가격효과(대체효과+소득효과)를 모두 반영한 수요량의 변화로 도출되고 이를 마샬적(Marshallian) 수요곡선이라고도 한다. 가격이 변하여 수요량이 변화할 때 소득효과는 실질소득의 변화로 인한 수요량의 증가분이기 때문에 이를 상쇄시키고 대체효과만을 수요량의 변화로 고려하여 도출한 수요곡선을 보상수요곡선(compensated demand curve), 또는 힉스적(Hicksian) 수요곡선이라 한다.

〈그림 3-24〉에서 수요곡선(마샬적(Marshallian)) D는 X재의 가격이 P_1-P_2로 하락할 때 나타난 대체효과 X_1-X_2와 소득효과 X_2-X_3를 합한 가격효과 X_1-X_3를 모두 반영하고 있다. 보상수요곡선(힉스적(Hicksian)) D_c는 X_2-X_3까지의 소득효

21) 소득수준과 두 재화의 가격이 일정비율로 변한다면 수요함수는 일정하다. 따라서 수요함수는 영차동차함수이다.

〈그림 3-24〉 보상수요곡선의 도출

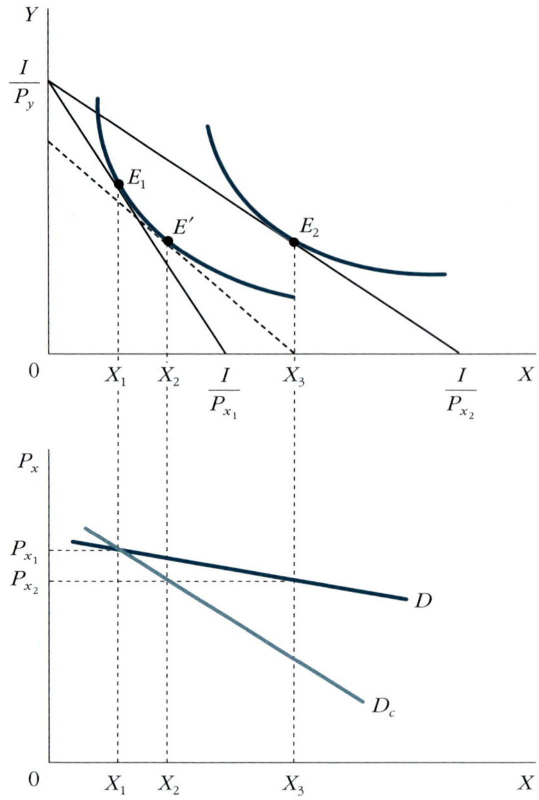

과를 제외하고 X_1-X_2까지의 대체효과만을 반영하여 도출하였다. 보상수요곡선은 가격하락에 따른 순수한 상대가격비의 변화에 의한 수요량의 변화만을 반영한 수요곡선이다.

〈그림 3-24〉에서 보상수요곡선(D_c)의 기울기는 마샬적 수요곡선(D)의 기울기보다 크게 나타난다. X재가 만약 열등재라면 X재의 보상수요곡선의 기울기는 마샬적 수요곡선의 기울기보다 완만하게 나타난다. 마샬적 수요곡선은 대체효과로 증가한 수요량의 일부를 오히려 음(−)효과로 나타난 소득효과가 상쇄시키고 대체효과보다 적은 양의 수요량만 증가시키게 된다. 하지만 열등재의 경우에는 오히려 보상수요곡선이 마샬적 수요곡선보다 수요량이 더 많이 증가하여 완만하게 나타난

다. 소득효과(－)를 배제시키기 때문에 가격효과(＋)가 마샬적 수요곡선보다 더 크게 나타나기 때문이다.

보상수요곡선은 보상변화의 개념을 설명하는 데 유용하다. 후생변화를 평가하는 척도로써 보상변화(compensating variation)와 대등변화(equivalent variation)가 활용되고 있다. 어떤 경제정책 등으로 인한 경제상태의 변화를 사회적 후생의 잣대로 측정할 수 있는 개념이 보상변화나 대등변화이다. 보상변화(compensating variation)란 가격이 하락하여 소비자의 효용수준이 증가했을 경우, 소비자의 효용수준을 이전의 상태로 되돌릴 수 있는 소득변화의 크기를 측정하는 개념이다. 보상변화의 크기는 가격하락으로 우측 이동한 무차별곡선에서 원래의 무차별곡선으로 이동하려면 얼마나 예산선이 수평 이동해야 하는가를 측정하면 된다(변화된 무차별곡선에서 원래의 무차별곡선까지 예산선이 수평 이동한 소득의 크기). 보상변화는 변화된 가격(가격하락으로 기울기가 변한 예산선)을 기준으로 소비자효용의 변화를 측정하는 방법이다.

대등변화(equivalent variation)란 원래의 효용수준에서 가격하락으로 인하여 증가된 소비자의 효용수준으로 옮아가는 데 필요한 소득변화의 크기를 측정하는 개념이다. 대등변화의 크기는 원래의 무차별곡선에서 가격하락으로 우측 이동한 무차별곡선으로 이동하려면 얼마나 예산선이 수평 이동해야 하는가를 측정하면 된다(원래의 무차별곡선에서 변화된 무차별곡선까지 예산선이 수평 이동한 소득의 크기). 대등변화는 원래의 가격(원래의 예산선을 기준)으로 소비자후생의 변화를 측정하는 방법이다.

(2) 무차별곡선에 의한 소비자잉여

소비자의 소득은 I_o로 주어져 있고 X재의 가격은 P_E수준이라 하자. 〈그림 3-25〉에서 소비자균형점은 E점로 나타나 있다. 소비자균형점 E에서 소비자는 X_E만큼의 X재를 수요하고, 실제로 화폐지불액은 $A-E(I_F-P_E)$만큼 지불한다.

그런데 〈그림 3-25〉에서 소비자는 기꺼이 $A-B$만큼의 소득을 지불할 용의가 있다는 것을 알 수 있다. 소득에 대한 무차별곡선 I_1에 의하면 B점이나 I_F점이나 소비자의 효용수준은 동일하다. 이것은 소비자가 X재를 X_E만큼 구매하는데 I_F 전

소득 중에서 $A-B$만큼을 지불하고 나머지 $B-X_E$만큼을 소유하거나 다른 재화를 구매하는 데 사용하더라도 소비자의 효용수준은 I_F 수준과 동등하다는 것을 의미한다.

따라서 소비자는 $B-E$만큼의 잉여를 얻고 있는 것이다. X재를 X_E만큼 구매하는 소비자가 $A-B$만큼의 소득을 기꺼이 지불할 의도가 있음에도 불구하고 소비자가 실제로 지불한 소득액(화폐지불액)은 $A-E$만큼에 불과하기 때문이다. 소비자 잉여를 수식으로 나타내면

소비자잉여＝소비자가 기꺼이 지불하고자 하는 의도액－실제 지불한 화폐액

〈그림 3-25〉에서 소비자가 X재를 전혀 소비하지 않고 소득을 전액소유하고 있는 경우, 소비자는 소득에 대한 무차별곡선 U_1상의 I_F점 수준의 효용을 느끼고 있다는 것을 알 수 있다. 그런데 소비자가 E점에서 X_E만큼의 X재를 소비하는 경우 소비자는 무차별곡선 U_0상의 E점 수준의 효용을 느낀다는 것을 알 수 있다. 따라서 I_F점과 B점은 동일한 무차별곡선상에 있는 점이므로 소비자는 X재를 X_E만큼 소비할 때 $B-E$만큼의 효용을 공짜로 누리는 것이다.

〈그림 3-25〉 무차별곡선에 의한 소비자잉여

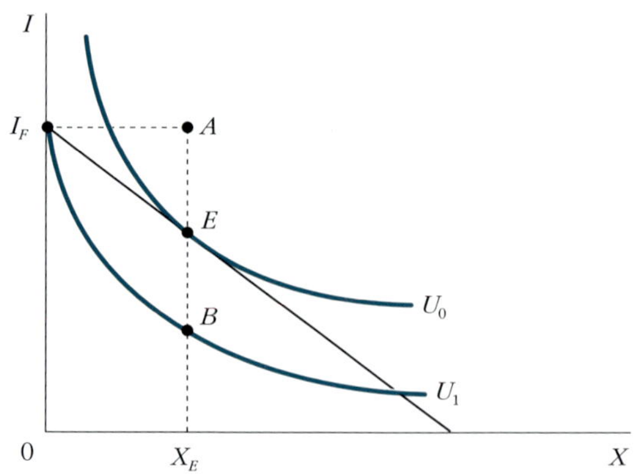

4. 현시선호이론

1) 기본가정

현시선호이론은 직접현시선호관계와 간접현시선호관계라는 선호체계에 의해 모형화되었다. 이 같은 2개의 선호체계를 바탕으로 약공리와 강공리가 규정되어지고, 이 같은 공리들은 소비자의 현시선호행위가 일관성(consistency)을 유지하기 위한 가정에 해당한다.

① 직접현시선호관계란 동일한 예산집합 내에서 상품조합 간에 현시선호되는 선호관계를 말한다. 동일한 예산집합 내에서의 선택점은 〈그림 3-26〉의 (a)에서 AB 예산선 범위의 영역, 즉 $\triangle OAB$ 안에 있는 모든 점을 의미한다. 일정한 소득과 일정한 가격벡터 $P_1=(P_{x_1},\ P_{y_1})$가 주어졌을 때 소비자가 선택가능한 모든 상품묶음은 이 영역에 포함된다.

〈그림 3-26〉의 (a)에서 $\triangle OAB$ 안에 있는 모든 상품묶음 중에서 만약 어떤 소비자가 $S=(X_1,\ Y_1)$상품묶음을 구입하는 것이 관찰되었다면 그 소비자는 S상품묶음을 $T=(X_2,\ Y_2)$상품묶음보다 선호한다고 할 수 있다. 어떤 소비자가 $\triangle OAB$ 안의 상품묶음 중에서 S를 현시선호한다는 것을 나타낸 것이 된다. $\triangle OAB$ 안의 상품묶음들 간의 현시선호관계를 파악할 때 이를 직접현시선호관계라 정의한다. 여기서 현시선호이론은 어떤 소비자에게 S상품묶음이 T상품묶음보다 선호되었다면 어떠한 경우에도 T상품묶음이 S상품묶음보다 선호될 수 없다는 약공리(weak axiom)를 채택하고 있다.

② 간접현시선호관계는 서로 다른 예산집합에서 현시선호된 선호관계에 대한 일관성을 규정한다. 〈그림 4-26〉의 (b)에서 AB예산선은 가격벡터 $P_1=(P_{x_1},\ P_{y_1})$가 주어졌을 때의 소비자의 예산집합을 나타낸다. CD예산선은 가격벡터 $P_2=(P_{x_2},\ P_{y_2})$가 주어졌을 때의 소비자의 예산집합을 나타낸다. 어떤 소비자는 AB 예산집합 내에서는 S를 T보다 선호하고 CD예산집합 내에서는 T를 U보다 선호한다 하자. 〈그림 3-26〉의 (b)에서 T가 U보다 선호된다면 T는 $\triangle OAB$ 내에

〈그림 3-26〉 현시선호관계

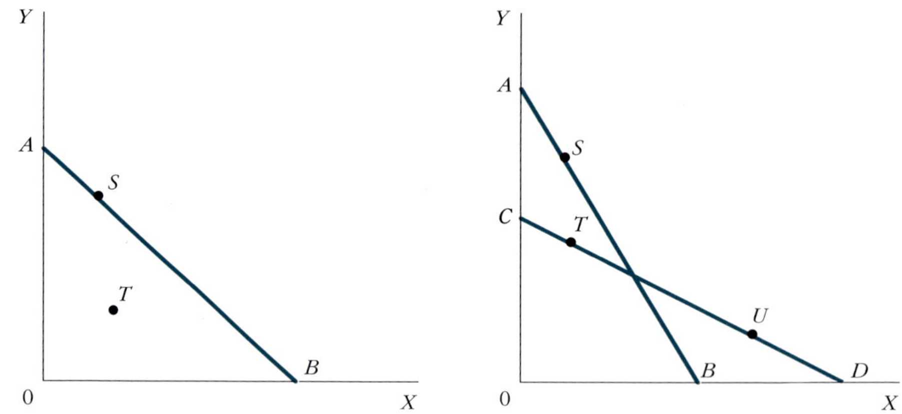

(a) 직접현시선호관계 (b) 간접현시선호관계

있는 상품묶음이므로 *S*보다 덜 선호된다는 것을 나타낸다. 이 같은 선호관계를 간접현시선호관계로 규정하며 이것을 강공리(strong axiom)로 채택한다. 어떤 소비자가 S상품묶음을 T상품묶음보다 선호하고, T상품묶음을 U상품묶음보다 선호한다면 어떠한 경우에도 U상품묶음이 S상품묶음보다 선호될 수 없다는 공리이다.

2) 수요곡선의 도출

〈그림 3-27〉에서 *X*재의 가격이 하락했다면 예산선 *AB*는 *AC*가 될 것이다. *X*재의 가격이 하락하기 이전 소비자균형점은 *E*점이었다. 이것은 소비자가 $\triangle OAB$ 영역에서 *E*점을 현시선호하였다는 것을 의미한다. *X*재와 *Y*재가 정상재일 때 가격이 하락하면 수요량이 증가한다. 이것은 대체효과와 소득효과가 나타나기 때문이다. 예산선 $A'B'$는 *X*재의 가격하락으로 인한 소득증가효과를 상쇄하고 상대가격비만을 고려한 예산선이다. 여기에서 우리는 예산선 *AB*와 예산선 $A'B'$와의 변화관계를 이용하여 대체효과만을 고려한 소비자의 선호관계를 파악할 수 있다. *X*재의 가격이 하락했을 때 소비자는 *E*점보다 나은 조합점을 선호할 것이므로 약공리에 의해 EB'선상의 어떤 점을 선호할 것이다.

〈그림 3-27〉 수요곡선의 도출

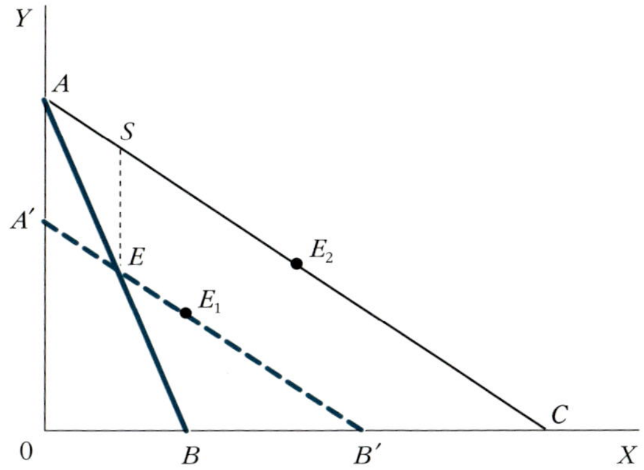

그런데 AC 예산선의 경우에는 $A'B'$ 예산선을 우측으로 평행이동시킨 것과 같다. AC 예산선과 $A'B'$ 예산선의 변동관계를 활용하여 소득효과를 고려한 선호관계를 파악할 수 있다. X재와 Y재는 정상재이므로 소득이 증가할 때 모두 수요량이 증가한다. ES선이 E균형점에서의 X재의 수요량을 나타내기 때문에 X재의 가격이 하락하는 경우 소비자는 SC선상의 어떤 점을 선호하게 될 것이다. X재의 가격하락으로 인하여 발생하는 수요량의 증가는 대체효과와 소득효과를 합한 가격효과만큼 나타나게 될 것이다. 따라서 소비자는 X재의 가격이 하락할 때 〈그림 3-27〉의 $E \rightarrow E_1 \rightarrow E_2$에 이르는 소비자균형점을 현시선호하게 될 것이다. 이것은 X재 가격이 하락할 때 X재의 수요량이 증가시킨다는 것을 알 수 있다. $E \rightarrow -E_1$만큼의 X재에 대한 수요량의 증가는 대체효과이고 $E_1 - E_2$만큼의 X재에 대한 수요량의 증가는 소득효과이다. 따라서 현시선호이론의 경우에도 한계효용이론이나 무차별곡선이론과 가정은 서로 다르지만 결론적으로 모두 우하향하는 수요곡선을 도출하는 것으로 귀결된다.

5. 소비자이론의 응용

1) 사회복지정책의 효과분석

사회복지정책의 대표적인 수단으로는 ① 현금보조(cash transfer), ② 현물보조(in-kind transfer), ③ 가격보조(price subsidy) 등이 있다. 무차별곡선이론을 응용하여 정책효과 및 유용한 정책수단을 비교분석할 수 있다.

(1) 현금보조와 현물보조

〈그림 3-28〉은 현금보조와 현물보조의 효과를 무차별곡선을 이용하여 분석한 결과이다. 최초의 소비자균형점은 E점이다. 예를 들어 X재는 쌀, Y재는 옷이라 하자. 사회복지정책의 목적은 저소득층에게 현물이나 현금을 보조하여 기본적인 식생활을 유지시키는 데 있다.

① 현물보조 방식의 사회보조정책은 〈그림 3-28〉에서 쌀은 X재로서 현물보조를 통해 $A-E_I$만큼 지급했다 하자. 최초의 AB예산선은 현물보조 이후 AE_ID의 형태로 변하게 된다. 새로운 예산선 AE_ID의 특징은 X재의 최대수요가능량은 0－

〈그림 3-28〉 현금보조방식과 현물보조방식

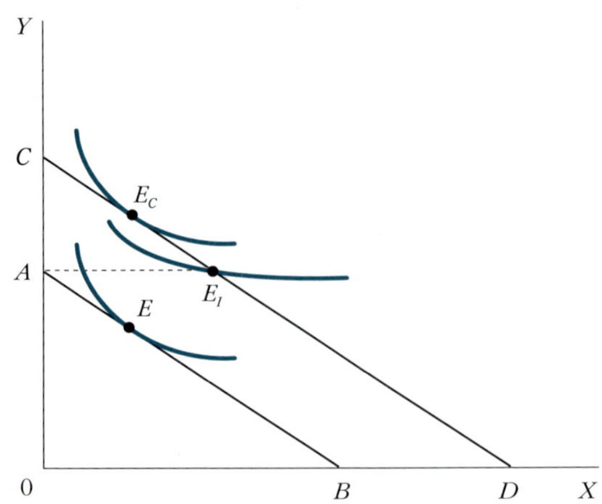

D로 증대하였지만 Y재의 수요량은 최초의 수요가능량 $0-A$로 현상유지된다. 정부가 X재(쌀)를 현물로 보조했기 때문에 X재의 예산선은 오른쪽으로 이동하지만 Y재의 예산선은 점선인 수평선으로 나타난다. 새로운 소비자균형점은 E_I로 이동할 수 있고, 새로운 예산선 AE_ID는 최초의 예산선 AB보다 적어도 X재를 $A-E_1$만큼[22] 더 소비할 수 있는 형태로 변화한다.

② 현금보조 방식의 사회보조정책은 〈그림 3-28〉에서 정부가 X재를 $A-E_1$만큼 구매할 수 있는 현금을 보조하게 되면 예산선은 우측으로 수평 이동하여 AB에서 CD로 변하게 된다. 현금보조는 결과적으로 실질소득이 증대한 것과 똑같은 예산선의 수평이동을 가져온다. 새로운 소비자균형점은 새로운 예산선 CD선상의 어디서든 성립할 수 있다.

③ 만약 새로운 균형점이 〈그림 3-28〉의 E_c에서 성립되었다면 E_c와 E_1을 비교하면 현물보조의 균형점 E_1보다 현금보조의 균형점 E_c의 효용수준이 더 높다는 것을 보여준다. 따라서 현금보조방식은 현물보조방식보다 저소득층의 후생증대에 더 효율적으로 기여한다는 것을 알 수 있다. 또한 현금보조방식은 소비자의 예산집합영역이 현물보조방식보다 $\triangle ACE_I$만큼 넓게 나타나 있고, 이는 소비자의 선택 폭이 그만큼 넓다는 것을 의미한다.[23]

하지만 사회복지정책이 저소득층에게 생필품인 X재(쌀)를 더 소비하도록 보조하는 것이 주목적이라면 현물보조에서의 균형점 E_1과 현금보조에서의 균형점 E_c에서 알 수 있듯이 현금보조방식보다 현물보조방식이 더 효과적이다.

(2) 현금보조와 가격보조

〈그림 3-29〉는 현금보조와 가격보조의 효과를 무차별곡선을 이용하여 분석한 결과이다. 최초의 소비자균형점은 E점이다.

① 정부가 X재에 대한 가격보조정책을 취하여는 경우, 소비자는 X재(쌀)가 생필품이어서 X재를 구매할 때 점선 $P-E_P$만큼의 X재를 추가로 구입할 수 있는 가

22) Y재를 동일하게 0-A만큼씩 선택할 수 있으면서

23) X재를 Y재보다 현저하게 선호하는 저소득자에게는 현금보조방식이나 현물보조방식이나 후생의 차이가 없다.

〈그림 3 - 29〉 현금보조방식과 가격보조방식

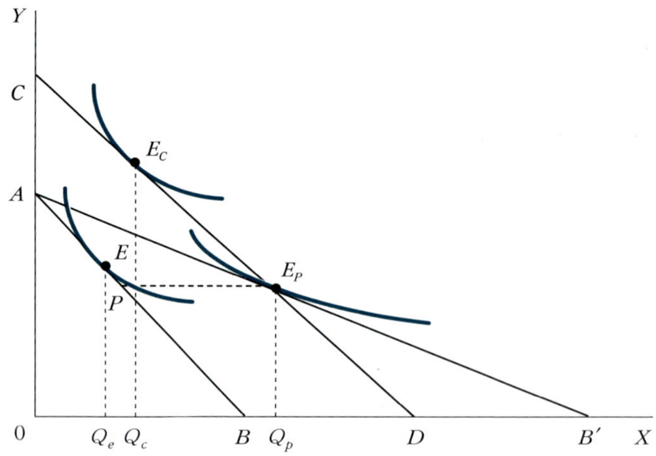

격보조혜택을 누릴 수 있다. 이런 경우 예산선 $A-B$는 예산선 $A-B'$로 변하게 되고, 소비자균형점은 E점에서 E_P점으로 이동하게 된다.

② 정부가 저소득층에 X재를 $A-E_I$만큼 구매할 수 있는 현금을 보조하는 경우, 예산선은 우측으로 수평 이동하여 AB에서 CD로 변하게 된다. 이것은 실질소득이 증대한 것과 똑같은 예산선의 수평이동이다. 새로운 소비자균형점은 새로운 예산선 CD선상의 어디서든 성립할 수 있다. 소비자균형점은 E점에서 E_c점으로 이동하였다 하자.

③ 현금보조방식과 가격보조방식의 효과는 〈그림 3 - 29〉의 현금보조의 소비자균형점 E_c점의 무차별곡선이 가격보조의 소비자균형점 E_p점의 무차별곡선보다 원점에서 멀리 있기 때문에 현금보조방식이 가격보조방식보다 저소득자들의 후생을 효율적으로 증대시킨다. 가격보조방식이 현금보조방식에 보다 비효율적인 이유로는 X재에 대한 정부의 가격보조로 상대가격비($\frac{P_x}{P_y}$)가 인위적으로 교란되었기 때문이다. 현물지급방식은 저소득자에게 특정한 상품에 대한 수요를 강제한다는 측면(현금지급방식에 비해 자유로운 선택의 폭이 좁아진다)과 가격보조방식은 상대가격을 교란시키는 원인이 되어 현금지급방식에 비해 비효율이 발생하게 된다.

하지만 사회복지정책이 저소득층에게 생필품인 X재(쌀)를 더 소비하도록 보조하는 것이 주목적인 경우에는 현물지급방식이나 가격보조방식은 현금지급방식에 비해 보다 효과적임을 알 수 있다. 〈그림 3-29〉에서 가격보조방식은 Q_p에서 X재(쌀)소비가 결정되는 반면 현금지급방식은 X재(쌀)의 소비가 Q_c에서 결정되므로 가격보조방식이 현금보조방식보다 더 많은 X재(쌀)의 소비를 가능하게 한다.

2) 조세와 소비자의 후생

무차별곡선을 이용하여 조세부과가 소비자의 후생을 감소시키는 효과를 분석할 수 있다. 정부가 세금을 부과하면 조세부담으로 인해 담세자의 후생은 감소하게 될 것이다. 또한 정부가 어떤 세금을 부과하느냐에 따라 담세자의 후생감소효과도 다르게 나타날 것이다. 〈그림 3-30〉은 무차별곡선을 이용하여 소득세와 물품세의 후생감소효과의 차이를 나타내고 있다.

① 물품세의 경우를 살펴보자. 물품세부과 전의 소비자가 직면하는 예산선은 $A-B$이고, 소비자 균형점은 E점이라 하자. $F-G$만큼의 물품세가 부과되는 경우 예

〈그림 3-30〉 조세와 소비자의 후생

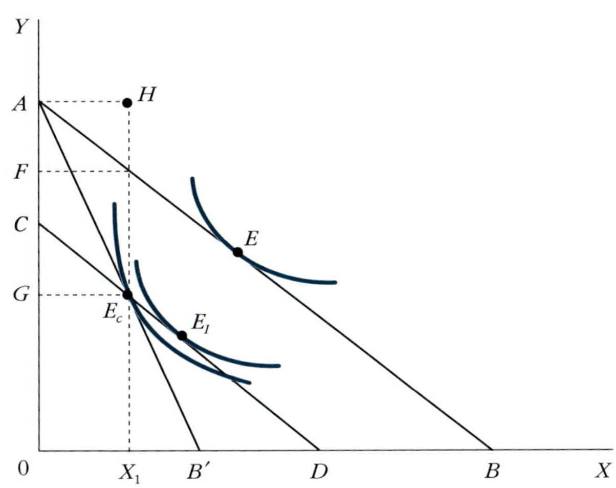

산선은 $A-B'$로 회전하게 되고 새로운 소비자균형점 E_c가 성립하게 된다. 따라서 물품세는 소비자의 후생수준을 E점에서 E_c점까지 감소시키게 된다.

② 소득세의 경우를 살펴보자. 소득세부과전의 소비자가 직면하는 예산선은 $A-B$이고, 소비자 균형점은 E점이라 하자. $F-G$만큼의 소득세가 부과되는 경우 예산선은 $C-D$로 수평 이동하게 되고 새로운 소비자균형점 E_I가 성립하게 된다. 따라서 소득세는 소비자의 후생수준을 E점에서 E_I점까지 감소시키게 된다. 따라서 물품세가 소득세보다 소비자의 후생수준을 E_I점에서 E_c점만큼 더 희생시킨다는 것을 알 수 있다.

3) 이자율 변화에 따른 저축과 소비의 선택

(1) 이자율과 소비자의 선택

일정한 소득이 주어진 상황에서 소비자는 소비를 선택하는 것인데 X재와 Y재 간의 선택문제를 다룬 것이 소비자이론이었다. 그런데 소비자는 주어진 소득 중에서 현재소비를 할 것인가? 아니면 일정부분을 저축했다가 미래에 소비할 것인가? 하는 선택문제에 직면한다. 이것이 소비와 저축 간의 시점간 선택의 문제이다. 저축이란 미래의 소비를 의미하는 것이고 현재의 소비보다 미래 시점의 소비를 선호한다는 것을 의미한다. 따라서 현재소비와 미래소비의 선택문제 역시 소비자의 효용극대화의 관점에서 이해할 수 있다. 이 문제는 피셔(I. Fisher)의 시점간 소비선택 모형(intertemporal choice model)으로 설명하고 있다.

(2) 예산제약

현재소득 Y_1, 미래소득 Y_2라 하고 주어진 실질이자율 r에 의해 차입과 대출이 가능하다고 가정하자. 제1기의 소득은 Y_1이고, 제2기의 소득은 $\frac{Y_2}{1+r}$가 된다.

따라서 예산제약식은 $Y_1+\frac{Y_2}{1+r}$(총소득의 현재가치)$=C_1+\frac{C_2}{1+r}$(총소비의 현재가치)가 된다.

그런데 이 식을 C_2에 대해 정리하면 $C_2=-(1+r)C_1+[(1+r)Y_1+Y_2]$가 된다.

예산선은 〈그림 3-31〉에서 $-(1+r)$인 기울기이고 $[(1+r)Y_1+Y_2]$만큼 절편인

〈그림 3-31〉 현재소비와 미래소비간의 예산선

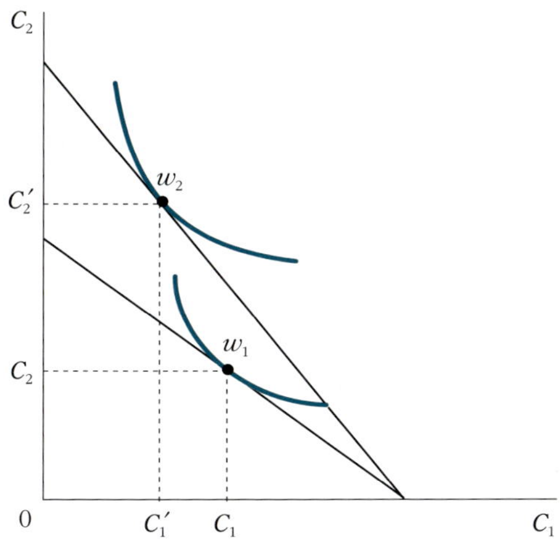

우하향하는 직선으로 나타난다. 이자율 r이 상승하면 예산선의 기울기가 급해진다. 이자율이 상승하기 이전의 현재소비 C_1, 미래소비 C_2이고 이자율이 상승하면 현재소비 C_1'이고 미래소비 C_2'로 균형점이 이동할 수 있다. 이처럼 미래소비 C_2, 저축이 증대하려면 이자율이 상승할 때 소득효과보다 대체효과가 크게 나타나야 한다. 대체효과란 이자율이 상승하면 현재소비의 상대가격이 상승해서 현재소비가 감소하고 저축이 증대하는 효과를 말한다. 소득효과란 이자율이 상승하면 실질소득이 증가해서 현재소비가 증가하여 저축이 감소하는 효과를 말한다.

6. 불확실성하에서의 소비자 선택

1) 기대효용이론

약 200년전 베르누이(D. Bernoulli)는 불확실성하에서의 개인들의 행동을 설명하기 위해 기대효용(expected utility)의 개념을 설명하고 있다. 하지만 불확실성하에서의 경제적 선택에 관한 현대적인 분석은 1940년대에 폰 노이만과 모르겐슈테른의 기대효용가설 이후에 본격적으로 발전하고 있다.

(1) 기대치(expeced value)

기대치란 불확실한 상황에서 확률적으로 얻을 수 있는 값을 말한다. 특정한 결과가 발생할 확률에 그 결과가 나왔을 때 지불되는 상금을 곱한 것을 모든 결과에 대해 합한 값을 의미한다. 예를 들어 복권을 구매했을 때 복권이 당첨될 확률에 당첨금을 곱하고 당첨되지 않았을 때 그 결과를 합하면 기댓값을 구할 수 있다. 복권에 당첨될 확률이 $\frac{1}{10}$이고 당첨금은 100만원이라 하자. 당첨금의 기대치(expected value)는 다음의 수식으로 구할 수 있다.

$$\text{당첨금의 기대치} = \frac{1}{10} \times 100\text{만원} + \frac{9}{10} \times 0\text{원} = 10\text{만원}$$

기대치를 이용하여 우리는 불확실한 상황에서 벌어지는 게임의 결과에 대해 공정한 게임인지 불공정한 게임인지를 판정할 수 있다. 위의 예에서 복권의 구매가격이 만약 10만원이라면 공정한 게임이고 복권의 구매가격이 10만원보다 높다면 불공정 게임이 되는 것이다. 게임에 거는 비용이 기대치와 동일하면 공정한 게임이고 그보다 높으면 불공정한 게임이 되는 것이다.

(2) 기대효용(expected utility)

불확실한 상황에서 소비자가 어떤 선택을 할 때 그의 어떤 선택에 대한 결과를 확률적으로 예측한 다음 기대치를 구할 수 있다. 그런데 위의 예에서 기대치가 10

만원이고 복권가격은 20만원이라면 그 복권을 사는 것은 불합리한 선택이 될 것이다. 실제로 사람들은 복권을 구매하는데 그들은 기대치에 의존하지 않고 조건부 상품을 선택한다는 것을 알 수 있다. 기대효용이론은 이런 현상을 설명할 수 있는 이론이다. 선택에 영향을 미치는 결정적 요인은 기대소득이 아니라 소비자의 위험에 대한 태도라는 것이다. 그 사람의 위험에 대한 태도가 바로 기대효용의 크기를 결정한다는 것이다. 위험을 기피하는(risk averse) 사람의 경우 기대치가 높더라도 위험상품을 선택하지 않을 수 있고 위험을 선호하는(risk loving) 사람의 경우 기대치가 낮더라도 위험상품을 선택할 수 있게 되는 이유이다. 그렇다면 위험에 중립적(risk neutral)인 사람의 경우에는 기대치가 크다면 위험상품을 선택하고 기대치가 작다면 위험상품을 회피하게 될 것이다. 기대효용이론의 핵심은 이와 같이 기대치에 의해 조건부상품에 대한 선택이 결정되는 것이 아니라 그 사람의 기대효용에 의해 결정된다는 원리이다.

(3) 세인트 피터스버그의 역설

1730년대 스위스의 수학자 다니엘 베르누이가 세인트 피터스버그(현 성 페테르스부르크)의 어떤 도박장에서 제기한 역설이다. 이 도박장에서는 도박 참가비가 10,000루블이었고, 동전을 던져서 처음 앞면이 나오면 게임이 종료되고 상금은 2^n인 게임이었다. 그런데 이 게임에 사람들이 참가하지 않았다는 것이다. 이 게임의 경우, 기대치를 계산하면 무한대가 나오게 된다.

$$(\frac{1}{2})\times 2^1=1,\ (\frac{1}{2})^2\times 2^2=1\times\cdots\times(\frac{1}{2})^n\times 2^n=1 \Rightarrow 1+1+\cdots+1=\infty$$

만약 30번째 앞면이 나오면 상금은 10억 루블을 상화하게 되는데, 이런 게임에 사람들은 왜 참여하지 않은 것일까? 세인트 피터스버그의 역설은 사람들의 경제적 선택은 기대치가 아니라 기대효용이라는 것을 암시해 주고 있는 셈이다. 기대치가 10,000루블을 엄청나게 상회한다 하더라도 이 게임 참가로 인한 효용의 증대치가 작았다는 것을 의미한다.

(4) 위험에 대한 태도

어떤 불확실한 상품에 대한 소비자의 태도는 ① 위험기피자(risk-averter), ② 위험중립자(risk-neutral), ③ 위험선호자(risk-lover)로 나눌 수 있다.

위험기피자(risk-averter)란 불확실한 자산보다는 확실한 자산을 더 선호하는 자를 말한다. 위험기피자의 효용함수는 아래쪽에서 볼 때 오목한 형태이므로 소득(w)이 증가할수록 효용(U)은 체감하면서 증가한다(〈그림 3 - 32〉 참조).

위험중립자(risk-neutral)란 불확실한 자산과 확실한 자산을 동일하게 선호하는 자를 말한다. 위험중립자의 효용함수는 직선의 형태이므로 소득(w)이 증가할 때 효용(U)은 비례적으로 증가한다(〈그림 3 - 32〉 참조).

위험선호자(risk-lover)란 불확실한 자산을 확실한 자산보다 더 선호하는 자를 말한다. 위험선호자의 효용함수는 아래 쪽에서 볼 때 볼록한 형태이므로 소득(w)이 증가할 때 효용(U)도 체증하면서 증가한다.

〈그림 3 - 32〉에서 위험기피자의 효용함수는 $U=\sqrt{w}$로 표시되고 그래프로 그리면 아래쪽에서 볼 때 오목한 곡선이다. 기대수익이 500인 경우 기대소득의 효용이 20인 데 비하여 확실한 소득의 효용은 22.36이 된다. 따라서 위험기피자는 불확실한 수익 500보다는 확실한 수익 500을 더 선호한다. 그런데 위험기피자는 기

〈그림 3 - 32〉 위험에 대한 태도

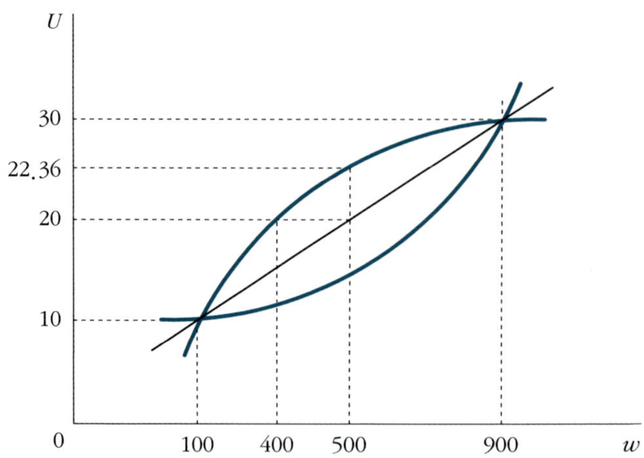

대소득(불확실한 소득) 500과 확실한 소득 400이 효용 20으로 같다는 것을 알 수 있다. 따라서 위험기피자는 불확실한 소득 500과 확실한 소득 400을 등가하고 있는 것이다. 이를 확실대등액이라 하고 또는 100을 위험프리미엄(risk-premium)이라고 한다.

(5) 보험료의 산정

〈그림 3 - 33〉은 도자기의 가치가 900인데 불이 나면 그 가치가 100으로 줄어든다 하자. 그리고 불이 날 확률은 $\frac{1}{2}$이라 한다. 효용함수는 $U=\sqrt{w}$이다.

기대치는 $\frac{1}{2}\times 900+\frac{1}{2}\times 100=500$, 확실한 돈 100에 대한 효용은 10, 900에 대한 효용은 30, 500에 대한 효용은 22.36이라는 것을 알 수 있다. 위험중립자라면 확실한 돈에 대한 효용은 20일 것이다. 위험기피자의 효용 20에 등가되는 확실한 돈은 400이라는 것도 알 수 있다.

보험료의 산정원리는 보험가입은 위험기피자가 선택할 것이고 보험에 가입하지 않는 경우, 보유하고 있는 도자기의 기대가치는 500이라는 것을 알 수 있다. 기대손실액은 400이 되는 것이다. 보험회사의 경우에도 기대손실액을 보상하고 그 보상액을 보험료로 징수한다면 보험회사의 이윤은 0이 될 것이다. 따라서 400을 공정

〈그림 3 - 33〉 보험료의 산정

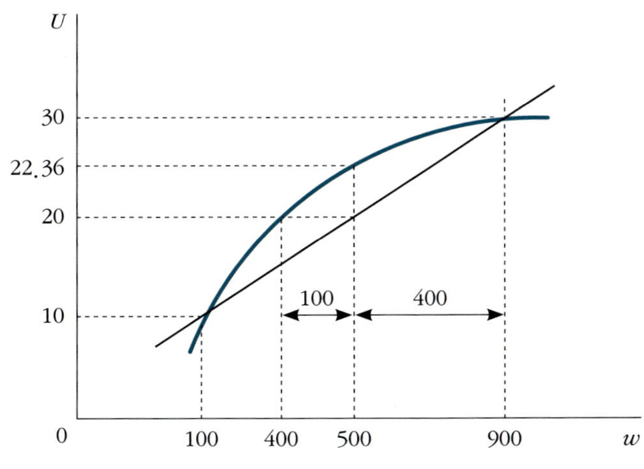

보험료라 한다. 그런데 위험기피자는 효용수준 20이라면 보험가입 이전과 같은 수준의 효용을 유지하므로 공정보험료 400+위험프리미엄 100을 지불할 용의가 있게 된다. 따라서 보험회사는 100의 위험프리미엄까지 보험료를 징수할 수 있고 이윤을 남길 수 있다.

연습문제

EXERCISE

1. X재와 Y재의 각각의 가격을 P_X, P_Y라 하고, 각각의 한계효용을 MU_X, MU_Y로 정의할 때, $\frac{MU_X}{P_X} < \frac{MU_Y}{P_Y}$이면 합리적인 소비자는 어떻게 행동할 것인가? (7급 행정)

   ① P_X가 하락하기를 기다린다.
   ② P_Y가 상승하기를 기다린다.
   ③ 더 많은 Y재를 구입하고자 한다.
   ④ 더 많은 X재를 구입하고자 한다.
   ⑤ 현재대로 X, Y를 구입할 것이다.

2. 총효용이 체감하면서 증가하고 있다면 한계효용은? (국회 7급)

   ① 부의 한계효용을 가지며 증가한다.
   ② 정의 한계효용을 가지며 감소한다.
   ③ 한계효용은 0이다.
   ④ 부의 한계효용을 가지며 감소한다.
   ⑤ 정의 한계효용을 가지며 증가한다.

3. 효용에 관한 설명 중 옳지 않은 것은? (보험계리사)

   ① 한계효용이 0이라는 것은 총효용의 증가분이 0이라는 것이고 총효용이 최대에 이르렀음을 의미한다.
   ② 음의 한계효용도 존재한다.
   ③ X재 1원어치에 대한 한계효용이 Y재 1원어치의 한계효용보다 클 때, X재를 더 구매하면 효용이 증가할 것이다.
   ④ 총효용이 증가했다는 것은 한계효용이 증가했다는 것을 의미한다.

4. X재 구입에 대한 한계효용함수가 $MU_X = -2X + 12(X \geq 0)$로 주어져 있을 때 총효용을 극대화하기 위한 X재 구입량과 총효용 크기는? (국민연금 4급)

① X재 구입량=4, 총효용=32
② X재 구입량=5, 총효용=35
③ X재 구입량=6, 총효용=36
④ X재 구입량=5, 총효용=38

5. 무차별곡선의 성질에 관한 설명 중 옳지 않는 것은? (행시)

① 무차별곡선은 우하향한다.
② 무차별곡선은 서로 나란하다.
③ 무차별곡선은 서로 교차하지 않는다.
④ 원점에서 멀어질수록 효용이 크다.
⑤ 무차별곡선은 원점에 대해서 볼록하다.

6. 무차별곡선이 원점에 대해 볼록한 이유는 (국회 7급)

① 한계대체율이 체감하기 때문
② 대체효과가 플러스이기 때문
③ 소득효과가 마이너스이기 때문
④ 소득효과가 대체효과보다 크기 때문
⑤ 대체효과가 소득효과보다 크기 때문

7. 무차별곡선을 따라 상방으로 이동하면 한계대체율은? (서울시 7급)

① 체증한다.
② 체감한다.
③ 불변이다.
④ 감소한다.
⑤ 증가할 수도 있고 감소할 수도 있다.

8. 다음 그림의 무차별곡선을 보면 두 재화 X와 Y는 아래의 조합 가운데 어느 것일 가능성이 높은가? (공인회계사)

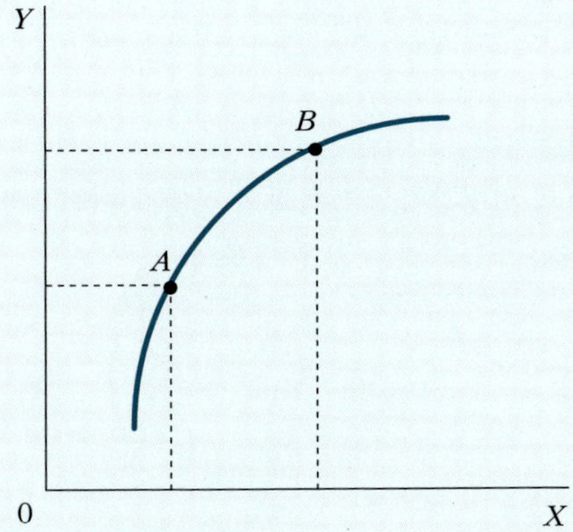

① X는 식량, Y는 의복

② X는 자동차, Y는 식량

③ X는 식량, Y는 쓰레기

④ X는 사랑, Y는 노래

⑤ X는 쓰레기, Y는 소음공해

9. 효용을 극대화하는 소비자 A는 X재와 Y재, 두 재화만 소비한다. 다른 조건이 일정하고 X재의 가격만 하락하였을 경우, A의 X재에 대한 수요량이 변하지 않았다. 이에 관한 설명으로 옳은 것을 모두 고른 것은? (공인노무사)

> ㄱ. 두 재화는 완전보완재이다.
> ㄴ. X재는 열등재이다
> ㄷ. Y재는 정상재이다.
> ㄹ. X재의 소득효과와 대체효과가 서로 상쇄된다.

① ㄱ, ㄴ

② ㄱ, ㄴ, ㄷ, ㄹ

③ ㄱ, ㄷ, ㄹ

④ ㄴ, ㄷ, ㄹ

⑤ ㄷ, ㄹ

10. 갑은 열등재인 X재와 정상재인 Y재만을 소비한다. 소득과 Y재의 가격이 일정할 때, X재의 가격이 하락하자 X재의 소비량이 감소하였다. 이 경우 옳은 설명을 모두 고른 것은?

〔감정평가사〕

> ㄱ. X재는 기펜재이다.
> ㄴ. 가격소비곡선은 우상향한다.
> ㄷ. x재에 대한 대체효과의 절댓값이 소득효과의 절댓값보다 작다.
> ㄹ. X재에 대한 대체효과와 소득효과는 같은 방향이다.

① ㄱ, ㄴ ② ㄱ, ㄷ ③ ㄴ, ㄹ ④ ㄱ, ㄴ, ㄷ ⑤ ㄴ, ㄷ, ㄹ

11. 다음 중 X재와 Y재의 균형소비량을 구하는 데 필요한 정보가 아닌 것은? 〔공인회계사〕

① X재의 가격 ② Y재의 가격 ③ 소비자의 소득
④ X재와 Y재의 산출량 ⑤ 소비자의 X재와 Y재에 대한 선호도

12. 모든 재화의 가격이 두 배 오르고 한 개별 소비자의 실질소득은 변화하지 않을 때 이 사람의 한 재화에 대한 수요량은? 〔공인노무사, 공인감정사〕

① 두 배 오른다.
② 두 배 내린다.
③ 꼭 두 배는 아니라도 감소하긴 한다.
④ 변화 없다.
⑤ 정답이 없다.

13. 소비자 균형점에 대한 설명 중 틀리는 것은? 〔공인회계사〕

① 소비자 균형점은 각 재화의 한계효용이 일치하지 않아도 된다.
② 소비자 균형점은 각 재화간 한계대체율과 가격비율이 같다.
③ 소비자 균형점은 소비자가 예산제약하에서 효용을 극대화하는 것이다.
④ 상대가격의 변화에 따라 재화들의 소비를 조절하여 소비자 균형을 달성할 수 있다.
⑤ 소득변화 이전과 이후는 한계대체율은 달라야 한다.

14. 효용함수 $U=U(X,Y)$일 때 $M=1,000$, $P_X=20$, $P_Y=50$일 때 소비자 균형점에서의 한계대체율은? 〔공인회계사〕

① 0.4 ② 0.6 ③ 1.0 ④ 1.5 ⑤ 2.5

15. 어느 한 개인의 효용함수 $U=X \cdot Y$라고 하자($X \cdot Y$는 두 재화). 그는 60의 소득을 가지고 전액을 X, Y재의 구입에 사용한다고 하자. X재의 가격은 1, Y재의 가격은 2라고 할 때 이 사람의 효용을 극대화시키기 위한 X재와 Y재의 양은? 〔7급 행정〕

① 25, 18 ② 30, 15 ③ 35, 10 ④ 10, 25 ⑤ 20, 20

16. 한 소비자에게 X재와 Y재의 교환비율인 $\frac{P_X}{P_Y}=\frac{1}{2}$이 주어졌다. 그러나 이 소비자의 주관적인 한계대체율은 $MRS_{XY}=1$이다. 이 소비자의 소비형태는? 〔감정평가사〕

① X재 소비를 줄이고 Y재 소비를 증가시킨다.
② X재 소비를 증가시키고 Y재 소비를 줄인다.
③ X재와 Y재를 모두 소비한다.
④ X재와 Y재 소비를 다 감소시킨다.
⑤ 위의 아무것도 아니다.

17. 다음 중 소득소비곡선을 바르게 설명한 것은? 〔경정승진〕

① 소득과 가격과의 관계를 나타내는 곡선
② 두 재화의 배합으로 동일한 만족을 주는 점의 궤적
③ 한 재화의 가격이 변화할 때의 소비자 균형점의 궤적
④ 실질소득이 변화할 때의 소비자 균형점의 궤적

18. 소득이 일정할 때 가격소비곡선에서 이루어지는 합성효과는 〔행시〕

① 가격효과와 소득효과 ② 대체효과와 가격효과 ③ 소득효과와 대체효과
④ 가격효과와 소비효과 ⑤ 소비효과와 대체효과

19. 기펜재(Giffen's goods)란 가격이 하락하는 경우, 다음 중 어디에 해당하는가? 〔7급 행정〕

① 소득효과는 부(−)이고 대체효과는 정(+)이지만 정의 대체효과가 부의 소득효과보다 더 큰 재화이다.
② 소득효과는 부(−)이고 대체효과는 정(+)이지만 부의 소득효과가 정의 대체효과보다 더 큰 재화이다.
③ 소득효과가 없는 재화이다.
④ 소득효과와 대체효과가 모두 정(+)인 재화이다.
⑤ 소득효과와 대체효과가 모두 부(−)인 재화이다.

20. 기펜재의 가격효과는?(단, 같은 방향이면 (+)이고, 반대방향이면(−)이다.) 〔공인회계사〕

① 소득효과와 대체효과가 모두(−)이다.
② (−)의 소득효과>(−)의 대체효과
③ (+)의 소득효과<(−)의 대체효과
④ (−)의 소득효과>(+)의 대체효과
⑤ (+)의 소득효과>(−)의 대체효과

21. 과거에는 시간당 600원에 주 40시간 일하던 사람이 현재는 시간당 700원에 주 35시간 일한다면 다음 중 어느 것이 이 사람을 잘 설명해 주고 있는가? 〔공인감정사〕

① 소득효과와 대체효과가 서로 상쇄된다.
② 소득효과가 대체효과보다 크다.
③ 대체효과가 더 중요하다.
④ 어떤 것이 더 중요하다고 말할 수 없다.
⑤ 과오를 저질렀다. 적어도 40시간을 일했어야만 했다.

22. X재와 Y재만을 소비하는 갑의 효용함수는 $\sqrt{X}+Y$, 예산제약식은 $\frac{1}{8}X+Y=1$이다. 효용을 극대화하는 갑의 X재에 대한 수요량은?(단, $X\geq 0$, $Y\geq 0$이다.) 〔감정평가사〕

① 2 ② 4 ③ 8 ④ 16 ⑤ 32

23. 두 재화 x, y를 소비하는 소비자의 효용함수는 $u(x, y) = X^{\frac{1}{2}}Y^{\frac{1}{2}}$이다. 이 소비자가 효용을 극대화한다고 할 때 다음 중 옳은 것은? (감정평가사)

① 소득이 2배가 되면 각 재화의 소비량이 2배보다 작게 증가한다.
② 소득이 2배가 되면 효용이 2배보다 작게 증가한다.
③ 소득소비곡선은 수평선이다.
④ 가격소비곡선은 원점을 지나는 선이다.
⑤ x재와 y재의 가격이 같다면 x재와 y재의 소비량은 동일하다.

24. 효용극대화를 추구하는 소비자 갑의 효용함수는 $U(x, y) = \min(2x, y)$이다. 갑의 수요에 관한 설명으로 옳지 않은 것은? (감정평가사)

① 상대가격변화에 따른 대체효과는 0이다.
② X재 수요의 소득탄력성은 1이다.
③ 가격소비곡선은 수직선의 형태를 갖는다.
④ 소득소비곡선은 원점에서 출발하는 직선의 형태를 갖는다.
⑤ 갑의 효용함수는 1차 동차함수이다.

25. 갑은 한정된 소득을 가지고 X재와 Y재만을 소비하며, 본인의 효용을 극대화하는 소비선택을 한다. 두 재화의 소비량이 각각 X와 Y일 때, 갑의 효용은 $U = X^{\alpha}Y^{\beta}$이다. X재 가격이 Y재 가격의 2배일 경우, 옳지 않은 것은?(단, $\alpha > 0$, $\beta > 0$) (국가직 9급)

① α가 1보다 크다면 X재에 대한 한계효용은 체증한다.
② 효용을 극대화하는 소비선택에서 Y재로 표시한 X재의 한계대체율은 0.5이다.
③ 소득이 2배로 증가하면 두 재화의 소비량은 2배로 증가한다.
④ α와 β의 크기가 같다면 Y재의 소비량이 X재의 소비량보다 2배 많다.

26. 소비자 갑은 X재와 Y재를 소비하고 있다. 갑의 X재에 대한 한계효용은 $\frac{1}{Q_x}$이고, Y재에 대한 한계효용은 $\frac{1}{Q_y}$이다. X재의 가격과 Y재의 가격이 각각 0.5 및 2로 주어져 있다. 갑의 소득이 120일 때, 효용을 극대화하는 Q_x의 크기는? (국가직 9급)

① 30 ② 60 ③ 120 ④ 240

27. 다음 그림은 소비자 갑의 예산과 무차별곡선이다. 이 그림에 대한 설명으로 옳지 않은 것은? 〔국가직 9급〕

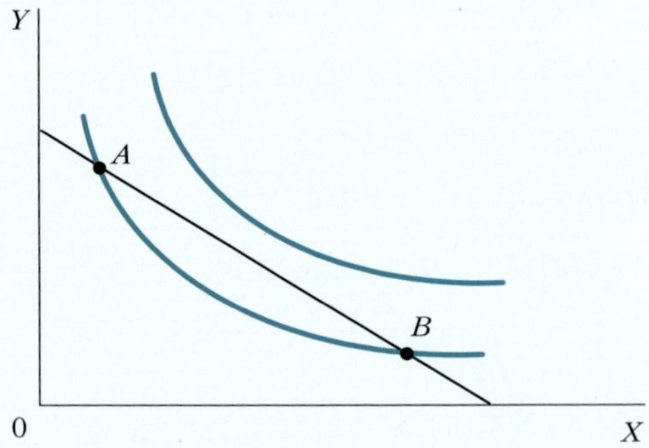

① 한계대체율은 A점이 B점보다 크다.

② 무차별곡선 U_0에서의 상품묶음이 무차별곡선 U_1에서의 상품묶음보다도 효용이 작다.

③ 소비자 갑이 B점에서 소비하는 경우, 효용을 극대화하기 위해서는 X재의 소비를 감소시켜야 한다.

④ A점에서 X재의 1원당 한계효용은 Y재의 1원당 한계효용보다 작다.

28. 소비자 갑은 주어진 소득하에서 효용을 극대화하는 상품묶음을 선택한다. 모든 상품의 가격이 3배 오르고, 소비자 갑의 소득도 3배 늘었을 때 예상할 수 있는 결과는? 〔국가직 9급〕

① 정상재의 소비만 증가한다.

② 모든 상품에 대한 수요가 증가한다.

③ 모든 상품에 대한 수요가 감소한다.

④ 기존의 소비하던 상품의 수요는 불변이다.

29. 효용극대화를 추구하는 소비자 갑은 X재와 Y재만 소비한다. 갑이 X재와 Y재의 소비로부터 얻는 한계효용은 소비량에 관계없이 각각 50과 30으로 일정하다. X재의 가격은 4, Y재의 가격은 2, 소득은 10일 때 갑의 최적소비조합은? 〔국가직 9급〕

① (0, 5) ② (1, 3) ③ (2, 1) ④ (2.5, 0)

30. 길동이는 옥수수 한 개에서 얻는 한계효용이 감자 두 개에서 얻는 한계효용과 같다고 한다. 감자로 표시한 옥수수의 한계대체율은? (공인회계사)

① $\frac{1}{4}$　　② $\frac{1}{2}$　　③ 1　　④ 2　　⑤ 4

31. 두 재화 X재와 Y재를 소비하여 효용을 극대화하는 소비자 A의 효용함수는 $U=X+2Y$이고, X재의 가격이 2, Y재의 가격이 1이다. X재 가격이 1로 하락할 때 소비량의 변화는? (공인노무사)

① X재, Y재 소비량 모두 불변
② X재, Y재 소비량 모두 증가
③ X재 소비량 감소, Y재 소비량 증가
④ X재 소비량 증가, Y재 소비량 감소
⑤ X재 소비량 증가, Y재 소비량 불변

32. 다음 설명 중 타당한 것은? (공인회계사)

① 수요의 소득탄력성이 1보다 작은 재화를 열등재라 한다.
② 수요의 가격탄력성이 1보다 작은 재화를 필수재라 한다.
③ 마샬에 의하면 A재화가 B재화의 대체재일 때 B재화는 반드시 A재화의 대체재이다.
④ 필수재에 대한 엥겔곡선은 우하향한다.
⑤ 어떤 재화의 가격소비곡선이 우상향할 경우 그 재화에 대한 수요곡선은 반드시 우하향한다.

33. 현시선호이론에 대한 다음 설명 가운데 옳지 않은 것은? (행시)

① Samuelson, Hicks 등에 의해서 전개된 이론이다.
② 한계대체율체감의 가정하에 수요곡선을 도출하는 이론이다.
③ 다른 소비자 행동이론과 마찬가지로 소득효과와 대체효과를 설명하고 있다.
④ 소비자가 실제로 현시한 시장행동에서 소비자 행동원리를 설명하고자 한다.
⑤ 소비자가 무모순적이고, 합리적인 행동을 한다는 가정하에서 수요곡선을 도출하고자 하는 이론이다.

34. 이중곡가제를 실시할 경우 소비자잉여의 크기는? 〔공인회계사〕

① 증가한다. ② 감소한다. ③ 불변이다.
④ 증가할 수도 있고 감소할 수도 있다. ⑤ 위의 모두가 가능하다.

35. 일반적으로 우리 생활에 필요한 물보다도 다이아몬드의 값이 더 높은 이유는? 〔7급 행정〕

① 다이아몬드의 교환가치가 물의 교환가치보다 높기 때문
② 다이아몬드의 사용가치가 물의 사용가치보다 높기 때문
③ 다이아몬드의 한계효용이 물의 한계효용보다 높기 때문
④ 다이아몬드의 총효용이 물의 총효용보다 높기 때문
⑤ 다이아몬드의 평균효용이 물의 평균효용보다 높기 때문

36. 철수는 용돈으로 X, Y만 소비한다. 용돈이 100원이고 X, Y의 가격이 각각 1원일 때 철수는 $(X,\ Y)=(50,\ 50)$을 소비했다. 그런데 X재의 가격은 그대로인데 Y재의 가격이 두 배로 오르자 어머니가 원래 소비하던 상품묶음을 구매할 수 있는 수준으로 용돈을 인상해 주었다. 다음 중 옳지 않은 것은? 〔국회 8급〕

① 철수의 용돈은 50원만큼 인상되었다.
② 새로운 예산집합의 면적은 이전보다 크다.
③ X의 기회비용이 전보다 감소하였다.
④ 철수의 효용은 변화 전의 효용 이상이다.
⑤ 철수는 Y를 50개보다 많이 구매할 것이다.

37. 피셔의 2기간 최적소비선택모형에서 제1기에 소득이 소비보다 큰 소비자에 관한 설명으로 옳은 것을 모두 고른 것은?(단, 기간별 소비는 모두 정상재이며, 저축과 차입이 자유롭고 저축이자율과 차입이자율이 동일한 완전자본시장을 가정함) 〔공인노무사〕

ㄱ. 제1기의 소득증가는 제1기의 소비를 증가시킨다.
ㄴ. 제2기의 소득증가는 제2기의 소비를 감소시킨다.
ㄷ. 실질이자율이 증가하면 제2기의 소비는 증가한다.

① ㄱ ② ㄱ, ㄴ, ㄷ ③ ㄱ, ㄷ ④ ㄴ ⑤ ㄴ, ㄷ

38. 기대효용이론에 관한 설명으로 옳은 것은 〔감정평가사〕

① 폰 노이만 – 모겐스턴 효용함수에서 효용은 서수적 의미만을 갖는다.

② 갑이 가지고 있는 복권 상금의 기대가치는 500이고 이 복권을 최소 450원에 팔 용의가 있다면, 50원을 갑의 위험프리미엄으로 볼 수 있다.

③ 위험기피자는 기대가치가 0인 복권을 구입할 것이다.

④ 위험선호자는 기대가치가 0인 보험에 가입할 것이다.

⑤ 을의 폰 노이만 – 모겐스턴 효용함수가 $U=M^{1.5}$로 주어졌다면, 을은 위험기피자이다.

39. 재산이 100만원인 철수는 75만원의 손실을 볼 확률이 $\frac{1}{5}$, 손실을 보지 않을 확률이 $\frac{4}{5}$이다. 보험회사는 철수가 일정 금액을 보험료로 지불하면 손실 발생시 손실 전액을 보전해 주는 상품을 팔고 있다. 철수의 효용함수가 $u(x)=\sqrt{x}$이고 기대효용을 극대화한다고 할 때, 철수가 보험료로 지불할 용의가 있는 최대금액은 얼마인가? 〔국회 8급〕

① 15만원 ② 19만원 ③ 25만원 ④ 29만원 ⑤ 35만원

40. 그림은 을의 소득에 대한 효용을 나타낸 것이다. 이에 대한 설명으로 옳은 것은?

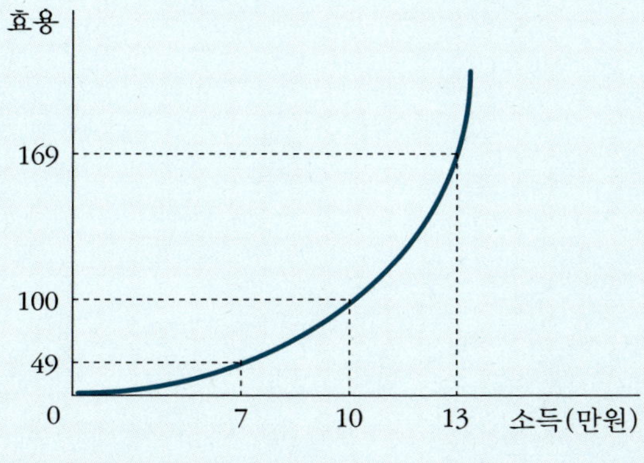

① 을은 위험회피적(risk-averse)이다.

② 을은 위험중립적(risk-neutral)이다.

③ 을은 소득의 증가에 따라 위험에 대한 선호가 변화한다.

④ 한계효용체감의 법칙이 을에게는 적용되지 않는다.

1032,103

제4장

생산이론과 생산비이론

1. 생산이론

1) 생산과 생산요소

경제학에서는 생산의 개념을 인간의 효용을 증대시키는 모든 행위로 정의한다. 교환, 저장, 가공, 운송뿐만 아니라 인간을 보다 즐겁게 하는 모든 행위는 생산이다.

① 기존의 재화를 교환하는 행위는 생산이다.
② 기존의 재화를 운반하는 행위도 생산이다.
③ 어떤 재화를 저장하는 행위도 생산이다.
④ 어떤 재화를 가공, 변형, 개조하여 새로운 재화를 만드는 행위도 생산이다.
⑤ 각종 용역을 창출하는 행위도 생산이다.

일반적으로 생산은 생산요소를 투입하여 산출물을 얻는 과정으로 이해된다. 생산을 위해서는 생산요소의 투입이 필수이다. 인간의 노동과 자연의 생산력(토지)은 가장 기본이 되는 생산요소이다. 이것을 본원적 생산요소라고도 한다. 제3의 생산요소로써 자본이 등장하는데 자본[1]은 인간에 의해서 재창출된 파생적 생산요소이다. 생산력의 향상에 의한 잉여(저축) 그리고 투자의 과정을 거쳐 축적된 생산요소이다. 제4의 생산요소로써 경영과 기술이 존재한다. 경영은 모든 생산요소들을 최적하게 조직화한다. 지식이나 기술은 노동이나 자본에 체화된 생산요소로 기능한다. 특히나 현대사회에서의 생산성 증가는 지식과 기술진보가 주도하는 상황이어서 지식과 기술을 하나의 독립된 생산요소로 간주하기도 한다.

1) 인적자본(human capital)과 물적자본(physical capital)으로 구분된다. 또한 물적자본은 자본(capital)과 자본재(capital goods) 그리고 화폐자본(money capital)의 구분이 있다.

2) 생산함수와 생산이론

(1) 생산함수의 개념

생산이란 일정기간 동안에 여러 가지 생산요소의 결합과 그 결합으로부터 얻을 수 있는 최대산출량과의 기술적 관계를 의미한다. 따라서 생산함수(production function)란 일정기간 동안 투입한 투입물과 그로 인한 산출물 간의 기술적 관계라 할 수 있다. 생산함수는 기간의 장·단에 따라 단기생산함수와 장기생산함수로 구분할 수 있다.

생산이론에서 기간은 크게 단기와 장기로 나누어지는데, 생산요소 중 하나가 고정요소이고 나머지 하나가 가변요소이면 단기생산함수이고, 두 생산요소가 모두 가변요소이면 장기생산함수에 해당한다.

자본은 고정된 상황에서 노동만을 독립변수로 취급하면 단기생산함수가 되고, 노동과 자본을 모두 독립변수로 취급하면 장기생산함수가 된다.

생산함수의 일반형은 $Q=f(L, K)$로 표현된다.

단기생산함수는 $Q=f(L, \bar{K})$로 표현된다. $\bar{K}$는 고정투입요소라는 의미이다.

(2) 총생산과 한계·평균생산

〈그림 4-1〉의 총생산곡선(TP_L), 평균생산곡선(AP_L), 한계생산곡선(MP_L)은 단기생산함수 $Q=f(L, \bar{K})$에 의해 도출된 그림이다. 단기총생산곡선은 대부분 S자형의 모양을 가진다. TP_L곡선은 〈그림 4-1〉의 I점을 변곡점(inflection point)으로 하는 휘어지는 곡선의 특징을 가진다. 원점에서 I점까지는 볼록성을, I점 이상의 구간에서는 오목성을 보이고 있다.

노동투입을 증가시킴에 따라 I'점(L_2)까지는 총생산의 증가비율(MP_L)이 커지면서 총생산(TP_L)량이 증가하고, 노동투입량이 L_2수준을 초과하고 나면 총생산량의 증가비율($MP_L=I'$)이 작아지면서 총생산(TP_L)량이 감소하고 있다. I'점은 한계생산 MP_L의 극대점이다. 노동 1단위 증가에 따른 총생산 증가의 비율이 가장 높은 점이다. 한계생산곡선(MP_L)은 총생산곡선의 기울기(접선)에 의해 도출한 것이고 총생산함수를 미분한 값과 같다.

〈그림 4-1〉 총생산곡선과 한계·평균생산곡선

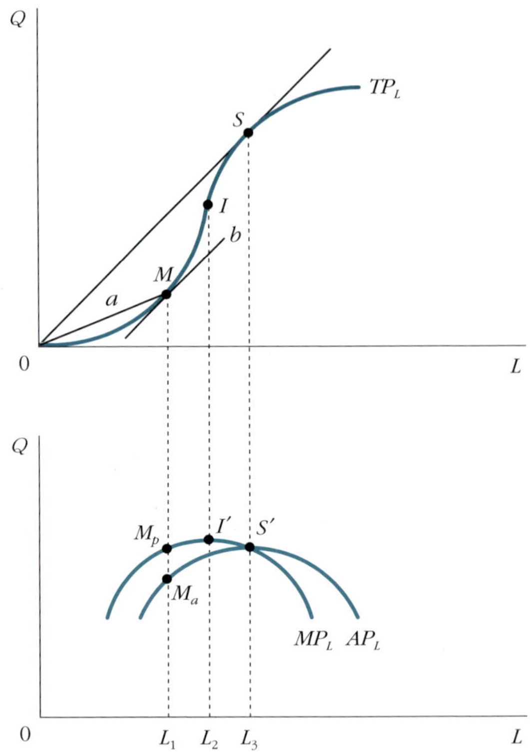

노동의 한계생산은 $MP_L = \dfrac{\Delta Q}{\Delta L}$과 같다.

〈그림 4-1〉에서 접선 b의 접점 M을 아래의 좌표에서 MP_L곡선의 M_p로 도출한 것이다. 다음으로 평균생산곡선(AP_L)은 원점에서 출발하는 직선과 총생산곡선(TP_L)이 만나는 접점들을 연결하여 도출한다. 〈그림 4-1〉의 원점에서 출발하는 직선 a와 만나는 총생산곡선상의 M점을 아래의 좌표에서 AP_L곡선의 M_a로 도출한 것이고 이것은 총생산을 노동으로 나눈 값이다. 노동 1단위가 생산한 생산량을 나타낸다.

노동의 평균생산은 $AP_L = \dfrac{Q}{L}$과 같다.

〈그림 4-1〉에서 원점을 출발하는 접선 a와 접선 b가 총생산곡선(TP_L)상의 S점에서 만난다는 것은 MP_L과 AP_L의 값이 같다는 것을 의미한다. 또한 S점을 아래

의 좌표로 옮겨 그리면 S'점이 되고, S'점은 MP_L곡선이 AP_L곡선의 극대점에서 교차한다는 것을 알 수 있다. 따라서 평균생산 AP_L과 한계생산 MP_L의 관계를 정리하면 $MP_L > AP_L$일 때 AP_L은 증가한다. $MP_L < AP_L$일 때 AP_L은 감소하며, $MP_L = AP_L$일 때 AP_L은 극대가 된다.

(3) 한계생산체감의 법칙

한계생산체감의 법칙(law of diminisning marginal products)은 다른 생산요소들은 고정투입 요소이고, 한 생산요소만을 가변투입요소로 하여 요소투입을 계속 증대시켜가는 경우, 처음에는 한계생산이 증가하다가 총생산곡선의 변곡점을 지나면 한계생산이 감소하게 된다. 이런 현상을 한계생산체감의 법칙 또는 수확체감의 법칙(law of diminishing returns)이라고 한다.[2)]

〈그림 4 - 1〉의 아래 좌표에서 한계생산력(MP_L)은 노동투입만을 증가시킬 때 L_2까지는 증가해 가다가 노동투입이 L_2수준을 초과하면서 한계생산력(MP_L)은 감소하게 된다. 총생산곡선(TP_L)에서는 I 변곡점까지는 MP_L이 증가해 가다가 I점 이상에서는 MP_L이 감소해가는 현상과 동일하다. 이런 현상이 한계생산체감의 법칙에 해당한다.

3) 등량곡선

(1) 등량곡선의 개념

등량곡선(isoquant)은 동일한 양의 재화를 생산할 수 있는 노동(L)과 자본(K)의 조합을 연결한 곡선이고 생산무차별곡선이라고도 한다.

등량곡선은 생산함수 $Q=(L, K)$에 의해 도출된다. 등량곡선은 노동과 자본, 두 생산요소가 모두 변수이므로 장기생산함수로 나타낸다. 장기생산함수는 변수가 Q, L, K 모두 3개이기 때문에 삼차원 공간에 필요하고 삼차원좌표에 나타내면 생산곡면(production surface)이 된다.

---

2) 가변비례의 법칙(law of variable propotions)이라고도 한다. 가변비례의 법칙은 가변투입요소의 투입량을 비례적으로 증가시키는 경우 생산량의 증가가 요소투입증가비율에 미치지 못함을 말한다.

등량곡선을 무차별곡선처럼 평면좌표에 마치 등고선처럼 나타낼 수 있다. 생산곡면에서 등생산량 점들을 평면좌표에 옮겨 놓으면 등량곡선(isoquant curve)이 된다. 등량곡선(isoquant)상의 모든 점들은 동일한 산출량을 생산해 낼 수 있는 서로 다른 생산요소의 모든 조합을 의미한다.[3)]

(2) 등량곡선의 특징

등량곡선은 소비자이론에서 도출된 무차별곡선과 유사한 특징을 가진다. 무차별곡선은 효용함수에 의해 그려지고 등량곡선은 생산함수에 의해 그려진다는 점과 무차별곡선은 생산물 공간(output space)인데 등량곡선은 생산요소(input space) 공간에 그려진다는 차이점이 있을 뿐이다. 또한 무차별곡선은 소비자의 선호체계로 나타낸 소비자의 주관적 만족도에 대한 생산물 조합에 대한 함수관계이다. 등량곡선은 생산기술상의 특성을 반영한 투입요소의 조합에 대한 산출량과의 함수관계이다.

등량곡선의 특징은 다음과 같다.

① 등량곡선은 원점에서 멀어질수록 보다 많은 산출량을 나타낸다.

② 등량곡선은 교차할 수 없다. 만약 등량곡선이 교차한다면 기본적 공리인 이행성이 무너지게 된다.

③ 등량곡선은 우하향하여 음(−)의 기울기를 가진다. 등량곡선이 우하향한다는 것은 서로 다른 생산요소 간의 대체가 가능하다는 것을 의미하고, 각각의 생산요소의 한계생산(MP)이 양(+)의 값을 갖는다는 것을 의미한다. 만약 등량곡선이 수평선이면 노동의 한계생산은 0이 되고 수직선이면 자본의 한계생산은 0이 된다. 등량곡선이 우상향하는 경우에는 두 생산요소 중 하나의 생산요소의 한계생산은 음(−)의 값을 가진다.

④ 등량곡선은 원점에 대하여 볼록하다. 노동의 투입을 증가시킴에 따라 등량곡선의 기울기가 작아져 간다는 것을 의미한다. 이런 현상을 한계기술대체율(marginal rate of technical substitution)이 체감한다는 것을 의미한다. 노동과 자본

3) 등생산곡선(iso-product curve)이라고도 한다.

의 관계가 서로 독립적이고 노동과 자본에 대한 한계생산체감의 법칙이 작동하는 경우, 원점을 향해 볼록한 등량곡선의 기울기에는 한계기술대체율체감의 법칙(law of diminising marginal rate of technical substiyutiion)이 적용된다. 이것은 두 생산요소의 완전한 대체가 불가능함을 의미하기도 한다(Cobb-Douglas 생산함수). 등량곡선이 만약 직선이라면 두 생산요소 간 대체가 완전하다는 것을 의미한다(선형생산함수). 모든 점에서 요소간 대체율이 일정한 값을 가진다. 등량곡선이 만약 L자 모양을 가진다면 두 생산요소간 대체가 불가능함을 의미한다(Leontief 생산함수).

(3) 한계기술대체율체감의 법칙

한계기술대체율(marginal rate of technical substitution)은 동일한 생산수준을 유지하면서 노동을 한 단위 더 고용할 경우 포기해야 하는 자본의 양을 나타낸다. 자본을 한 단위 포기할 때 동일한 생산수준을 유지하기 위해서 더 고용해야 하는 노동량을 나타내는 것이고, 노동 1단위의 생산성을 자본의 크기로 나타낸다.

한계기술대체율은 $MRTS_{L,K} = -\dfrac{\Delta K}{\Delta L}$이다.

한계기술대체율(marginal rate of technical substitution)은 〈그림 4-2〉의 등량

〈그림 4-2〉 한계기술대체율의 체감

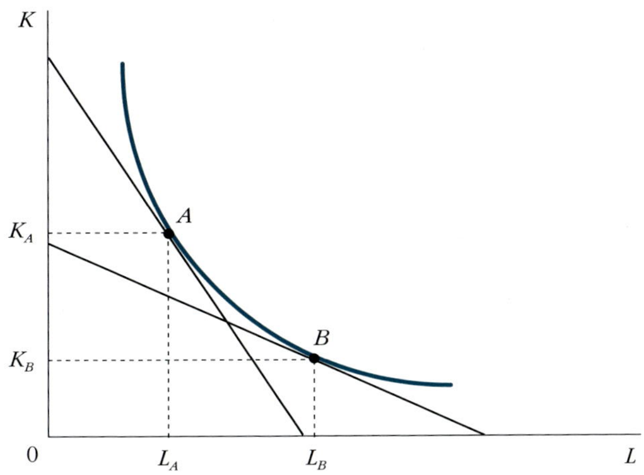

곡선의 기울기이다. 〈그림 4-2〉에서 A점과 B점을 지나는 접선의 기울기가 한계기술대체율인 것이다. 등량곡선상의 점의 이동은 생산요소의 투입비율은 변하지만 산출량수준은 항상 일정하다. 등량곡선상의 점의 이동은 $MP_L \cdot \Delta L + MP_K \cdot \Delta K = 0$으로 나타낼 수 있다.

이 수식을 정리하면 $MRTS_{L,K} = -\dfrac{\Delta K}{\Delta L} = \dfrac{MP_L}{MP_K}$가 된다.

$MP_L = \dfrac{\Delta Q}{\Delta L}$이고 $MP_K = \dfrac{\Delta Q}{\Delta K}$로 정리되므로 한계기술대체율은 한계생산력의 역수에 해당한다. 따라서 한계기술대체율이 작아진다면, 노동의 한계생산은 낮아지고 자본의 한계생산은 높아진다는 의미한다. 한계기술대체율체감의 법칙은 어떤 한 생산요소의 투입을 늘려간다면 그 생산요소의 한계생산은 작아진다는 것을 의미한다.

〈그림 4-2〉에서 등량곡선 A점의 기울기보다 B점의 기울기가 작아진다는 것은 노동투입을 증가시킴에 따라 자본으로 나타낸 노동의 생산력($\dfrac{\Delta K}{\Delta L}$)은 체감한다는 것을 보여준다.

등량곡선이 원점을 향해 볼록한 형태이기 때문에 한계기술대체율은 체감하는 것이다. 이를 한계기술체감의 법칙(law of diminising marginal rate of technical substiyutiion)이라 한다.

〈그림 4-3〉 분계선

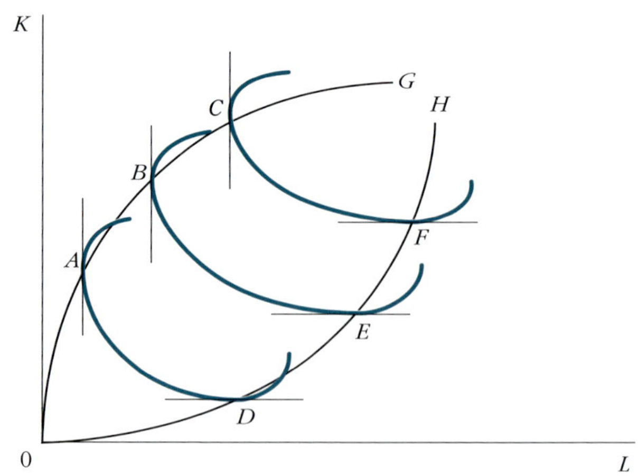

〈그림 4-3〉에서 등량곡선이 수평선과 접하는 점, A, B, C는 $MP_L=0$이며 이하의 등량곡선이 우상향하는 부분은 $MP_L<0$이다. 또한 등량곡선이 수직선과 접하는 점, D, E, F는 $MP_K=0$이며 이하의 등량곡선이 우상향하는 부분은 $MP_L<0$이다. 따라서 현실적으로 고려되는 영역은 두 생산요소의 한계생산이 양의 값을 가지는 영역[4]이며, GH를 분계선이라 한다.

(4) 생산요소간 대체탄력성

생산요소간 대체탄력성(elasticity of substitution)은 생산과정에서 한 생산요소가 다른 생산요소로 얼마나 쉽게 대체될 수 있는지를 나타내는 측정지표이다. 요소간 대체탄력성은 일정한 생산수준을 유지하면서 노동과 자본 사이의 요소간 대체의 용이성을 나타내는 개념이다. 생산요소간 대체탄력성의 크기는 등량곡선의 형태와 밀접한 관련성을 가진다. 또한 대체탄력성의 크기는 생산의 기술적인 특성에 따라 크게 달라지는데, 산업별로 다르게 나타난다. 예를 들어 농업의 경우에는 노동과 자본 간에 대체가 용이해서 대체탄력성이 크게 나타나지만 철강산업의 경우에는 노동과 자본 간의 대체가 거의 불가능해서 대체탄력성이 거의 영에 가깝다.

$$\rho=\frac{\text{요소집약도의 변화율}}{\text{한계기술대체율의 변화율}}=\frac{\dfrac{\Delta\frac{K}{L}}{\frac{K}{L}}}{\dfrac{\Delta MRTS}{MRTS}}=\frac{\dfrac{\Delta\frac{K}{L}}{\frac{K}{L}}}{\dfrac{\Delta\frac{w}{r}}{\frac{w}{r}}}$$

생산요소간 대체탄력성은 등량곡선의 형태와 밀접한 관련이 있다. 등량곡선의 형태가 직선에 가까울수록 대체탄력성은 커지고 L자에 가까울수록 작아진다. 등량곡선의 형태가 직선이면 대체탄력성은 ∞이고 L자이면 0이다. 〈그림 4-3〉의 (a)는 등량곡선이 L자에 가까워서 노동과 자본 간에 대체가 비탄력적인 경우이고 〈그림 4-3〉의 (b)는 등량곡선이 직선에 가까워서 노동과 자본 간에 대체가 탄력적이다.

4) 생산의 제1, 2 단계라고도 한다.

〈그림 4-4〉 생산요소간 대체탄력성

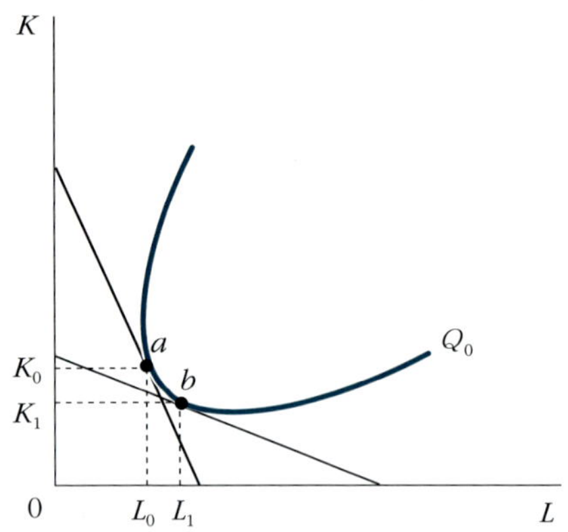

(a) 생산요소간 대체탄력성 $\rho<1$

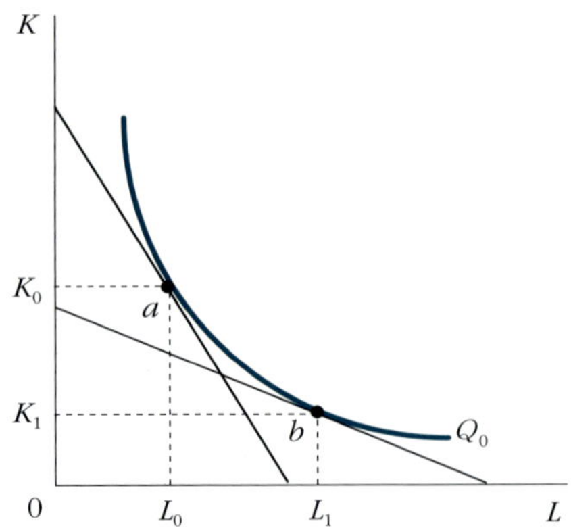

(b) 생산요소간 대체탄력성 $\rho>1$

생산요소간 대체탄력성이 $\rho<1$인 것은 $\dfrac{\text{요소집약도의 변화율}}{\text{요소상대가격의 변화율}}<1$과 같고

생산요소간 대체탄력성이 $\rho>1$인 것은 $\dfrac{\text{요소집약도의 변화율}}{\text{요소상대가격의 변화율}}>1$과 같다.

4) 특이한 생산함수

등량곡선이 직선인 경우 요소간 대체탄력성은 무한대($\rho=\infty$)이고, 등량곡선이 L자형인 경우 요소간 대체탄력성은 영($\rho=0$)이다. 등량곡선이 직각쌍곡선인 경우 요소간 대체탄력성은 1($\rho=1$)이 된다.

등량곡선의 모든 구간에서 일정한 요소간 대체탄력성을 갖게 되는 생산함수를 CES 생산함수라 한다.[5]

CES 생산함수의 일반형은 $Q=A[\alpha L^{-\rho}+(1-\alpha)K^{-\rho}]$(단, $A>1$, $0<\alpha<1$, $\rho<-1$)이다.

CES 생산함수의 요소간 대체탄력성은 $\sigma=\dfrac{1}{1-\rho}$로 정의된다.

CES 생산함수이지만 요소간 대체탄력성에 따라 콥-더글라스 생산함수, 레온티에프 생산함수, 그리고 선형생산함수로 구분된다. 콥-더글라스 생산함수는 요

5) 일차동차함수의 성격을 갖는다.

소간 대체탄력성이 항상 1인 한계가 있어 애로우나 솔로우 등의 경제학자에 의해 CES(constant elasticity of substitution) 생산함수가 개발되었다. CES 생산함수는 등량곡선의 모든 구간에서 일정한 요소간 대체탄력성을 가지는 생산함수이다. [6]

(1) 콥 - 더글라스 생산함수

콥 - 더글라스(Cobb-Douglas) 생산함수는 통계학자와 경제학자의 실증분석에 의해 도출된 생산함수이고, 가장 일반적인 생산함수이다. 〈그림 4 - 4〉처럼 등량곡선은 직각쌍곡선이다.

콥 - 더글라스 생산함수의 일반형은 $Q=AL^{\alpha}K^{-\alpha}$ 단, $A>0$, $0<\alpha<1$이다.[7]

콥 - 더글라스 생산함수는 다음과 같은 특성을 갖고 있다.

① $\alpha+\beta=1$이며, 이것은 일차동차생산함수를 의미한다. 따라서 콥 - 더글라스 생산함수는 규모에 대한 보수는 수확불변이며, CRS 생산함수이다.[8]

〈그림 4 - 5〉 콥 - 더글라스 생산함수

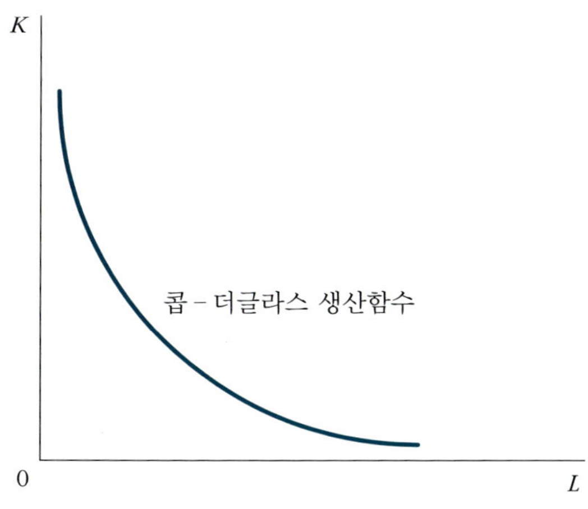

6) 요소집약도($\frac{K}{L}$)=생산공정은 노동 1인당 5의 자본량을 의미한다. 등량곡선상의 한 점은 모두 하나의 생산공정을 의미한다. 콥 - 더글라스 생산함수의 경우에는 원점에서 나오는 직선과 등량곡선이 교차하는 점에서 요소집약도($\frac{K}{L}$)=생산공정이 모두 동일하다. 그러므로 한계대체율도 모두 동일하다.

7) 구체적인 함수는 $q=1.01\ L^{3/4}\ K^{1/4}$로 계산된 바 있다.

8) 규모에 대한 보수와 일차동차생산함수에 관하여는 바로 뒤에서 설명한다.

② α는 생산의 노동탄력성 또는 노동분배율이다.

③ β는 생산의 자본탄력성 또는 자본분배율이다.

④ 요소간 대체탄력성이 1인 CES 생산함수이다.

(2) 레온티에프 생산함수와 선형생산함수

레온티에프 생산함수(Leontief production function)는 고정투입비율 생산함수(fixed-propotions production function)라고도 한다. 〈그림 4－5〉처럼 등량곡선이 L자 형태이다.

레온티에프 생산함수의 일반형은 $Q=\min(aL,\ bK)$이다.

레온티에프 생산함수는 다음과 같은 특성을 갖고 있다.

① 일차동차생산함수이고 CRS 생산함수이다.

② 고정투입비률 생산함수이다.

③ 요소간 대체탄력성은 0인 CES 생산함수이다. 요소간 대체탄력성이 0이므로 요소간 대체가 불가능하다. 따라서 생산량의 증감은 요소투입량이 작은 생산요소의 크기가 결정한다.

선형생산함수는 〈그림 4－6〉과 같이 직선인 일차생산함수이다. 콥－더글라스 생산함수, 레온티에프 생산함수, 그리고 선형생산함수를 CES 생산함수라 한다.

〈그림 4－6〉 레온티에프 생산함수

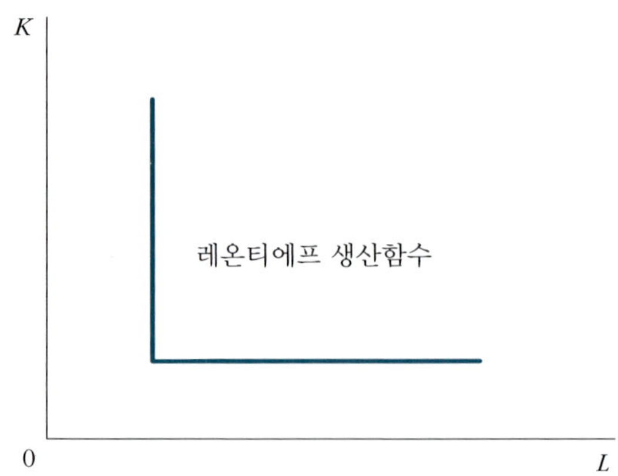

〈그림 4-7〉 선형생산함수

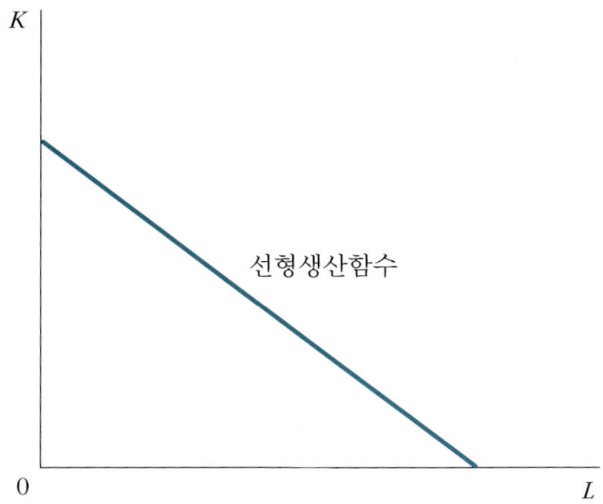

선형생산함수의 일반형은 $Q=aL+bK$이다. 등량곡선이 우하향하는 직선의 형태를 가진다. 이것은 요소간 대체탄력성이 ∞이고 두 생산요소가 완전대체재임을 의미한다.

(3) 동차생산함수와 오일러정리

생산함수에서 동차함수를 이해하는 것은 생산요소의 투입량변화에 따른 생산량변화와의 함수관계를 이해하는 데 도움이 된다. 동차생산함수의 일반형은 $t^iQ=t^iF(L, K)$이다. 만약 노동과 자본의 투입량을 t^i배 증가시켰을 때 산출량이 t^i배 증가되었다면, i차 동차생산함수라 부른다. $i=2$, $i=3$, $i=4$ 차수에 따라 2차, 3차, 4차 동차생산함수라 부른다. 이것이 동차함수의 의미이다. 만약 $i=1$이라면 이는 일차동차생산함수가 되고, $i=0$이라면 이는 영차동차생산함수가 된다.

생산함수가 일차동차생산함수라면 오일러(Euler)정리가 적용되는 생산함수에 해당한다.[9] 오일러정리는 1차동차함수는 모든 편도함수에 각각의 독립변수를 곱하여서 더한 것은 본래의 함수와 같다는 정리이다. 이것을 경제적으로 해석하면 생산함수가 일차동차생산함수일 때 각 생산요소의 보수가 한계생산에 의해 결정된다면

9) 오일러정리는 수학적인 정리이며, 일차동차함수에만 적용되는 것은 아니다.

총생산은 생산요소의 보수로 완전히 분배된다는 것을 의미한다.

오일러정리는 $Q=\frac{f_L}{\delta L}L+\frac{f_K}{\delta K}K=MP_L\times L+MP_K\times K$로 표현된다.

(4) 규모에 대한 보수와 기술진보

① 규모에 대한 보수

규모에 대한 보수[10)]란 두 생산요소의 투입량이 증가할 때 요소투입량의 증가비율에 대한 산출량의 증가비율의 크기로 측정할 수 있다.

규모에 대한 보수불변(constant returns to scale)은 모든 생산요소의 투입을 동일비율로 증가시킬 때 생산량의 증가비율이 생산요소의 증가비율과 동일한 상태를 말한다. 일차동차생산함수는 규모에 대한 보수가 불변인 생산함수이다.

생산함수가 $r^iQ=f(rL,\ rK)$에서 $i=1$인 경우에 규모에 대한 보수불변을 의미하고 이것을 일차동차생산함수라 한다. 규모에 대한 보수불변을 등량곡선으로 나타내면 〈그림 4-8〉과 같다. 〈그림 4-8〉은 생산요소의 투입증가비율이 2배, 3배로 증대됨에 따라 산출량수준도 2배 3배로 증가한다는 것을 보여준다.

〈그림 4-8〉 규모에 대한 보수불변

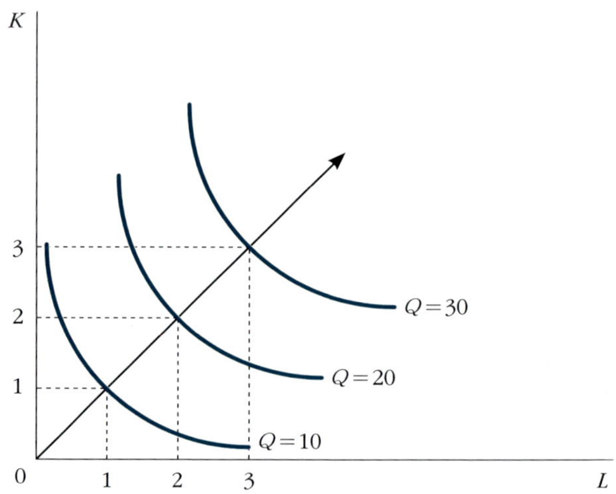

10) 두 생산요소의 투입증가를 전제하므로 장기적 개념이다.

〈그림 4-9〉 규모에 대한 보수체감

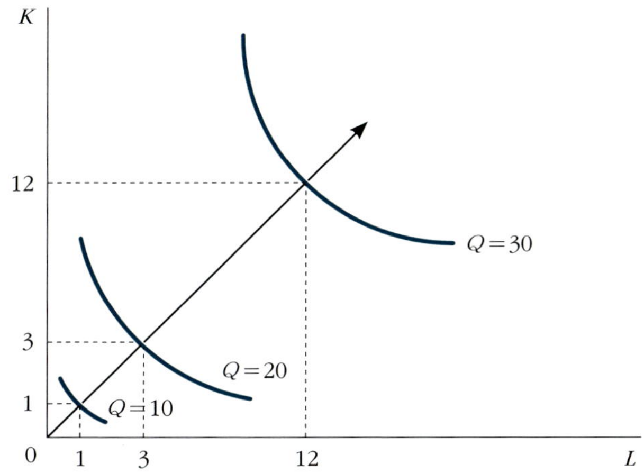

규모에 대한 보수체감(decreasing returns to scale)은 모든 생산요소의 투입비율을 동일비율로 증가시킬 때 생산량의 증가비율이 생산요소의 증가비율보다 작게 나타난다.

생산함수가 $r^iQ=f(rL, rK)$에서 $i<1$인 경우에 규모에 대한 보수체감이라 한다.

이와 같은 현상은 비효율적 경영이나 생산요소투입규모의 확대로 인한 생산요소의 생산성저하로 발생할 수 있다. 규모에 대한 보수체감을 등량곡선으로 나타내면 〈그림 4-9〉와 같다. 〈그림 4-9〉는 생산요소의 투입비율은 3배, 12배로 증대됨에 따라 산출량은 2배, 3배로 증가비율이 작게 증가한다는 것을 보여준다.

규모에 대한 보수체증(increasing returns to scale)는 모든 생산요소의 투입비율을 동일비율로 증가시킬 때 생산량의 증가비율이 생산요소의 증가비율보다 더 크게 증가한다.

생산함수가 $r^iQ=f(rL, rK)$에서 $i>1$인 경우에 규모에 대한 보수체증이라 한다.

규모에 대한 보수체증을 등량곡선으로 나타내면 〈그림 4-10〉과 같다. 〈그림 4-10〉은 투입요소의 증가비율은 1.5배, 1.75배로 증가비율을 감소시킬 때 산출량 수준[11]은 2배, 3배로 증가비율이 더 크게 증가한다. 이와 같은 현상은 분업이나 전

11) 등량곡선의 간격이 산출량의 차이를 반영하지 않는다.

〈그림 4-10〉 규모에 대한 보수체증

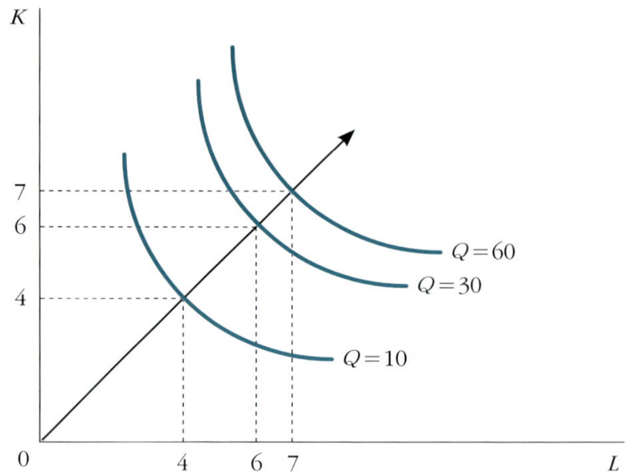

문화 기술진보 등의 원인에 의하여 나타날 수 있다.

② 기술진보

기술진보(technological process)를 고려하는 경우 생산이론에서 최장기의 기간으로 정의된다. 기술진보를 반영한 생산함수는 $Q=A(t)f(L, K)$로 표현된다. 기술진보를 등량곡선으로 나타내면 〈그림 4-11〉과 같다.

〈그림 4-11〉은 동일한 생산량 $Q=30$을 생산하는데 생산요소가 (12, 12)에서 (3, 3)으로 4배 감소한 것을 보여준다. 기술진보에 의해 등량곡선이 화살표 방향으로 이동한다.

〈그림 4-11〉 기술진보와 등량곡선

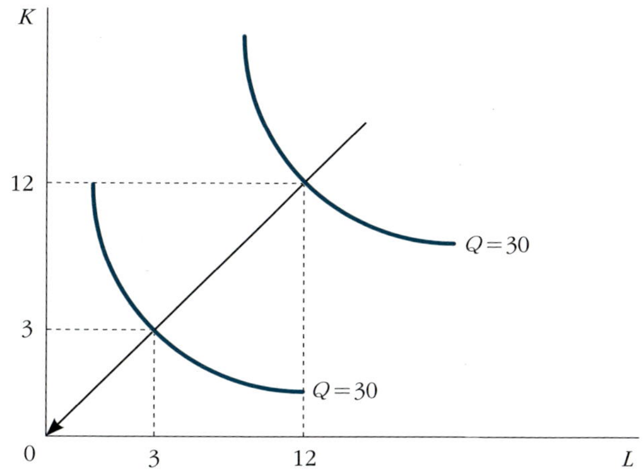

2. 생산비이론

1) 비용의 개념

생산은 생산요소가 투입되어 이루어진다. 생산요소 투입은 생산비를 발생시킨다. 따라서 생산함수와 비용함수는 쌍대관계로써 동전의 양면과 같다. 생산함수는 생산요소와 생산량과의 기술적 관계라면 비용함수는 생산량과 비용의 경제적 관계이다. 총비용함수에서 평균비용(AC)과 한계비용(MC)을 구할 수 있고 최적한 생산을 선택하는데 유용하다. 생산함수는 단기와 장기로 구분되는데 비용함수 역시 단기와 장기로 구분할 수 있다.

(1) 경제적 비용과 회계학적 비용

경제학에서 가장 기본적인 비용의 개념은 기회비용을 바탕으로 한다. 기회비용은 장부상에 나타나지 않는 보이지 않는 비용까지 포함하는 비용의 개념이다. 따라서 경제적 비용과 회계학적 비용은 개념상 차이가 존재한다. 회계학적 비용은 명시적 비용(explicit cost)만을 산정하고 화폐로 지출되어 기업회계에 정산되는 모든 화폐비용을 의미한다. 경제적 비용은 명시적 비용에다가 암묵적 비용(implicit cost)을 포함하는 개념이다. 암묵적 비용은 귀속비용(imputation cost)과 정상이윤(normal profit) 같은 개념으로 구성된다.

(2) 사적비용과 사회적 비용

사적비용(private cost)은 기업의 생산활동과 관련해 발생하는 비용의 개념이며 시장을 통하여 청산되는 비용을 통칭한다. 시장에서 자원배분을 조정하는 수요·공급에 의한 시장균형가격의 경우에도 사적비용의 크기에 의해 좌우된다.

사회적 비용(social cost)은 기업의 생산활동과 관련한 비용으로써 시장을 통하여 계상되지 않는 비용(시장가격에 반영되지 못한)의 개념이다. 이 같은 비용의 개념은 사적비용에 계상되지 않는 비용이므로 사회적 비용에 포함된다. 사회적 비용은 사회 전체적인 관점에서 생산활동과정에서 발생한 모든 비용, 즉 사적비용+외부성에 따른 비용을 포함한다.

따라서 기업이 시장을 통하여 계상하는 요소에 대한 기회비용을 사적비용(private cost)이라 하고, 시장을 통하여 계상되지 않은 비용까지 포함한 요소의 기회비용 전체를 사회적 비용(social cost)이라 한다.

사적비용과 사회적 비용의 크기는 같을 수도 있고 서로 다를 수도 있다. 만약 사적비용과 사회적 비용이 서로 다르게 나타나는 경우, 시장은 자원배분에 실패하게 된다. 시장경제에서 경제주체의 선택에 대한 기준을 제시해주는 시장가격이 비용을 제대로 반영하지 못하기 때문이다. 사회적 비용이 사적비용에 비해 크거나 작게 나타나면 외부성이 발생하고 그로 인해 시장은 실패하게 된다.

(3) 비용의 분류

비용(cost)은 여러 가지 개념으로 나누어 산정할 수 있다.

① 비용은 단기비용과 장기비용으로 구분할 수 있다. 생산요소로써 노동과 자본만이 존재하는 단순경제라 하자. 단기비용은 고정비용(자본)이 존재하는 기간을

단기생산과정에서 발생하는 비용이고, 장기비용은 생산요소가 모두 변화하는 장기생산과정에서 발생하는 비용의 개념이다.

② 비용은 고정비용과 가변비용으로 구분할 수 있다. 고정비용은 생산수준과 관계없이 일정하게 고정되어 있는 비용을 의미하고 가변비용은 생산수준이 변함에 따라 증감하는 비용의 개념이다.

③ 비용은 총비용(TC), 평균비용(AC), 그리고 한계비용(MC)으로 구분할 수 있다. 총비용(TC)은 일정한 생산량을 산출하는 데 투입된 모든 비용의 합, 즉 총고정비용(TFC)과 총가변비용(TVC)을 합한 개념이다. 평균비용(AC)은 한 단위의 산출량당 투입된 비용을 말하는데, 평균고정비용(AFC)과 평균가변비용(AVC)을 합한 개념이다. 한계비용(MC)이란 한 단위의 산출량을 추가로 생산하기 위해 추가로 투입된 비용의 개념이다.

$$TC(\text{총비용}) = TFC(\text{총고정비용}) + TVC(\text{총가변비용})$$

$$AC(\text{평균비용}) = \frac{TC}{Q} = AFC(\text{평균고정비용}) + AVC(\text{평균가변비용})$$

$$AFC(\text{평균고정비용}) = \frac{TFC}{Q}, \quad AVC(\text{평균가변비용}) = \frac{TVC}{Q}$$

$$MC(\text{한계비용}) = \frac{\Delta TC}{\Delta Q}$$

(4) 매몰비용과 한계비용

매몰비용(sunk cost)은 이미 지출한 비용, 마치 배가 침몰한 것처럼 회수할 수 없는 비용의 개념이다. 의사결정과정에서 어떤 결정을 하든 매몰비용은 달라지지 않기 때문에 매몰비용은 어떤 의사결정과정에 전혀 영향을 미칠 수 없다. 따라서 어떤 선택을 하는 경우, 매몰비용은 선택의 기준으로써 무시되어야 한다. 매몰비용을 선택기준으로 잘못 사용하는 경우 비효율적인 결과를 마주하게 된다. 이미 투입된 매몰비용으로 인해 중단되어야 할 사업을 지속하는 우를 범할 수 있다.

어떤 의사결정을 할 때 가장 중요한 기준으로 삼아야 하는 비용의 기준은 기회비용과 한계비용이다. 이것이냐 아니면 저것이냐를 선택하는 경우에는 기회비용이 선택의 기준이 된다. 양을 선택하는 의사결정에서는 한계비용(MC)과 한계수입(MR)으로 선택의 기준을 삼는다.

2) 등비용선과 비용극소화

(1) 등비용선의 개념

등비용선(isocost)은 일정하게 주어진 총비용으로 구입 가능한 생산요소들의 모든 조합을 나타낸다. 주어진 총비용 범위에서 주어진 노동의 가격과 주어진 자본의 가격하에서 생산에 투입할 수 있는 노동과 자본의 선택가능한 모든 조합을 포함한다. 따라서 등비용선은 생산요소선택가능곡선이기도 하다. 등량곡선이 소비자이론의 무차별곡선과 유사하다면 등비용선은 소비자이론의 예산선과 대비된다.

비용함수에 $TC=wL+rK$에 의해 〈그림 4-12〉의 등비용선이 도출되었다. 비용함수를 K에 대해 정리하면 $K=\frac{w}{r}L+\frac{1}{r}TC$가 된다.

〈그림 4-12〉에서 등비용선이 포괄하는 삼각형($\frac{TC}{r}$, 0, $\frac{TC}{w}$) 안의 모든 점들은 주어진 총비용으로 선택가능한 모든 생산요소의 조합을 의미한다. 등비용곡선상의 모든 점들은 총비용을 모두 사용하여 선택할 수 있는 생산요소조합점에 해당한다.

등비용선의 이동은 실질총비용의 증감에 의해 좌우된다. 등비용선의 기울기가 변하는 것은 두 생산요소(노동과 자본)의 상대가격이 변하는 경우이다. 실질총비용이 증가하면 등비용선은 우측평행이동하고 실질총비용이 감소하면 등비용선은

〈그림 4-12〉 등비용선

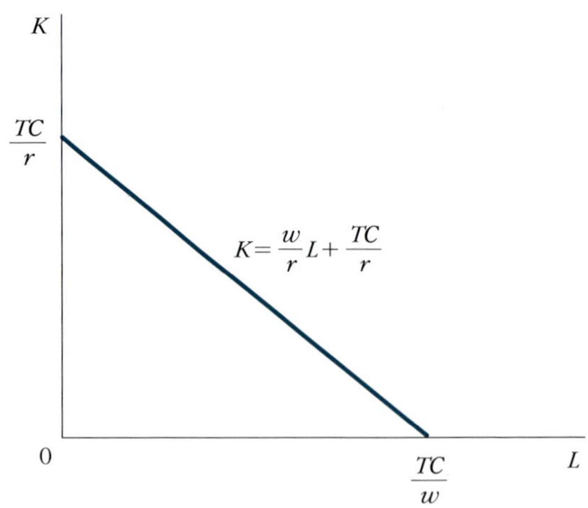

좌측평행이동한다. 생산요소의 상대가격($\frac{w}{r}$)의 변화는 등비용선의 기울기를 변화시킨다. 노동의 가격(w)이 상대적으로 올라가면 등비용선의 기울기는 커지게 되고 자본의 가격(r)이 상대적으로 올라가면 등비용선의 기울기는 작아지게 된다.

(2) 비용최소화조건

총비용(TC), 생산함수 $Q=f(L, K)$, 생산요소의 가격이 $P_L=w$, $P_K=r$으로 주어졌다 하자. 제약된 총비용의 범위와 생산요소가격이 주어진 조건하에서 최대생산과 최소비용을 달성하는 생산요소의 최적조합이 비용최소화조건이다.

〈그림 4-13〉의 E점은 생산요소의 최적배합점(생산자균형점)을 나타낸다. 〈그림 4-13〉에서 A점과 E점은 주어진 총비용을 모두 사용하여 생산가능한 노동과 자본의 요소배합점이다. 그런데 E점을 지나는 등량곡선($Q=20$)은 A점을 지나는 등량곡선($Q=10$)보다 우측에 있고 주어진 총비용으로 $A(Q=10)$보다 $Q=20$만큼 더 많은 생산이 이루어진다. 동일한 등량곡선상에 있는 점, A와 F점의 생산수준은 모두 $Q=10$으로 동일하다. 이것은 E점의 요소결합이 A점의 요소결합보다 효율적인 생산방식이다. 또한 E점과 A점은 모두 동일 등비용선상에 있기 때문에 총비용수준은 동일하다. 동일한 비용으로 E점($Q=20$)은 A점($Q=10$)보다 더 많은 생산물을 산출하는 요소배합점이다.

B점과 E점을 살펴보면 B점($Q=30$)은 E점($Q=20$)보다 더 많은 생산이 가능하지만 B점은 주어진 총비용의 제약을 벗어난 상태이다. 따라서 현실적으로 생산이 불가능한 상태를 의미하는 것이다. 따라서 E점은 주어진 총비용으로 최대생산을 실현하는 요소조합점이며 최대생산을 위한 최소비용점[12]에 해당한다.

〈그림 4-13〉의 E점은 등량곡선과 등비용선이 접하는 점이며 이것을 생산자균형점 또는 최적요소조합점이라 한다.

생산자균형점은 등량곡선의 기울기 $MRTS_{L,K}=-\frac{\Delta K}{\Delta L}$와 등비용선의 기울기 $\frac{w}{r}$가 같아지는 조건을 충족하는 점이다.

생산자균형조건은 $\frac{\Delta K}{\Delta L}=\frac{w}{r}$로 표현된다.

12) 생산의 쌍대성(duality in production)이라 한다.

〈그림 4－13〉 생산요소의 최적배합

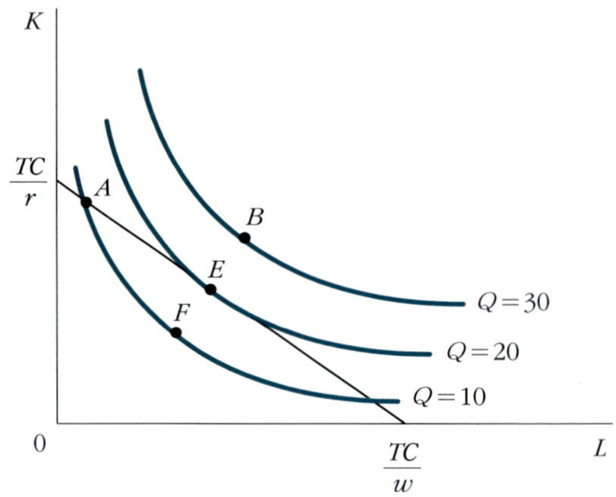

등량곡선상에서의 점의 이동은 $MP_L \cdot \Delta L + MP_K \cdot \Delta K = 0$로 나타낼 수 있고, 이 수식을 정리하면 $\frac{\Delta K}{\Delta L} = \frac{MP_K}{MP_L}$가 된다.

따라서 비용극소화를 위한 생산자의 최적선택 조건은 $\frac{MP_L}{MP_K} = \frac{w}{r}$이고 양변을 $\frac{w}{MP_K}$로 나누어 정리하면 $\frac{MP_L}{w} = \frac{MP_K}{r}$가 성립한다. 이 수식은 가중된 한계생산력균등의 법칙을 나타낸다.

(3) 확장선

두 생산요소의 가격은 일정하고 총비용이 증가하는 경우 생산자균형점은 우측으로 이동한다.[13] 이것은 기업이 생산규모를 확장해 가는 것과 같다. 〈그림 4－14〉의 E_1, E_2, E_3는 생산자균형점의 이동을 의미하고 이것을 연결하면 확장선이 된다. 노동의 가격(w)과 자본의 가격(r)은 일정하고 총비용(TC)이 증대하는 경우 〈그림 4－14〉처럼 생산자균형점은 E_1, E_2, E_3로 이동하게 되고 이들을 연결하면 확장선(expansion path)이 도출된다.[14]

13) 생산요소의 가격비가 변동하는 경우에도 생산자균형점은 변할 수 있다. 하지만 생산요소의 수요는 파생수요(derived demand)이기 때문에 생산자균형점의 이동을 직접 분석하기 어렵다.

14) 생산함수가 동조적(homothetic)이라면 확장선은 원점에서 출발하는 방사선이 된다. 동차함수는 동조함수의 특수형이다.

〈그림 4-14〉 확장선의 도출

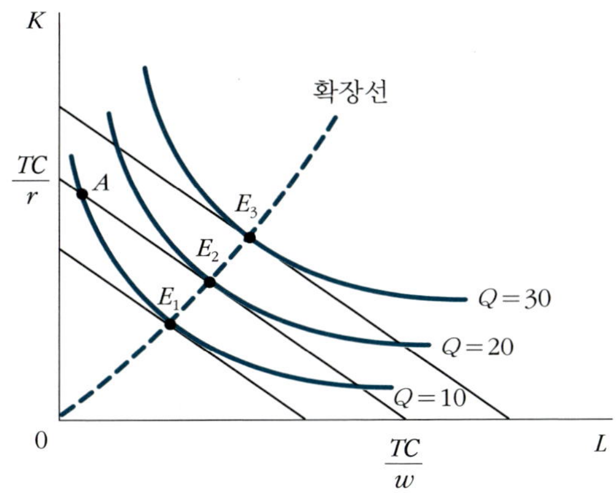

3) 단기총비용곡선

(1) 단기총생산과 단기총비용

단기생산비용은 단기생산함수와 쌍대관계이고 총생산곡선과 총비용곡선 또한 쌍대관계로 나타난다. 단기생산비함수는 자본은 고정투입요소이므로 노동에 대한 가변투입요소비용을 반영한다. 단기총생산비함수는 노동과 자본의 생산요소가격은 주어진 것으로 가정하면 $TC=TC(Q)$로 표현된다.

노동투입(L)을 증가시키면 생산량(Q)이 증가하고, 노동투입증가에 따른 생산비용도 함께 증가하게 된다. 총생산곡선의 기울기는 한계노동생산(MP_L)을 의미하고 총비용곡선의 기울기는 한계비용(MC)을 의미한다. 따라서 한계노동생산(MP_L)이 체증하면 한계비용(MC)은 체감하고, 반대로 한계노동생산(MP_L)이 체감하면 한계비용(MC)은 체증하게 된다. 〈그림 4-15〉의 (a) 단기총생산곡선과 〈그림 4-15〉의 (b) 단기총비용곡선은 쌍대관계를 보여준다.

〈그림 4-15〉의 (a) 단기총생산곡선을 보면 원점에서 I점까지는 한계생산이 증가하고 I점 이후로는 한계생산이 감소한다. 접선의 기울기가 노동의 한계생산을 나타낸다. 〈그림 4-15〉의 (b) 총비용곡선을 보면 원점에서 I점까지는 한계비용

〈그림 4 - 15〉 단기총생산곡선과 단기총비용곡선

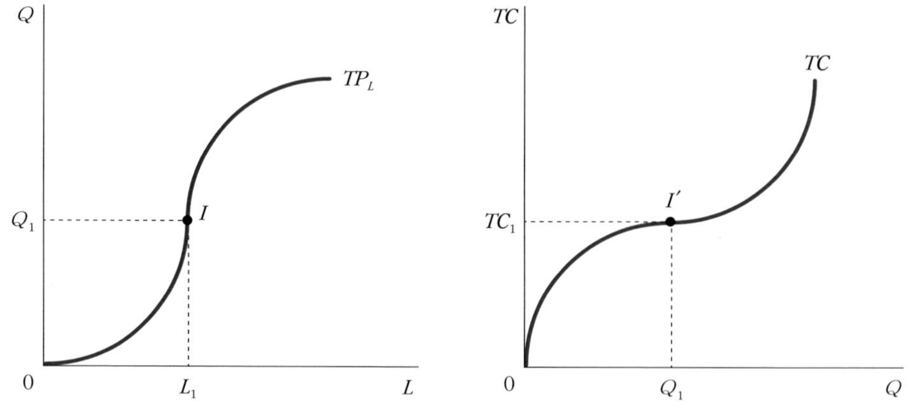

(a) 단기총생산곡선 (b) 단기총비용곡선

이 감소하고 I점 이후로는 한계비용이 증가한다. 접선의 기울기가 한계비용을 나타낸다.

총비용 = 총고정비용 + (노동투입량 × 임금 = 총가변비용)

총고정비용은 매몰비용(sunk cost)이어서 산출량수준과 관계없이 일정하고, 임금도 일정하다고 가정하면, 총비용곡선의 기울기는 노동투입량의 변화율로 나타난다.

(2) 고정비용곡선과 가변비용곡선

단기총생산비용은 $TC = TFC + TVC$이다.

평균비용은 $AC = \frac{TC}{Q}$, 평균고정비용은 $AFC = \frac{TFC}{Q}$, 평균가변비용은 $AVC = \frac{TVC}{Q}$이다.

$$평균비용(AC) = 평균고정비용(AFC) + 평균가변비용(AVC)$$

단기총비용(TC) = 총고정비용(TFC) + 총가변비용(TVC)이고 〈그림 4 - 16〉과 같다.

〈그림 4 - 16〉에서 총고정비용은 산출량수준과 관계없이 일정하므로 a를 절편

〈그림 4－16〉 총고정비용곡선과 총가변비용곡선

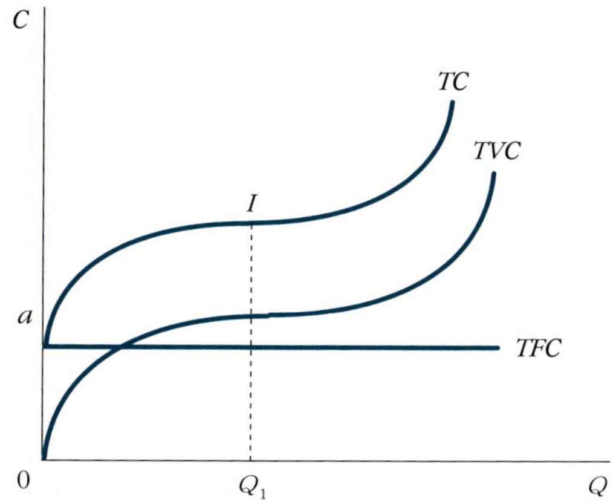

으로 하는 수평선이다. 총고정비용곡선과 총가변비용곡선을 수직으로 합하면 총비용곡선이 된다. 총비용곡선의 기울기는 총가변비용곡선의 기울기와 같다.

(3) 평균비용곡선과 한계비용곡선

평균비용은 $AC = AFC + AVC$이다.

평균고정비용과 평균가변비용은 $AFC = \frac{TFC}{Q}$, $AVC = \frac{TVC}{Q}$이다.

〈그림 4－17〉 평균비용곡선

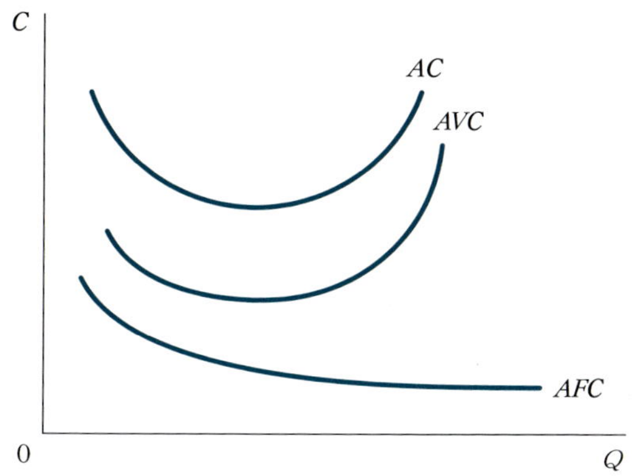

〈그림 4－17〉에서 평균고정비용곡선과 평균가변비용곡선을 수직으로 합하면 평균비용곡선이 된다. 따라서 평균고정비용곡선(*AFC*)은 수평축을 향하여 무한히 접근해 가고, 평균가변비용곡선(*AVC*)은 평균비용곡선(*AC*)을 향하여 평균고정비용곡선이 수평축을 향해 접근해 가는 만큼 무한히 접근해 가는 모양을 가진다.

〈그림 4－18〉은 총비용곡선과 한계비용곡선 그리고 평균비용곡선의 관계를 나타낸 그림이다. 〈그림 4－18〉의 한계비용곡선(*MC*)은 총비용곡선(*TC*)의 접선에 의해 도출되었다. 총비용곡선(*TC*)의 변곡점 *I*는 한계비용곡선(*MC*)의 최저점과 일치한다. 총비용곡선(*TC*)의 접선의 기울기는 원점에서 변곡점인 *I*점까지 작아지다가 *I*점 이후에는 커져가는 것을 알 수 있다. 평균비용곡선(*AC*)은 총비용곡선(*TC*)과 원점을 출발하는 직선과의 교점에 의해 도출된다. 〈그림 4－18〉의 *S*점은 총비용

〈그림 4－18〉 한계비용과 평균비용

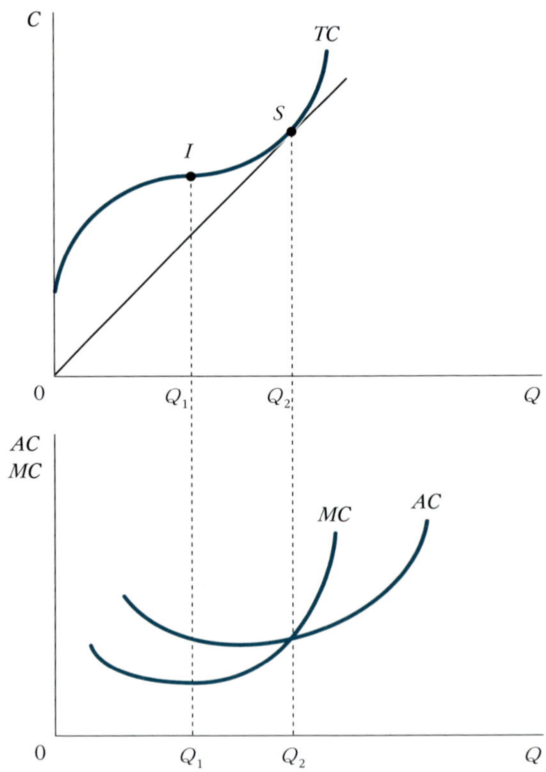

곡선(TC)의 접점이면서 원점을 출발하는 직선과도 접하고 있다. 따라서 S점은 한계비용과 평균비용이 교차하는 점과 일치한다.

한계비용곡선(MC)과 평균비용곡선(AC)은 평균비용이 한계비용보다 큰 경우에 평균비용은 작아지고, 평균비용이 한계비용보다 작은 경우에 평균비용은 커지게 된다. 평균비용이 일정하면 평균비용곡선과 한계비용곡선은 교차한다. 평균비용곡선의 최저점에서 한계비용곡선이 교차한다는 것은 한계비용과 평균비용이 같아지면 평균비용은 변하지 않는다.

(4) 손익분기점과 조업중단점

〈그림 4-19〉는 평균비용곡선(AC)과 한계비용곡선(MC) 그리고 평균가변비용곡선(AVC)을 이용하여 조업중단점과 손익분기점을 그림으로 보여준다. 〈그림 4-19〉의 A 점은 손익분기점(break-even point)이고 B 점은 조업중단점(shutdown point)이다.

〈그림 4-19〉의 A 점(손익분기점)은 평균비용곡선과 한계비용곡선이 교차하는 점이다. 총비용(TC)은 평균비용×생산량($AC \times Q$)이고 총수입(TR)은 가격×생산량($P \times Q$)이다. 완전경쟁시장에서는 한계비용이 곧 가격이다. $P=MC$가 성립한다. 가격=한계비용(완전경쟁시장의 균형)이고 $P=MC=AC$가 성립한다면 총비용(TC)과 총수입(TR)은 같다는 것을 알 수 있다. 따라서 A 점은 $P=MC=AC$이고

〈그림 4-19〉 조업중단점과 손익분기점

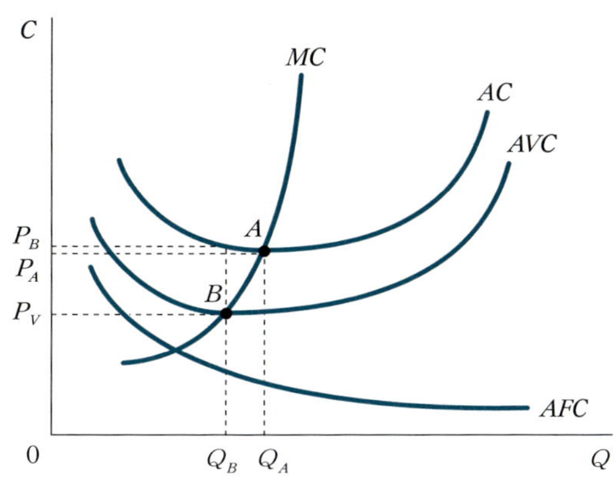

$TR(P \times Q) = TC(AC \times Q)$여서 손익분기점이 되는 것이다.

A점을 지나 우측으로 생산이 증가해 가면 한계비용이 평균비용보다 높게 되어 초과이윤($TR > TC$)이 발생하고 A점보다 좌측으로 생산을 감소시키면 한계비용이 평균비용보다 낮게 되어 손실($TR < TC$)이 발생한다는 것을 알 수 있다. 따라서 손익분기점(breakeven point)은 A점이고 기업은 Q_A 이상의 생산규모를 유지할 때 초과이윤을 얻을 수 있다.

기업은 한계비용($MC = P$)이 평균가변비용(AVC)보다 작거나 같아지면 생산을 중단하여야 한다. 한계비용은 곧 가격이므로 가격이 평균가변비용보다 작은 경우 기업은 생산을 지속하면 할수록 평균고정비용+(평균가변비용-가격=한계비용)만큼 손실이 증대하게 된다. 따라서 한계비용=가격이 평균가변비용과 같아지는 점에서 생산을 중단하는 것이 기업의 손실을 최소화할 수 있다. 〈그림 4-19〉의 B점은 $MC = AVC$이므로 조업중단점이다. 기업은 Q_B수준 이하에서는 생산을 하면 할수록 손실은 증가한다. 따라서 기업은 조업중단점에서 생산을 시작하고 한계비용곡선(MC)을 따라 생산을 증대시킨다는 것을 알 수 있다. 가격과 한계비용이 같다는 것은 기업의 이윤극대화조건을 충족하게 되어 한계비용곡선은 곧 공급곡선이 된다.[15)]

4) 장기총비용곡선

(1) 장기총비용곡선의 개념

장기총비용곡선은 장기에 요소가격비가 주어진 것으로 가정하고 각각의 생산량에 대응하는 최소생산비조합점을 나타내는 곡선이다. 장기생산함수는 노동과 자본 모두가 가변투입요소이다. 단기생산함수의 경우에는 자본은 고정투입요소로서 노동만이 변수였는데 장기생산함수에서는 노동과 자본 모두 변수가 된다. 따라서 기업은 비용의 최소화를 위하여 생산량을 조절할 뿐만 아니라 생산규모, 즉 생산설비를 조정하여야 한다. 생산규모(생산설비)를 조정한다는 것은 자본의 투입규모를 결정하는 것과 다를 바 없다. 장기에는 단기에 비해 자본설비가 증가할 수 있어 항

15) 완전경쟁시장의 단기균형에서 설명하고 있다.

상 장기총비용은 단기총비용보다 낮거나 같은 수준을 유지한다. 생산량을 증대시킬 때 단기에는 고정된 자본설비에 노동투입만을 증가시켜 노동의 한계생산이 체감하지만 장기의 경우에는 자본설비와 노동투입이 함께 증대될 수 있어 규모의 경제가 가능해진다. 단기총비용곡선의 형태는 수확체감의 법칙에 의해 결정되지만 장기총비용곡선의 형태는 규모에 대한 보수에 의해 결정된다.

(2) 장기평균비용곡선과 장기한계비용곡선

장기에서는 생산규모(자본량)의 변동에 따라 비용의 크기가 영향을 받는다. 장기총비용곡선은 각각의 생산량에 대응하는 최소생산비조합을 나타내는 곡선이기 때문에, 장기적인 개념에서 최소비용으로 생산가능한 생산규모의 최적수준이 중요하다. 생산규모의 최적수준을 판단하고 최적규모의 조건을 찾기 위해 장기평균비용곡선(*LAC*)과 장기한계비용곡선(*LMC*)을 이해해야 한다. 〈그림 4-20〉의 장기평균비용곡선은 단기평균비용곡선들의 포락선으로 나타나 있다.

장기평균비용곡선은 단기평균비용곡선들에 대한 포락선(envelop curve)이다. 단기평균비용곡선이 U자형인 이유는 낮은 산출량수준에서는 평균고정비용이 급속히 줄어드는 경향이 있고, 높은 산출량 수준에서는 평균가변비용이 급속히 증가하는 경향이 있기 때문이다. 〈그림 4-19〉에서 평균가변비용곡선(*AVC*)과 평균고정비용곡선(*AFC*)의 모양을 보면 이해에 도움이 된다.

〈그림 4-20〉 장기평균비용곡선(*LAC*)

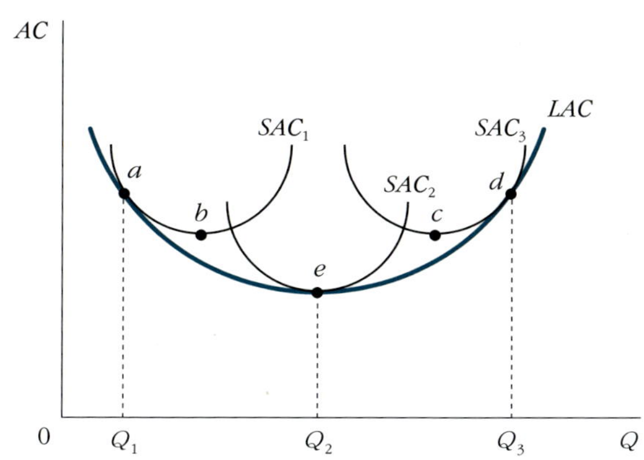

단기평균비용곡선 SAC_1에 직면하고 있는 기업의 경우에는 b점 생산규모의 설비투자를 하여 a점에서 가동하는 것이 효율적이다. 왜냐하면 장기평균비용이 감소하고 있기 때문이며, 즉 규모의 보수가 체증하는 경우에는 〈그림 4－23〉에서 c점보다 a점이 낮은 비용수준에 있게 된다.

단기평균비용곡선 SAC_3에 직면하고 있는 기업의 경우에는 c점 생산규모의 설비투자를 하여 d점에서 가동하는 것이 효율적이다. 왜냐하면 장기평균비용이 증가하고 있기 때문이며, 즉 규모의 보수가 체감하는 경우에는 〈그림 4－24〉에서 d점보다 e점이 낮은 비용수준에 있게 된다.

단기평균비용곡선 SAC_2에 직면하고 있는 기업의 경우에는 최저점인 e점과 장기평균비용곡선의 최저점은 서로 접하게 된다. 왜냐하면 규모를 늘리거나 줄이더라도 장기평균비용은 최저수준에서 변하지 않기 때문이며, 즉 규모의 보수가 불변인 경우에는 〈그림 4－22〉에서 Q_1나 Q_2로 생산규모를 변화시킬지라도 단기평균비용은 최저점이고 장기평균비용(LAC)은 일정하다. 따라서 생산규모를 늘리거나 줄여야 할 이유가 없는 것이고 e점의 생산규모의 설비투자를 하여 e점에서 가동하는 것이 최적하다는 것을 알 수 있다.

〈그림 4－21〉은 단기평균비용곡선(SAC)과 장기평균비용곡선(LAC), 그리고 장기한계비용곡선(LMC) 간의 관계를 나타낸 그래프이다. LAC곡선과 LMC곡선이 교

〈그림 4－21〉 장기한계비용곡선과 생산의 최적규모

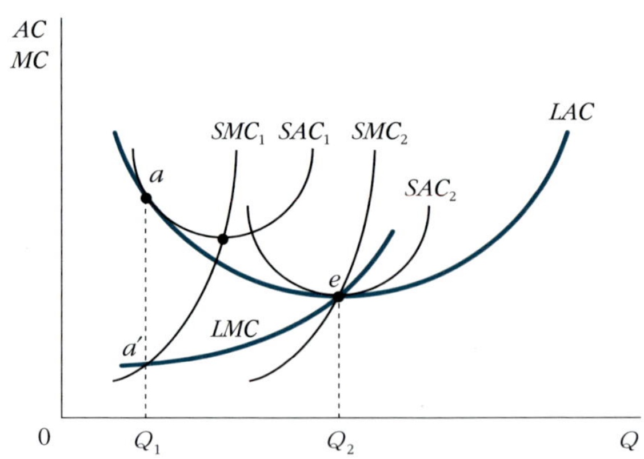

차하는 e점에서는 적정시설규모와 적정가동수준이 일치하고 있으며 단기평균비용과 장기평균비용 모두가 최저점에 있다.

따라서 e점은 생산의 최적규모(optimum scale of plant) 또는 장기최적생산수준이다. e점은 $LAC=LMC=SAC_2=SMC_2$조건을 충족하고 있으며, 이 같은 조건이 충족될 때 최적생산규모 또는 장기최적생산수준이 달성된다.

(3) 규모에 대한 보수와 장기비용곡선

장기비용곡선의 형태는 규모에 대한 보수가 불변인가, 체감하는가, 체증하는가에 따라 달라진다. 생산과 비용은 쌍대관계이므로 규모에 대한 보수불변은 규모에 대한 비용불변, 규모에 대한 보수체증은 규모에 대한 비용체감, 규모에 대한 보수체감은 규모에 대한 비용체증과 동일한 개념이다.

① 규모에 대한 보수가 불변(비용불변)인 경우, 요소투입비율과 산출량비율이 동일하기 때문에 장기평균비용곡선(LAC)은 〈그림 4－22〉와 같이 수평이다. 생산요소가격이 일정할 경우 규모에 대한 보수가 불변이라면 산출량과 총생산비용은 정비례 관계에 있다. 장기총비용곡선(LTC)은 원점에서 출발하여 우상향하는 직선이다. 장기평균비용은 생산규모의 증감에 관계없이 불변이어서 장기평균비용곡선(LAC)은 수평이다.

② 규모에 대한 보수체증(비용체감)의 경우, 요소투입비율보다 산출량비율이 더 크게 증가하기 때문에 장기평균비용곡선(LAC)은 〈그림 4－23〉과 같이 우하향

〈그림 4－22〉 장기평균비용곡선(규모에 대한 보수불변)

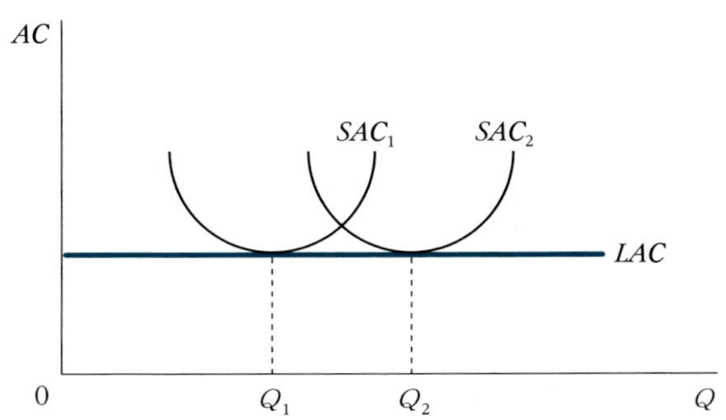

〈그림 4－23〉 장기평균비용곡선(규모에 대한 보수체증)

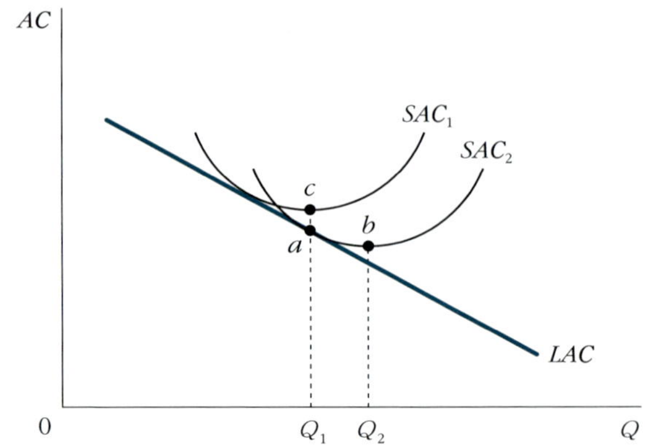

한다. 생산요소가격이 일정할 경우 규모에 대한 보수가 체증한다면 산출량이 총생산비용보다 더 큰 비율로 증가한다. 장기총비용곡선(*LTC*)은 아래를 향해 오목한 형태의 우상향하는 곡선이다(기울기가 작아져가는). 〈그림 4－23〉에서 기업은 Q_1의 산출목표를 가질 때 Q_2의 시설규모를 선택하여 Q_1수준에서 가동하는 것이 보다 효율적인 생산규모이다. 만약 Q_1수준의 시설규모를 가지고 가동한다면 평균비용이 최저수준이더라도 c점 수준임을 알 수 있다. Q_2의 시설규모를 선택하여 Q_1수준에서 가동하면 평균비용은 c수준보다 낮은 a수준이므로 Q_2의 시설규모가 보다 효율적인 생산규모가 된다.

③ 규모에 대한 보수체감(비용체증)의 경우, 요소투입비율이 산출량보다 더 큰 비율로 증가하기 때문에 장기평균비용곡선(*LAC*)은 〈그림 4－24〉와 같이 우상향한다. 생산요소가격이 일정할 경우 규모에 대한 보수가 체감한다면 총생산비용이 산출량보다 더 큰 비율로 증가한다. 장기총비용곡선(*LTC*)은 아래를 향해 볼록한 형태의 우상향 곡선이다(기울기가 커져가는).

규모에 대한 보수가 체감한다는 것은 생산규모가 확대될 때 생산비의 증가속도가 산출량의 증가속도보다 상대적으로 빠르게 증가한다는 것을 의미한다. 따라서 장기평균비용은 증가하게 되고 장기평균비용곡선은 우상향하게 된다.

〈그림 4－24〉에서 기업이 Q_2의 산출목표를 가질 때 Q_1의 시설규모를 선택

〈그림 4-24〉 장기평균비용곡선(규모에 대한 보수체감)

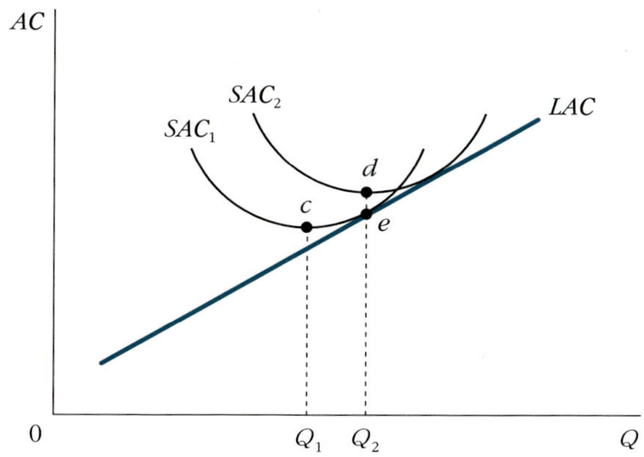

하여 Q_2수준에서 가동하는 것이 보다 효율적임을 알 수 있다. 만약 Q_2수준의 시설규모를 가지고 가동한다면 평균비용이 최저수준이더라도 d점 수준임을 알 수 있다. Q_1의 시설규모를 선택하여 Q_2수준에서 가동하면 평균비용은 d수준보다 낮은 e수준이므로 Q_1시설규모가 보다 효율적인 생산규모가 된다.

그런데 지금까지 장기평균비용(LAC)곡선에 대한 많은 실증연구들은 장기평균비용(LAC)곡선이 U자 형태가 아닌 완만한 L자 형태임을 논증하고 있다. 장기평균비용곡선이 완만한 L자 형태를 가지는 이유로는 ① 장기생산의 경우, 산출량이 낮은 수준의 경우에는 생산에 대한 규모의 경제효과가 크게 나타나지만 산출량이 높은 수준에 이르게 되면 생산에 대한 규모의 경제효과가 미약해지다가 사라져 버린다. ② 장기생산의 경우, 기업의 규모가 커짐에 따라 발생하는 경영의 비효율성이 규모의 경제로 발생한 효율성을 상쇄하는 현상이 나타난다.

5) 범위의 경제

(1) 범위의 경제의 개념

범위의 경제(economy of scope)는 규모의 경제와는 다르게 한 기업이 여러 가지 재화를 동시에 생산하는 경우 발생하는 효율성을 말한다. 여러 기업이 각각 한 가지의 재화를 생산하는 경우보다 여러 가지 재화를 한 기업이 동시에 생산할 때 생산비용이 감소하는 현상을 말한다.

(2) 범위의 경제가 발생하는 이유

범위의 경제가 발생하는 이유는 다음과 같다.

① 범위의 경제는 한 기업이 여러 가지 재화를 생산하는 과정에서 생산요소를 공동으로 이용할 수 있다는 효율성을 가진다.
② 범위의 경제는 한 기업이 여러 가지 재화를 생산하는 과정에서 하나의 경영조직으로 효율성을 확보할 수 있다.
③ 범위의 경제는 한 기업이 여러 가지 재화를 생산하는 과정에서 하나의 생산과정에서 나오는 부산물을 다른 생산물에 투입하는 결합생산의 효율성을 확보할 수 있다.

(3) 규모의 경제와 범위의 경제

규모의 경제와 범위의 경제는 연관성이 전혀 없는 서로 다른 독립된 경제적 개념이다. 따라서 규모의 경제가 발생하는 상황에서 범위의 경제가 발생할 수 있고, 범위의 경제가 발생하는 상황에서 규모의 경제가 발생할 수도 있다.

3. 기업의 이윤극대화

1) 기업의 이윤극대화 조건

생산이론과 비용이론은 기업이 기술적·경제적으로 효율적인 생산방법을 찾는 이론적 기초이다. 기업이 생산활동을 하는 목적으로 전통적인 이윤극대화를 가정한다면 이윤극대화를 달성하기 위한 수입극대화와 비용극소화가 동시에 충족되어야 한다. 기업은 생산과 비용측면뿐만 아니라 기업의 수입측면까지 고려한 최적선택조건을 찾아야 한다. ① 기술적으로 최대생산하는 생산함수, ② 비용측면에서 최소비용으로 생산하는 비용함수, ③ 수입극대화와 비용극소화를 동시에 충족시키는 이윤함수가 중요하다.

총비용과 산출량과의 관계를 $TC = TC(Q)$라 하고,

총수입과 산출량과의 관계를 $TR = TR(Q)$라 하자.

이윤과 산출량과의 관계를 수식으로 표현하면 $\pi(Q) = TR(Q) - TC(Q)$가 되고, 이것을 이윤함수라 한다.

이윤함수가 극댓값을 갖기 위해서는 도함수의 제1계 조건과 제2계 조건이 충족되어야 한다.

① 기업의 이윤이 극대화되기 위해서는 한계수입과 한계비용이 같아야 된다(도함수의 제1계 조건).

$\pi'(Q) = TR'(Q) - TC'(Q) = 0$

$TR'(Q) = MR$, $TC'(Q) = MC$이므로

$MR - MC = 0$

따라서 $MR = MC$의 조건이 성립되어야 한다.

② 기업의 이윤이 극대화되기 위해서는 한계비용곡선의 기울기가 한계수입곡선의 기울기보다 커야 한다(도함수 제2계 조건).

$\dfrac{d^2\pi}{dQ^2} = TR''(Q) - TC''(Q) < 0$

$TR''(Q) = MR'$, $TC''(Q) = MC'$이다.

$MR' - MC' < 0$

따라서 $MR' < MC'$의 조건을 충족하여야 한다.

〈그림 4-25〉에서 기업의 이윤극대화 제1계 조건인 한계수입(*MR*)=한계비용(*MC*)을 충족하는 산출량수준은 Q_1과 Q_2로 나타난다. 산출량 수준 Q_1의 경우에는 이윤극대화의 필요조건(제1계 조건)은 충족하나 충분조건(제2계 조건)에는 위배된다. 한계수입곡선의 기울기가 한계비용곡선의 기울기보다 크다는 이유이다. 따라서 산출량 Q_1수준에서는 이윤극대화가 달성되지 않는다. 〈그림 4-25〉 두 번째

〈그림 4 - 25〉 기업의 이윤극대화 조건

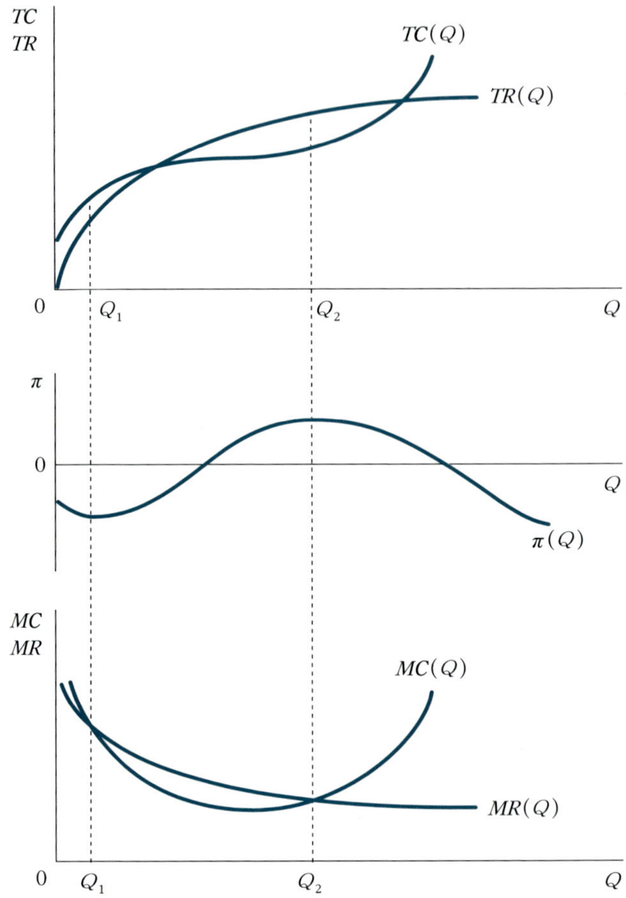

그림에서 이윤곡선을 보면 Q_1수준에서는 이윤이 음의 값을 가진다는 것을 알 수 있다. 산출량 Q_2수준의 경우에는 한계수입(MR)곡선과 한계비용(MC)곡선이 교차하고, 한계비용곡선이 한계수입곡선을 아래에서 위로 교차하고 있다. 산출량 Q_2수준에서 기업의 이윤극대화의 필요조건(제1계 조건)과 이윤극대화의 충분조건(제2계 조건) 모두가 충족되어 이윤곡선이 양의 값을 가지며 극대점에 이르게 된다.

2) 한계수입곡선과 이윤극대화

한계수입곡선을 도출하기 위해 수요함수는 $P=-2Q+10$이라 하자. 기업의 총수입은 $TR=P\cdot Q$이므로 총수입함수는 $TR=-2Q^2+10Q$이다.

총수입함수 $TR=-2Q^2+10Q$을 Q에 대해 미분하면 한계수입함수 $MR=-4Q+10$이 된다. 평균수입은 $AR=\frac{TR}{Q}=\frac{P\cdot Q}{Q}=P$이므로 평균수입은 곧 수요함수이다.

수요함수(P)=평균수입함수 $AR=-2Q+10$

〈그림 4-26〉은 평균수입함수와 한계수입함수에 의해 평균수입곡선(AR)과 한계수입곡선(MR)을 나타낸 것이다.

〈그림 4-26〉의 한계수입곡선(MR)은 평균수입곡선(AR)보다 기울기가 2배 가파른 곡선이라는 특성을 나타낸다.

〈그림 4-27〉은 한계수입(MR)과 총수입(TR) 그리고 수요의 가격탄력성(ε_p)과 한계수입(MR)과의 관계이다. 〈그림 4-26〉에 도출된 AR곡선과 MR곡선과 함께 기업의 총수입곡선을 연계시킨 그래프이다. 〈그림 4-27〉에서 수요의 가격탄력성(ε_p)이 1일 때 한계수입(MR)은 0이고 기업의 총수입(TR)은 극대가 된다. 수요의 가격탄력성(ε_p)이 1보다 큰 영역에서는 한계수입(MR)이 양(+)의 값을 갖게 되고 기업의 총수입은 증가한다. 수요의 가격탄력성(ε_p)이 1보다 작은 영역에서는 한계수입(MR)은 음(−)의 값을 갖게 되고 기업의 총수입은 감소한다.

〈그림 4-26〉 평균수입곡선과 한계수입곡선

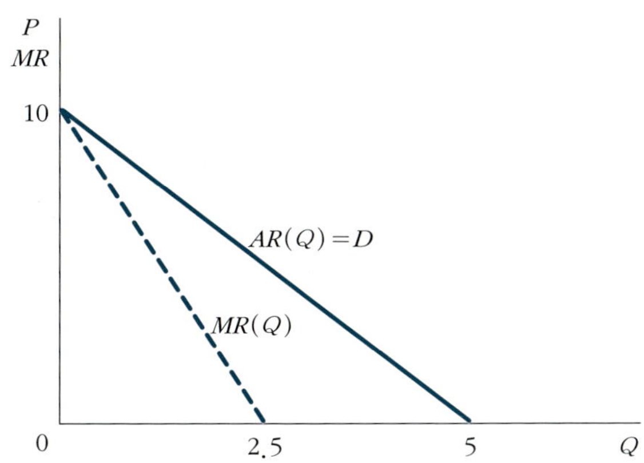

〈그림 4-27〉 한계수입과 총수입과의 관계

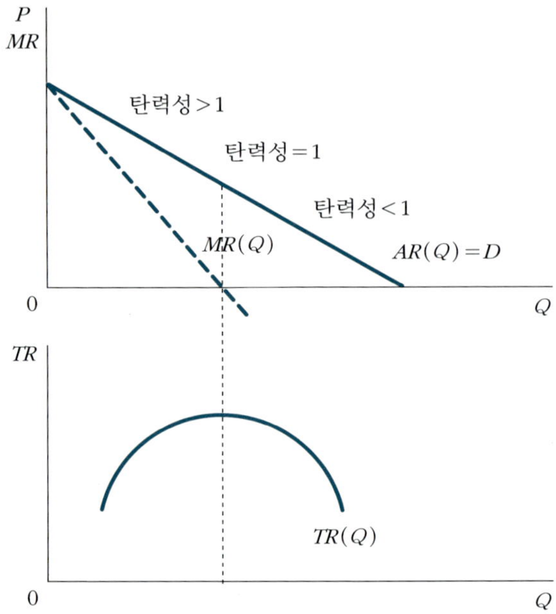

한계수입(MR)과 총수입(TR)과의 관계를 수식으로 정리하면 아모로소-로빈슨(Amoroso-Robinson) 공식이 된다.

아모로소-로빈슨(Amoroso-Robinson) 공식 $MR=P(1-\frac{1}{\varepsilon_p})$이 된다.

수식의 전개과정은 $\frac{dTR}{dQ}=\frac{d(P\cdot Q)}{dQ}=P+Q\frac{dP}{dQ}=P(1+\frac{Q}{P}\frac{dP}{dQ})=P(1-\frac{1}{\varepsilon_p})$ 이다.

따라서 $MR=P(1-\frac{1}{\varepsilon_p})$의 관계가 성립한다.

수요의 가격탄력성(ε_p)이 1보다 큰 영역에서는 괄호 안의 값이 양(+)의 값을 갖게 되어 한계수입(MR)은 양(+)이 되고, 수요의 가격탄력성(ε_p)이 1보다 작은 영역에서는 괄호 안의 값이 음(-)의 값을 갖게 되어 한계수입(MR)은 음(-)이 된다.

3) 이윤극대화가설과 대체가설

이윤극대화가설은 전통적으로 생산자이론의 기본가정이었다. 하지만 최근에는 기업의 이윤극대화가설에 대한 비판에 다양하게 제기되고 뿐만 아니라 새로운 대체가설들이 주목을 받는 상황이다. 하지만 아직까지 이윤극대화가설을 전적으로 대체할 수 있는 새로운 대체가설은 전재하지 않는다. 그동안 제기된 이윤극대화가설에 대한 비판과 한계를 정리하면 다음과 같다.

① 이윤극대화가설은 기업의 목적을 지나치게 이윤 하나만으로 단순화시킨다는 것이다. 주식회사의 경우 경영진의 입장에서는 기업의 이윤극대화보다는 오히려 기업의 규모에 따르는 경영진의 위신이나 사회적 지명도를 기업의 목표로 삼을 수 있을 것이며, 기업의 안정이나 성장 또는 시장점유율의 극대화에 목적을 둘 수 있을 것이다.

② 이윤극대화가설은 현실경제에 대한 현실설명능력이나 현실적용능력에 한계가 있다는 것이다. 실제로 경영인들은 기업경영에 이윤극대화가설을 적용하는 사례가 드문 것으로 조사되고 있으며, 한계비용과 한계수입을 정확하게 계산하는데 필요한 정보를 충분히 확보하지 못한다는 점도 현실적 제약이다. 하지만 아직도 대부분의 경제학자들은 이윤극대화가설을 보편적으로 인정하고 있으며, 이윤극대화가설의 타당성을 주장하고 있다.[16)]

다음으로 지금까지 제기된 이윤극대화가설에 대한 대체가설들의 개요를 정리하면 다음과 같다.

① 장기이윤극대화가설이 있다. 단기적으로 기업은 손실에 해당하는 행위일지라도 장기적인 전략하에서 이윤으로 전환될 수 있다는 주장이다.

② 제약된 이윤극대화가설이 있다. 기업은 이윤을 극대화함에 있어 무제한적으로 행동하는 것이 아니라 기업이 설정해 놓은 일정한 범위 안에서 이윤을 극대화하기 위해 행동한다는 주장이다.

③ 만족이윤가설이 있다. 이 가설은 복잡하고 급변하는 현대의 환경 속에서 기업들

16) 이 가설은 프리드만(M. Friedman)과 매클럽(F. Machlup)의 업적이다.

은 불확실성에 직면하고 있다. 이윤극대화를 위한 최적선택은 정보부족으로 인하여 불가능성이 높다는 한계를 보여준다. 따라서 기업은 이윤의 극대화보다는 적절한 만족을 현실적인 기업의 목표로 삼을 것이란 주장이다.[17)]

④ 수입극대화가설 또는 매상고극대화가설이다.[18)] 이 가설은 경영자들이 최저이윤을 전제로 이윤극대화보다는 수입극대화를 추구할 가능성이 높다는 주장이다.

17) 이 가설은 사이먼(H. Simon)의 업적이다.

18) 이 가설은 보몰(W.J. Baumol)의 업적이다.

연습문제 EXERCISE

1. 전통적인 기업이론에서 가정하는 기업의 행동목표는? (국회 7급)

   ① 효용의 극대화　② 이윤의 극대화　③ 판매고의 극대화
   ④ 성장의 극대화　⑤ 생산량의 극대화

2. 등생산곡선이란 다음 중 어느 것에 해당하는가? (행시)

   ① 총비용곡선　② 평균비용곡선　③ 극대이윤점
   ④ 생산함수　⑤ 관계된 투입물의 독점적 한계생산물

3. 다음 중 생산의 경제적 영역에 관한 아래 설문에서 틀린 것은 어느 것인가? (공인감정사)

   ① 생산요소의 한계생산물이 정(+)인 영역
   ② 수확체감의 법칙이 적용되는 영역
   ③ 생산요소의 한계생산물이 최대점으로부터 영(0)에 이르는 영역
   ④ 생산의 제2단계
   ⑤ 요소의 한계기술대체율이 부(−)인 영역

4. 경제학에서 생산기간을 단기와 장기로 구별하는 기준은? (7급 행정)

   ① 보통 1년 미만은 단기이고, 그 이상을 장기로 구분한다.
   ② 고정투입물이 존재하면 단기이고, 모든 투입물이 가변적이면 장기이다.
   ③ 최초의 고정비용 이외에 새로운 고정비용이 추가될 때부터 장기이다.
   ④ 모든 투입물이 고정이면 단기이고, 일부만 고정적일 때는 장기이다.
   ⑤ 규모의 경제가 실현되면 단기이고, 한계생산물체감의 법칙이 작용할 때 장기이다.

5. 수확체감의 법칙이 작용하고 있을 때 가변요소의 투입을 한 단위 더 증가시키면 어떻게 되는가? 〔행시〕

① 총생산물은 반드시 감소한다.
② 평균생산물은 반드시 감소한다.
③ 한계생산물은 마이너스가 된다.
④ 한계생산물은 반드시 감소되나 총생산물과 평균생산물은 반드시 증가한다.
⑤ 한계생산물은 반드시 감소하나 총생산물과 평균생산물은 증가될 수도 있고 감소할 수도 있다.

6. 처음 다섯 사람의 노동자가 작업을 할 때 1인당 평균생산량은 10단위였다. 노동자를 추가로 한 사람 더 고용함에 따라 1인당 평균생산량은 9단위로 줄어들었다. 이 경우 노동자의 한계생산량(marginal product)은 얼마인가? 〔공인회계사〕

① 4단위 ② 5단위 ③ 1단위 ④ 2단위 ⑤ 3단위

7. 등량선에 대한 설명으로 옳지 않은 것은? 〔공인회계사〕

① 등량선이 우하향하므로 한계기술대체율은 체감한다.
② 등량선은 교차하지 않는다.
③ 등량선은 원점에 대하여 볼록하다.
④ 원점에서 멀어질수록 더 많은 생산량을 나타낸다.
⑤ 두 생산요소가 완전보완적이면 등량곡선은 L자 형태이다.

8. 기업 A의 생산함수가 $Q=2K+L$이고, 단위당 노동의 가격이 1이고 자본의 가격은 3이다. 10개를 생산하기 위한 최소비용은? 〔보험계리사〕

① 4 ② 6 ③ 8 ④ 10 ⑤ 12

9. 기업의 생산함수는 $Y=L-100$이고, 노동 1단위당 임금은 1이다. 다음 설명 중 옳은 것은? 〔감정평가사〕

① 노동의 한계생산이 체감한다.
② 노동의 평균생산은 일정하다.
③ 생산량이 늘어남에 따라 평균비용은 처음에는 감소하나 생산량이 일정수준을 넘어서면 점차 증가한다.
④ 생산량이 일정수준을 넘어서면 한계비용이 평균비용보다 더 커진다.
⑤ 규모의 경제가 나타난다.

10. 소규모 기업인 A기업의 생산함수가 $Y=L^2$으로 주어져 있다고 하자. 이에 대한 설명으로 옳지 않은 것은? 〔국회 8급〕

① 규모의 경제가 나타난다.
② 노동투입이 증가함에 따라 노동의 한계생산은 증가한다.
③ 생산요소시장이 완전경쟁일 때, 평균비용은 우하향한다.
④ 생산요소시장이 완전경쟁일 때, 한계비용은 우하향한다.
⑤ 한계비용이 평균비용을 통과하는 점에서 효율적 생산량이 존재한다.

11. $\dfrac{MP_L}{MP_K}<\dfrac{P_L}{P_K}$일 때(단, MP_L : 노동의 한계생산물, MP_K : 자본의 한계생산물, P_L : 노동의 가격, P_K : 자본의 가격) 기업의 합리적 행동은? 〔공인노무사〕

① 노동투입을 증대시키고 자본투입을 감소시킨다.
② 노동투입을 감소시키고 자본투입을 증대시킨다.
③ 두 요소의 투입을 모두 증대시킨다.
④ 두 요소의 투입을 모두 감소시킨다.

12. $MP_L=8$, $MP_K=5$, $P_K=12$, $P_L=25$일 때 취하여야 할 조치는? 〔공인회계사〕

① 자본감소, 노동불변 ② 자본증가, 노동감소 ③ 자본감소, 노동증가
④ 자본과 노동 모두 증가 ⑤ 자본, 노동 모두 감소

13. 생산함수가 $q=5L^{0.4}k^{0.6}$일 때, 다음 설명 중 옳은 것은? 〔감정평가사〕

① $L=K$일 경우 노동의 한계생산은 일정하다.

② 노동과 자본 간의 대체탄력성은 L, K값의 크기에 따라 변한다.

③ 등량곡선은 우하향하는 직선 모양을 갖는다.

④ 규모에 대한 수익이 체감한다.

⑤ 한계기술대체율은 L, K값의 크기와 관계없이 항상 일정하다.

14. 소비자이론과 생산자이론에서 서로 대칭되지 않는 배열은? 〔감정평가사〕

① 가격선과 등비선

② 무차별곡선과 등량곡선

③ 한계효용과 한계생산

④ 효용극대화와 이윤극대화

⑤ 효용함수와 생산함수

15. 다음의 *CES* 생산함수에서 불변상수인 요소간 대체탄력도의 크기는 다음 중 어느 것을 알면 계산해 낼 수 있는가? 〔공인회계사〕

$Q=A[\alpha K^{\rho}+(1-\alpha)L^{-\rho}]^{-1/\rho}$ Q : 산출량, K : 자본, L : 노동, γ, ρ : 파라미터(parameters)

① A ② L ③ ρ ④ α ⑤ 위에서 괄호의 지수로 나타낸다.

16. 가변생산요소가 하나인 기업의 단기비용곡선에 관한 설명으로 옳지 않은 것은?(단, 평균비용곡선은 U자 모양, 고정비용 존재, 생산요소가격은 불변) 〔감정평가사〕

① 생산량이 증가함에 따라 한계비용이 증가할 때 한계생산물이 체감한다.

② 평균가변비용곡선의 최저점은 평균총비용곡선의 최저점보다 좌측에 위치한다.

③ 한계비용이 평균총비용보다 작을 때 평균총비용이 상승한다.

④ 한계비용곡선은 평균총비용곡선의 최저점을 통과한다.

⑤ 생산량이 증가함에 따라 평균고정비용이 감소한다.

17. 단기와 장기의 비용곡선 간의 관계를 설명한 것이다. 다음 설명 중 옳지 않은 것은? [국회 8급]

① 단기총비용곡선은 장기총비용곡선과 한 점에서만 접한다.
② 단기평균비용곡선의 최저점은 장기평균비용곡선의 최저점과 항상 일치하지는 않는다.
③ 단기와 장기의 총비용곡선이 서로 접하는 산출량 크기에서 단기와 장기의 한계비용곡선도 서로 접한다.
④ 단기와 장기의 총비용곡선이 서로 접하면 단기와 장기의 평균비용곡선도 서로 교차한다.
⑤ 단기평균비용곡선은 장기평균비용곡선과 한 점에서만 접한다.

18. 비용을 최소화하는 기업 A의 생산함수는 $Q=\min(2L,\ K)$이다. 노동시장과 자본시장은 모두 완전경쟁시장이고 W는 임금률, R은 자본의 임대가격을 나타낸다. $W=2$, $R=5$일 때 기업 A의 한계비용곡선은? [공인노무사]

① $MC=3Q$　② $MC=7Q$　③ $MC=3$　④ $MC=6$　⑤ $MC=7$

19. 어느 기업의 생산량(Q)과 가변요소비용(x)는 단기에 $Q=2\sqrt{x}$의 관계를 갖는다. 가변생산요소는 x만 존재한다. 이 기업의 단기비용은 가변비용과 고정비용으로 구성되어 있으며, 고정비용은 500이다. 생산요소인 x의 단위당 비용이 100일 때 이 기업의 단기비용함수는? [공인회계사]

① $500+\dfrac{200}{Q}$　② $500+25Q^2$　③ $500+200\sqrt{Q}$
④ $500+50Q$　⑤ $500+50\sqrt{Q}$

20. 기업의 비용을 최소화하는 생산함수는 $Q=L^{0.5}K$이다. 이에 관한 설명으로 옳지 않은 것은? [공인노무사]

① 규모에 대한 수익이 체증한다.
② 노동투입량이 증가할수록 노동의 한계생산은 감소한다.
③ 노동투입량이 증가할수록 자본의 한계생산은 증가한다.
④ 노동과 자본의 단위당 가격이 동일할 때 자본투입량은 노동투입량의 2배이다.
⑤ 자본투입량이 증가할수록 자본의 한계생산은 증가한다.

21. 경제적 비용이란? (군법무관)

① 평균고정비용+평균가변비용
② 기회비용+암묵적 비용
③ 역사적 비용+감가상각비
④ 회계비용+명시적 비용
⑤ 명시적 비용+암묵적 비용

22. 한계비용이란? (7급 행정)

① 생산물 한 단위 변화에 따른 총비용의 변화분
② 이윤극대화 수준에서의 가격과 평균총비용 간의 차이
③ 가장 효율적인 제품생산비용
④ 생산물 한 단위 변화에 따른 고정비용의 변화분
⑤ 총비용과 총가변비용의 차이

23. 어떤 운전사가 가솔린도 넣고 자동차도 씻으려고 한다고 하자. 그런데 휘발유 19ℓ를 넣으면 1ℓ에 370원이고, 세차비는 1,000원이지만 가솔린 20ℓ를 사면 차는 무료로 씻어 준다고 한다. 그렇다면 이 때 20번째의 가솔린 1ℓ는 얼마의 한계비용을 가지느냐? (감정평가사)

① 370원 ② 1,000원 ③ 0원 ④ 630원 ⑤ −630원

24. 다음 중 한계비용이 상승할 때 평균비용의 상태는? (감정평가사)

① 감소하다 증가한다. ② 증가하다 감소한다. ③ 계속 증가한다.
④ 계속 감소한다. ⑤ 변함이 없다.

25. 어떤 기업의 생산량을 100단위로 하였을 때 평균가변비용은 30원, 한계비용은 40원, 평균비용은 50원이었다. 이 공장의 고정비용은 얼마인가? (감정평가사)

① 6,000원 ② 4,000원 ③ 2,000원 ④ 1,000원 ⑤ 500원

26. 어느 기업의 총비용함수가 $TC(Q)=20Q^2-15Q+4,500$일 때, 평균비용을 최소화하는 생산량은? (국가직 9급)

① 10　　② 15　　③ 20　　④ 25

27. 다음의 표는 기업의 각종 비용을 나타내고 있다.

산출량	총비용 (TC)	총고정비용 (TFC)	평균가변비용 (AVC)
A	140	100	40
B	160	100	30
C	175	100	25
D	200	100	25
E	250	100	30

이 기업의 평균비용(ATC)이 극대가 되는 산출량은? (공인회계사)

① A　　② B　　③ C　　④ D　　⑤ E

28. A라는 시멘트 회사의 단기비용함수가 $C=200+2Q^2$이라고 하면 생산량(Q)이 100톤일 때 평균가변비용은? (공인회계사)

① 4　　② 20　　③ 40　　④ 200　　⑤ 400

29. 단기의 비용곡선에 관한 다음 설명 중에서 옳은 것은? (공인회계사)

① 평균비용곡선은 한계비용곡선의 최저점을 통과한다.
② 산출량의 수준이 증가할수록 평균가변비용과 평균비용 사이의 차는 벌어진다.
③ 평균고정비용곡선의 형태는 직각쌍곡선이다.
④ 평균가변비용곡선은 한계비용곡선의 최저점을 통과한다.
⑤ 평균고정비용은 산출량의 수준이 증가할수록 늘어난다.

30. A기업은 자본과 노동의 생산요소만을 사용하여 생산활동을 하고 있으며, 각 생산요소의 한계생산물은 각 생산요소의 투입이 증가함에 따라 체감한다. A기업은 이윤극대생산량을 생산하고 있었지만, 최근 임금에 변화가 생겨 고용량을 조정하려 한다. 노동의 투입량을 증가시켜 이윤을 항상 증가시킬 수 있는 경우는? 〔국가직 9급〕

① 기업의 고정비용이 상승하는 경우
② 임금이 자본비용보다 낮을 경우
③ 자본의 한계생산물이 노동의 한계생산물보다 작은 경우
④ 임금이 자본비용보다 낮고, 자본의 한계생산물이 노동의 한계생산물보다 작은 경우

31. 단기평균비용곡선에 관한 설명 중에서 틀리는 것은? 〔공인회계사〕

① 단기평균비용의 증가 원인은 한계비용이 평균비용을 상회하기 때문이다.
② 단기평균비용곡선의 감소 원인은 생산량증가에 따른 규모의 경제가 작동하기 때문이다.
③ 한계비용이 감소할 때는 한계비용은 평균비용보다 작아야 한다.
④ 평균비용이 불변인 상태하에서는 한계비용과 평균비용이 같다.
⑤ 이상 모두

32. X재의 생산함수가 $X=e^{0.03t}L^{0.4}K^{0.6}$이다. 여기서 e는 자연수, t는 시간, L과 K는 노동투입량과 자본투입량이다. 어느, 한 시점에서 L과 K를 같은 비율로 증가시킬 때 평균비용곡선은? 〔감정평가사〕

① 증가한다. ② 불변이다. ③ 감소한다.
④ 증가하다가 감소한다. ⑤ 감소하다가 증가한다.

33. 장기평균비용곡선은 어떤 형태를 바르게 설명한 것은? 〔7급 행정〕

① 수평선 ② 수직선 ③ U자 형태
④ L자 형태 ⑤ V자 형태

34. 다음 중 장기총비용과 단기총비용의 관계를 적합하게 나타낸 것은? (행시)

① 어떤 산출량이나 장기총비용은 단기총비용보다 크다.

② 어떤 산출단위에서나 장기총비용은 단기총비용보다 항상 작거나 같다.

③ 장기비용이나 단기비용은 항상 같다.

④ 어떤 산출단위에서나 장기총비용은 단기총비용에서 고정비용을 감한 것과 같다.

⑤ 어떤 산출단위에서나 장기총비용은 단기총비용에 고정비용을 합한 것과 같다.

35. 규모의 불경제가 규모의 경제보다 그 효과가 크다면, 마침내 어떤 결과를 초래하겠는가? (공인감정사)

① 평균고정비용이 감소

② 평균고정비용이 증가

③ 장기평균비용곡선이 우하향한다.

④ 장기평균비용곡선이 우상향한다.

⑤ 한계비용곡선이 평균비용곡선과 교차한다.

36. '규모에 대한 수익불변'에 관한 아래 서술 중 틀린 것은? (공인감정사)

① U형의 단기평균비용곡선을 갖는다.

② U형의 장기평균비용곡선을 갖는다.

③ 요소의 평균 및 한계생산물은 요소비율에 의하여 결정된다.

④ 오일러 정리가 적용된다.

⑤ 등량선이 원점에 대해 볼록하다.

37. Ⓐ~Ⓒ에 들어갈 내용으로 옳은 것은? 〔국가직 9급〕

> 단기에 기업의 평균총비용곡선은 생산량 증가에 따라 평균총비용이 처음에는 하락하다가 나중에 상승하는 U자 형태를 갖는다. 평균총비용이 처음에는 하락하는 이유는 생산량이 증가함에 따라 (Ⓐ)이 하락하기 때문이다. 평균총비용이 나중에 상승하는 이유는 (Ⓑ)의 법칙에 따라 (Ⓒ)이 증가하기 때문이다.

	－Ⓐ－	－Ⓑ－	－Ⓒ－
①	평균고정비용,	한계생산체감,	평균가변비용
②	평균고정비용,	규모수익체감,	평균가변비용
③	평균가변비용,	한계생산체감,	평균고정비용
④	평균가변비용,	규모수익체감,	평균고정비용

38. 장기평균비용곡선이 L자 형태를 갖는 이유를 바르게 설명한 것은?

① 장기생산에서 생산량수준이 작은 경우에는 규모의 경제효과가 크게 나타나다가 생산량수준이 증가함에 따라 규모의 경제효과가 작아지다가 사라지게 된다.

② 장기에 기업의 규모가 커지면서 효율성도 함께 증가한다.

③ 생산량수준을 증대시킴에 따라 수확체감의 법칙이 나타난다.

④ 생산량수준을 증대시킴에 따라 수확체감의 법칙과 규모의 경제가 충돌한다.

39. A기업의 생산함수는 매 기간 $C(Y)=Y^2$이다. A기업이 두 기간(1기, 2기)에 총 100만큼의 Y재를 생산하고 비용최소화전략을 취하고 있을 때 옳은 것은? (단, 두 기간의 현재가치는 차이가 없다.) 〔국가직 9급〕

① 생산비용함수는 한계비용체감을 나타낸다.

② 생산비용함수는 규모에 대한 수익불변을 나타낸다.

③ 1기와 2기에 각각 50을 생산할 것이다.

④ 두 기간의 생산량 합이 100이면 1기와 2기에 각각 얼마를 생산해도 상관없다.

40. 비용에 대한 설명으로 옳은 것은? (지방직 7급)

① 매몰비용은 경제적 의사결정을 하는 데 있어서 고려되어서는 안 된다.

② 공장부지나 재판매가 가능한 생산시설을 구입하는 데 지출된 비용은 고정비용이자 매몰비용이다.

③ 평균비용곡선이 U자 형태로 되어 있을 때, 한계비용곡선은 평균비용곡선의 최저점을 통과할 수 없다.

④ 수입보다 비용이 커서 손실이 발생한 기업은 조업을 중단하여야 한다.

1032,103

제5장

시장이론

1. 완전경쟁시장

1) 완전경쟁시장의 성립조건

완전경쟁시장은 가장 이상적인 시장구조이다. 완전경쟁시장의 성립조건을 실제로 모두 충족하는 현실적 시장은 거의 존재하지 않으므로 이론적 상황에서 가장 많이 가정하는 시장구조이다.

완전경쟁시장(perfect competition market)의 성립조건은 다음과 같다.

① 각 경제주체는 가격수용자(price taker)이어야 한다. 개별적인 경제주체가 가격설정에 영향을 미칠 수 없을 정도로 참여자의 수가 많아야 한다.

② 완전경쟁시장에 공급되는 모든 동종의 상품은 동질적이어야 하고, 수요자 입장에서 어느 공급자든 무차별하게 선택하여야 한다.

③ 완전경쟁시장에는 진입이탈의 장벽이 존재하지 않는다. 모든 경제적 자원들이 자유롭게 시장에 진입하고 이탈할 수 있어야 한다. 또한 모든 경제주체들의 진입과 이탈이 자유로워야 한다.

④ 모든 경제주체들이 완전한 정보를 가지고 있어야 한다. 상품의 생산, 가격, 시장 등 상품과 관련된 모든 정보를 인지하고 있어 정보의 비대칭적인 현상을 일으키지 않아야 한다.[1] 소비자의 정보탐색행위는 소비자의 구매량이 커질수록, 탐색된 정보의 유효기간이 길어질수록 활발해지며, 소비자의 정보탐색비용은 소비자의 시간당 급여가 작을수록 소비자의 교육수준이 높을수록 작아진다는 연구결과가 있다.[2]

완전경쟁시장의 성립조건을 충족하는 현실적인 사례로는 농산물시장이나 증권시장 정도에 지나지 않으며, 단기보다는 장기적으로 충족될 수 있는 가능성이 높다.

---

1) 가격수용자의 조건과 진입이탈의 자유에 관한 조건을 충족하고 있다고 가정된 시장형태를 순수경쟁시장(pure competition market)이라 한다.

2) H. Marvel, "The Economics of Information and Retail Gasoline Price Behaviour: An Empirical Analysis," *Journal of Political Economy*, October 1976.

클라크(J.M. Clark)는 완전경쟁시장의 성립은 실제적으로는 불가능하기 때문에 대체 개념으로 유효경쟁(workable competition, effective competition)시장 개념을 제시하고 있다. 유효경쟁시장은 완전경쟁시장조건인 다수의 기업과 소비자, 상품의 동질성, 진입이탈의 자유 등이 완벽하지 않더라도 기업 간에 실질적인 경쟁으로 시장가격이 한계비용수준에 근접한 시장을 의미한다. 또한 보몰(W. Baumol)과 윌릭(R. Willig)은 기업의 시장진입이탈비용이 존재하지 않는 자유로운 경합시장(contestable market)의 개념을 정의하면서 완전경쟁시장의 개념을 대체할 현실적 대안이라 주장한 바 있다. 유효경쟁시장은 완전경쟁시장의 요건 중 가격순응자(price maker)적 요소가 강조된 반면 경합시장은 진입이탈의 장벽이 없는 시장요건에 주목하고 있다는 점이 두 개념의 차이라 할 수 있다.

2) 완전경쟁시장의 단기균형

(1) 시장이론에서의 기간

생산이론에서 단기와 장기로의 기간을 구분한 바 있다. 단기는 생산설비가 고정되는 정도의 기간을 의미하고 장기는 노동뿐만 아니라 생산설비(자본)까지 변화하는 정도의 기간을 의미한다. 시장이론에서 단기(short-run)는 기업의 진입이나 이탈이 불가능한 기간을 의미하여 시장내 기존기업의 산출량조절에 의해 공급량이 결정되는 정도의 기간을 의미하고 장기(long-run)는 기업의 진입과 이탈이 자유로워 시장내 새로운 기업이 진입하거나 기존 기업이 이탈하여 생산규모까지 증감시킬 수 있을 정도의 기간을 의미한다.

(2) 기업의 단기균형

완전경쟁시장에서 직면하는 개별기업의 수요곡선은 〈그림 5-1〉의 D_1, D_2, D_3와 같이 모두 수평선이다. 완전경쟁시장에 참여하는 어떤 기업도 생산량을 조절하여 가격에 영향을 미칠 수 없기 때문이다. 수요곡선이 수평이라는 것은 모든 기업이 가격수용자(price taker)라는 특성을 반영한다.

수평인 수요곡선($D=P$)은 $P=AR$이므로 수요곡선은 평균수입곡선(AR)이다.

〈그림 5-1〉 완전경쟁시장에서의 단기균형

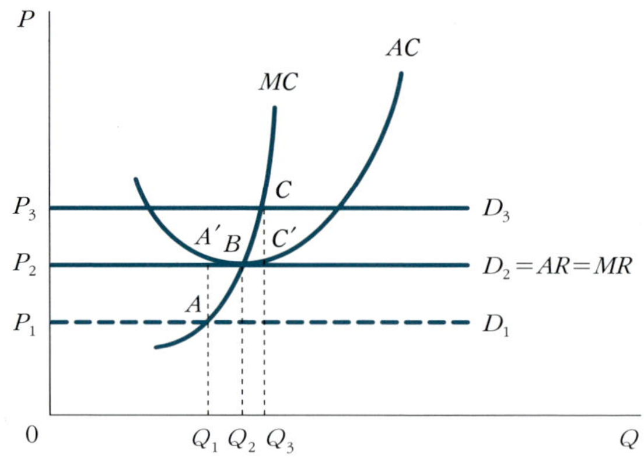

평균수입곡선(AR)이 수평이면 평균수입이 불변이므로 평균수입(AR)과 한계수입(MR)은 같아진다. 따라서 $P=AR=MR$이 곧 수요곡선이 된다. 수요곡선[3)]이 수평이라는 것은 주어진 가격으로 그 기업의 산출량이 모두 판매될 수 있고, 기업은 자신의 산출량을 조절하여 가격설정에 전혀 영향을 미칠 수 없다는 것을 의미한다.

완전경쟁시장에서의 세 가지 단기균형, 〈그림 5-1〉의 A점은 손실발생, 장기적으로는 기존기업이탈, B점은 손익분기점 장기적으로 기업의 진입이탈 불변, C점은 초과이윤발생, 장기적으로 새로운 기업진입의 이유를 정리하면 다음과 같다.

① A점은 개별기업의 D_1 수요곡선($D_1=P$)이 SAC(단기평균비용)곡선보다 낮은 균형점이다. 〈그림 5-1〉의 A점은 $MR=MC$와 $MR'<MC'$의 이윤극대화 조건을 충족하는 단기균형점이고 균형산출량 수준은 Q_1이고 균형가격수준은 P_1이다. A점은 가격이 평균비용보다 낮은($P_1<AC$) 수준에 있다. 따라서 A점에서는 $TR<TC$가 성립하고 직사각형 P_1P_2AA'만큼의 손실이 발생한다. 장기적으로 손실을 보는 기업들의 일부가 다른 시장으로 이탈할 유인이 발생한 것이다.

② B점은 개별기업의 D_2 수요곡선($D_2=P$)이 SAC(단기평균비용)곡선의 최저점에 있다. 〈그림 5-1〉의 B점은 $MR=MC$와 $MR'<MC'$의 이윤극대화 조건을 충

3) 기업의 시장수요곡선은 우하향하며, 수요자의 수요곡선도 우하향한다.

족하는 단기균형점이고 균형산출량 수준은 Q_2이고 균형가격수준은 P_2이다. B점은 $P_2=AC$가 성립하므로 기업의 총수입 $TR(P\times Q)$과 기업의 총비용 $TC(AC\times Q)$은 같게 된다. 따라서 완전경쟁시장의 B단기균형점(이윤극대화점)에서는 초과이윤이나 손실이 발생하지 않고 장기적으로 기업들의 진입이탈에 변화가 없을 것이다.

③ C점은 개별기업의 D_3 수요곡선($D_3=P$)이 SAC(단기평균비용)곡선보다 높은 균형점이다. 〈그림 5-1〉의 C점은 $MR=MC$와 $MR'<MC'$의 이윤극대화 조건을 충족하는 단기균형점이고 균형산출량 수준은 Q_3이고, 균형가격수준은 P_3이다. C점은 $P_2>C$가 성립하므로 기업의 총수입 $TR(P\times Q)$은 기업의 총비용 $TC(AC\times Q)$보다 크게 되어 직사각형 P_3P_2CC'만큼의 초과이윤을 발생시킨다. 장기적으로는 새로운 기업들이 진입해 들어올 유인이 발생한 것이다.

(3) 기업의 단기공급곡선

〈그림 5-2〉의 A는 조업중단점이고 B는 손익분기점이다. 조업중단점 A는 $AVC=MC$인 점이고 평균가변비용(AVC)과 한계비용(MC)이 같다는 것은 $MC=P$인 관계로 평균가변비용은 가격과 같다($AVC=P$). 따라서 산출량 Q_a수준에서는 총수입($P\times Q$)과 총가변비용($AVC\times Q$)은 등식($TR=TVC$)이 성립한다.

〈그림 5-2〉 기업의 단기공급곡선

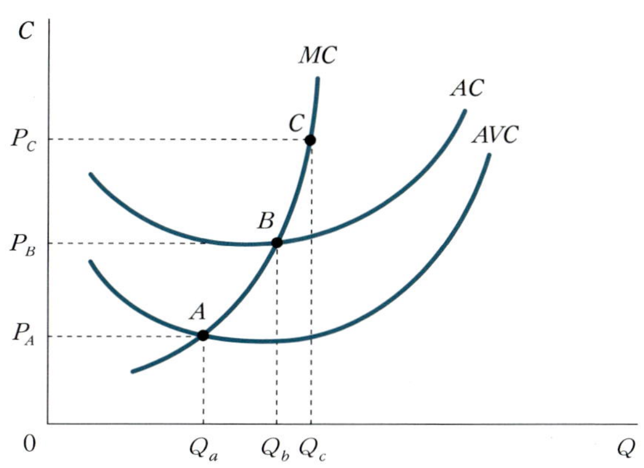

산출량 Q_a수준에서는 기업이 조업을 하든, 조업을 중단하든 기업은 평균고정비용의 크기만큼의 손실에 직면한다. 따라서 조업중단점 이하에서는 평균고정비용보다 더 큰 손실을 감수해야 하므로 기업은 조업을 중단해야 하고 조업중단점 이상에서 손익분기점까지는 조업을 통해 평균고정비용의 손실을 줄일 수 있다.

〈그림 5-2〉의 A점 이하, 즉 산출량 Q_a수준 이하에서는 $TR < TVC$가 되어 기업은 생산활동을 하면 할수록 손실액이 더 크게 발생한다. 〈그림 5-2〉의 A점에서 B점까지는, 즉 산출량 Q_a에서 Q_b수준까지는 $TR > TVC$이지만 $TR < TC$이어서 한 단위당 $P > AVC$만큼의 손실을 줄일 수 있다. $MC = P > AVC$여서 가격이 평균가변비용보다 높은 만큼 평균고정비용(AFC)에서 발생하는 손실액을 줄일 수 있다.

따라서 기업의 단기공급곡선은 〈그림 5-2〉의 A점부터 우상향하는 A, B, C점을 연결하는 MC곡선과 같다. 〈그림 5-2〉의 한계비용곡선(MC)은 기업이 직면하는 수요곡선, $AR = MR$이어서 이윤극대화 조건 $MR = MC$, $MR' < MC'$를 모두 충족한다.

(4) 산업의 단기공급곡선

산업은 동종의 상품을 생산하는 기업집단을 말한다. 따라서 완전경쟁시장에서의 산업의 단기공급곡선은 기업의 단기공급곡선을 수평으로 합해 시장공급곡선으

〈그림 5-3〉 산업의 단기공급곡선

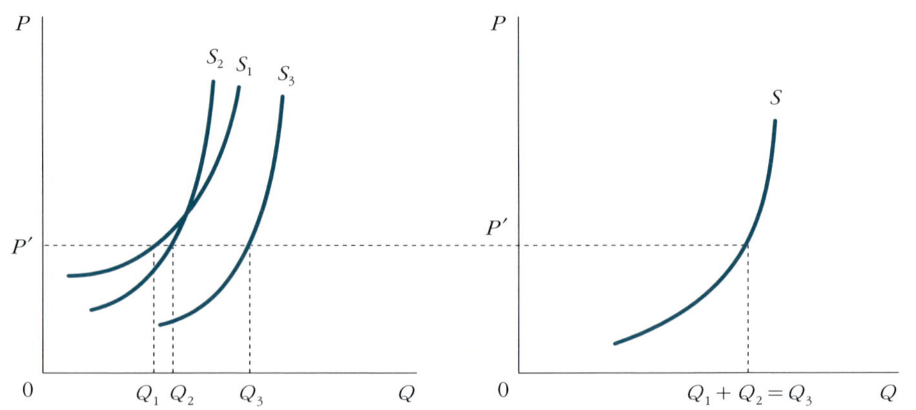

로 도출된다. 산업의 단기공급곡선은 〈그림 5-3〉의 좌측 그림 S_1, S_2, S_3를 수평으로 합하여 〈그림 5-3〉의 우측 그림 S로 도출되었다. 〈그림 5-3〉의 우측 그림 S는 한 산업의 모든 기업들이 동시에 산출량을 증대시킨다 해도 생산요소의 가격은 불변이라는 가정하에서 도출되었다. 만약 한 산업의 모든 기업들의 산출량 수준의 증대로 인한 생산요소의 가격을 고려한다면 산업의 단기공급곡선은 〈그림 5-3〉의 공급곡선 S보다 기울기가 더 급하게 된다.

(5) 산업의 단기균형

〈그림 5-3〉의 산업의 단기공급곡선, 즉 시장공급곡선과 수요이론에서 도출된 시장수요곡선을 조합하면 〈그림 5-4〉의 E와 같은 시장의 단기균형이 달성된다. 완전경쟁시장에서의 개별기업은 시장균형가격 P_E를 주어진 가격으로 받아들이므로 시장균형가격수준 P_E에서 〈그림 5-4〉의 오른쪽 그림 $D=AR=MR$이 성립한다. 따라서 완전경쟁시장에서 개별기업이 직면하는 수요곡선은 시장균형가격 P_E수준에 대응하는 수평선이 된다. 따라서 〈그림 5-4〉의 오른쪽 그림 F점에서 $MR=MC$, $MR'<MC'$인 이윤극대화조건이 충족되며, 산출량수준 Q_F가 결정된다.

〈그림 5-4〉 산업의 단기균형

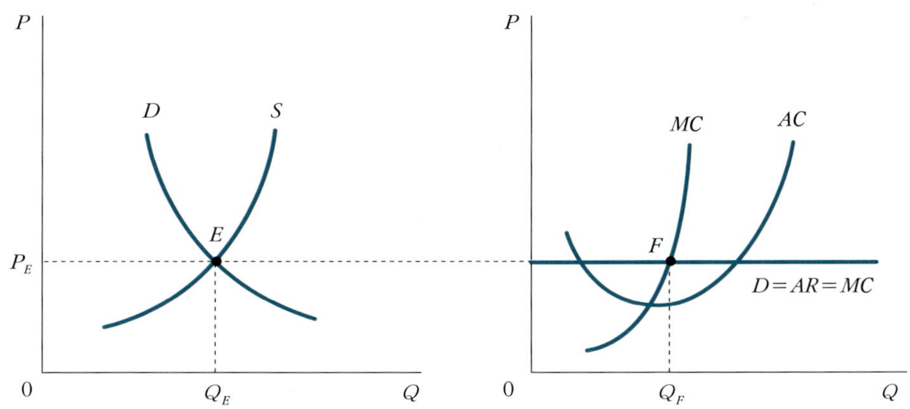

3) 완전경쟁시장의 장기균형

(1) 장기균형

완전경쟁시장의 장기균형은 진입이탈의 장벽이 없는 시장에서 새로운 기업의 진입이나 이탈을 통해 생산규모를 확대 또는 축소할 수 있는 기간까지 고려한 시장균형을 의미한다. 따라서 장기균형은 단기균형보다 역동적인 조정과정(long-run adjustment)에 놓이게 된다.

현재의 생산규모에서 초과이윤이 한다면 기존의 기업들이 생산규모를 확장(단기)하는 동시에거나 새로운 기업들이 시장 내로 진입(장기)하게 되어 생산규모가 확대될 것이다. 그런데 생산규모가 지나치게 확대되는 경우, 시장 내에서는 손실이 발생하게 되고 기존의 기업들이 생산규모를 축소하거나, 기존의 기업들이 다른 산업으로 이탈하는 조정과정을 거치게 된다.

완전경쟁시장에서의 장기균형은 조정과정을 거듭하여 결국 초과이윤이나 손실은 사라지고 정상이윤만 남게 되는 〈그림 5-5〉의 F점에서 균형을 이루게 된다. 〈그림 5-5〉의 F점은 $P=LMC$이므로 $MR=MC$, $MR'<MC'$ 이윤극대화조건을 모두 충족하고 있다. 〈그림 5-5〉의 F점은 $P=LAC$이므로 기업의 총수입과 총비용은 $TR=TC$가 되어 초과이윤이나 손실이 존재하지 않는 손익분기점을 의미한다. 따라

〈그림 5-5〉 완전경쟁시장의 장기균형

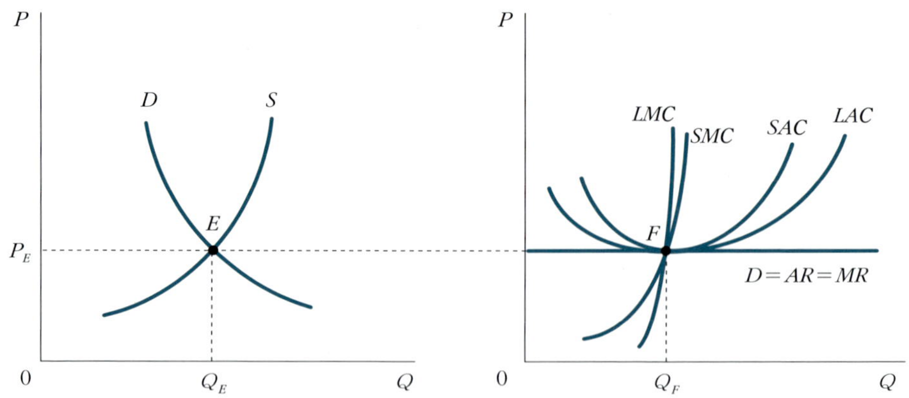

서 완전경쟁시장의 장기균형점은 〈그림 5-5〉의 F점이 되고 조건식은 $P=SAC=SMC=LAC=LMC=AR=MR$이 성립하다.

(2) 장기공급곡선

완전경쟁시장에서의 장기공급곡선은 단기공급곡선의 결정요인, 즉 가격변화에 따른 개별기업의 산출량 수준의 변화뿐만 아니라 초과이윤이나 손실로 인한 기업의 진입과 이탈로 발생하는 생산규모의 변화를 모두 반영한다. 장기공급곡선은 산업전체의 산출량을 증가시킬 때 비용은 어떤 방향으로 변화하는가를 나타내는, 즉 산출량과 비용변화와의 함수관계이다.

완전경쟁시장에서의 장기공급곡선은 세 가지 모양, 즉 ① 생산규모가 증가할 때 비용이 변하지 않는 산업, ② 생산규모가 증가할 때 비용이 체증하는 산업, ③ 생산규모가 증가할 때 비용이 체감하는 산업으로 나타낼 수 있다.

① 생산규모가 증가할 때 비용이 변하지 않는 비용불변산업에서의 장기공급곡선은 〈그림 5-6〉의 (a)와 같이 수평선이다.

〈그림 5-6〉의 (b)에서 생산규모가 Q_F에서 Q_F'로 증가할 때 비용이 불변이므로 (장기평균비용곡선) LAC가 우측으로 수평 이동하여 LAC'가 된다. 따라서

〈그림 5-6〉 비용불변과 장기공급곡선

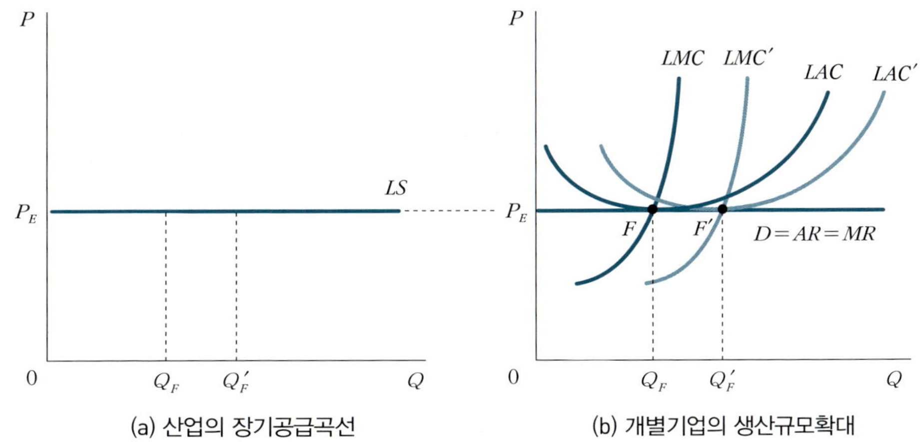

기업의 새로운 장기균형점 F'점이 성립한다. F' 점은 이윤극대화조건($P=LMC$, $MR=MC$)을 충족한다. 따라서 비용불변산업의 경우 장기공급곡선은 F점과 F' 점을 잇는 개별기업의 공급곡선과 이들을 수평으로 합한 〈그림 5-6〉의 (a)와 같은 수평선(LS)이다.

② 생산규모가 증가할 때 비용이 체증하는 산업의 장기공급곡선은 〈그림 5-7〉의 (a)와 같이 우상향한다. 〈그림 5-7〉의 (b)에서 생산규모가 Q_F에서 Q_F'로 증가할 때 비용이 체증하므로 LAC(장기평균비용곡선)는 위로 이동하여 LAC'가 된다. 비용체증산업의 경우에는 기업의 새로운 균형점 F'점이 성립한다. F'점은 이윤극대화조건($P=LMC$, $MR=MC$)을 충족한다. 따라서 비용체증산업의 경우 장기공급곡선은 F점과 F'점을 잇는 개별기업의 공급곡선과 이들을 수평으로 합한 〈그림 5-7〉의 (a)와 같은 우상향(LS)하는 모양을 가진다.

〈그림 5-7〉 비용체증과 장기공급곡선

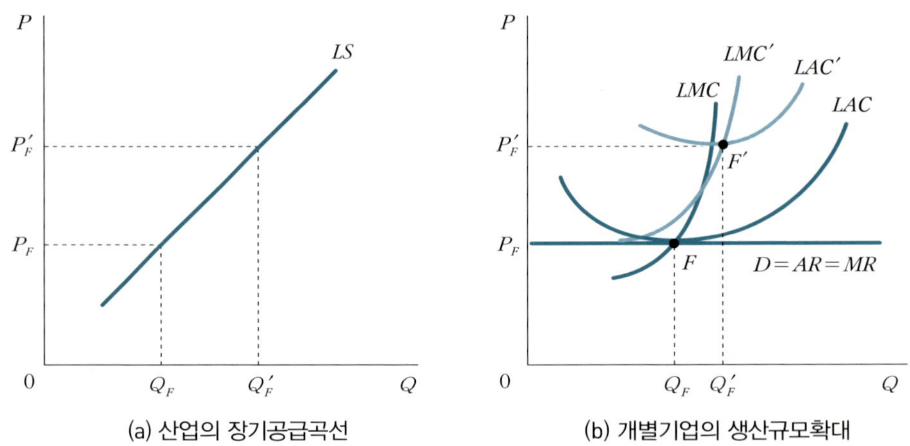

③ 생산규모가 증가할 때 비용이 체감하는 산업의 장기공급곡선은 〈그림 5-8〉의 (a)와 같다. 〈그림 5-8〉의 (b)에서 생산규모가 Q_F에서 Q_F'로 증가할 때 비용이 체감하므로 장기평균비용곡선(LAC)은 아래로 이동하여 LAC'가 된다. 비용체감산업의 경우에는 기업의 새로운 균형점 F'점이 성립한다. F'점은 이윤극대화조건($P=LMC$, $MR=MC$)을 충족한다. 따라서 비용체감산업의 경우 장기공급

〈그림 5-8〉 비용체감과 장기공급곡선

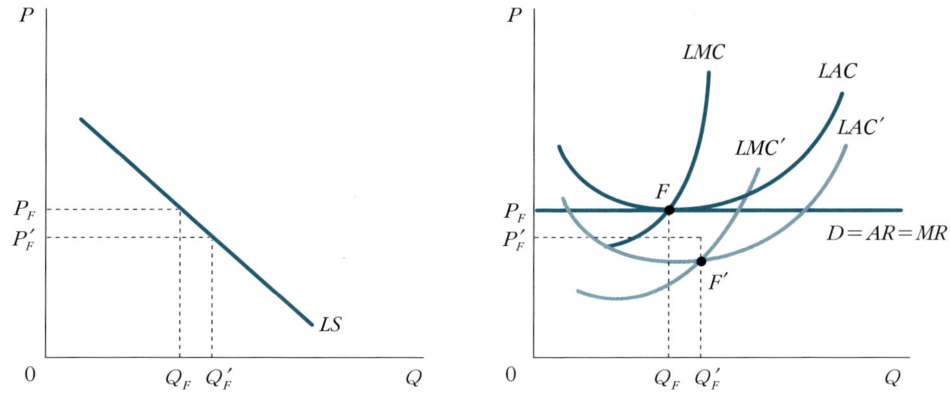

(a) 산업의 장기공급곡선 (b) 개별기업의 생산규모확대

곡선은 F점과 F'점을 잇는 개별기업의 공급곡선과 이들을 수평으로 합한 〈그림 5-8〉의 (a)와 같은 우하향(LS)하는 모양을 가진다.

2. 독점시장

1) 독점시장의 특성

독점시장은 한 상품에 대한 시장 전체의 총 공급을 한 기업이 지배하는 시장형태를 말한다. 독점시장에는 대체재가 존재하지 않으며 진입장벽(entry barrier)으로 어떤 기업도 독점시장에 진입할 수 없어야 한다. 따라서 독점기업은 그 시장에서 가격을 지배하는 가격설정자(price maker)가 된다. 독점기업은 이윤을 극대화하기 위해 가격수준과 산출량을 탄력적으로 조정하는 힘, 즉 가격결정력을 가진다. 이것을 독점력(monopoly power)이라고도 한다. 독점력은 수요곡선의 기울기가 클수록 높아지며, 기울기가 작을수록 낮아진다. 따라서 완전경쟁시장의 경우에는 개별기업이 직면하는 수요곡선은 수평이 되고 독점력은 0이다. 독점력은 $\frac{1}{\text{수요의 가격탄력성}(\varepsilon_P)}$으로 나타낸다.

독점력$=\frac{P-MC}{P}=\frac{P-MR}{P}$, 여기에 아모로소-로빈슨 공식 $MR=P(1-\frac{1}{\varepsilon_P})$를 대입하여 정리하면 독점력은 $\frac{1}{\varepsilon_P}$가 된다. 수요의 가격탄력성은 수요곡선의 기울기의 역수이고 독점력은 수요의 가격탄력성의 역수이므로 수요곡선이 기울기와 독점력은 비례한다.

기업의 독점력은 주로 진입장벽에 의해 발생한다. 진입장벽을 만드는 원인들은 다음과 같다.

① 정부가 직·간접으로 민간경제에 개입함으로써 독점을 발생시킨다. 정부가 관장하는 허가나 특허제도는 진입장벽이 되어 독점시장을 형성한다. 또는 정부가 전매권을 행사하거나 특정기업에게 전매권을 부여하는 경우에도 진입장벽과 독점시장이 형성된다.

② 규모의 경제가 발생하는 비용체감산업의 경우에는 자연적으로 독점이 발생할 수 있다. 대규모의 고정자본을 필요로 하는 산업의 경우, 하나의 기업만이 본 산업에 참여한다 할지라도 현실적으로 최소효율규모(minimum efficient scale)수준에서 생산할 수 없기 때문이다. 따라서 비용체감산업의 경우에도 대규모의 고정자본을 투자할 수 있는 기업만이 이 시장에 진입할 수 있고 진입장벽과 독점시장이 형성될 수 있다.

③ 생산요소를 독점하는 경우에도 산출물시장을 독점할 수 있다. 생산요소에 대한 독점은 다른 기업의 진입을 차단하는 진입장벽을 형성한다. 따라서 생산요소를 독점한 기업은 산출물 시장에서도 독점력을 행사하게 된다.

④ 기업의 합병이나 통합을 통해서 진입장벽을 형성할 수 있다. 또한 새로운 생산기술의 개발은 다른 기업들에 대한 진입장벽이 된다. 따라서 합병이나 통합, 그리고 새로운 생산기술의 보유를 통해서 독점력을 행사할 수 있다.

2) 독점시장의 단기균형

독점시장은 단 하나의 기업에 의해 시장전체의 공급이 좌우되는 시장형태이다.

따라서 개별기업이 직면하는 수요곡선은 시장수요곡선이고 개별기업이 직면하는 공급곡선은 시장공급곡선이 된다. 개별기업이 직면하는 수요곡선은 완전경쟁시장의 경우에는 수평선($\varepsilon_p = \infty$)인 데 반하여 독점시장의 경우에는 우하향하는 가파른 형태이다. 독점시장에서 독점기업은 자신의 산출량수준을 조절하여 시장가격을 설정한다는 것을 반영한 수요곡선의 형태이다.

독점시장의 단기균형은 〈그림 5-9〉의 E점이고 그 특징은 다음과 같다.

① 독점시장의 단기균형 〈그림 5-9〉의 E점(독점가격)은 G점(한계비용)보다 높은 수준에 있다. 따라서 독점가격은 한계비용보다 높은 수준에서 결정된다($P>MC$). 완전경쟁시장에서는 수요곡선이 수평이므로 $P=MR$이고 기업의 이윤극대화조건을 충족하면 $MR=MC$가 되어 $P=MC$가 성립한다. $P>MC$이기 때문에 독점시장에서 비효율이 발생한다.

② 독점시장에서의 공급곡선은 일정하게 도출되지 않는다. 공급곡선은 일정가격과 일정량의 공급의도와의 함수관계인데 독점기업의 경우 〈그림 5-9〉의 E점처럼 수요곡선에 의해서 도출된 한계수입(MR)곡선과 한계비용(MC)곡선이 교차하는 점(이윤극대화점)에서 산출량을 결정할 뿐 가격변동에 따른 산출량과의 함수관계가 성립하지 않는다.

〈그림 5-9〉 독점시장의 단기균형

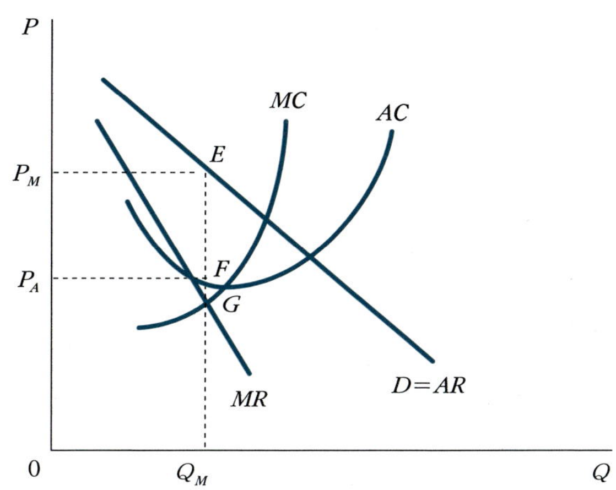

③ 독점기업은 주어진 수요조건에 의해 이윤을 극대화하는 산출량을 결정함으로써 그에 따른 가격이 결정된다. 가격이 산출량 수준을 결정하는 것이 아니라 수요에 의한 이윤극대화산출량이 결정됨으로써 가격이 결정된다. 독점기업은 가격과 산출량 간의 안정적인 함수관계로 나타나는 공급곡선을 갖지 못한다.

이윤극대화는 〈그림 5-9〉의 G점에서 $MR=MC$를 충족하고 있으므로 이윤극대화를 위한 산출량수준은 Q_M이 된다. 독점시장의 단기균형 E점에서는 Q_M의 산출량과 P_M의 가격수준이 결정된다. Q_M의 산출량수준에서 평균비용은 F점($AC=P_A$)이어서 독점가격 P_M은 $P_A=AC$보다 높은 수준에서 결정된다(초과이윤가격은 $P-AC$이므로 P_M-P_A와 같다). 따라서 독점기업의 단기균형은 〈그림 5-9〉의 사각형 P_AP_MEF만큼의 초과이윤 또는 독점이윤을 발생시킨다.

3) 독점시장의 장기균형

독점시장의 장기균형은 독점기업이 생산규모를 조정할 수 있는 기간을 고려한 균형의 개념이고, 단기균형에 비해 더 많은 독점이윤을 획득하는 특징을 가진다.

독점시장의 단기균형은 〈그림 5-10〉의 E점에서 이윤극대화산출량수준 Q_{SM}과 독점가격 P_{SM}이 결정되고 사각형 $P_{SM}P_{SA}EF$만큼의 독점이윤이 발생한다.

〈그림 5-10〉 독점시장의 장기균형

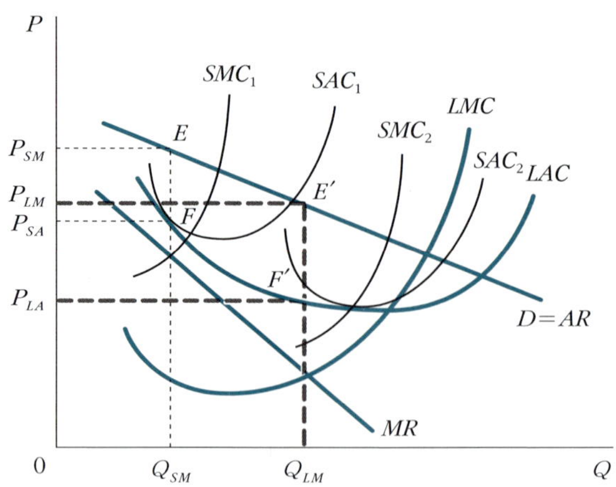

독점시장의 장기균형은 〈그림 5-10〉의 E'점에서 이루어지고 독점기업의 이윤을 극대화하는 Q_{LM}수준의 산출량과 P_{LM}수준의 독점가격이 결정되어 독점시장의 장기균형에서는 독점이윤이 사각형 $P_{LM}P_{LA}E'F'$으로 단기균형보다 더 커지게 된다. 장기에는 독점기업의 경우, 생산규모를 변화시키는 장기조정과정을 거치게 되고 단기균형보다 더 많은 독점이윤을 획득할 수 있는 Q_{LM}의 산출량수준과 P_{LM}의 독점가격수준에 이를 수 있다.

4) 가격차별

동일한 재화를 구매하는 수요자를 차별하여 서로 다른 가격을 설정하거나 동일한 수요자가 이용하는 동일 상품에 대하여 각기 다른 평균가격을 설정하는 것을 가격차별(price discrimination)이라 한다. 독점시장에서 독점기업은 이윤극대화를 달성하기 위해 동일한 상품에 서로 다른 가격을 설정하거나 동일상품을 구매하는 수요자를 차별하여 서로 다른 평균가격을 설정할 수 있다. 가격차별은 가격설정력을 갖는 독점시장에서 자주 발생하는 현상이다.

(1) 가격차별의 성립조건

가격차별을 위한 성립조건과 가격차별을 통한 독점이윤 극대화 조건은 다음과 같다.

① 가격차별을 목표로 하는 기업은 가격을 차별화할 수 있는 가격설정력을 가져야 한다.

② 시장이 분리될 수 있고, 분리된 시장에서는 서로 다른 소비자가 서로 다른 수요의 가격탄력성을 가지고 있어야 한다. 시장이 분리되더라도 소비자의 수요의 가격탄력성이 동일하다면 가격차별로 인한 수입의 증가나 독점이윤의 증가현상은 나타나지 않는다. 오히려 시장분리비용이나 가격차별화에 따르는 비용만 추가 발생할 뿐이다.

③ 분리된 시장에서는 서로 전매가 불가능하여야 한다. 서로 전매하는 경우, 두 시장은 동일가격수준으로 회귀하게 된다.

④ 시장을 분리하는 비용보다 가격차별화로 얻는 수익이 더 커야 한다.

(2) 제1급 가격차별

제1급 가격차별(first-degree price discrimination)은 독점적 생산자가 각 소비자에 대해 각각의 유보가격에 따라 서로 다른 가격으로 가격을 차별화하는 전략을 말한다. 소비자의 유보가격은 소비자가 어떤 상품에 대해 지불하고자 하는 최대금액(유보가격=한계효용)을 의미한다. 독점기업은 상품의 각 단위에 대한 소비자의 한계효용의 크기를 완벽하게 파악하고 각 단위마다 한계효용의 크기만큼(유보가격)씩 서로 다른 가격을 설정하는 것이 제1급 가격차별이다. 따라서 독점기업은 모든 상품의 각각의 단위마다 서로 다른 가격을 설정함으로써 모든 소비자잉여를 독점기업의 이윤으로 획득할 수 있다. 이 같은 가격차별을 완전가격차별(perfect price discrimination)이라고도 한다.

제1급 가격차별은 독점기업이 재화의 각각의 단위마다 서로 다른 수요곡선($D=MU$) 높이에 해당하는 가격을 설정하게 된다. 따라서 〈그림 5-11〉의 수요곡선 D는 독점기업의 한계수입곡선(MR)이 된다. 가격차별화 이전의 경우, 독점기업은 m점(이윤극대화 점)에서 Q_M만큼 생산하였는데 가격차별화가 이루지면 수요곡선 D가 한계수입(MR)곡선이 되므로 독점기업은 m'점 가격차별로 바뀐 이윤극대화 점에서 Q_D만큼 생산한다.

〈그림 5-11〉 제1급 가격차별

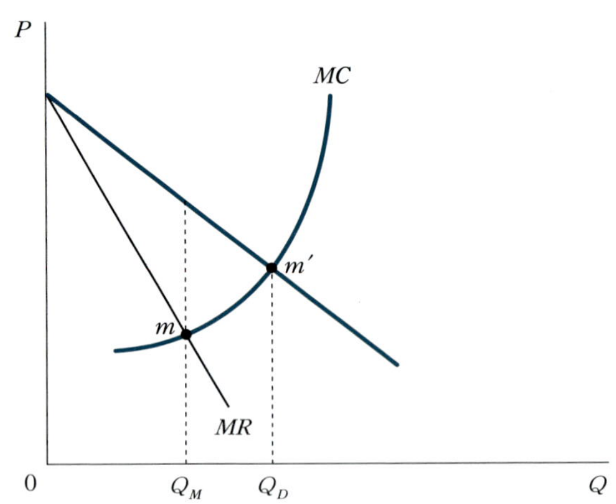

따라서 제1급 가격차별은 〈그림 5－11〉의 Q_M에서 Q_D수준으로 산출량을 증가시킨다. 이것(Q_D)은 산출량이 독점수준에서 완전경쟁시장 수준으로 확대되면서 자원배분의 효율성을 증대시킨다. 하지만 소비자잉여의 경우에는 독점기업이 가격차별로 모두 착취하여 생산자잉여로 전환시킨다. 이런 현상은 소득분배측면에서 부정적 효과를 가져온다.

(3) 제2급 가격차별

제2급 가격차별(second-degree price discrimination)은 독점기업이 소비자의 상품구매단위에 따라 단위당 가격을 서로 차별화하는 전략이다. 동일한 상품에 대해 수요량을 몇 개의 구간으로 구분하고 각각의 구간에 따라 서로 다른 가격을 부과하는 방식이다. 상품의 단위마다 가격을 차별화하는 것이 아니라 상품을 구매단위의 크기로 묶어 분리하고 각 구매단위의 묶음에 따라 가격을 차별화하는 것이다.

제2급 가격차별은 〈그림 5－12〉에서 Q_1의 상품단위묶음에는 P_1의 가격을 설정하고 Q_2의 상품단위묶음에는 P_2의 가격을 설정하며, Q_3의 상품단위묶음에는 P_3의 가격을 설정하는 방식이다. 전기요금이나 수도요금처럼 사용량의 구간에 따라 서로 다른 요율을 적용하는 사례가 제2급 가격차별에 해당한다. 제2급 가격차별은 정보가 비대칭인 상황에서 독점기업이 몇 가지의 가격을 제시하고 소비자가 자신의

〈그림 5－12〉 제2급 가격차별

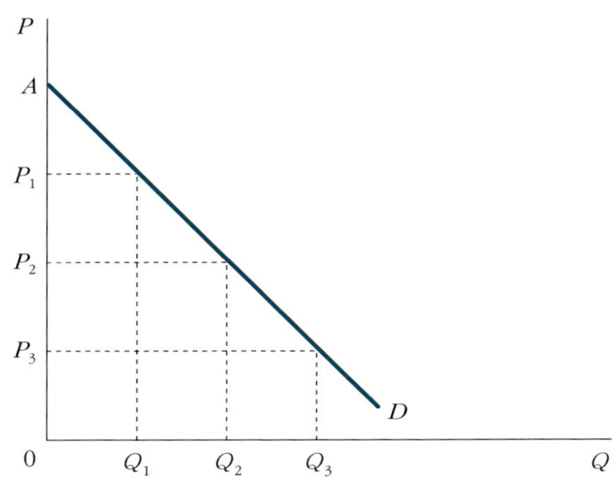

선호를 드러내도록 하는 선별(screening)의 효과가 있다. 따라서 제2급 가격차별은 차별화된 가격에 대해 소비자가 선택하는 가격차별이라는 특성을 가진다.

제2급 가격차별의 효과는 소비자잉여의 일부를 생산자가 생산자잉여로 착취한다는 점에서는 부정적이지만 산출량수준이 독점시장의 경우보다 증가한다는 점에서는 효율적이다. 제2급 가격차별의 경우에는 다양한 유형으로 현실에서 실제 적용되는 사례가 풍부하다.

① 제2급 가격차별의 한 형태로서 기업이 광고나 쿠폰을 제공하고 그것을 가지고 오는 소비자에게만 가격을 할인해 주는 방식의 가격차별을 장애물 가격차별이라고 한다.
② 세일기간이나 조조할인 같은 일정기간이나 시간대별로 가격을 차별하는 시점간 가격차별이 있다.
③ 이부가격(two-part tariff)제도 또한 제2급 가격차별의 한 유형이다. 이부가격은 1차 지불가격(기본료)을 부과한 다음 2차 지불가격(사용료)을 부과하는 가격차별이다. 놀이공원의 경우, 기본료(1차 지불가격)는 입장하는 사람 모두에게 일정액으로 부과하는 고정비용과 같은 가격이고, 사용료(2차 지불가격)는 이용하는 양에 따라 비용이 증가하는 가변비용과 같은 가격이다. 따라서 사용량이 많을수록 평균비용이 감소하는 가격체계이다. 사용량이 증가할수록 평균고정비용이 빠르게 감소하는 특성을 가진다.
④ 콘도미니엄 회원권, 놀이공원 입장료, 전기요금처럼 이부가격제로 요금을 징수하는 경우에는 소비량이 증가할수록 1단위당 지불가격은 작아지게 된다. 소비량이 증가할수록 1단위당 기본료가 작아지기 때문이다.

(4) 제3급 가격차별

제3급 가격차별은 소비자들의 특성에 따라 시장을 여러 개로 분할하고 각각의 시장마다 서로 다른 수요의 가격탄력성에 부응하는 이윤극대화가격을 설정하는 가격차별 전략이다. 제3급 가격차별은 소비자의 개인별 차별이 아닌 소비자의 그룹별 차별이라는 점에서 제1급 가격차별과 구분되고 동일그룹에 속하는 소비자는 구매하는 상품단위에 관계없이 모두 동일가격을 지불한다는 점에서는 제2급 가격차별과 구분된다.

제3급 가격차별의 성립조건은 다음과 같다.

① 기업은 가격설정력을 가져야 한다.

② 시장의 분리가 가능해야 한다.

③ 분리된 시장의 수요의 가격탄력성은 서로 달라야 한다.

④ 시장간 전매가 불가능해야 한다.

⑤ 시장분리비용이 가격차별로 인한 이윤의 증가분보다 작아야 한다.

〈그림 5-13〉에는 두 시장의 수요의 가격탄력성이 서로 다른 시장은 1시장과 2시장의 수요곡선과 한계수입곡선 그리고 한계비용곡선을 그려 놓았다. 기업의 이윤극대화조건을 대입하여 서로 다른 시장에서의 가격차별을 수식으로 정리하면 다음과 같다.

$MR_A = MR_B = MC$가 된다. 또한 $MR_A = MR_B$에 아모로소-로빈슨공식을 대입하면 $P_A(1-\frac{1}{\varepsilon_{PA}}) = P_B(1-\frac{1}{\varepsilon_{PB}})$이 성립한다.

따라서 수요의 가격탄력성이 작은 시장에는 높은 가격을, 수요의 가격탄력성이 큰 시장에는 낮은 가격으로 가격을 차별화하여야 독점기업의 이윤을 극대화시킬 수 있다.

〈그림 5-13〉 제3급 가격차별

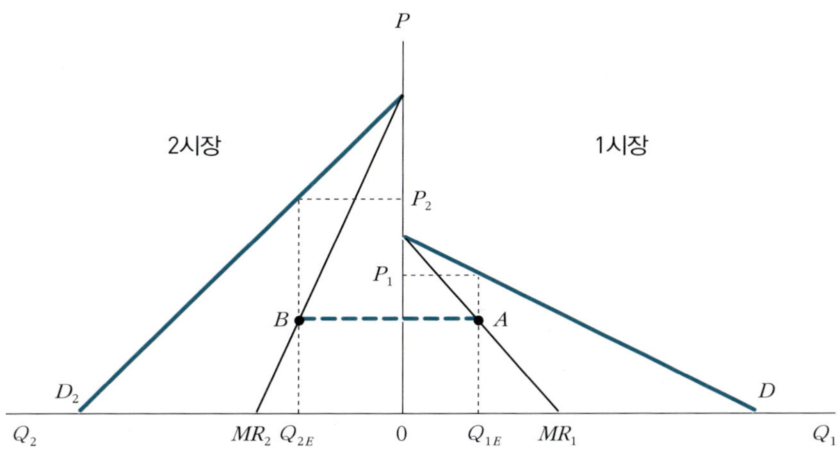

1시장에서의 이윤극대화($MR_1 = MC$)조건은 A점에서 충족되어 1시장에서의 공급량은 Q_{1E}, 가격은 P_1수준에서 결정된다. 2시장에서의 이윤극대화($MR_2 = MC$)조건은 B점에서 충족되어 2시장에서의 공급량은 Q_{2E}, 가격은 P_2수준에서 결정된다.

제3급 가격차별의 효과는 다음과 같다.

가격차별의 장점으로는 ① 가격차별화하지 않았을 경우보다 산출량수준이 증가한다. 따라서 가격차별로 인한 산출량수준의 증대효과는 고용증대효과나 국민소득의 증대효과를 가져올 수 있다. ② 가격차별은 차별이윤의 극대화를 위해 수요의 가격탄력성이 높은 계층에 낮은 가격을, 수요의 가격탄력성이 낮은 계층에 높은 가격을 설정하게 된다. 만약 소득수준이 낮은 계층의 수요의 가격탄력성이 소득수준이 높은 계층의 수요의 가격탄력성보다 높다고 한다면 가격차별은 소득수준이 낮은 계층에게 낮은 가격의 혜택을 발생시킨다. 이런 상황에서는 제3급 가격차별은 소득재분배측면에서 긍정적이다.

가격차별의 단점으로는 ① 동일한 상품에 대한 소비자들의 한계편익이 달라질 수 있다. 이런 현상이 발생한다면 소비자주권의 침해문제를 유발하게 되어 사회적 후생은 감소한다. ② 가격차별은 독점기업이 소비자잉여를 독점이윤으로 착취할 수 있다. ③ 국내시장과 해외시장으로 분리된 가격차별의 경우, 독점기업의 덤핑으로 인한 국내소비자들의 희생을 강제할 수 있다.

(5) 묶어팔기와 끼워팔기

소비자들이 서로 다른 수요를 갖고 있으나 가격차별이 어려운 경우 이윤을 증대시킬 수 있는 전략으로 묶어팔기(bundling)와 끼워팔기(tie-in sales)가 사용된다. 묶어팔기는 두 가지 이상의 재화를 하나의 묶음으로 판매하는 것을 말하며 예를 들면 다음과 같다.

철수와 영희는 피자와 음료수에 대해 다음과 같은 지불용의가 있다 하자.

이와 같은 상황에서 두 사람 모두 피자와 음료를 소비하게 하려면 피자: 10,000원, 음료수: 1,000원에 판매해야 한다. 그러면 기업의 총수입은 (10,000원×2명=20,000원)+(1,000원×2명=2,000원)이므로 22,000원이 된다. 그런데 두 사람 모두 피자와 음료를 소비하게 하는 묶어팔기를 계산해 보자.

철수는 총 12,000원에 피자와 음료수를 소비할 용의가 있고, 영희는 총 16,000원에 피자와 음료수를 소비할 용의가 있다는 것을 알 수 있다. 따라서 피자와 음료수를 한 묶음으로 12,000원에 판매한다면 철수와 영희는 모두 피자와 음료수 묶음을 기꺼이 소비하게 될 것이다.

	피자	음료수
철수	10,000원	2,000원
영희	15,000원	1,000원

따라서 묶어팔기의 결과는 기업의 총수입을 12,000원×2명=24,000원으로 따로 판매하는 경우보다 2,000원의 총수입을 증가시킬 수 있다.

만약 철수나 영희 중 누구든 피자와 음료수 모두에 대해 높은 지불의사가 있는 경우에는 묶어팔기가 기업의 총수입을 증대시킬 수 없다. 두 소비자의 수요 사이에 양(+)의 상관관계가 있기 때문이다. 묶어팔기로 기업의 이윤을 증가시킬 수 있으려면 두 소비자의 수요 사이에 음(−)의 상관관계가 존재하는 것이 성립조건이다.

끼워팔기(tie-in sales)는 어떤 재화를 구매할 때 부수적인 재화를 끼워 판매하는 행위를 말한다. 묶어팔기도 일종의 끼워팔기에 해당한다. 주상품의 시장이 경쟁적이어서 이윤을 낼 수 없는 경우, 보다 덜 경쟁적인 시장의 부수적인 상품을 끼워팔아 이윤을 확보하는 전략이 끼워팔기이다.

5) 독점시장에 대한 평가

(1) 완전경쟁시장과 독점시장의 비교

완전경쟁시장과 독점시장을 비교 평가하면 다음과 같다.

① 시장성립요건에서 완전경쟁시장의 경우에는 누가 경쟁자인지 알 수 없을 만큼 시장참여자의 수가 많아야 한다. 또한 완전경쟁시장의 경우에는 진입이탈의 장벽이 존재하지 않아야 한다. 독점시장의 경우에는 경쟁자가 없다는 점과 진입이탈의 장벽이 확실하다는 점에서 완전경쟁시장과 서로 다르다. 완전경쟁시장에는 경쟁압력이 매우 강하나 독점시장에는 경쟁압력이 전혀 존재하지 않는다. 따

라서 완전경쟁시장의 기업들은 효율적인 생산을 하여야만 경쟁압력을 이겨내고 기업이 존립할 수 있다. 즉 경쟁의 효율화가 항상 내재하는 것이다. 독점기업의 경우에는 경쟁압력이 존재하지 않기 때문에 효율적인 생산방법보다는 진입장벽을 높게 만들어 경쟁압력을 계속 차단하려 할 것이다. 비경쟁의 비효율성, 즉 일종의 X-비효율(X-inefficiency)이 발생할 수 있다.

② 단기균형에서 완전경쟁시장은 P[4]$=MC$에서 균형이 성립하고, 독점시장은 $P>MC$에서 균형이 성립한다. 독점시장은 완전경쟁시장에 비해 가격은 높은 반면 생산량은 줄어든다. 독점시장은 사회적후생의 극대화조건 $P=MC$를 충족시키지 못한다. 따라서 독점시장은 최적산출수준에 미치는 못하는 과소산출량수준에서 생산이 이루어진다.

③ 장기균형에서 완전경쟁시장의 최적산출량규모는 장기평균생산비용의 최저점에서 결정되고, 독점시장의 산출규모는 장기평균비용의 최저점 이전에서 결정된다.

〈그림 5-14〉는 완전경쟁시장과 독점시장의 차이점을 보여준다.

① 〈그림 5-14〉에서 완전경쟁시장의 가격은 $P_D=MC$이고 독점시장의 가격은

〈그림 5-14〉 완전경쟁시장과 독점시장의 차이

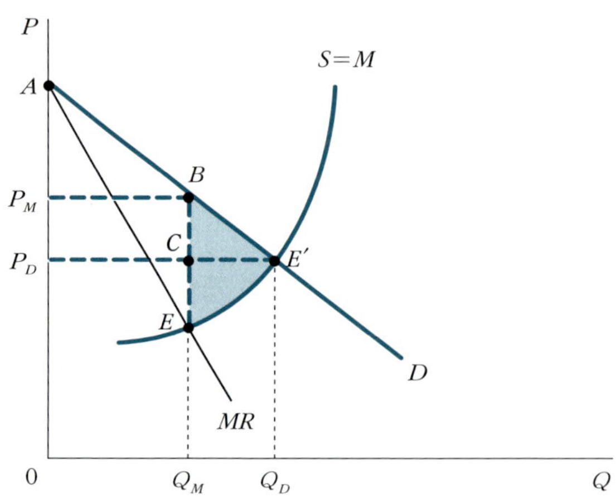

4) 가격은 한계수입, 한계효용, 한계편익으로 이해할 수 있다.

$P_M > MC$임을 알 수 있다. 독점시장은 효율성 조건 $P = MC$을 충족하지 못한다.

② 〈그림 5-14〉에서 산출량수준을 보면 완전경쟁시장은 Q_D수준에서, 독점시장은 Q_M수준에서 생산량을 결정한다(두 시장 모두 이윤극대화 조건을 충족하는 산출량 수준이다). 독점시장의 경우에는 완전경쟁시장에 비해 과소생산수준에 있다.

③ 〈그림 5-14〉에서 완전경쟁시장의 소비자잉여는 $\triangle AP_DE'$이고, 독점시장의 소비자잉여는 $\triangle ABP_M$이다. 완전경쟁시장의 소비자잉여가 독점시장의 소비자잉여 보다 $\square P_MBP_DE'$만큼 더 크다. 직사각형 P_MP_DBC 만큼의 소비자잉여가 생산자잉여로 변환되고, $\triangle BCE'$만큼의 소비자잉여는 사회적으로 손실되었다. 이것을 독점으로 인해 잃어버린 사회적 후생, 즉 사중적 손실(deadweight loss)[5]이라 한다.

④ 〈그림 5-14〉에서 독점시장은 완전경쟁시장보다 $\triangle CEE'$만큼의 생산자잉여와 BCE'만큼의 소비자잉여가 사중손실되었다. $\triangle BEE'$은 독점으로 인해 발생한 총 사중손실의 크기이다.

(2) 독점시장의 후생경제학적 의미

독점시장은 완전경쟁시장에 비해 자원배분의 효율성과 소득분배의 공평성을 훼손한다. 독점시장의 자원배분의 비효율성은 다음과 같다.

① 독점으로 인한 자원배분의 왜곡으로 발생하는 사회적 손실, 즉 자중손실의 크기(〈그림 5-14〉의 $\triangle BEE'$은 독점으로 발생한 총자중손실의 크기)만큼 자원배분의 비효율성을 발생시킨다. 미국에서의 실증적 연구들은 자중손실의 크기가 대체로 GNP의 0.5%~2% 정도인 것으로 정하고 있다.

② 독점기업은 효율적인 생산방법의 개발이나 기술혁신으로 이윤을 획득하려 하기보다는 진입의 장벽을 높이는 방법으로 독점이윤을 지키려 할 가능성이 높다. 이를 지대추구행위(rent-seeking behavior)라 하고 자원낭비를 발생시킨다. 따라서 이런 이유로 인한 자원배분의 비효율성이 나타날 수 있다. 실증연구에 의하면 완전경쟁과 독점 중 어느 경우에 기술혁신이 더 촉진되는지에 대한 명확한 결과가 없다.

5) 이는 후생삼각형(welfare triangle) 또는 하버거의 삼각형(Harberger's triangle)이라고도 한다.

③ 독점기업에는 X－비효율성(X-inefficiency)이[6] 존재할 수 있다. 독점기업에는 경쟁의 압력이 존재하지 않기 때문에 배분적 비효율성뿐만 아니라 X－비효율성도 존재할 수 있다. 미국의 경우, 실증연구에서 미국의 경우 X－비효율성은 총생산비의 약 5% 내외인 것으로 추정되고 있다.

④ 독점은 생산품의 종류가 1가지일 가능성이 높으므로 소비자의 선택의 자유가 제한된다. 따라서 소비자의 후생이 감소할 수 있다.

⑤ 독점으로 인해 경제력이 집중될 수 있고 경제력 집중으로 인한 정경유착의 문제도 발생할 수 있다.

독점시장은 분배의 공평성을 왜곡할 수 있다. 생산자의 소득계층이 소비자의 그것보다 높은 계층에 있는 경우, 독점으로 인한 소비자잉여의 일부가 생산자잉여로 전환되어 소득분배를 악화시킬 수 있다. 또한 세계적인 부호들이 소유하고 있는 재산형성의 상당부분이 독점이윤과의 관련성을 검증한 연구결과들이 있다.

한편, 독점시장은 경쟁시장보다 오히려 효율적일 수 있다는 주장도 제기되는데 그 내용은 다음과 같다.

① 시장규모가 협소하거나 경제개발이 초기단계인 상황에서는 경쟁시장보다 오히려 독점시장이 유용하다는 주장이다.

② 독점이윤이 기업들의 기술혁신을 자극할 수 있고, 독점이윤의 축적은 기술개발의 자원으로 재투자될 수 있다는 주장이다. 기술개발은 규모의 경제보다는 시장지배력에 의해 더욱 촉진된다는 실증연구들이 많다.

③ 규모의 경제가 발생하는 비용체감산업의 경우에는 독점은 오히려 비용을 최소화하는 데 도움을 준다.

6) 독점규제

정부는 여러 가지 방식으로 독점을 규제할 수 있다. 정부는 직접규제 방식인 가격규제, 간접규제방식인 조세규제를 활용하고 새로운 기업의 진입을 유도하여 경쟁을 촉진시킬 수 있다. 가격규제방식은 정부가 공정가격을 설정하고 그보다 높은

6) 라이벤스타인(H. Leibenstein)이 초과적인 효율성이란 의미에서 명명하였다.

가격으로 생산물을 판매하지 못하도록 규제하는 최고가격제와 유사하다. 조세를 통한 간접규제방식은 독점이윤에 대해 조세를 부과하여 정부가 독점이윤을 환수하는 방식이다. 현실적으로는 가격규제방식을 많이 활용하고 있다. 조세를 통한 규제방식은 가격상승과 과소생산으로 비효율성이 발생하기 때문이다.

시장구조를 측정하기 위한 시장집중지수(market concentration index)가 있다. 시장집중지수에는 상위k기업집중지수 $CR_k=\sum_{i=1}^{k} s_i$와 허쉬만－허핀달지수 $HH=\sum_{i=1}^{n} s_i^2$이 있다. 상위k기업집중지수와 허쉬만－허핀달지수 모두 큰 값을 가질수록 기업의 시장점유율이 높다는 것을 나타낸다. 따라서 상위k기업집중지수와 허쉬만－허핀달지수가 높다는 것은 시장의 불완전경쟁의 정도가 높다는 것을 의미한다.

우리나라의 경우 상위3개 기업의 지중도 $CR_3=75\%$인 경우 해당 품목의 사업자를 시장지배적으로 본다. 허쉬만－허핀달지수(HH)는 한 산업 안에 있는 모든 기업의 시장점유율의 제곱을 합한 값이다. HH는 상위k기업집중지수보다 시장점유율이 큰 기업에 더 큰 비중을 준다.

우리나라의 경우 허쉬만－허핀달지수(HH)지수에 10,000을 곱하여 1,800 이상인 산업을 고집중산업으로 분류한다. 우리나라의 독점규제는 독점규제 및 공정거래에 관한 법률에 의해 공정거래위원회에서 주관한다. 우리나라의 공정거래법은 ① 시장지배적 지위의 남용금지, ② 기업결합의 제한, ③ 경제력집중의 억제, ④ 부당한 공동행의 제한, ⑤ 불공정거래행위의 금지 등을 규정하고 있다.

(1) 가격규제

가격규제는 정부가 독점가격보다 낮은 공정가격을 설정하여 상한가격으로 규제하는 방식이다. 공정가격의 설정은 ① 한계비용 수준으로 설정하는 방식, ② 평균비용 수준으로 설정방식, ③ 이중가격으로 설정하는 방식 등이 있다.

① 한계비용가격설정(marginal cost pricing)은 정부가 공정가격을 한계비용과 일치시켜 한계비용가격수준을 상한가격으로 규제하는 방식이다. 〈그림 5－15〉의 P_R수준에서 공정가격을 설정하면 독점기업은 $P=MC$를 충족하는 E점에서 이윤극대화를 달성할 수 있다. 따라서 가격수준은 P_R이 되고 산출량수준은 Q_R이 된다. 가격수준은 독점가격 P_M에서 완전경쟁시장의 가격수준인 P_R로 낮아졌으며, 산출량도

〈그림 5-15〉 한계비용가격설정에 의한 독점규제

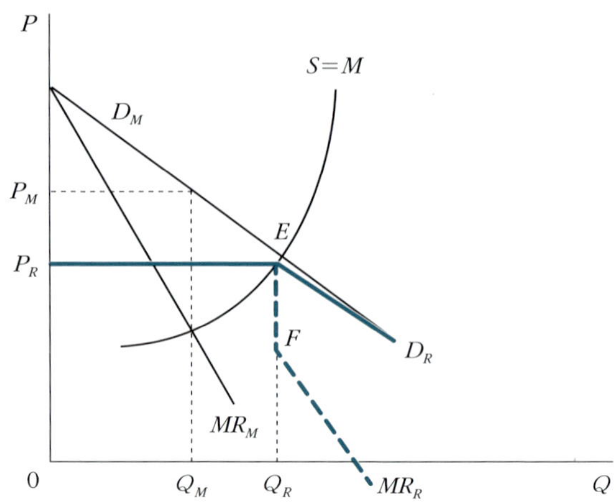

독점산출량수준 Q_M에서 완전경쟁시장 수준인 Q_R로 증가하게 된다. 한계비용가격규제는 완전경쟁시장의 균형과 동일한 결과를 가져온다. 하지만 현실적으로 독점기업의 한계비용을 정확히 파악하는 데 한계가 존재하며, 독점기업의 경우 제품의 질을 떨어뜨려 대응할 가능성이 내재한다.

한편 비용체감산업, 즉 규모의 경제가 발생하는 자연독점(natural monopoly)의 경우에는 한계비용가격설정에 의한 규제는 생산의 중단을 가져올 수도 있다. 비용체감산업의 경우에는 한계비용과 동일한 가격이 평균비용보다 낮은 수준($P=MC<AC$)에 있어 기업은 손실을 보기 때문이다. 비용체감산업의 독점규제에 있어 한계비용가격설정은 현실적에서는 문제가 있어 평균비용가격설정(average cost pricing) 방식이나 이중가격설정(two-tier pricing) 방식을 활용하고 있다.

(2) 조세를 통한 규제

정부는 과세를 통해 독점기업을 규제할 수 있고 이를 간접규제방식이라 한다. 과세를 통한 규제방식에는 독점기업의 산출물에 종량세(재화 1단위당 일정액의 조세부과)를 부과하는 방식과 정액세(생산량과 관계없이 일정액의 조세부과)를 부과하는 방식이 있다. 독점기업의 산출물에 종량세를 부과하면 당위당 생산비가 증가

〈그림 5-16〉 소비세를 이용한 독점규제

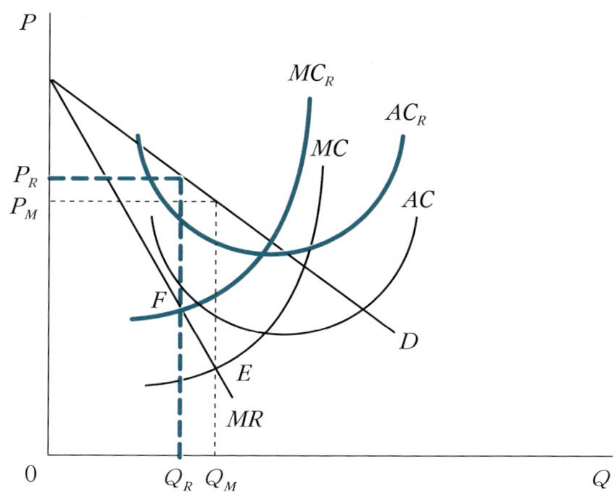

하므로 마치 가변비용이 증가한 것과 같은 효과가 발생하고, 독점기업의 산출물에 정액세를 부과하면 마치 고정비용이 증가한 것과 같은 효과가 발생한다. 따라서 종량세부과는 평균비용(AC)곡선과 한계비용(MC)곡선을 모두 상방으로 이동시키지만 정액세부과는 평균비용(AC)곡선만을 상방으로 이동시킨다.

〈그림 5-16〉의 E점은 종량세가 부과되기 이전의 이윤극대화조건을 충족하며 독점기업은 산출량수준 Q_M에서 생산하고 독점가격은 P_M수준에서 결정된다. 정부가 독점을 규제하기 위해 종량세를 부과하면 마치 가변비용이 증가한 것처럼 AC곡선과 MC곡선이 상방이동하여〈그림 5-16〉의 F점에서 이윤극대화조건이 충족되고 독점기업은 새로운 산출량 수준 Q_R에서 생산하고 독점가격은 P_R수준에서 새롭게 결정된다.

따라서 종량세가 부과되면 가격은 상승(P_M-P_R)하고 생산량은 감소(Q_M-Q_R)한다. 그 결과로써 종량세의 일부를 소비자가 부담하게 되고 생산량이 감소하여 효율성이 악화된다. 다만 (평균비용상승분$\times Q_R$)만큼의 독점이윤을 정부가 재정수입으로 환수하게 된다. 독점이윤의 일부분이 독점기업에서 정부의 재정수입으로 변환되는 것이다. 독점기업으로부터 환수한 조세수입을 재분배정책에 사용한다면 소득재분배에 기여할 여지가 발생한다.

〈그림 5-17〉 정액세를 이용한 독점규제

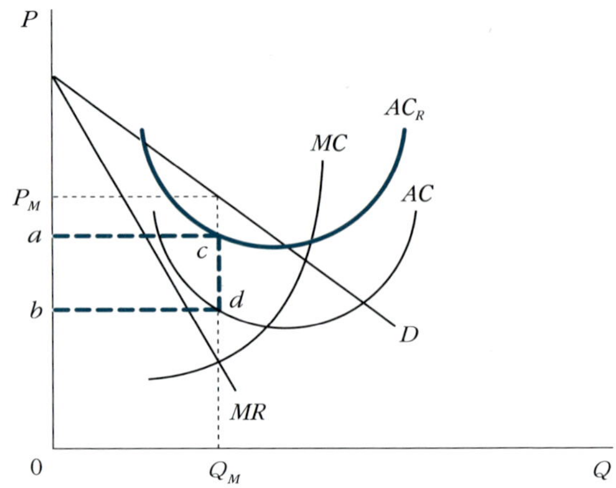

정부가 독점기업에 산출량수준과 관계없이 정액세를 부과하면 〈그림 5-17〉처럼 마치 고정비용이 증가한 것처럼 한계비용곡선은 그대로 있고 평균비용곡선만 위로 이동한다. 그 결과로써 〈그림 5-17〉에서 보는 것처럼 산출량수준과 가격수준은 동일하다. 이윤극대화점이 변하지 않기 때문이다. 또한 정액세 부과 이후에 가격수준이 변하지 않으므로 조세가 소비자에게 전혀 전가되지 않게 된다. 따라서 정액세부과는 산출량수준과 가격수준에는 아무런 영향을 미치지 않으며, 다만 사각형 *abcd*만큼의 독점이윤을 정부수입으로 환수하는 효과가 발생한다.

(3) 경쟁촉진방식

정부는 독점의 폐해를 줄이기 위해 경쟁촉진방식의 정책을 사용할 수 있다. 정부는 독점시장으로 새로운 기업의 진입을 유도하거나 기존의 독점기업을 분할하여 시장구조를 경쟁구조로 개조시키는 경쟁촉진정책을 활용할 수 있다. 경쟁촉진정책은 독점시장에서 발생하는 비효율문제를 경쟁촉진방식으로 해결할 수 있겠지만, 자칫 규모의 경제라는 효율성의 과실을 잃게 될 수도 있다. 또한 독점기업을 국유화하여 가격을 한계비용수준에서 유지하는 경우, 사회후생의 측면에서는 효율성을 극대화할 수 있겠으나, 공기업에서 발생하는 이윤동기의 부족이나 X-비효율의 문제들을 감수해야 한다.

3. 과점시장

1) 과점시장의 특징

과점시장(oligopoly)은 새로운 기업의 진입이 어렵거나 불가능한 상황에서 소수의 기업이 시장수요의 대부분을 공급하는 시장구조를 말한다. 경쟁관계에 있는 소수의 공급자에 의해 지배되는 시장이므로 개별기업이 시장에서 차지하는 비중이 상당히 높으며 한기업의 생산수준이 시장가격의 변화와 경쟁기업의 이윤를 결정한다. 과점시장은 시장에 참여하는 경쟁자의 수가 소수여서 경쟁의 상대가 누구인지 서로 분명하게 인지할 수 있고 경쟁한다는 특성을 가진다.[7] 과점시장은 규모의 경제가 나타나는 산업이거나 진입의 장벽이 높은 시장구조에서 성립될 수 있다. 과점시장은 순수과점시장과 차별화된 과점시장으로 나뉘는데, 동질적인 상품끼리 경쟁하는 구조를 순수과점시장이라 하고 약간의 차별화된 상품끼리 경쟁하는 구조를 차별화된 과점시장이라 한다.

과점시장의 특징을 정리하면 다음과 같다.

① 과점기업은 상대기업들의 반응(reaction)을 고려하여 자신의 산출량수준과 가격수준 그리고 상품의 차별화 등을 결정한다. 이 같은 특성을 전략적 상황(strategic situation)이라 한다.

② 과점기업들 사이에는 강한 상호의존성(interdependence)이 존재한다. 따라서 과점시장에서는 카르텔을 형성하거나 담합(collusion), 또는 묵계에 의한 가격선도제 같은 경쟁을 회피하려는 경향을 나타낸다.

③ 과점기업들은 광고나 제품차별화를 통한 비가격경쟁(non-price competition)이 독점적 경쟁보다 치열하다. 따라서 상품에 대한 약간의 차별화, 광고, 그리고 애프터서비스 등과 관련된 경쟁수단이 발달한다.

④ 과점시장은 현실적으로 가장 많이 존재하는 시장의 형태이면서도 과점시장의 특성으로 인하여 일반이론이 존재하기 어렵다.

7) 생산자가 단 둘인 시장을 복점시장(duopoly market)이라 한다.

2) 과점시장이론

과점시장은 경쟁기업간 상호의존성이 높기 때문에 어떤 기업의 행동에 따라 경쟁기업은 반응하게 된다. 어떤 기업의 행동이 경쟁기업의 행동을 유발하고 그에 따라 시장의 결과가 달라지기 때문이다. 이와 같은 과점시장의 특징으로 인해 과점기업은 서로 다른 행태가 나타나며, 이런 이유에서 과점시장은 하나의 모형으로 설명할 수 없고 여러 가지 과점모형들이 난립하고 있다.

과점시장을 설명하는 이론들은 다음과 같다.

① 독자행동이론에는 쿠르노모형, 슈타켈버그모형, 베르뜨랑모형, 굴절수요곡선이 있다. 쿠르노모형, 슈타켈버그모형은 수량중심모형으로 경쟁기업과의 생산량수준의 결정과정을 보여준다. 베르뜨랑모형, 굴절수요곡선모형은 가격중심모형으로 경쟁기업과의 가격수준 결정과정을 보여준다.

② 상호협조이론에는 카르텔모형, 가격선도모형이 있고 과점기업의 행동원리를 설명하는 비용할증가격설정, 진입저지가격설정, 경합시장이론 등이 있다.

(1) 굴절수요곡선의 모형

1930년대 후반 스위지(P. Sweezy)는 과점기업들 간에 담합이 이루어지지 않더라도 과점시장의 가격은 비교적 안정성(경직성)을 갖는다는 굴절수요곡선모형으로 과점균형의 특징을 설명한 바 있다. 스위지(P. Sweezy)는 과점시장에서 경쟁기업들 간의 담합이나 협조행위가 발생하지 않는 경우에도 가격의 안정성은 존재한다고 설명한다. 스위지는 과점가격의 안정성을 과점기업들이 인식하고 있는 수요곡선의 굴절현상에서 비롯된다고 설명한다. 과점시장에서 기업이 직면한 수요곡선은 가격의 추측된 변화[8]가 비대칭성(asymmetry)을 가지기 때문에 굴절하게 된다. 추측된 변화란 한 기업이 생산량수준이나 가격수준을 조정할 경우 상대기업이 어떤 반응을 보일 것인지에 대한 예측을 말한다.

가격의 추측된 변화는 $CV_p = \frac{\Delta P_i}{\Delta P_0}$로 나타낼 수 있다. CV_p(conjectural variation): 추측된 가격변화, $CV_p = \frac{\Delta P_i}{\Delta P_0} = 0$이라면 한 기업이 가격을 변화시키더라도

8) 어떤 기업이 가격을 변화시켰을 경우 경쟁기업들의 반응하는 가격변화에 대한 기대

다른 기업이 $CV_p = \dfrac{\Delta P_i}{\Delta P_0} = 0$ 전혀 가격을 변화시키지 않을 것으로 예상된다는 것을 의미한다.

스위지의 굴절수요곡선모형은 가격인상시에는 $CV_p = \dfrac{\Delta P_i}{\Delta P_0} = 0$를 가정하고 가격인하시에는 $CV_p = \dfrac{\Delta P_i}{\Delta P_0} > 0$으로 가정한다.

과점시장에서 어떤 기업이 상품의 가격을 떨어뜨리는 경우, 경쟁기업들은 고객을 잃지 않기 위해서 경쟁기업의 가격인하에 가격인하로 반응을 보일 것이다. 하지만 어떤 기업이 상품의 가격을 올리는 경우, 경쟁기업들은 더 많은 고객의 확보를 위해 가격을 인상하지 않을 것이다. 이 같은 현상을 가격의 추측된 변화에 대한 비대칭성이라 한다.

따라서 어떤 기업이 가격을 인상하는 경우, 그 기업이 직면하는 수요곡선은 가격하락의 경우보다 탄력적이 된다. 경쟁기업들은 더 많은 고객확보를 위해 가격을 인상시키지 않을 것으로 예측되므로 가격을 인상한 기업의 경우, 수요량은 큰 폭으로 감소하게 된다. 반대로 어떤 기업이 가격을 인하하는 경우, 그 기업이 직면하는 수요곡선은 가격인상의 경우보다 비탄력적이 될 것이다. 어떤 기업이 가격을 인하하게 되면 경쟁기업들은 고객을 잃지 않기 위해 그들의 가격도 따라 인하할 것으로 예측된다. 수요의 가격탄력성과 수요곡선의 기울기는 역의 관계이다.

〈그림 5－18〉 굴절수요곡선

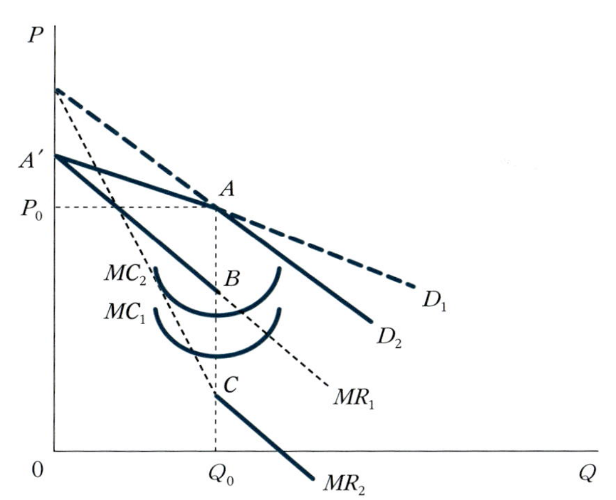

〈그림 5 - 18〉의 A점에서 $MR_1=MC_1$이 성립되어 이윤극대화조건을 충족하기 때문에 과점기업의 균형점이라 할 수 있다. 이 과점기업은 P_0의 가격에서 Q_0의 산출량을 생산하는 균형상태에 있다 하자. 과점기업이 가격을 인상하는 경우, 경쟁기업의 추측된 가격의 변화는 $CV_p=\frac{\Delta P_i}{\Delta P_0}=0$으로 생각하여 자신의 수요곡선은 $A'A$와 같이 탄력적인 수요곡선으로 받아들인다. 반대로 과점기업이 상품의 가격을 인하하는 경우, 경쟁기업의 추측된 가격의 변화는 $CV_p=\frac{\Delta P_i}{\Delta P_0}=1$로 생각하여 자신의 수요곡선은 AD_2와 같이 비탄력적인 수요곡선으로 받아들인다.

따라서 과점기업의 수요곡선은 〈그림 5 - 18〉의 $A'AD_2$와 같은 굴절된 수요곡선의 형태를 가진다. 이런 현상은 가격의 추측된 변화[9]가 비대칭성(asymmetry)을 갖을 때 나타나는 결과이다.

〈그림 5 - 18〉의 $A'AD_2$와 같은 굴절된 수요곡선(kinked demand curve)의 경제적 의미는 다음과 같다.

① 굴절된 수요곡선에 직면하는 과점기업은 약간의 생산비용의 변화가 발생하더라도 가격변동이나 산출량 수준의 변동으로 나타나지 않을 가능성이 높다. 〈그림 5 - 18〉의 한계비용곡선 MC_1이 한계비용곡선 MC_2로 상방 이동하여 비용이 증가하더라도 과점기업의 이윤극대화점은 여전히 A점이며 가격은 P_0수준에서 산출량은 여전히 Q_0수준에서 생산하고 있음을 알 수 있다.

② 굴절된 수요곡선에 직면하는 과점기업은 약간의 수요의 변화가 발생하더라도 가격을 변화시키거나 산출량수준을 증감시키지 않을 가능성이 높다. 〈그림 5 - 18〉의 A점에서 MC_1을 그대로 두고 수요곡선만을 약간씩 좌우로 이동시킨다 해도 이윤극대화조건을 충족하는 가격수준은 여전히 P_0이며 산출량수준도 Q_0임을 알 수 있다.

③ 〈그림 5 - 18〉의 굴절수요곡선에서 비용이 증감하더라도 가격은 안정성을 유지한다. 이와 같은 가격의 안정성은 과점기업이 경쟁기업과의 담합이나 협조에 의해 나타나는 것이 아니라 과점기업들에 의해 인식되는 굴절된 수요곡선으로부터 나타나는 현상이다.

9) 어떤 기업이 가격을 변화시켰을 경우 경쟁기업들의 반응하는 가격변화에 대한 기대

굴절수요곡선모형은 과점시장에서 가격의 안정성을 설명하는 데에는 유용성을 갖고 있지만 이론으로서의 몇 가지 한계점을 드러낸다.

① 이론적인 측면에서 가격의 안정성을 설명하고 있으나 과점가격의 결정원리와 결정과정에 대한 설명력이 부족하다.
② 수요곡선 자체가 굴절되어 있다는 것을 증명하기 어렵다.
③ 과점시장에서의 결정된 가격이 다른 시장에서의 결정된 가격보다 더욱 안정적이라는 현실적 증거가 부족하다.
④ 현실적으로 어떤 과점기업이 가격을 인상하면 다른 경쟁기업도 가격을 따라서 인상하는 현상이 많이 관찰되고 있다.

(2) 쿠르노모형

쿠르노모형은 1838년 쿠르노(A. Cournot)에 의해 제시된 최초의 복점모형이며 수량중심과점시장모형이다. 쿠르노모형은 과점시장에 참여하는 ① 모든 기업은 동질적인 상품을 공급하고, ② 과점기업은 공급량을 결정함에 있어 상대경쟁기업의 공급량은 일정하게 주어진 것으로 인식하고 자신의 공급량을 조절하여 이윤극대화를 추구한다. ③ 경쟁기업은 모두 추종자(follower)로 행동한다.

쿠르노모형은 산출량의 추측된 변화, $CV_q = \frac{\Delta Q_i}{\Delta Q_0}$가 0임을 가정하고 참여기업은 모두 한계비용(MC)이 제로(0)임을 가정한다.

〈그림 5-19〉는 쿠르노균형을 설명하기 위한 반응곡선(reaction curve)의 도출과정을 보여준다. 1기업과 2기업은 복점관계에 있다 하자. 1기업의 반응곡선을 도출과정을 설명해 보자. 복점시장 전체의 수요곡선이 D_A로 주어져 있고 2기업의 산출량수준이 0이라면 1기업은 시장 전체의 수요곡선 D_A를 자신의 수요곡선으로 간주하게 될 것이다. 따라서 1기업은 시장 전체의 수요에 직면한 독점기업처럼 행동할 것이고, 한계비용이 0이므로 MC곡선은 수평축과 동일함에 따라 MR_A와 수평축의 교차점이 1기업의 이윤극대화점이 될 것이다. 따라서 2기업의 산출량 수준을 0으로 받아들일 때, 1기업은 이윤극대화 산출량을 Q_1수준으로 반응한다. 즉 〈그림 5-19〉의 아래 그림에서 (Q_1, 0)의 반응점을 도출하게 된다. 다음으로 2기업의 산출량 수준을 시장 전체의 수요량 모두로 받아들일 때, 1기업은 자신의 산출량을 0

〈그림 5-19〉 쿠르노모형의 반응곡선

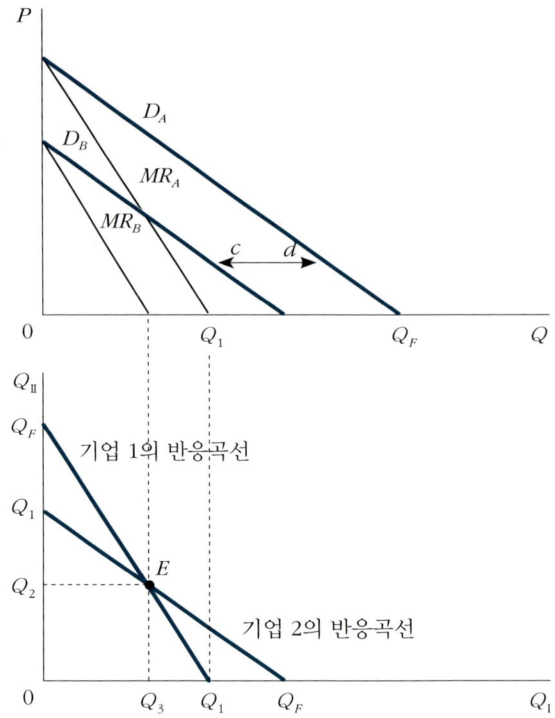

으로 반응한다. 즉 〈그림 5-19〉의 아래 그림에서 (0, Q_F)의 반응점을 도출하게 된다. 1기업의 반응곡선점 (Q_1, 0)과 (0, Q_F)을 연결하면 〈그림 5-19〉의 아래 그림 기업 1의 반응곡선이 도출된다. 이 같은 원리에 따라 2기업의 반응곡선도 〈그림 5-19〉의 (0, Q_1)점과 (Q_F, 0)점을 연결하는 반응곡선이 된다. 쿠르노모형에서 1기업의 반응곡선과 2기업의 반응곡선은 서로 대칭의 형태를 가진다. 〈그림 5-19〉에서 만약 2기업이 $Q_2=cd$의 산출량 수준을 결정했다면 1기업은 최초의 수요곡선 D_A는 $Q_2=cd$만큼 좌측으로 수평 이동하여 D_B가 된다. 따라서 1기업은 MR_B와 수평축($MC=0$)이 교차하는 이윤극대화점 Q_3에서 산출량수준을 결정한다. 〈그림 5-19〉의 (Q_3, Q_2)인 E점에서 1기업과 2기업의 반응곡선은 교차하게 되고 쿠르노모형의 균형점이 된다.

이윤극대화 균형조건에서 〈그림 5-19〉의 아래 그림 반응곡선에서 1기업은 Q_3

의 산출량을 결정하고 2기업은 Q_2의 산출량을 결정하게 된다. 또한 1기업의 반응곡과 2기업의 반응곡선은 대칭성을 가지기 때문에 Q_2의 절대적 크기와 Q_3의 절대적 크기는 같게 된다.

예를 들어 〈그림 5-19〉의 수요곡선 D_A는 $P=60-Q$라 하자. 2기업의 산출량이 0이면 1기업의 산출량은 30이고, 1기업의 산출량이 0이면 2기업의 산출량도 30이다. 상대기업의 산출량이 0이라는 것은 1기업과 2기업이 독점상태에 있는 것과 같다. 그런데 2기업의 산출량이 20이라면 1기업이 직면하는 수요곡선은 $P=40-Q$가 되어 1기업의 산출량도 20이 된다. 따라서 과점기업은 시장전체수요량 60에서 2/3인 40을 공급하게 된다. 완전경쟁시장이라면 한계비용이 0이므로 수평축과 수요곡선($AR=MR$)이 만나는 점 60에서 이윤극대화가 성립하므로 시장수요 60을 모두 공급할 수 있다. 만약 독점시장이라면 한계비용곡선이 수요곡선(AR곡선)의 1/2선이므로 한계비용이 0이므로 이윤극대점은 30에서 성립한다. 정리하면 완전경쟁시장은 시장수요 전체(60)를 공급하고 과점시장은 시장수요의 2/3(40)를 공급하며 독점시장은 시장수요의 1/2(30)을 공급하게 된다.

(3) 과점시장을 설명하는 기타모형들

베르뜨랑모형은 현실의 기업들은 수량중심의 경쟁이 아닌 가격중심의 경쟁을 벌일 가능성이 높다는 것을 가정하여 수량중심의 쿠르노모형을 비판한 가격중심모형의 특성을 가진다. 베르뜨랑모형에서 어떤 기업이든 경쟁상대기업의 가격을 일정한 것으로 추측하고 자신의 가격을 조절하여 이윤극대화를 달성할 것으로 가정한다. 따라서 과점기업은 자신이 결정한 가격수준이 한계비용보다 높은 수준($P>MC$)을 유지하는 경우, 경쟁상대기업의 가격은 일정수준을 유지하므로 자신의 가격을 낮추어 고객을 더욱 확보하려 할 것이다. 이 같은 상황이 과점기업 모두에게 적용되므로 과점기업들은 $P=MC$와 같은 수준으로 가격결정을 수렴하게 된다. 따라서 베르뜨랑모형에서의 균형가격과 산출량수준은 완전경쟁시장에서의 균형과 다를 바 없다.

베르뜨랑은 쿠르노모형이나 굴절수요곡선모형이 과점시장의 가격안정성을 주장하는 것에 반하여 과점시장의 특성은 가격의 불안정성에 있다고 주장한다. 베르뜨랑은 과점시장에서의 가격불안정성을 생산비의 변화가 아닌 경쟁기업의 반응가격에 의해 설명하고 있다. 베르뜨랑모형은 과점시장가격은 $P=AC=MC$로 수렴해 가며, 생산량수준은 완전경쟁시장과 동일하고 참여기업이 두 기업이라면 생산량은 각각 1/2씩 결정하게 된다.

지금까지 살펴본 과점시장모형들은 기업의 상호경쟁관계에서 어떤 기업이든 모두 추종자(follower)의 역할을 가정하고 있다. 그런데 슈타켈버그모형(H.V. Stackelberg)은 한 기업이나 또는 두 기업 모두가 선도자(leader)의 역할을 가정하고 과점시장을 설명하는 이론이다. 슈타켈버그모형은 쿠르노모형과 함께 수량중심의 모형이나 기존의 과점시장모형들에 비해 기업들의 연관관계를 추종자(follower)가 아닌 선도자(leader)의 관계로 규정하고 있다. 슈타켈버그모형에서는 두 기업 모두가 선도자가 되는 경우, 불균형이 발생하는데 이 같은 현상을 슈타켈버그의 불균형이라 한다.

3) 담합모형과 카르텔모형

지금까지 살펴본 과점모형들은 모든 과점기업들이 독자적으로 경쟁에 대응하여 이윤을 극대화하려는 시장균형을 설명하고 있다. 하지만 과점시장에 참여하는 기업들은 기업마다 독자적으로 치열한 경쟁체제를 유지하기보다는 상호 협조체제를 구축하여 공동의 이익을 극대화하는 데 관심이 높다.

과점기업들의 협조체제를 설명하기 위한 이론으로는 ① 비공식적이고 불완전한 형태의 담합(collusion)방식인 가격선도모형이 있고 ② 공식적이며 완전한 형태의 담합방식인 카르텔(cartel)모형이 있다.

(1) 가격선도의 모형

가격선도모형은 비공식적이고 불완전한 형태의 담합모형이라 할 수 있다. 현실적으로 카르텔은 독점과 같은 자원배분의 효율성을 저해하므로 독점규제법을 통해 엄격히 규제하고 있다. 따라서 법적 규제를 피해 자연스럽게 불완전한 담합으로 과점기업들의 이익을 대기업이나 효율적인 기업의 선도에 따라 공유하려 한다.

가격선도모형에서는 가격선도의 역할이 중요하고 시장지배율이 높은 기업이거

〈그림 5 - 20〉 지배적 기업에 의한 가격선도모형

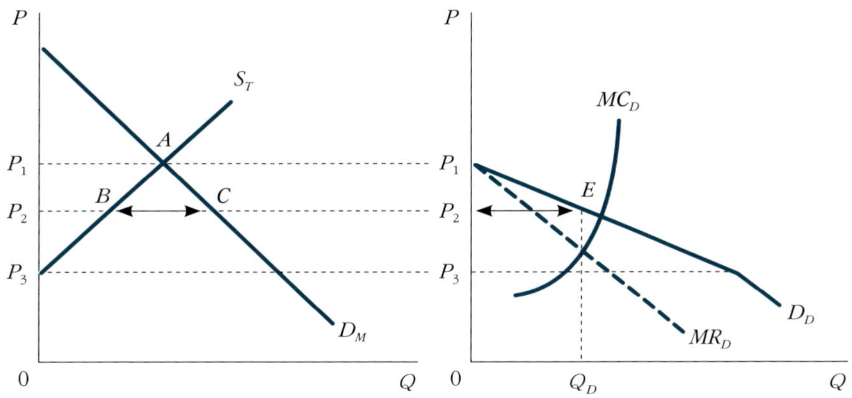

나 효율성이 높은 기업이 그 역할을 수행한다. 가격선도모형에서 가격을 선도하는 기업을 지배적 기업(dominant firm)이라 한다. 〈그림 5 - 20〉에서 지배적 기업은 시장수요에서 군소기업들의 판매량의 합(P_2-B)을 제외한 나머지 수요(P_2E)에 대해 이윤극대화를 달성하고자 한다.

〈그림 5 - 20〉의 왼쪽 그림 D_M은 과점시장의 전체수요곡선이고 S_T는 군소과점기업의 공급곡선을 수평으로 합한 군소기업의 총공급곡선이다. 군소기업들은 〈그림 5 - 20〉의 P_1가격수준에서 자신들의 공급량(전체시장수요량)을 결정하게 된다.

한편, 지배적 기업의 수요는 P_1가격수준에서는 〈그림 5 - 20〉의 오른쪽 그림 생산량이 0이고, P_3 이하 가격 수준에서는 〈그림 5 - 20〉의 왼쪽 그림 군소기업들의 공급은 0이므로 시장수요 전체가 지배적 기업의 수요가 된다. 따라서 지배적 기업의 시장수요곡선은 〈그림 5 - 20〉의 오른쪽 그림 D_D곡선이 된다. 지배적 기업의 수요곡선 D_D의 1/2선인 MR_D선 지배적 기업의 한계수입곡선이 도출된다.

따라서 〈그림 5 - 20〉의 오른쪽 그림 수요곡선상의 E점에서 이윤극대화조건이 성립하고 지배적 기업은 P_2수준의 가격과 Q_D수준의 산출량을 결정하게 된다. 〈그림 5 - 20〉의 왼쪽 그림에서 군소기업들은 P_2가격수준에서 P_2B만큼을 공급하게 되고, 지배적 기업은 그 나머지 수요 $BC=P_2E$만큼을 공급하게 된다.

(2) 카르텔모형

카르텔(cartel)은 과점기업들이 담합을 통하여 마치 독점기업처럼 시장을 지배하는 협조체제에 해당한다. 과점기업들은 카르텔을 결성하여 가격전쟁을 회피하고 공동으로 가격을 설정하며 다른 기업들의 시장진입을 막으려는 전략적 협조체제를 구축하려 노력한다. 과점기업들이 카르텔을 형성하면 카르텔 전체의 이윤이 극대화되는 수준에서 가격과 산출량을 결정하려는 경향이 있다. 카르텔의 이윤극대화는 가맹기업들이 합의된 가격과 산출량을 엄격하게 준수하여 행동할 때 가능하다. 그런데, 카르텔을 결성하고 나면 협정을 위반하는 기업의 경우, 초과이윤을 향유할 지는 상황이 지배한다.

따라서 카르텔은 항상 붕괴되려는 속성을 갖고 있게 되고 이런 특성을 카르텔의 불안정성이라 한다. 카르텔이 안정성을 유지하기 위해서는 ① 협정위반사실을 쉽게 파악할 수 있어야 하고, ② 협정을 위반하였을 때 상대방에 대한 보복강도가 강력해야 한다.

〈그림 5-21〉의 D는 시장수요곡선이고 이것의 1/2선인 MR은 한계수입곡선이다. 또한 카르텔 가맹기업 전체의 한계비용곡선은 MC_T이다. 따라서 카르텔이 결성되면 기업의 이윤극대화가 달성되는 〈그림 5-21〉의 수요곡선상의 E점에서 P_c의

〈그림 5-21〉 카르텔모형의 이윤극대화

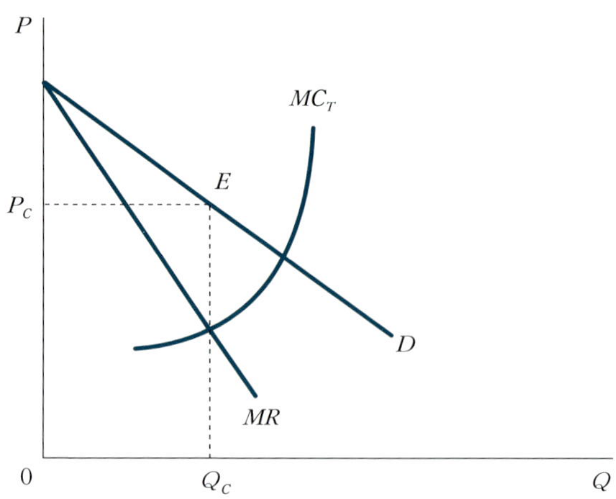

가격수준에서 산출량 Q_C를 생산하게 된다. 〈그림 5-21〉의 $MR=MC_T$는 카르텔에 참여하는 모든 기업의 MC수준에서 각각의 산출량을 결정하게 된다. 〈그림 5-21〉의 균형점 E는 독점시장에서의 균형점과 동일하며 가격과 산출량 수준도 동일하다. 과점시장의 기업들이 안정적인 카르텔을 구축한다면 균형의 결과는 독점시장과 다를 바 없다.

4) 비용할증가격설정의 원리

과점시장에서 과점기업의 가격설정에 관한 실증연구(Hall & Hitch)에 의하면 과점기업들은 이윤극대화조건을 충족을 위한 가격수준을 결정하기보다는 상품의 단위당 평균비용에 일정비율의 이윤을 반영하여 가격을 결정하는 것으로 밝혀지고 있다. 과점기업들은 평균비용에다 일정률의 마진율을 합하여 과점가격 $P=AC(1+m)$을 결정하는 풀코스트 원리(full-cost pricing) 혹은 마크업가격결정(mark-up pricing)원리에 익숙하다는 것이다. 과점기업은 목표생산량을 결정하고 목표생산량수준에서의 평균비용을 산정한 다음 목표이윤을 부과하여 가격을 결정하는 방식을 선호하는 것이다. 이와 같은 과점기업의 가격설정원리를 비용할증가격설정(full-cost pricing)이라 부른다.

비용할증가격설정(full-cost pricing)원리는 한동안 이윤극대화원리를 무시하는 무지한 가격결정방식이며, 수요측면의 요인들을 고려하지 않은 비합리적 가격결정방식이라는 비판을 면하기 어려웠다. 하지만 이 같은 가격설정원리가 이윤극대화에 근접한 결과를 가져다주고 수요측면의 요인들까지 고려한 합리적 측면이 내재한다는 주장도 제기된다.

$P=AC(1+m)$을 m에 대하여 정리하면 $m=\dfrac{P-AC}{AC}$가 된다.

기업의 최적산출규모는 $AC=MC$ 조건을 충족하므로 $m=\dfrac{P-MC}{MC}$가 성립한다. 여기서 기업의 이윤극대화조건은 $MR=MC$이므로 $m=\dfrac{P-MR}{MR}$의 관계가 성립한다.

여기서 아모로소-로빈슨 공식 $MR=P(1-\dfrac{1}{\varepsilon_p})$을 MR에 대입하여 정리하면 $m=\dfrac{1}{\varepsilon_{p-1}}$의 관계가 성립한다.

따라서 비용할증가격설정에서 사용되는 마진율 m은 이윤극대화 조건을 충족하고, 수요의 가격탄력성을 반영한 합리적 요소라 할 수 있다.

5) 과점시장에 대한 평가

과점시장이론에는 일반이론이 존재하지 않는다. 경쟁기업에 대한 예측과 그에 따른 반응곡선으로 설명되는 다양한 모형들이 경합하고 있다. 과점시장은 완전경쟁시장이나 독점시장보다 연구개발이나 기술혁신이 활발하게 이루어질 수 있는 장점을 가진다. 또한 다양한 재화공급이 가능하여 소비자의 선택의 폭을 확대시킬 수 있다. 자원배분에 효율적인 장점을 가지고 있다.

하지만 과점시장은 완전경쟁시장에 비해 가격이 한계비용보다 높은 수준에서 결정된다. $P>MC$는 과소생산으로 인한 자원배분의 효율성을 침해한다. 또한 치열한 광고경쟁으로 인한 사회적 후생의 훼손을 감당해야 한다.

4. 독점적 경쟁시장

1) 독점적 경쟁시장의 특징

독점적 경쟁시장은 다수의 경쟁기업들이 존재하고 진입이탈의 장벽은 낮으며 시장에 공급되는 상품들은 대체성은 높으나 차별화되었다는 특성을 가진다. 독점적 경쟁시장은 제품의 차별화를 통해서 어느 정도의 독점력을 행사하나, 참여기업의 수가 다수이고 진입이탈의 장벽은 낮은 구조이어서 경쟁유인이 존재한다. 따라서 독점적 경쟁시장은 완전경쟁시장과 독점시장의 중간 정도의 독점력을 가질 수 있고, 독점력은 제품의 차별화나 비가격경쟁을 통해서 강화할 수 있다. 독점적 경쟁기업은 상표, 품질, 포장, 디자인 등을 차별화하고 광고, 판매조건, 애프터서비스 같은 비가격경쟁을 전략적으로 활용할 수 있다.

독점적 경쟁시장의 성립조건은 다음과 같다.

① 시장에 참여하는 판매자와 구매자의 수가 다수이어야 한다.

② 시장에 공급되는 상품은 서로 밀접한 대체성을 유지하되 약간의 질적 차별화가 이루어져야 한다.
③ 새로운 기업들의 진입과 비효율적인 기업의 탈퇴가 자유로워야 한다.
④ 참여하는 모든 기업들은 동일한 수요조건과 비용조건을 가진다.

2) 독점적 경쟁시장의 단기균형

독점적 경쟁시장의 단기균형은 〈그림 5 – 22〉의 수요곡선 D_n상의 E점에서 성립된다. 독점적 경쟁기업이 개별적으로 직면하는 수요곡선 D_n은 우향하고 있어 독점기업의 형태와 유사하다. 단지 독점기업의 수요곡선보다 기울기가 작고 탄력적이서 독점도가 낮을 뿐이다.

〈그림 5 – 22〉의 수요곡선 D_n에 따라 한계수입곡선 MR_n을 도출할 수 있다. 〈그림 5 – 22〉의 E점은 이윤극대화조건($MR=MC$)을 충족한다. 따라서 독점적 경쟁기업은 P_m의 가격수준에서 Q_m의 산출량을 생산하는 단기균형에 이르게 된다. 〈그림 5 – 22〉의 독점적 경쟁시장의 단기균형점 E는 $AC<P_m$이므로 $G-P_m$만큼의 초과이윤을 발생시킨다. 독점적 경쟁기업은 단기균형에서 〈그림 5 – 22〉의 사각형 P_mGFE만큼의 독점이윤 내지는 초과이윤을 얻고 있다.

〈그림 5 – 22〉 독점적 경쟁시장의 단기균형

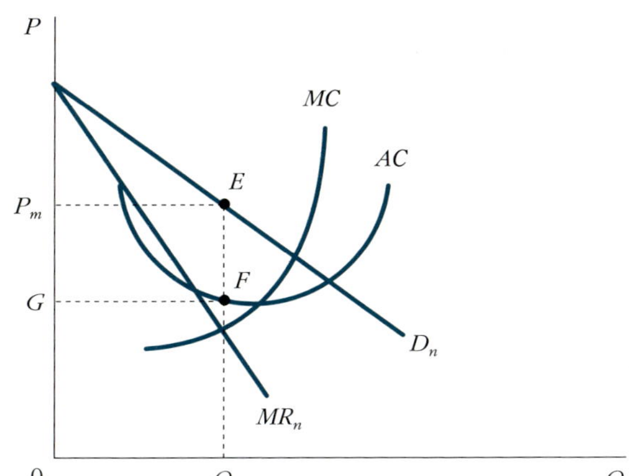

3) 독점적 경쟁시장의 장기균형

독점적 경쟁시장의 장기균형은 단기균형에서 초과이윤이 발생하면 새로운 기업들이 진입하고 손실이 발생하면 기존의 기업들이 빠져나가는 경쟁기업들의 진입이탈의 결과로 결정된다.

따라서 독점적 경쟁시장의 장기균형에서는 초과이윤이나 손실이 존재하지 않는다. 또한 생산량 수준은 완전경쟁시장보다 약간의 과소생산이 이루어지고 가격수준의 경우에는 완전경쟁시장보다는 다소 높은 수준($P>MC$)의 가격이 설정된다.

〈그림 5-23〉의 E점은 독점적 경쟁시장의 장기균형점이다. E점에서 이윤극대화 조건 $MR_n=LMC$가 충족되므로 독점적 경쟁기업은 P_p수준의 가격에서 Q_p수준의 생산을 결정하게 된다. 독점적 경쟁시장의 장기균형은 완전경쟁시장의 장기균형보다 Q_D-Q_m만큼의 과소생산을 하게 되어 약간의 유휴시설이 존재하게 된다.

〈그림 5-23〉 독점적 경쟁시장의 장기균형

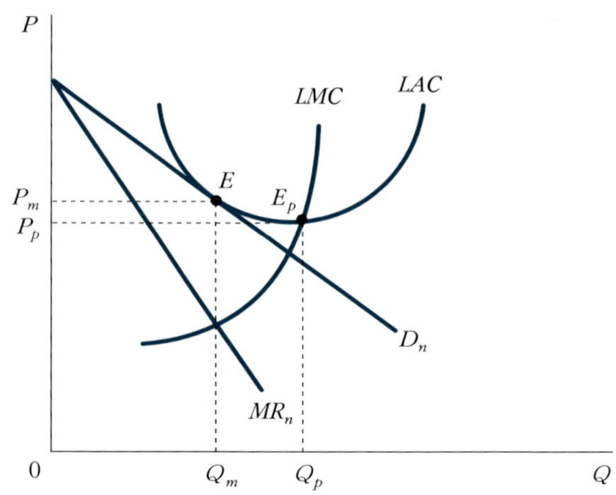

4) 독점적 경쟁시장의 평가

독점적 경쟁시장은 다양한 제품을 차별화함으로써 소비자들은 선택의 폭을 확장할 수 있다. 따라서 소비자의 후생은 독점시장보다 증가시킬 수 있지만 완전경쟁시장에 비해 비효율성을 가진다. ① 가격이 한계비용보다 높은 수준에서 결정되므로 자원배분의 효율성을 침해한다. ② 장기평균비용의 최저점보다 좌측에서 장기균형이 성립하므로 유휴설비가 존재하는 비효율성이 나타난다. ③ 기술혁신에 의한 제품의 차별화보다는 상표, 포장, 디자인 같은 제품의 차별화가 촉진되는 경향이 있다. ④ 비가격경쟁으로 인한 사회적 자원이 낭비될 수 있다.

5. 게임이론

과점시장은 경쟁기업간 강한 상호의존성으로 인해 경쟁기업들은 전략적 상황(strategic situation)에 직면한다. 과점기업들은 경쟁기업의 가격이나 산출량 수준뿐만 아니라 광고나 마케팅 전략에 이르기까지 상황변화에 민첩하게 대응해야 한다. 자신과 상대의 대응전략에 따라 자신의 보수가 결정되기 때문이다.

이런 전략적 상황에서 자신과 상대의 전략을 일종의 조합(set)으로 나타낼 수 있고, 선택될 조합, 즉 어떤 기업이 어떤 전략을 선택할 것인지는 불확실한 상황 속에서 예측해야 한다. 게임이론은 불확실한 상황에서 선택한 전략과 보수조합들이 어떤 결과를 가져오는지 분석할 수 있는 모형에 해당한다. 따라서 게임이론은 전략적 상황에 직면한 과점기업들의 합리적 선택을 설명할 수 있고 그 결과를 예측하는 데 매우 유용하다. 뿐만 아니라 게임이론은 국가 간의 협상에서 마주하는 불확실한 전략과 보수를 분석하고 예측하는 데에도 유용한 모형이다.

1) 게임이론의 구성과 종류

게임은 경기자(player), 전략(strategy), 게임의 보수(payoff)로 구성된다. 경기자는 게임에 참여하는 경제주체를 말하고, 전략은 자신의 이윤(효용)을 극대화하는 선택적 대안을 말하며 게임의 보수는 게임의 결과로 얻어지는 이윤이나 효용을 말한다.

게임은 서로 다른 구성요소조합에 의해 그 게임의 특성이 결정되고 그 게임에 대한 구성요소조합의 특성에 따라 게임의 종류가 결정된다.

① 경기자의 협력 여부에 따라 협조적 게임과 비협조적 게임으로 구분된다.
② 보수의 합이 제로(0)인지 아니면 (+)인지 (−)인지에 의해 영합게임과 비영합게임으로 구분된다.
③ 보수의 합이 일정한지, 변화하는지에 따라 정합게임과 비정합게임으로 구분된다.
④ 각 경기자들이 동시에 전략을 선택했는지, 아니면 경기자들이 순차적으로 전략을 선택했는지에 따라 동시게임과 순차게임으로 구분된다.

2) 게임의 균형

게임에 참여하는 모든 경기자가 어떤 전략들을 선택하고 그에 따른 결과에 대하여 모두 만족함으로써 더 이상 전략을 변동시킬 유인이 없는 상태를 게임의 균형이라 한다. 게임의 균형에는 경기자가 선택하는 전략의 성격에 따라 우월전략균형(dominant strategy equilibrium)과 내쉬균형(Nash equilibrium) 그리고 혼합전략균형(mixed strategy equilibrium)으로 구분된다.

(1) 우월전략균형

경쟁자가 어떤 전략을 사용하든 관계없이 자신의 보수를 극대화시키는 전략을 우월전략(dominant strategy)이라 한다. 우월전략균형이란 경기에 참여하는 모든 경기자가 모두 우월전략을 사용하여 도달하는 균형상태를 의미한다

〈표 5-1〉 우월전략균형과 보수행렬

경기자 1 \ 경기자 2	전략 B_1	전략 B_2
전략 A_1	(6, 6)	(1, 10)
전략 A_2	(10, 1)	(4, 4)

〈표 5-1〉는 경기자 1, 2로 구성된 2-경기자 게임에 대한 보수행렬(payoff matrix)을 나타낸 것이다. 〈표 5-1〉에서 경기자 1은 전략 A_2가 우월전략이 되고, 경기자 2는 전략 B_2가 우월전략이 된다. 따라서 경기자 1, 2가 모두 만족하는 우월전략은 A_2전략과 B_2전략의 조합으로 보수는 (4, 4)로 결정된다. 경기자 1, 2의 우월전략에 의해 도달한 균형을 우월전략균형이라 한다.

(2) 내쉬균형

내쉬균형(Nash equilibrium)은 각각의 경기자가 경쟁자의 전략을 주어진 것으로 보고 자신에게 유리한 전략을 선택함으로써 도달한 균형을 말한다. 〈표 5-2〉의 우월전략균형은 모든 경기자가 경쟁상대의 모든 전략에 대해 우월전략을 가진다는 가정에서 비롯된 결과이다. 이 같은 가정은 현실에 적용하기에 너무 강한 상태여서 주어진 상대방의 전략에 대해서만 최적한 전략을 가질 수 있는 것으로 가정을 완화하여 도달하게 된 균형상태를 내쉬균형이라 한다. 내쉬균형은 게임이론에서 가장 일반적으로 사용되는 게임균형의 형태이다.

〈표 5-2〉에서 경기자 1이 A_1을 전략으로 선택했다면 경기자 2의 최적전략선택은 B_1이 된다. 따라서 보수행렬은 (20, 10)이 된다. 경기자 2가 B_2을 선택했다면 경기자 1의 최적전략선택은 A_2가 된다. 따라서 보수행렬은 (10, 20)이 된다. 내쉬균형은 2개의 균형이 존재할 수 있다. 상대 경기자의 전략에 따라 내쉬균형은 달라지기 때문이다. 과점시장의 쿠르노모형은 상대방의 전략에 따라 변화하는 내쉬균형의 특징을 반영하고 있다.

우월전략균형은 내쉬균형을 포함하고 있어 우월전략균형은 내쉬균형의 일종이

〈표 5-2〉 내쉬균형과 보수행렬

경기자 1 \ 경기자 2	전략 B_1	전략 B_2
전략 A_1	(20, 10)	(5, 5)
전략 A_2	(5, 5)	(10, 20)

다. 하지만 내쉬균형이 우월전략균형인 것은 아니다. 또한 내쉬균형이 항상 파레토 효율적인 자원배분을 의미하는것도 아니다. 〈표 5－2〉에서의 내쉬균형은 경기자 1, 2의 선택전략이 각각 A_2, B_2인 경우 이에 따른 보수행렬은 (4, 4)인 것을 알 수 있고, 만약 경기자 1, 2가 각각 A_1, B_1전략을 선택했더라면 보수행렬은 (6, 6)이 주어진다는 것을 알 수 있다. 따라서 경기자 1, 2가 A_2, B_2를 선택하는 내쉬균형은 경기자 1, 2의 보수를 더욱 높일 수 있는 여지가 있다는 것을 알 수 있다. 따라서 〈표 5－2〉의 내쉬균형은 파레토효율을 충족하는 효율적인 자원배분을 충족하지 못한다.

3) 최소극대화전략과 정합게임

(1) 최소극대화전략

최소극대화전략(maximin strategy)이란 각각의 경기자가 어떤 전략을 선택하였을 때 예상되는 최소의 보수 중에서 최소보수가 가장 큰 전략을 선택하는 게임을 의미한다. 게임에 참여하는 경기자들이 합리적이지 못한 경우, 의외의 전략을 선택함으로서 최악의 결과를 가져오는 위험을 피할 수 있는 소극적인 전략선택게임이라 할 수 있다.

게임의 한 참가자가 비합리적이고, 부족한 정보를 가지고 자신의 이익과는 전혀 다른 의외의 전략을 선택할 가능성이 있는 경우에는 다른 경기자는 내쉬균형전략을 사용할 수 없는 상황을 맞게 된다. 이런 상황에서 합리적인 경기자는 비합리적인 상대경기자의 의외의 행동으로부터 발생할 수 있는 손실을 최소화하는 전략을 선택하는 것이 최선일 것이다.

〈표 5－3〉의 보수행렬에서 경기자 1, 2가 모두 합리적인 경기자라면 경기자 1,

〈표 5－3〉 최소극대화전략과 보수행렬

경기자 2 / 경기자 1	전략 B_1	전략 B_2
전략 A_1	(3, 12)	(5, 15)
전략 A_2	(−300, 5)	(20, 30)

2는 각각 A_2, B_2전략을 선택할 것이고 (20, 30)의 보수를 얻는 내쉬균형에 이를 것이다. 그런데 만약 경기자 1의 입장에서 경기자 2가 비합리적으로 예측되어 의외의 전략을 사용할 수 있을 것으로 판단되는 경우, 경기자 2가 어떠한 전략을 선택하더라도 경기자 1은 자신의 손실을 최소화시킬 수 있는 전략을 모색해야 한다. 경기자 2가 만약 B_1전략을 선택한다면 경기자 1은 A_1전략을 선택하여 손실을 최소화하는 결과 (3, 12)의 보수를 얻을 수 있다. 상대가 어떤 전략을 선택할지라도 −300이라는 막대한 손실을 피할 수 있는 전략이 된다.

(2) 정합게임

경기자가 모두 어떤 전략을 선택하든 관계없이 보수의 합이 항상 일정한 값을 갖게 되는 게임을 정합게임(constant sum game)이라 한다. 정합게임은 영합게임(zero sum game)과 양합게임(positive sum game) 그리고 음합게임(negative sum game)의 형태가 있다.

① 영합게임은 운동경기나 포커게임과 같은 경우에 해당한다. 어떤 팀이 2:0으로 승리했다는 것은 상대팀이 2점을 잃었다는 것을 의미한다. 따라서 얻은 2점과 잃은 2점을 합하면 항상 제로(0)가 된다. 도박의 경우에도 마찬가지이다. 어느 누군가가 돈을 얻었다는 것은 어느 누군가가 그만큼의 돈을 잃었다는 것이다. 따라서 도박이나 투기와 같은 영합게임은 전체의 이익을 증대시킬 수 없다.

② 양합게임(positive sum game)은 경기자 모두가 이익을 볼 수 있는 게임의 형태를 말한다. 생산적인 경제행위처럼 전체적인 합을 증대시켜 어느 누구의 손실없이 모두가 이익을 얻을 수 있는 특징을 가진다.

③ 음합게임(negative sum game)은 경기자 모두가 손실을 볼 수 있는 게임의 형태를 말한다. 전쟁이나 이유 없는 싸움처럼 경기자 모두가 손실을 보는 보수의 합이 음(−)이 되는 게임이다.

4) 게임이론의 응용

(1) 용의자의 딜레마(Prisoner's Dilemma)

두 명의 공범자가 공동범죄행위에 대해 검사의 취조를 받는 상황이라 하자. 검사는 범죄행위를 입증할 만한 증거로써 어떻게든 자백을 받아야 하는 상황이다. 검사는 용의자로부터 자백을 받아내기 위해 용의자 1, 2를 분리심문하고 자백을 받기 위해 〈표 5-4〉와 같은 보수행렬을 제시했다하자.

〈표 5-4〉의 보수행렬을 보면 범죄행위에 대해 1, 2 용의자가 모두 자백하는 경우 모두에게 6년을 구형하고, 한사람은 자백하고 다른 한 사람은 자백하지 않는 경우, 자백한 자에게는 1년을 구형하고 자백하지 않은 자에게는 10년을 구형하겠다는 조건을 제시한 보수행렬이다. 여기서 보수는 형량을 나타낸 것이므로 값이 작을수록 유리하다.

심문에 임하는 용의자 1, 2는 모두 자백하는 것은 불리함으로 당연히 서로 자백하지 않겠다고 약속한 상태라 하자. 〈표 5-4〉의 보수행렬에서 용의자 1, 2는 모두 자백을 선택하는 것이 우월전략에 해당한다. 용의자 각각의 입자에서 우월전략균형(내쉬균형)은 두 사람 모두 자백(형량 1년 구형)인 것이다. 이 게임의 균형은 내쉬균형이지만 그 결과가 최선은 아니라는 것을 알 수 있다. 최선은 경기자 1, 2가 모두 불자백을 선택하여 약속을 지키는 상황이다. 최소형량(2, 2)에서 균형을 이룰 수 있다.

용의자의 딜레마(Prisoner's Dilemma)게임의 균형은 효율적이지 못하고 효율적인 균형을 이루기 위해서는 경기자 모두가 약속을 지켜야 한다. 용의자의 딜레마

〈표 5-4〉 용의자의 보수행렬

경기자 1 \ 경기자 2	不자백	자백
不자백	(2, 2)	(10, 1)
자백	(1, 10)	(6, 6)

게임으로부터 시사점을 도출하면 다음과 같다.

① 용의자가 모두 서로 신뢰하고 약속을 지킬 수 있게 된다면 모두에게 최선의 결과가 보장될 수 있다. 법은 사회적 약속이다. 그런데 많은 사람들이 법을 어기는 이유와 법을 지키지 않는 사람들이 이익을 얻게 되는 현상을 설명할 수 있다.

② 개인의 이익추구가 공동의 이익을 해치는 현상을 설명할 수 있다. 공유지의 비극도 이런 유형에 해당한다. 참여자가 3명 이상이라는 점이 다를 뿐이다. 개인의 이익만을 추구하는 경우, 공공의 이익이 위협받을 수 있음을 보여준다.

③ 과점시장의 카르텔의 불안전성을 설명할 수 있다. 협정을 위반하는 자가 이익을 볼 수 있는 유인이 존재하기 때문이다. 하지만 이 같은 게임이 지속적으로 반복된다면 결과는 달라질 여지를 가진다. 약속을 어긴 상대방에게 강한 보복을 가한다면 카르텔의 안정성은 유지될 수 있을 것이다.

④ 법과 카르텔 모두 핵심은 약속을 지키는 것이다. 그런데 약속을 어긴 자가 이익을 보는 유인이 존재하는 것이다. 이를 해결하는 방안으로는 "이에는 이, 눈에는 눈"(tit for tat)이라는 해결방식이 주목받고 있다. 실증연구들은 공동체적 해결방식, 즉 보복과 협력으로 문제를 해결할 가능성이 있는 결과들을 보여준다.

⑤ 애덤 스미스의 보이지 않는 손의 원리와 충돌한다. 개인의 이익추구가 공동의 이익을 더욱 촉진할 수 있다는 시장의 섭리에 대한 한계를 논증한다. 지나친 지적재산권이 희귀한 과학적 자원들의 활용을 방해한다는 반공유자원의 비극(tragedy of anticommons)을 설명할 수 있다. 또한 협력에 의한 공유사회의 가능성, 즉 공유자원의 희극(comedy of tragedy)에 대한 논리적 근거를 제공한다.

(2) 겁쟁이 게임(chicken game)

국제정치나 경제에서 치킨게임이라는 용어가 자주 등장하는데 치킨게임도 용의자의 딜레마와 유사한 원리이다. 치킨게임은 자신에게 유리한 우월전략을 선택하면 결국 서로 충돌하여 최악의 결과에 도달한다는 보수행렬을 보여준다.

〈표 5-5〉의 보수행렬에서 경기자 1, 2의 우월전략은 모두 직진임을 알 수 있다. 직진을 선택한 경기자 1, 2는 (0, 0)의 보수를 얻게 된다. 전쟁이나 자동차 경주라면 파멸을 의미하는 셈이다. 상대가 직진을 선택했을 때 회피하게 되면 손실을

〈표 5-5〉 치킨게임

경기자 1 \ 경기자 2	회피	직진
회피	(7, 7)	(2, 10)
직진	(10, 2)	(0, 0)

보게 되기 때문이다. 서로 회피를 약속하고 그것이 지켜질 수 있다면 (7, 7)이라는 최선의 보수를 얻을 수 있다. 또한 치킨게임에서 경기자 모두에게 효율적 선택을 위한 중재자의 역할이나 협상의 중요성을 엿볼 수 있다.

(3) 기업의 광고게임

용의자의 딜레마는 기업의 광고전략에도 적용될 수 있다. 〈표 5-6〉의 보수행렬에서 경기자 1, 2의 우월전략은 모두 광고전략임을 알 수 있다. 상대가 광고전략을 선택했을 때 광고를 하지 않는다면 손실을 보기 때문이다. 경기자 1, 2는 광고전략을 선택하게 되어 (2, 2)의 보수를 얻게 되지만 최선의 결과가 아님을 알 수 있다. 두 경기자(기업)가 광고하지 않기로 약속하고 모두 지킬 수 있거나 정부가 개입하여 광고하지 않도록 조정할 수 있다면 최선의 결과에 이를 수 있다.

〈표 5-6〉 기업의 광고게임

경기자 1 \ 경기자 2	不광고	광고
不광고	(6, 6)	(−1, 10)
광고	(10, −1)	(2, 2)

연습문제

EXERCISE

1. 이윤극대화 선택에 관한 다음 설명 중 옳지 않은 것은? 〔국회 8급〕

① 한계수입이 한계비용에 비하여 크다면 산출량을 증가시킴으로써 이윤을 높일 수 있다.
② 한계수입과 한계비용이 같아지는 점에서는 산출량을 증가시키면 한계이윤도 증가한다.
③ 이윤극대화를 추구하는 기업은 생산활동에 있어서 수입과 비용을 동시에 고려해야 한다.
④ 이윤극대화 산출량 수준에서는 산출량을 증가시키든 감소시키든 항상 이윤이 감소한다.
⑤ 생산요소의 가격이 변화하면 이윤극대화 산출량도 변화된다.

2. 어떤 공급자가 10단위의 재화를 단위당 100원의 가격에 판매할 수 있다. 이 공급자가 11단위의 재화를 판매하기 위하여는 가격을 99원으로 내려야 한다고 한다. 이 때 이 독점공급자의 한계수입은? 〔감정평가사〕

① 99원이다. ② 100원이다. ③ 89원이다.
④ 79원이다. ⑤ 98원이다.

3. 완전경쟁기업의 이윤이 극대가 되는 생산량은? 〔국회 7급〕

① AR(평균수입)$=AC$(평균비용)일 때
② MR(한계수입)$=MC$(한계비용)일 때
③ $MR=MC$이고, MC 곡선이 우하향할 때
④ $MR=MC$이고, MC 곡선이 우상향할 때
⑤ 이상 모두가 아님

4. 완전경쟁시장에 있어서 개별기업의 수요곡선은? 〔7급 행정〕

① 수직선이다. ② 우하향이다. ③ 45°선이다.
④ 수평선이다. ⑤ 우상향이다.

5. 완전경쟁시장에서 어느 기업이 상품가격을 인상하였다면 그 기업에 대한 판매고는?

〔군법무관〕

① 감소한다. ② 증가한다. ③ 불변이다.
④ 영이다. ⑤ 생산비에 따라 결정된다.

6. 완전경쟁기업이 직면하는 수요곡선은 무한탄력적이다. 이것이 의미하는 내용이 아닌 것은? 〔7급 행정〕

① 완전경쟁기업은 가격결정자이다.
② 완전경쟁기업의 평균수입은 가격과 같다.
③ 완전경쟁기업은 정상이윤을 획득한다.
④ 완전경쟁기업은 일정가격에서 얼마든지 공급이 가능하다.
⑤ 이상에 정답이 없다.

7. 가격과 산출량 간에 일정한 함수관계가 존재하는 시장형태는 (A) 완전경쟁시장 , (B) 독점시장, (C) 과점시장, (D) 독점적 경쟁시장 가운데 어느 것인가? 〔공인회계사〕

① (A) ② (A)와 (C) ③ (A)와 (D)
④ $(A), (C)$와 (D) ⑤ $(A), (B), (C)$와 (D)

8. 기업의 단기공급곡선은? 〔공인회계사〕

① 평균비용곡선의 극소점에서 우상하는 부분
② 평균비용곡선의 극소점으로부터 우상하는 한계비용곡선
③ 자신의 극소점으로부터 우상하는 한계비용곡선
④ 평균가변비용곡선의 극소점으로부터 우상하는 한계비용곡선
⑤ 평균고정비용과 한계비용의 교점으로부터 우상하는 한계비용곡선

9. 다음 중 조업중단점을 가리키는 것은? 〔7급 행정〕

① 평균수입 = 한계수입

② 평균수입 = 평균비용

③ 평균수입 = 평균가변비용

④ 평균가변비용 = 한계가변비용

⑤ 평균수입 = 고정비용

10. 생산함수가 $y = \sqrt{X}$ 이고, 상품 한 단위의 가격은 p이며, 원재료 한 단위의 가격은 1이라고 할 때 다음 중 옳지 않은 것은? 〔보험계리사〕

① 공급함수는 $y = \frac{p}{2}$이다.

② 이윤함수는 $py - y^2$이다.

③ 비용함수는 $c(y) = y^2$이다.

④ 탄력성은 $\frac{1}{2}$이다.

⑤ 평균비용이 증가하기 시작했을 경우이다.

11. 완전경쟁시장에서 X재를 생산하는 어느 기업의 고정비용은 18,000원이다. 현재 생산량 수준에서 가변비용은 24,000원, 평균비용은 10.5원이며, 현재 평균가변비용의 최저점에서 생산하고 있다. 시장가격이 9원일 때 옳은 것은? 〔국가직 9급〕

① 이윤극대화를 우해서 이 기업은 생산량을 줄여야 한다.

② 현재의 생산량 수준에서 이 기업의 한계비용은 8원이다.

③ 이 기업은 단기적으로 조업을 중단해야 한다.

④ 현재의 생산량 수주에서 이 기업의 평균가변비용은 6원이다.

12. 완전경쟁시장에서 이윤을 극대화하는 어느 기업이 현재 단기적으로 300만원의 경제적 이윤을 얻고 있다. 이 기업에 대한 설명으로 옳은 것은?(단, 이 기업의 한계비용곡선은 U자 형태이다.) 〔국가직 9급〕

① 장기균형에서도 초과이윤을 얻는 것이 가능하다.
② 현재 단기적으로 한계비용은 평균비용보다 크다.
③ 현재의 생산량을 감소시키면 가격이 상승할 것이다.
④ 현재의 생산량을 증가시키면 평균비용이 감소할 것이다.

13. 완전경쟁시장에서 이윤극대화를 추구하는 A기업의 총비용함수는 $TC=Q^2+3Q+10$이며, 재화의 가격이 13이다. 이 때 A기업의 생산자잉여는? 〔감정평가사〕

① 15 ② 20 ③ 25 ④ 30 ⑤ 35

14. 어떤 상품 100단위를 생산하고 있는 완전경쟁기업의 총비용이 100만원이고 이 중 총고정비용이 40만원이라고 하면, 이 때 운동화의 가격이 6,500원이라면 이 기업은? 〔7급 행정〕

① 단기이윤이 0보다 작기 때문에 생산을 중단 할 것이다.
② 단기이윤은 0보다 작지만 생산은 계속할 것이다.
③ 단기이윤이 0이기 때문에 생산을 중단할 것이다.
④ 단기이윤은 0이지만 생산을 계속할 것이다.
⑤ 단기이윤이 0보다 크기 때문에 생산을 계속할 것이다.

15. 다음 가운데 완전경쟁기업의 장기균형점에서 성립하는 것은? 〔국회 7급〕

① 가격이 한계비용과 같다.
② 정상이윤만을 얻고 있다.
③ 최적생산량을 생산하고 있다.
④ 한계비용이 평균비용의 극소점과 같다.
⑤ 이상의 모두

16. 완전경쟁시장에서 이윤극대화를 추구하는 개별 기업의 장기총비용함수는 $C=2q^3-12q^2+48q$로 동일하다. 이 시장에서의 장기시장균형가격은? 〔감정평가사〕

① 3 ② 10 ③ 15 ④ 30 ⑤ 35

17. 장기공급곡선에 대한 설명 중에서 틀리는 것은? 〔공인회계사〕

① 장기공급곡선의 모든 점에서 기업의 수는 동일하다.
② 장기공급곡선은 장기의 시장균형점의 궤적이다.
③ 장기공급곡선은 모든 점에서 기업의 장기평균비용곡선의 최저점에 대응된다.
④ 비용감소산업의 장기공급곡선은 우하향한다.
⑤ 비용불변산업의 장기공급곡선은 수평이다.

18. 다음 중 독점발생의 원인이 될 수 없는 것은? 〔공인회계사〕

① 대외 개방화 정책 ② 규모의 경제 제품차별화
④ 신기업의 진입에 대한 정부의 규제 ⑤ 특허권의 인정

19. 독점기업이든, 완전경쟁기업이든 기업이 이윤을 극대화하기 위해서는? 〔7급 행정〕

① 단위당 평균생산비가 가장 적어질 때까지 생산하여야 한다.
② 단위당 평균생산비가 가격과 같아질 때까지 생산하여야 한다.
③ 한계생산비가 가격과 일치할 때까지 생산하여야 한다.
④ 한계생산비가 한계수입과 일치할 때까지 생산하여야 한다.
⑤ 한계생산비가 평균생산비와 일치할 때까지 생산하여야 한다.

20. 독점의 생산목표가 총수입 극대화에 있다면 생산량은 어느 수준에서 결정되는가? 〔7급 행정〕

① 가격과 한계비용이 같은 수준
② 한계수입이 한계비용과 같은 수준
③ 비용이 최소가 되는 수준
④ 한계수입이 영이 되는 수준
⑤ 정답이 없다.

21. $P=-2q+10$, $TC=\frac{1}{2}q^2+2$일 때 균형점은? 〔행시〕

① $q=2$ ② $q=5$ ③ $q=8$ ④ $q=4$ ⑤ $q=10$

22. X재에 대한 시장수요함수는 $P=40-4X$이고, X재를 독점공급하고 있는 B기업의 단기비용함수는 $C=4X+2X^2$이다. B기업의 이윤을 극대화하는 X재의 가격은 얼마인가? 〔공인회계사〕

① 3 ② 12 ③ 18 ④ 28 ⑤ 32

23. 한계수입(MR), 가격(P), 그리고 수요의 가격탄력성($\varepsilon=-\frac{\Delta Q}{\Delta P}\cdot\frac{P}{Q}$) 간의 관계 중 올바른 것은? 〔행시〕

① $MR<P(1-\frac{1}{\varepsilon})$ ② $P<MR(1-\frac{1}{\varepsilon})$ ③ $MR=P(\frac{1}{\varepsilon}-1)$

④ $MR<P(\frac{1}{\varepsilon}-1)$ ⑤ $MR=P(1-\frac{1}{\varepsilon})$

24. 한 대에 400만원 하는 자동차의 한계비용이 300만원이라면 *Lerner*의 방법에 따른 독점도는? 〔감정평가사〕

① 75 ② 0.75 ③ 0.25 ④ 100 ⑤ 1.33

25. 가격차별화가 이루어질 수 없는 경우는? 〔서울시 7급〕

① 시장이 분리되어야 한다.
② 수요의 가격탄력도가 시장별로 달라야 한다.
③ 국내에서는 독점기업이며, 세계시장에서는 완전경쟁기업인 경우
④ 의사가 동일한 진료 서비스를 제공하고도 환자들의 경제사정에 따라 의료보수에 차등을 둔다.
⑤ 판매자가 독점력이 없는 경우

26. 다음은 각각 다른 형태의 가격차별(price discrimination)을 보여 주는 예이다.

A. 어느 영화제작회사에서 인기가 높은 필름과 아무도 별로 즐거워하지 않는 필름을 한 묶음으로 하여 함께 판매하고 그 필름 하나씩은 따로 팔지 않는다. B. 어느 전기회사가 사용자의 사용량에 따라 단계적으로 낮은 가격을 적용한다. C. 어느 기업이 동일한 재화를 판매하는데 두 개의 시장을 완전히 격리시켜 다른 가격을 받는다.

이상에서 소비자잉여를 소비자의 혜택으로부터 판매자에게로 가장 크게 가져가게 할 수 있는 경우는? (공인회계사)

① A ② B ③ C ④ A, B ⑤ A, B, C

27. 가격차별에 관한 설명으로 옳지 않은 것은? (감정평가사)

① 1급 가격차별을 하면 소비자잉여는 모두 생산자잉여가 된다.
② 완전경쟁시장과 가격차별은 양립하지 않는다.
③ 가격차별은 경제적 순손실을 항상 증대시킨다.
④ 가격차별은 독점기업의 이윤극대화 전략 중의 하나이다.
⑤ 극장에서의 조조할인 요금제는 가격차별의 일종이다.

28. 다음 중 가격차별화의 공과에 해당되지 않는 것은? (행시)

① 수요자를 차별 대우한다.
② 소비자잉여를 독점기업의 수익으로 전환시킨다.
③ 생산량을 증대시키므로 고용의 증대와 국민소득의 향상을 가져온다.
④ 소득재분배의 효과를 가져올 수 있다.
⑤ 광고비지출을 증가시킨다.

29. 기업 A는 차별화된 전통주를 독점적으로 생산하여 판매하고 있다. 이 제품에 대한 수요곡선은 $Q_d = -3P + 480$으로 표현된다. 기업 A가 판매수입을 극대화하기 위해 책정해야 하는 전통주 1병당 가격은? (국가직 9급)

① 50 ② 60 ③ 70 ④ 80

30. 동일한 재화를 두 개의 공장에서 생산하는 기업이 있다. 공장 1과 공장 2의 비용함수는 각각 $C_1(Q_1)=6Q_1^2$ 및 $C_2(Q_2)=4Q_2^2$이다. 이 기업이 총 100단위의 재화를 생산할 때, 이윤을 극대화하는 공장 1의 최적생산량은? 〔국가직 9급〕

① 20 ② 30 ③ 40 ④ 60

31. 독점시장에 관한 설명으로 옳지 않은 것은? 〔감정평가사〕

① 독점기업은 시장지배력을 이용하여 가격을 인상하면서 판매량을 늘릴 수 있다.
② 수요의 가격탄력성이 1일 때 독점기업의 한계수입은 0이다.
③ 생산량이 증가함에 따라 평균비용곡선이 지속적으로 우하향하는 산업에서는 자연독점이 발생한다.
④ 독점기업의 한계수입곡선은 수요곡선보다 아래에 위치한다.
⑤ 독점기업의 이윤극대화 가격은 한계비용보다 높다.

32. 어떤 독점기업의 수요함수가 $P=30-\frac{Q}{2}$이고, 총비용함수는 $TC(Q)=Q^2+100$일 때, 이윤을 극대화하는 생산량은? 〔국가직 9급〕

① 5 ② 10 ③ 15 ④ 20

33. 이윤극대화를 추구하는 독점기업 M은 수요곡선이 $P=100-QD$이고 총비용함수가 $C=40Q$이다. 이 M이 새로운 생산기술을 구매하여 도입하면 총비용함수가 $C=20Q$로 변화한다. 이 독점기업은 새로운 생산기술을 구매하기 위하여 최대 얼마나 지불할 용의가 있는가? 〔보험계리사〕

① 700 ② 800 ③ 900 ④ 1,000 ⑤ 1,200

34. 독점시장에 존재하는 어떤 회사의 한계비용이 500이며, 이 시장의 소비자는 모두 $P=1{,}000-Qd$라는 수요함수를 갖고 있다. 이 회사가 두 단계 가격(two part tariff)을 설정하여 이윤을 극대화하기 위한 고정요금(가입비)은 얼마인가? 〔국회 8급〕

① 500,000 ② 250,000 ③ 125,000 ④ 100,000 ⑤ 50,000

35. 완전경쟁시장과 독점적 경쟁시장 간의 가장 중요한 차이점은? 〔공인회계사〕

① 시장에 참여하는 기업의 수
② 기업이 판매하는 재화의 동질성 여부
③ 시장에서 기업이 발휘할 수 있는 가격에 대한 통제의 정도
④ 시장에의 신규기업의 진입 및 기존기업의 유출가능성
⑤ 시장에 관한 정보의 소유 정도

36. 독점적 경쟁시장에 대한 설명으로 옳지 않은 것은? 〔국가직 9급〕

① 장기균형에서 기업의 이윤은 0이 되므로 균형가격은 한계비용과 같게 된다.
② 장기적으로 기업들의 균형산출량은 평균비용이 극소화되는 산출량보다 적다.
③ 각 기업은 자사 제품에 대해 어느 정도의 시장지배력을 가지며, 시장 진입과 퇴출이 자유롭다.
④ 각 기업들은 서로 강한 대체성을 갖지만 완전대체성은 갖지 않는 차별화된 제품을 생산하면서 경쟁한다.

37. 독점적 경쟁기업의 장기균형에 관한 다음 설명 중에서 옳은 것은? 〔행시〕

① 초과이윤을 얻는다.
② 한계수입이 한계비용을 초과한다.
③ 장기평균비용이 최소가 되는 산출량을 생산한다.
④ 장기평균비용이 최소가 되는 산출량을 이상을 생산한다.
⑤ 장기평균비용이 최소가 되는 산출량을 이하를 생산한다.

38. 완전경쟁하에서 장기에 이윤이 0이 되는 이유는? 〔행시〕

① 진입장벽이 없기 때문
② 비효율성이 나타나므로
③ 요소가격이 상승하므로
④ 과다경쟁으로 인한 광고비 지출 때문
⑤ 정부의 규제 때문

39. 개별기업에서 수요의 가격탄력성이 가장 큰 경우는? 〔행시〕

① 독점적 경쟁 ② 완전경쟁기업 ③ 복점
④ 독점기업 ⑤ 쌍방독점

40. 과점시장에 대한 다음의 설명 중 옳은 것은? 〔공인회계사〕

① 과점기업들은 서로 경쟁상태의 행위에 대하여 신경을 쓰지 않는다.
② 과점시장에 참여하는 과점기업들은 서로 상호의존과계가 없다.
③ 과점시장은 구미 선진국들의 경우에는 지배적인 시장형태이나 한국경제의 경우에는 실례를 발견하기가 어렵다.
④ 과점기업들은 서로간의 경쟁을 줄이고, 이윤을 증대시키기 위하여 담합 또는 공동행위를 하려는 경향이 있다.
⑤ 과점기업들은 비가격경쟁에는 별로 의존하지 않는다.

41. 굴절수요곡선의 이론에서 과점가격이 경직적인 이유는? 〔감정평가사〕

① 경쟁기업 간의 담합현상 때문이다.
② 경쟁기업이 가격보다는 품질경쟁을 하기 때문이다.
③ 경쟁기업이 안정적 판매를 위해 가격을 고정시키기 때문이다.
④ 경쟁기업이 가격인하경쟁을 하되 가격인상경쟁은 하지 않기 때문이다.
⑤ 경쟁기업의 규모가 비슷하여 가격선도를 하는 기업이 없기 때문이다.

42. 다음 중 가격 카르텔과 관계가 깊은 가격은? 〔7급 행정〕

① 시장가격 ② 협정가격 ③ 균형가격
④ 경쟁가격 ⑤ 자유가격

43. 가격선도이론에서 가격결정의 메커니즘은? (국민연금 4급)

① 가격선도기업의 한계수입(MR)과 한계비용(MC)이 일치되는 점에서 결정된다.
② 시장수요곡선과 시장공급곡선의 교점에서 결정된다.
③ 시장수요곡선과 가격선도기업의 공급곡선의 교점에서 결정된다.
④ 가격추종기업과 가격선도기업의 담합으로 결정된다.

44. 현대자본주의 국가는 경쟁을 제한하는 요인을 규제하려고 노력하고 있다. 다음 중 경쟁을 촉진하는 효과가 있는 것은? (행시)

① 경제력의 집중
② 재벌의 형성발전
③ 기업 간의 협조적 행동
④ 중소기업의 보호육성
⑤ 기업의 수평적 및 수직적 통합

45. 독점적 경쟁과 과점에 공통적으로 존재하는 특징은? (공인회계사)

① 비가격경쟁
② 동질적인 재화의 생산
③ 기업 간의 상호의존성
④ 굴절수요곡선의 적용
⑤ 참여기업의 수가 유사함

46. 다음 항목 중 광고의 경제적 효과를 적절하게 표현하지 못한 것은? (공인회계사)

① 당해 제품의 수요탄력성을 높게 함
② 당해 제품에 대한 수요곡선의 우측이동
③ 당해 제품의 수요탄력성을 작게 함
④ 당해 기업의 이윤증대

47. 우리나라의 "독점규제 및 공정거래에 관한 법률"의 내용과 거리가 먼 것은? (감정평가사)

① 가격차별화의 금지
② 상호출자의 금지
③ 부당한 공동행위의 금지
④ 재판매가격 유지 행위의 제한
⑤ 제품차별화의 금지

48. 정부가 독점기업에 세금을 부과하여 독점이윤을 환수하려고 할 때 나타날 수 있는 현상에 대한 다음 설명 중 옳은 것은? (국회 8급)

① 독점이윤에 대해 30%의 세금을 부과하면 생산량이 줄고 가격이 올라간다.
② 생산량 1단위당 100원씩 세금을 부과하면 생산량과 가격은 변하지 않는다.
③ 독점기업의 매출액에 10%의 세금을 부과하면 생산량과 가격은 변하지 않는다.
④ 독점이윤에 10%의 세금을 부과하면 독점기업은 세금 부담을 모두 소비자에게 떠넘긴다.
⑤ 독점기업에 정해진 일정 금액을 세금(lump sum tax)으로 부과해도 생산량과 가격은 변하지 않는다.

49. 기업 A와 B는 연구개발비에 대한 전략으로 대규모 예산과 소규모예산 중 하나를 선택할 수 있다. 두 기업이 동시에 각각 한 전략을 한 번만 선택하는 게임의 보수행렬은 다음 표와 같다. 이 게임에 대한 설명으로 옳은 것은? (국가직 9급)

A기업 / B기업	대규모 예산	소규모 예산
대규모 예산	(30, 20)	(70, 10)
소규모 예산	(10, 30)	(50, 40)

① 기업 A의 우월전략은 대규모 예산이다.
② 기업 A가 소규모 예산을, 기업 B가 대규모 예산을 선택하는 경우는 내쉬균형이 된다.
③ 기업 A가 대규모 예산을, 기업 B가 소규모 예산을 선택하는 경우는 내쉬균형이 된다.
④ 기업 A가 소규모 예산을, 기업 B가 소규모 예산을 선택하는 경우는 내쉬균형이 된다.

50. 두 기업 A, B의 가격전략 M, N, X, Y가 결과하는 이윤의 보수행렬이 다음과 같이 주어져 있다. 이 때 기업들이 도달하는 Nash균형의 보수는? (7급 행정)

A기업 / B기업	M	N
X	(3, 3)	(−1, 5)
Y	(5, −1)	(1, 1)

① (3, 3) ② (−1, 5) ③ (5, −1) ④ (1, 1) ⑤ 이상 모두가 가능하다.

51. 기업들이 각자의 생산량을 동시에 결정하는 쿠르노복점모형에서 시장 수요곡선이 $P=60-Q$로 주어지고, 두 기업의 한계비용은 30으로 동일하다. 이 때 내쉬균형에서 각 기업의 생산량과 가격은? 〔공인노무사〕

① Q_1: 5, Q_2: 5, P: 50
② Q_1: 10, Q_2: 10, P: 40
③ Q_1: 10, Q_2: 10, P: 50
④ Q_1: 15, Q_2: 10, P: 35
⑤ Q_1: 15, Q_2: 15, P: 30

1032,103

제6장

생산요소시장이론

1. 생산요소시장

시장이론에서는 기업이 생산요소시장에서 이윤극대화조건에 부응하는 가격과 산출량을 결정하는 모형이었다면 생산요소시장이론은 기업이 생산요소시장에서 기업의 이윤극대화원리에 부응하는 생산요소의 가격과 생산요소량을 결정하는 모형이다. 공간적 환경이 생산물공간(output space)에서 생산요소공간(input space)으로 바뀌었고 기업은 공급주체에서 수요주체로 전환되었다. 생산요소시장에서 결정되는 생산요소가격은 그 생산요소를 공급하는 경제주체의 소득이 된다. 따라서 생산요소시장이론은 소득분배이론이라고도 한다.

소득분배이론은 ① 생산요소시장이론에서 다루어지는 기능적 분배이론(functional distribution), ② 계층간 소득분배를 다루는 인적분배이론(personal distribution)으로 나누어진다. 기능적 분배이론은 토지, 노동, 자본, 경영 등의 생산요소의 가격결정에 관한 모형이고 인적 분배이론은 계층별 소득분배에 대한 공평성에 관한 모형이다.

1) 생산요소의 수요

생산요소의 수요의 주체는 기업이다. 기업은 생산물의 생산수준을 결정한 후 그에 따라 생산요소의 수요를 결정한다. 생산요소에 대한 기업의 수요는 생산물수요에 의한 파생되는 수요(derived demand)이다. 따라서 기업은 생산물시장과 생산요소시장을 모두 고려한 이윤극대화조건을 충족하는 생산요소의 수요를 결정하게 된다.

(1) 생산요소시장에서의 기업의 선택

기업은 생산물시장에서 이윤극대화를 충족하는 생산량을 결정하고 그 생산물을 공급하기 위한 생산요소의 수요, 즉 파생적 수요를 결정하게 된다. 기업이 어떤 생산요소를 수요할 것인지의 여부는 그 생산요소를 투입했을 때 발생하는 추가적인 수입(MRP: marginal revenue product)과 추가적인 비용(MFC: marginal factor cost)을 비교하는 이윤극대화조건을 따를 것이다.

$$\text{생산요소투입의 추가수입 } MRP_F = \frac{\Delta TR}{\Delta F} = \frac{\Delta Q}{\Delta F} \times \frac{\Delta TR}{\Delta Q} = MP_F \times MR$$

MP_F : 생산요소의 한계생산, MR: 기업의 한계수입

생산요소의 한계생산은 생산력체감의 법칙에 의해 체감한다.

MR곡선은 완전경쟁시장이면 수평이므로 MR은 일정하고 불완전경쟁 시장이면 우하향하므로 MR은 감소한다.

$$\text{생산요소투입의 추가비용 } MFC_F = \frac{\Delta TC}{\Delta F} = \frac{\Delta Q}{\Delta F} \times \frac{\Delta TC}{\Delta Q} = MP_F \times MC$$

예를 든다면 노동자 한 명을 추가로 고용했다 하자. 기업의 수입측면에서는 $MP_L = 5$, $MR = 1{,}000$이라면 $MRP_L = 5{,}000$, 즉 노동자 한명을 고용했을 때 기업은 5,000원의 추가수입이 발생한다. 기업의 비용측면에서는 $MP_L = 5$, $MC = 1{,}000$이라면 $MFC_L = 5{,}000$, 즉 노동자 한 명을 고용했을 때 기업은 5,000원의 추가비용이 발생한다.

따라서 기업은 $MRP_F = MFC_F$에서 생산요소의 투입을 멈춰야 한다.

$MRP_F > MFC_F$에서는 기업은 더 많은 생산요소를 투입할수록 기업의 수입은 증대하고 $MRP_F < MFC_F$에서는 기업은 더 많은 생산요소를 투입할수록 기업의 수입은 감소한다.

이런 원리가 작동하기 때문에 $MRP_F = MFC_F$은 생산요소시장의 균형조건이 된다.

$MP_F \times MR = MP_F \times MC$ 수식이 성립하여 정리하면 $MR = MC$가 된다.

결국 생산요소시장에서의 기업의 이윤극대화 조건 $MRP_F = MFC_F$와 생산물시장에서의 이윤극대화 조건 $MR = MC$가 같은 의미를 갖는다.

MRP_F(한계수입생산) $= MP_F \times MR$

VMP_F(한계생산물가치) $= MP_F \times P$

생산물시장이 완전경쟁이면 $P = MR$이 성립하여 $MRP_F = VMP_F$

생산물시장이 불완전경쟁이면 $P > MR$이 되어 $MRP_F < VMP_F$가 된다.

(2) 단기의 노동수요곡선의 도출(생산요소가 하나인 경우)

단기적으로 자본은 고정되어 있고 다른 생산요소인 노동만이 수요된다 하자. 기업은 VMP_L(노동의 한계생산물가치)$=MP_L \times P$를 따라 노동을 수요하게 된다. 생산물시장이 완전경쟁시장이라면 $MRP_L = VMP_L$이 성립되므로 노동의 수요곡선은 〈그림 6-1〉의 $VMP_L = D$와 같다.

VMP_L 곡선이 우하향하는 이유는 노동의 한계생산체감의 법칙 때문이다.

VMP_L(한계생산물가치)$=MP_L \times P$에서 노동투입을 증가시킬수록 MP_L은 체감한다.

〈그림 6-1〉 단기의 노동수요곡선(가변요소가 하나인 경우)

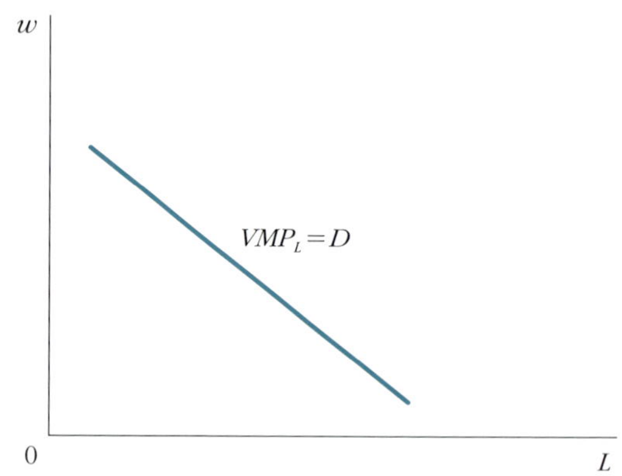

〈그림 6-2〉 생산물 시장이 불완전경쟁시장일 때 노동수요곡선

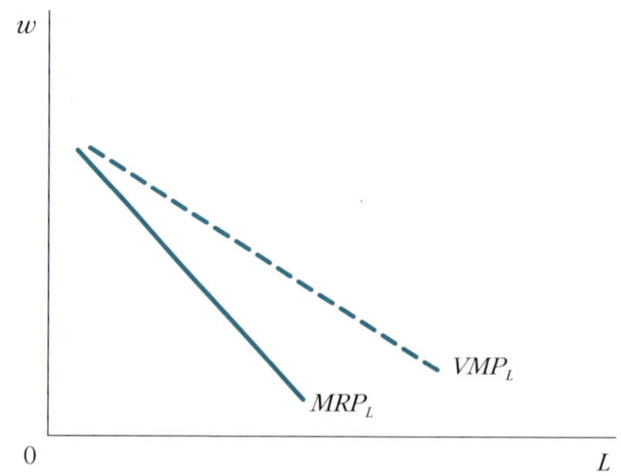

만약 생산물시장이 불완전경쟁시장이라면 노동의 수요곡선은 VMP_L 곡선이 아닌 MRP_L 곡선이 된다. 〈그림 6-2〉에서 MRP_L 곡선이 VMP_L 곡선보다 아래에 놓인 이유는 생산물시장이 불완전경쟁인 경우, 생산물의 가격이 한계수입이나 한계비용보다 높기 때문이다. VMP_F(한계생산물가치)$=MP_F \times P > MRP_F$(한계수입생산)$=MP_F \times MR(P > MR = MC)$인 것이다.

(3) 장기의 노동수요곡선의 도출(가변요소가 둘 이상인 경우)

가변적인 생산요소가 둘 이상인 경우는 장기로서 자본도 가변투입요소로 변하게 된다. 장기에는 노동과 자본 모두가 가변요소인 것이다. 가변요소가 노동 하나인 경우에는 〈그림 6-1〉에서처럼 노동수요는 노동의 한계생산물가치곡선(VMP_L)의 형태를 가진다. 가변요소가 노동과 자본인 경우에는 임금이 하락하면 〈그림 6-3〉처럼 노동의 한계생산물가치곡선(VMP_L)은 우측으로 이동하게 되고 이에 따라 노동에 대한 수요는 증가한다. 임금이 하락하면 대체효과와 산출효과가 발생하게 되어 노동과 자본에 대한 수요는 증가한다.

임금이 하락하면 노동의 가격이 자본의 가격보다 상대적으로 싸졌기 때문에 노동에 대한 대체수요가 〈그림 6-3〉의 L_1에서 L_2로 증가한다. 이것을 노동과 자본에 대한 상대가격의 변화로 나타나는 대체효과(substitution effect)라 한다.

〈그림 6-3〉 임금의 하락에 의한 대체효과와 산출효과

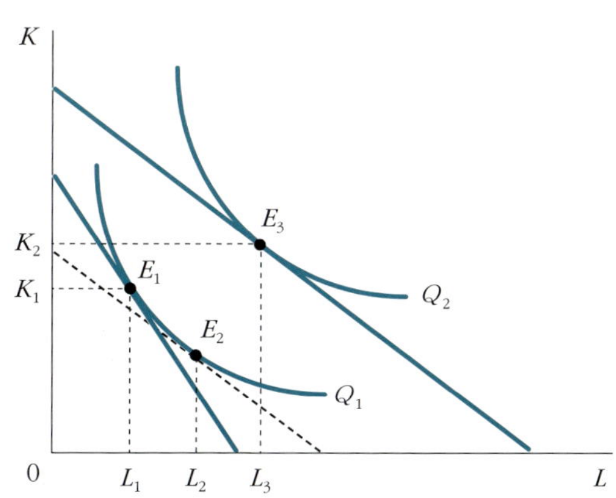

〈그림 6-4〉 노동에 대한 수요곡선(가변요소가 둘인 경우)

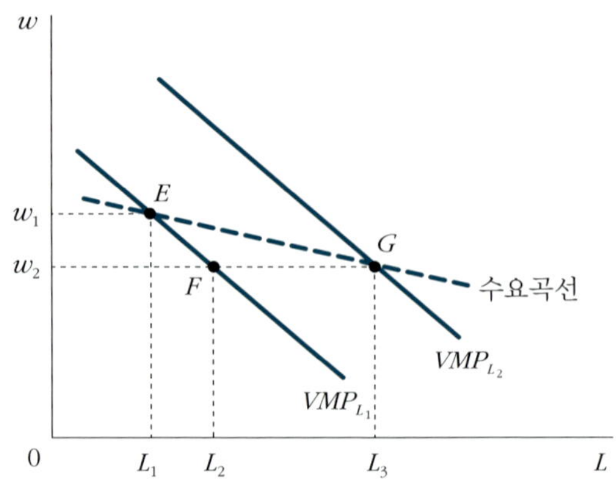

다른 한편으로는 임금이 하락하면 생산물에 대한 한계비용이 감소하고 그에 따라 산출량은 〈그림 6-3〉의 등량곡선 Q_1에서 Q_2로 증가하게 된다. 산출량의 증가는 노동에 대한 수요를 〈그림 6-3〉의 L_2에서 L_3로 증가시키게 되는데 이를 산출효과(output effect)라 한다.

여기서 산출효과는 노동수요만이 아니라 〈그림 6-3〉의 K_1에서 K_2만큼의 자본수요도 증가시키게 된다. 이런 이유로 〈그림 6-4〉의 VMP_{L_1}곡선은 VMP_{L_2}로 우측이동하게 된다. 임금이 w_1에서 w_2로 하락하면 자본이 변하지 않는 K_1수준일 경우 VMP_{L_1}곡선을 따라 노동에 대한 수요는 L_1에서 L_2로 증가한다. 그런데 노동투입의 증대는 자본의 한계생산을 증대시켜 자본은 K_1에서 K_2로 증가하고 노동단위당 자본증가로 노동의 한계생산(MP_L)도 증가한다. 따라서은 〈그림 6-4〉처럼 우측으로 이동하여 VMP_{L_2}가 되고 이에 따라 노동수요는 L_2에서 L_3로 더욱 증가하게 된다.

장기의 노동수요곡선은 최초의 임금수준(w_1)에서의 수요인 E점에서 임금의 하락(w_2)수준에서의 수요인 G점을 잇는 $E-G$점선으로 도출된다. 장기의 노동수요곡선은 단기의 노동수요곡선보다 완만한 수요곡선이 된다.

(4) 생산요소의 시장수요곡선

생산요소의 시장수요곡선은 개별의 기업의 생산요소에 대한 수요곡선을 수평으로 합하여 구할 수 있다. 생산물시장이 완전경쟁이면 생산요소의 시장수요곡선은

〈그림 6-5〉 생산물시장을 고려한 생산요소의 시장수요곡선

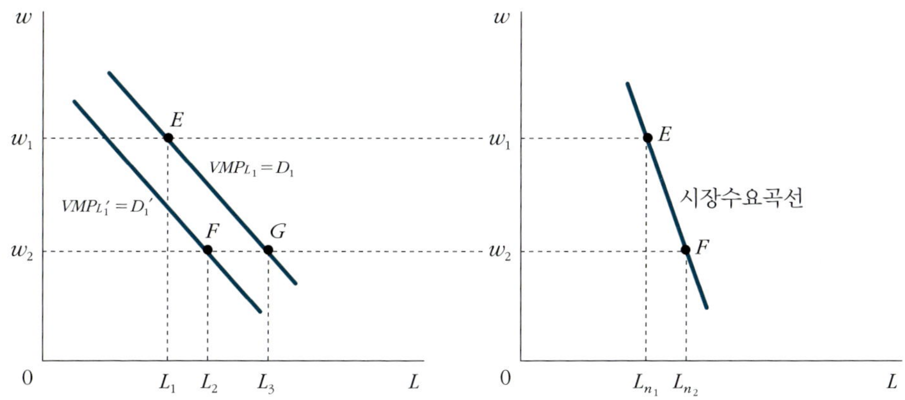

개별기업의 VMP_F 곡선을 수평으로 합하여 도출할 수 있다. 생산물시장이 불완전경쟁시장이면 생산요소의 시장수요곡선은 개별기업의 MRP_F 곡선을 수평으로 합하여 도출할 수 있다.

그런데 생산물시장을 고려한 생산요소의 시장수요곡선은 생산요소가격이 하락하면 생산요소수요량이 증가한다는 차원을 넘어 생산요소의 투입량이 증가하면 생산물의 공급량이 증가하여 생산물의 가격이 하락하는 것까지 고려해야 한다. 이런 경우 〈그림 6-5〉처럼 생산물의 가격이 하락하면 VMP_{L_1}에서 VMP_{L_2}로 한계생산물가치곡선이 하방이동하게 된다.

따라서 생산요소수요가 L_1에서 L_3로 증가했다가 L_2로 증가량이 감소하게 된다. 생산요소의 시장수요곡선은 〈그림 6-5〉의 우측그림에서 FE곡선으로 나타나며 생산물시장을 고려하지 않은 경우보다 비탄력적이 된다.

2) 생산요소시장의 균형

생산요소시장의 균형은 생산물시장과 생산요소시장의 구조적 특성에 균형조건이 달라진다.

① 생산물시장이나 생산요소시장이 모두 완전경쟁이면 $VMP = MRP = MFC = AFC$가 충족되어야 한다.

② 생산물시장이 독점이고 생산요소시장이 완전경쟁이면 $VMP > MRP = MFC = AFC$가 충족되어야 한다.

③ 생산물시장이 완전경쟁이고 생산요소시장이 독점이면 $VMP = MRP = MFC > AFC$가 충족되어야 한다.

④ 생산물시장이나 생산요소시장 모두 독점이면 $VMP > MRP = MFC > AFC$가 충족되어야 한다.

⑤ 생산요소시장이 수요독점이면 $MFC > AFC$가 성립하는데 생산요소가격은 AFC수준에서 결정된다. 수요독점적 착취가 발생한다.

⑥ 생산요소시장이 공급독점이면 독점자의 목표가 이윤극대화, 총임금소득의 극대화, 고용량의 극대화에 따라 다르게 결정된다.

3) 완전경쟁시장

생산물시장이나 생산요소시장이 모두 완전경쟁인 경우, 생산요소시장의 균형조건은 $VMP = MRP = MFC = AFC$이다.

〈그림 6-6〉에서 $VMP = MRP$가 시장수요곡선 D이며 $MFC = AFC$는 시장공급곡선 S가 된다. 따라서 $VMP = MRP$(D수요곡선)$=$(S공급곡선)$MFC = AFC$가 성립하는 E점에서 균형이 이루어진다.

〈그림 6-6〉 생산요소시장의 균형(완전경쟁시장의 경우)

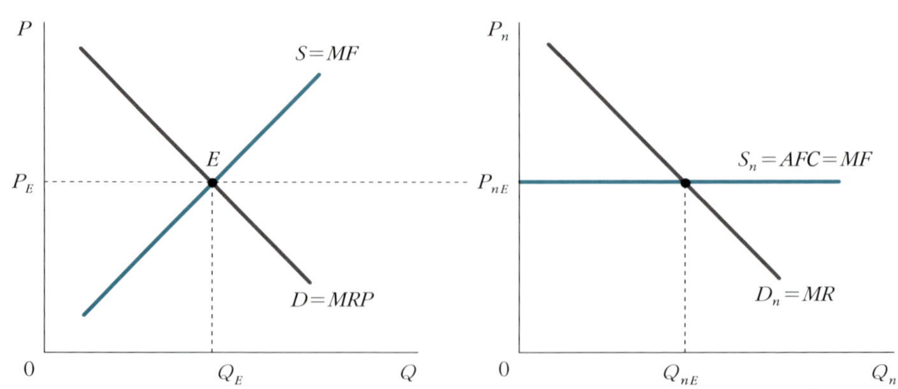

(a) 시장 (b) 개별기업

생산요소시장이 완전경쟁시장인 경우 개별기업이 직면하는 생산요소의 공급곡선은 〈그림 6-6〉의 (b)와 같이 수평선으로 나타난다. 완전경쟁에서는 개별기업이 생산요소를 주어진 시장가격하에서 충분히 공급받는다는 것을 의미한다. 또한 공급곡선이 수평이므로 평균요소비용(*AFC*)이 일정하다는 것을 의미하므로 *AFC*=*MFC*가 성립한다. 따라서 생산요소에 대한 수요곡선과 공급곡선이 교차하는 *E*점에서는 기업의 이윤극대화조건(*MFC*=*MRP*)을 충족하면서 P_E 수준의 시장균형가격과 Q_E 수준의 균형수·급량이 결정된다.

4) 불완전경쟁 생산요소시장

불완전경쟁 생산요소시장은 ① 생산물시장은 독점인데 생산요소시장은 완전경쟁인 경우, ② 생산요소시장의 수요측면이 독점이면서 생산물시장도 독점인 경우, ③ 생산요소의 시장의 수요측면은 완전경쟁이고 공급측면은 독점인 경우, ④ 생산요소시장의 수요와 공급이 모두 독점인 경우 등으로 분류할 수 있다.

① 생산물시장이 독점이고 생산요소시장이 완전경쟁이면 *VMP*>*MRP*=*MFC*=*AFC*가 성립한다.
② 생산물시장과 생산요소시장이 동시에 독점이면 *VMP*>*MRP*=*MFC*>*AFC*가 성립한다.
③ 생산요소시장이 공급독점이면 독점자의 목표가 이윤극대화인가(*MR*=*MC*의 *MRP*선상의 점), 총임금소득의 극대화인가(*MR*=0인 수준의 *MRP*선상의 점), 고용량의 극대화(*MRP*=*MC*)인가에 따라 다르게 결정된다.
④ 생산요소시장이 수요독점이면 *MFC*>*AFC*가 성립하는데 생산요소가격은 *AFC*수준에서 결정된다. *MFC*>*AFC*의 차이만큼 수요독점적 착취가 발생한다.

〈그림 6-7〉의 *A*점(*VMP*=*MRP*=*MFC*=*AFC*)은 생산물시장과 생산요소시장이 완전경쟁인 경우, *B*점(*VMP*>*MRP*=*MFC*=*AFC*)은 생산물시장은 독점이고 생산요소시장은 완전경쟁인 경우, *C*점(*MFC*>*AFC*)은 생산요소시장이 수요독점인 경우인데 생산요소가격은 *AFC*수준에서 결정된다. *MFC*>*AFC*의 차이만큼 수요독점적 착취가 발생한다.

〈그림 6-7〉 불완전경쟁시장의 균형(1)

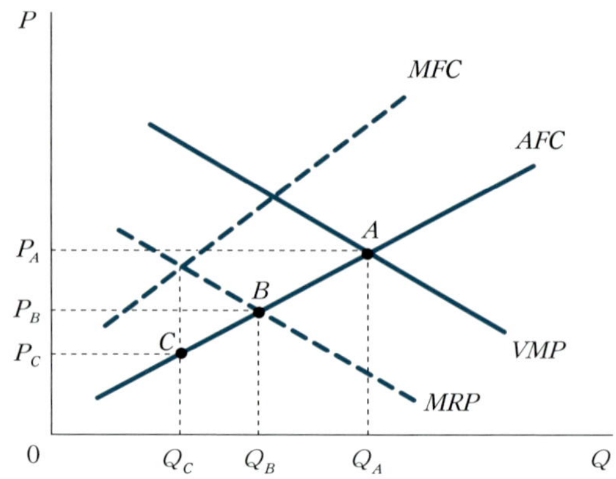

2. 기능별 소득분배이론

미시적 소득분배이론에는 기능별 소득분배이론(functional distribution of income)과 계층별 소득분배이론(size distribution of income)이 있다. 생산요소시장에서의 생산요소의 가격결정은 생산요소를 공급하는 경제주체들의 소득이 된다. 생산요소는 토지, 노동, 자본, 경영 등에 따라 각각의 수요·공급에 의한 시장균형가격, 즉 지대, 임금, 이자, 이윤이 결정된다. 기능별 소득분배이론은 생산요소시장의 균형원리에 따라 지대, 임금, 이자, 이윤이 결정되는 과정을 다루는 모형이다.

1) 지대론

(1) 전용수입과 경제적 지대

지대는 토지와 같이 공급이 제한된 생산요소가 생산과정에서 서비스를 제공한 대가 또는 가격을 말한다. 지대와 토지의 가격은 다른 개념이다. 지대는 임대료의 의미이고, 토지의 가격은 토지에 대한 자본화가치(capitalized value of land)를 의

〈그림 6-8〉 경제적 지대와 전용수입

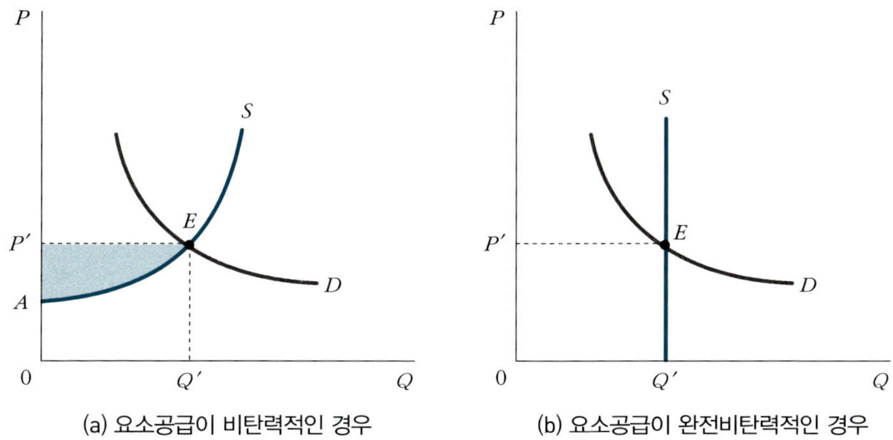

미한다. 지대는 토지뿐만 아니라 공급이 제한된 생산요소에 대한 보수를 통징하는 개념이다. 따라서 만약 생산요소의 공급이 고정된 경우라면 지대는 수요에 의해 좌우된다.

〈그림 6-8〉은 경제적 지대와 전용수입을 나타내고 있다. 전용수입(transfer earnings)이란 생산요소가 현재 투입되고 있는 용도에서 다른 용도로 전용되지 않도록 하기 위한 최소한의 보수를 말한다. 전용수입은 생산요소의 기회비용이며 생산요소의 공급이 탄력적일수록 커진다. 반면에 경제적 지대(economic rent)는 공급이 비탄력적일수록 커지는 특성을 가진다.

〈그림 6-8〉의 (a)의 $\triangle AEP'$가 경제적 지대이다. 여기서 사다리꼴 $0AEQ'$는 전용수입이다. 〈그림 6-8〉의 (b)는 요소의 공급이 고정되어 있는 경우로 공급곡선은 수직선이다. 이것은 공급의 가격탄력성이 0(완전비탄력적)인 경우이다. 이런 경우 경제적 지대는 $\square 0P'EQ'$이고 전용수입은 제로(0)가 된다.

만약 생산요소의 공급의 가격탄력성이 무한히(∞) 탄력적이라면 요소의 공급곡선은 수평선이 된다. 따라서 생산요소의 가격은 모두 전용수입이며 경제적 지대는 제로(0)가 된다.

이런 원리가 적용되어 토지뿐만 아니라 공급이 탄력적인 직종과 공급이 비탄력적인 직종의 보수의 차이도 대체로 경제적 지대의 차이에 의해 발생하는 것이다.

경제적 지대(생산요소시장)는 생산물시장에서 생산자잉여와 거의 동일한 개념이며, 공급의 제한된 직업에 적용될 수 있다. 의사, 변호사, 회계사, 변리사 등 면허 또는 인증제도에 의해 공급이 제한되는 경우뿐만 아니라 세계적인 예술인, 세계적인 운동선수 등 아주 특별한 질적 수준에 의해 공급이 제한되는 경우에도 경제적 지대가 발생한다.

따라서 특수이익집단들이 정부의 인·허가를 얻기 위해 로비한다든지, 면허나 자격취득인원을 제한하려고 압력을 행사하는 경우에도 공급의 가격탄력성을 줄이려는 노력에 해당한다. 이와 같은 행위들은 지대추구행위(rent-seeking behavior)의 일종이다.

(2) 경제적 지대와 준지대

경제적 지대(economic rent)와 준지대(quasi-rent)는 유사한 개념이다. 경제적 지대는 생산요소공급이 비탄력적일 때 발생하는 생산요소공급자의 잉여를 의미하기 때문에 생산요소의 총보수에서 이전수입을 뺀 개념이다. 따라서 경제적 지대는 단기든 장기든 관계없이 생산요소의 공급제한에서 비롯된다.

준지대는 단기개념이며 고정생산요소(자본)가 얻는 보수를 의미한다. 준지대는 총수입에서 총가변비용을 뺀 개념이다. 따라서 준지대는 재화의 가격이 높

〈그림 6-9〉 기업의 총수입과 준지대

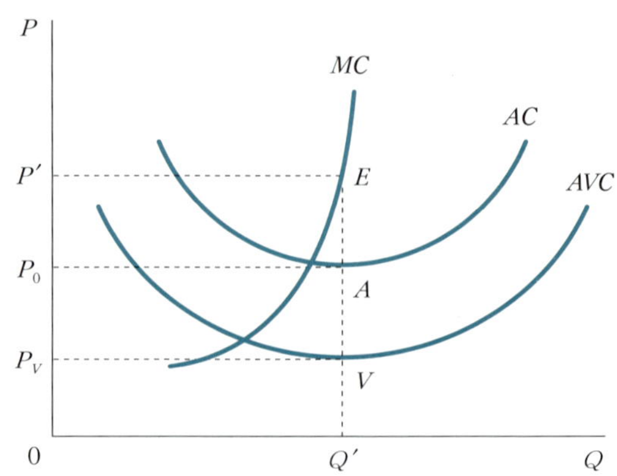

을수록 총가변비용이 작을수록 커지는 특성을 가진다. 〈그림 6-9〉에서 준지대(quasi-rent)는 기업의 총수입 □$0P'EQ'$에서 총가변비용 □$0P_vVQ'$를 제외한 □$P'P_vVE$에 해당한다. 준지대 개념은 자본설비처럼 한계생산 개념이 적용될 수 없는 경우 보수를 산정할 때 준지대개념을 활용한다. 하지만 장기적으로는 고정생산요소가 존재하지 않으므로 준지대는 발생하지 않는다.

2) 임금론

(1) 임금의 개념

임금이란 생산요소로써 노동이 제공하는 서비스에 대한 대가 또는 가격을 의미한다. 임금은 곧 노동의 시장가격에 해당한다. 임금은 노동시장에서 노동의 수요와 공급에 의해 결정된다. 노동의 수요곡선과 공급곡선이 교차하는 점에서 시장균형임금이 결정되고 이것은 명목임금(nominal wage)이다. 실질임금(real wage)은 명목임금으로 구입할 수 있는 상품에 대한 구매력을 나타낸다. 실질임금($\frac{W}{P}$)은 명목임금(W)을 물가(P)로 나눈 값을 말하고 또는 $\frac{\text{명목임금}}{\text{물가지수}} \times 100$으로 계산한다.

(2) 임금의 결정

임금의 결정에 대한 논쟁은 임금생존비설, 노동가치설 등 다양하게 지속돼왔다. 하지만 임금은 한계생산력에 의해 결정된다는 한계생산성이론이 가장 일반적으로 받아들여지고 있다. 완전경쟁시장에서 임금이 결정된다면 노동의 수요곡선은 노동의 $MRP = VMP$곡선이고 노동의 공급곡선은 노동의 $AFC = MFC$곡선이 될 것이다. 그리고 노동의 수요곡선과 공급곡선이 교차하는 점에서 균형임금과 균형고용량이 결정될 것이다.

$$W = VMP_L(\text{한계생산물가치}) = MP_L(\text{노동의 한계생산}) \times P(\text{생산물의 가격})$$

재화의 가격(P)은 생산물시장에서 결정되므로 생산요소시장에서 임금은 MP_L(노동의 한계생산)이 결정한다는 것을 알 수 있다. 임금이 노동의 MP_L(노동의 한계생산)에 의해 결정되는 원리를 한계생산성이론이라 한다.

3) 노동공급곡선의 특징

생산요소시장에서 노동공급은 후방으로 굴절하는 곡선(backward bending supply curve)으로 도출된다. 노동의 공급의 주체는 가계이다. 따라서 노동공급자는 효용극대화조건하에서 노동공급을 결정한다. 주어진 임금과 시간이라는 제약조건하에서 노동(labor)과 여가(leisure)에 대한 최적 조합을 선택함으로써 자신의 효용을 극대화할 수 있다.

〈그림 6-10〉은 노동공급자의 효용극대화조건에서 노동과 여가의 조합으로 도출된 노동공급곡선이다.

노동공급자는 효용의 극대화를 위하여 임금이 상승하면 노동을 증가시키거나 아니면 여가를 증가시킬 수 있다. 임금이 상승할 때 노동의 공급시간을 증가시키면 대체효과라 하고, 임금이 상승할 때 여가를 증가시키면 소득효과라 한다. 〈그림 6-10〉의 임금수준 W'까지는 임금상승함에 따라 노동공급이 증가하는데, 이것은 대체효과가 소득효과보다 크게 나타난 결과이다. 그런데 임금수준이 W'를 상회하는 경우, 임금이 상승함에 따라 노동공급은 오히려 감소하게 된다. 이것은 소득효과가 대체효과보다 크게 나타난 결과이다. 이런 원리에 따라 노동공급곡선은 임금수준 W'에서 후방으로 굴절하게 된다.

〈그림 6-10〉 노동의 후방굴절공급곡선

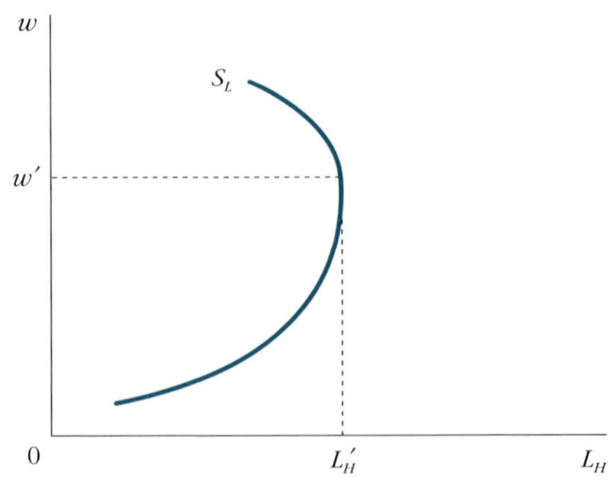

4) 이자론

(1) 이자의 개념

이자(interest)는 자본을 차입하여 사용한 것에 대한 대가이다. 또한 이자란 자본재라는 생산요소가 제공하는 서비스에 대한 가격에 해당한다. 즉 이자는 자본재(capital goods)의 사용에 대한 임대료의 성격을 갖는다.

이자율은 차입한 자본에 대한 이자의 크기를 백분율로 나타낸 것이며 명목이자율과 실질이자율로 구분된다.

$$\text{이자율} = \frac{\text{이자}}{\text{자본재 가격}} \times 100$$

명목이자율과 실질이자율의 관계는 실질이자율=명목이자율−예상인플레이션율이다.

따라서 만약 인플레이션율이 0이라면 명목이자율과 실질이자율은 같게 된다.

(2) 이자율의 결정

이자율은 자본서비스의 수요와 공급에 의해 결정된다. 생산요소로서의 자본은 자본재가 제공하는 자본서비스를 의미한다. 기업은 이윤극대화를 위해 기업의 수입이 자본임대료보다 높다면 자본의 수요를 증대시킬 것이다. 만약 기업이 자본재를 임대가 아닌 투자를 통해 직접 구매하는 경우라면 투자가 증가하게 된다. 기업이 투자를 위해 금융을 차입하게 되면 금융시장에서 자금수요가 증가한다.

자본서비스의 수요[1)]는 기업이 자본으로부터 얻는 한계생산물가치(*VMP*)와 자본서비스의 가격($r=AFC$)이 같아질 때 결정된다. 가계는 미래소비와 현재소비의 가치가 일치할 때 자본서비스의 공급을 결정한다.

이자율결정에 관한 이론으로는 고전파의 이론과 케인스의 이론이 대표적이다.

① 고전파는 이자를 실물적 관점에서 투자와 저축에 의해 결정되는 것으로 파악한

---

1) 새로운 자본재의 수요는 투자에 의해서 결정된다. 또한 투자는 현재가치법(present value criterion)과 내부수익률법(internal rate of return criterion)에 의해서 결정된다.

다. 투자와 저축이 일치하는 생산물시장의 균형상태에서 이자율이 결정된다고 보는 대부자금설을 이론화했다.

② 케인스는 이자를 화폐적 관점에서 화폐시장의 수요와 공급에 의해 이자율이 결정되는 것으로 파악한다. 화폐의 공급은 정책당국에 의해 결정되고, 화폐의 수요는 화폐에 대한 소비자의 유동성선호(화폐를 수요하려는 3가지 동기)에 의해 결정된다. 이것을 케인스의 유동성선호설(theory of liquidity preference)이라 한다.

③ 거시이론에서 거시적 일반균형에 의한 이자결정이론이 있다. 생산물시장과 화폐시장이 동시적으로 균형에 도달할 때 이자율이 결정된다. 이것은 힉스의 *IS-LM*모형에 의해 설명된다.

5) 이윤론

(1) 이윤의 개념

이윤은 기업가(경영자)가 생산요소를 효율적으로 결합하여 생산활동을 조직하고 관리한 기업경영의 결과물이다. 이것은 기업가(경영자)의 기업활동에 대한 보수를 의미한다. 이윤은 기업가가 기업활동으로 얻은 기업의 총수입에서 각각의 생산요소(임금, 지대, 이자)비용을 지불하고 남은 잔여수입에 해당한다. 따라서 이윤의 크기는 불확정성을 가진다.

이윤은 시장에서 보다 많은 이윤을 얻으려는 기업들에게 기술개발이나 혁신, 그리고 경영의 효율화를 촉진시키는 유인을 제공한다. 또한 이윤은 자원배분과정에서 이윤이 발생하지 않는 비효율적인 산업이나 기업들을 퇴출시켜 시장에 의한 자율적인 구조조정을 가능하게 한다.

슘페터(J. Schumpeter)는 기업가의 혁신에 대한 대가가 이윤이며 혁신이야말로 경제발전을 위한 핵심동력이라고 주장하였다. 나이트(F.H. Knight)는 이윤을 기업가가 부담하는 위험에 대한 대가로 인식한다. 칼 마르크스는 이윤을 노동착취인 잉여가치로 개념화하고, 뵘바베르크는 이윤을 완전경쟁을 제한하는 진입장벽으로 인한 결과물로 파악한다.

(2) 이윤의 구분

이윤은 정상이윤, 초과이윤, 그리고 독점이윤으로 구분할 수 있다. ① 정상이윤이란 기업가가 정상적인 생산활동을 지속하기 위한 최소한의 보수를 의미한다. 정상이윤은 기업가의 기회비용이고 잠재적 비용이며 경제학적 비용에 포함된다. 총수입과 총비용($TR = TC$)이 동일하다면 기업가는 정상이윤을 얻고 있다는 것을 의미한다. ② 초과이윤이란 정상이윤을 초과하는 잉여부분을 의미하며 단기적으로 조정과정에서 발생한다. 따라서 장기적으로는 소멸하는 이윤이므로 자원배분을 왜곡시키지 않는다. ③ 독점이윤이란 독점상태에서 발생하는 이윤이며 초과이윤의 일종이지만 장기적으로도 소멸되지 않기 때문에 자원배분의 왜곡을 초래한다.

3. 계층별 소득분배이론

계층별 소득분배(size distribution of income)이론은 소득을 결정하는 기능이나 원천이 무엇인가를 고려하지 않고 소득의 분배상태가 계층 간 얼마나 공평성을 유지하는가에 관한 이론체계이다. 저소득층과 고소득층간의 소득불평등이 발생하는 요인으로는 개인적 측면에서 상속, 능력, 노력 등에서 비롯될 수 있고 사회적 측면에서는 사회제도, 경제정책 등에서 비롯될 수 있다. 계층별 소득분배문제에 대한 공평성의 문제는 오늘날 정의사회 실현에 대한 중요한 실천적 과제이다.

소득분배의 계층별 불평등의 기준과 정도에 대한 여러 가지 소득의 불균등지수가 개발되었다. ① 로렌츠곡선, ② 지니계수, ③ 십분위분배율, ④ 앳킨슨지수 등의 소득불평등지수를 살펴보자.

1) 로렌츠곡선

로렌츠곡선(Lorenz curve)은 계층별 소득분포자료에서 인구의 누적점유율에 대응하는 소득의 누적점유율로 나타낸 소득불균등지수이다. 〈그림 6 - 11〉의 수평축은 소득계층의 인구비율을 나타내고 수직축은 전체소득에서 소득이 차지하는 누적점유율을 나타낸다. 로렌츠곡선이 〈그림 6 - 11〉의 대각선인 L_F와 일치한다면 소득분배는 완전균등분배 상태이다. 로렌츠곡선이 〈그림 6 - 11〉의 L_U 형태로 L자형이라면 소득분배는 완전불균등분배 상태이다.

따라서 로렌츠곡선 점선으로 표시된 삼각형의 면적$(L_R + L_U)$은 완전한 불균등도를 나타낸다. 만약 현실적인 로렌츠곡선이 L_R선이라면 대각선 점선 L_F에서 멀어질수록 소득분배의 불균등도가 커지는 것을 의미하며 소득의 불균등도의 크기는 대각선 점선 L_F와 L_R선 사이 면적만큼이다. 로렌츠곡선 L_R선이 대각선 점선 L_F에 가까워질수록 대각선 점선 L_F와 L_R선 사이의 면적이 작아지고, 작아진 면적만큼 소득의 불평등도가 작아지는 것을 나타낸다.

로렌츠곡선은 소득분배의 불균등 정도를 명료하게 단순하게 그림으로 보여줄 수 있다는 장점을 가진다. 하지만 로렌츠곡선은 다음과 같은 여러 가지 단점도 가지고 있다.

① 로렌츠곡선은 단순명료하게 그림을 이용하여 소득분배의 불균등도를 판별하는 데 도움을 주지만, 그 불균등도가 기수적으로 얼마인지 또는 서로 비교했을 때

〈그림 6 - 11〉 로렌츠곡선

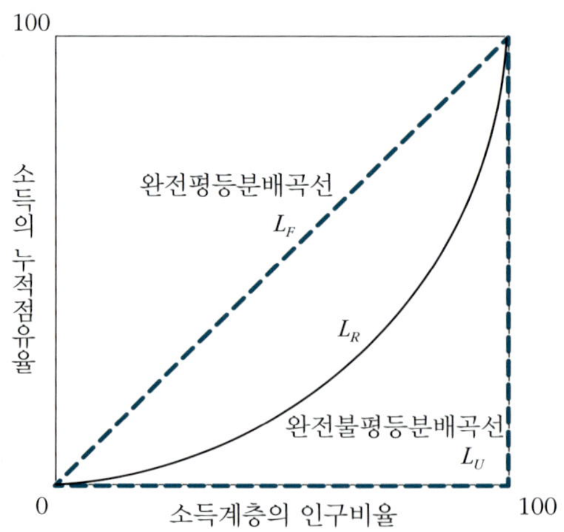

얼마만큼의 불균등의 차이가 있는 것인지 정확하게 계측할 수 없다.

② 로렌츠곡선은 이론적으로 교차할 수 없다. 로렌츠곡선이 만약 서로 교차한다면 소득불균등도를 비교할 수 없기 때문이다. 하지만 실제로 로렌츠곡선을 도출하는 경우, 로렌츠곡선은 서로 교차하는 경우가 많다.

③ 로렌츠곡선은 소득분배에 대한 개개인의 가치기준을 반영할 수 없다.

2) 지니계수

지니계수(Gini coefficient)는 로렌츠곡선의 면적을 계산하여 소득의 불균등도를 측정한 기수적 개념이다.

$$\text{지니계수} = \frac{\text{점선으로 나타낸 대각선과 곡선 사이의 초승달 면적}}{\text{점선으로 나타낸 로렌츠곡선의 }\triangle\text{면적}}$$

소득분배의 완전균등분배를 나타내는 로렌츠곡선이 〈그림 6-11〉의 대각선인 L_F인 경우라면 지니계수는 0이 된다. 대각선과 곡선 사이의 초승달면적이 0이기 때문이다. 반면에 소득분배의 완전불균등분배를 나타내는 로렌츠곡선이 〈그림 6-11〉의 L_U인 경우라면 지니계수는 1이 된다. 대각선과 곡선 사이의 초승달면적과 점선으로 나타낸 로렌츠곡선의 △면적이 동일하기 때문이다. 따라서 지니계수는 그 값이 작을수록 소득분배가 균등한 상태이고 그 값이 클수록 소득분배가 불균등한 상태이다.

지니계수는 로렌츠곡선과 달리 기수적으로 소득의 균등한 정도를 계측할 수 있지만 전 소득계층의 소득분배상태를 하나의 값으로 나타내기 때문에 특정계층의 소득분배상태를 평가하기 어렵다. 또한 소득분배에 있어 사회구성원들의 가치판단의 문제를 반영할 수 없다.

3) 십분위분배율과 소득 5분위배율

(1) 십분위분배율

십분위분배율(deciles distribution ratio)은 소득의 계층을 10분위로 구분한 다음 최하위 40%계층의 소득이 차지하는 전체 소득에서의 소득비율(소득점유율)을 최상위 20%계층이 차지하는 전체 소득에서의 소득비율(소득점유율)로 나눈 값으로 나타낸다.

$$\text{십분위분배율} = \frac{\text{최하위 40\% 소득계층의 소득}}{\text{최상위 20\% 소득계층의 소득}}$$

따라서 십분위분배율지수는 지수값이 클수록 균등한 소득분배상태를 나타내고, 지수값이 작을수록 불균등한 소득분배상태를 나타낸다. 십분위분배율이 2이면 완전균등분배를 나타내고 0이면 완전불균등분배를 나타낸다. 측정이 간단하고 명료하여 실제 소득분배상태를 평가하는 지수로 널리 사용된다. 하지만 중위소득계층 40%의 소득이 제외되었기 때문에 사회 전체의 소득불균등을 전체적으로 반영하지 못한다.

(2) 소득 5분위배율

소득 5분위배율은 소득의 계층을 5분위로 구분한 다음 최상위 20%계층의 소득을 최하위 20%계층의 소득으로 나눈 값으로 나타낸다. 소득 5분위배율지수는 값이 클수록 불균등한 소득분배상태를 나타내고, 값이 작을수록 균등한 소득분배상태를 나타낸다.

$$\text{소득 5분위배율} = \frac{\text{최상위 20\% 소득계층의 소득}}{\text{최하위 20\% 소득계층의 소득}}$$

소득 5분위배율이 1이면 완전한 소득균등분배상태이고, ∞이면 완전한 소득불균등분배상태를 나타낸다. 60%에 이르는 중간소득 계층의 소득이 제외되었기 때문에 사회 전체의 소득 불균등을 전체적으로 반영하지 못한다.

4) 앳킨슨지수

앳킨슨지수(Atkinson index)는 균등분배대등소득과 현재의 평균소득을 비교하여 소득분배의 균등분배 정도를 측정하는 개념이다. 앳킨슨지수를 계산하기 위해서는 균등분배대등소득의 개념을 먼저 이해해야 한다.

균등분배대등소득(equally distributed equivalent income)이란 1인당 평균소득 I_m인 사회에서 소득이 어떤 형태로 (불균등분배)사람들 사이에 분배된 결과 SW의 사회후생수준에 있다고 하자. 이때 모든 사람에게 I_e의 소득을 균등분배하면 역시 SW의 사회후생수준에 도달할 수 있는 소득 I_e를 균등분배대등소득이라 한다.

수식으로는 $A=1-\frac{I_e}{I_m}$로 나타낸다.

소득분배가 완전균등분배되었다면 애킨슨지수는 0이 된다. 평균소득(I_m)과 균등분배대등소득(I_e)이 같아지기 때문이다.

소득분배가 불완전균등분배되었다면 애킨슨지수는 1이 된다. 평균소득(I_m)이 ∞인 결과이다. 애킨스지수는 0과 1 사이의 값을 가지며 그 값이 작을수록 소득분배가 균등함을 나타낸다. 애킨스지수는 사회구성원들의 균등분배에 대한 가치판단을 반영한 개념이다. 그 사회구성원들이 어떤 사회후생함수(SW)를 받아들이냐에 따라 애킨슨지수의 값이 달라진다. 사회구성원들이 소득분배에 가중치를 높게 부여할수록 균등분배대등소득(I_e)이 작아진다. 따라서 애킨슨지수는 커지게 된다.

예를 들어, 평균소득(I_m)은 10만원이고 균등분배대등소득(I_e)은 5만원이라 하자.

애킨슨지수는 $1-\frac{5}{10}=0.5$가 된다. 현재사회전체소득의 50%로 완전균등하게 배분한다면 현재와 동일한 사회후생에 이른다는 의미이다. 애킨슨지수가 0.2라고 하면 현재사회전체소득의 80%를 완전균등분배할 때 현재의 사회후생과 동일해진다는 원리이다. 따라서 애킨슨지수가 작을수록 균등분배에 가까워지고 평균소득(I_m)의 값에 균등분배대등소득(I_e)의 값이 근접할수록 애킨수지수가 작아진다.

연습문제

EXERCISE

1. 아래 그림에서 활 모양의 점선으로 이어진 OO'는 계층별 소득분포를 나타내는 로렌츠곡선이다. 이 그림에 대한 설명 중에서 옳은 것은? (공인회계사)

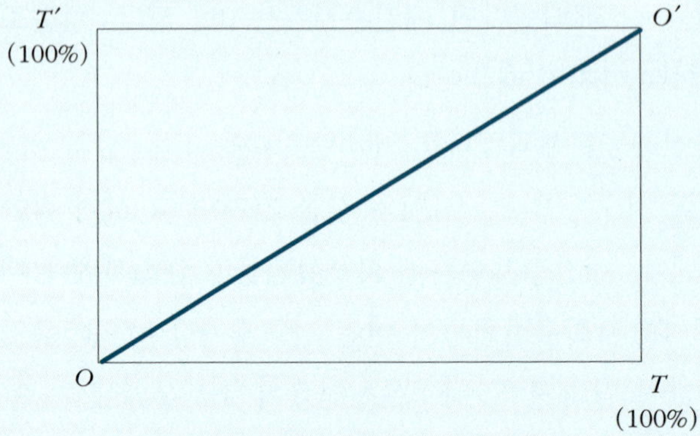

① 직선으로 표시된 대각선 OO'는 완전히 불공평한 소득분배를 나타낸다.

② 대각선 OO'로부터 활 모양의 점선으로 표시된 로렌츠곡선 OO'가 멀리 떨어질수록 소득분배는 불공평해진다.

③ 만일 로렌츠곡선이 직각으로 구부러진 OTO'로 표시된다면 지니 집중계수는 O이다.

④ 만일 로렌츠곡선이 대각선인 직선 OO'로 표시된다고 가정하면 이 때의 지니 집중계수는 1이다.

⑤ 만일 로렌츠곡선 OTO'로 표시된다면 이는 완전히 공평한 소득분배를 나타낸다.

2. 소득분배에 관한 설명 중 옳지 않는 것은? (공인회계사)

① 지니 집중계수의 최대치는 1이다.

② 지니 집중계수의 최소치는 0이다.

③ 계층별 소득분배란 생산요소별로 소득분배를 나타내는 것을 의미한다.

④ 소득분배가 공평해질수록 지니 집중계수는 낮아진다.

⑤ 로렌츠곡선은 일반적으로 기능별 소득분배보다 계층별 소득분배를 분석하는 데 많이 이용된다.

3. 생산요소에 대한 수요를 파생적 수요라고 부르는 이유는? 〔행시〕

① 요소의 수요곡선이 우하향하기 때문
② 생산자들이 값이 비싼 요소를 싼 요소로 대체하기 때문
③ 정부수요가 민간수요를 보완하기 때문
④ 요소에 대한 수요는 산출물에 대한 수요에 의존하기 때문
⑤ 이상의 어느 것도 아니다.

4. '오일러의 정리(Euler's theorem)'가 지니는 경제학적인 뜻은 자본과 노동에 대한 분배율이? 〔행시〕

① 불공평하다.
② 일정하다.
③ 일정하지 않다.
④ 노동자에게 유리하게 분배된다.
⑤ 자본가에게 유리하게 분배된다.

5. 생산물시장, 생산요소시장에서 양자 모두 독점일 때 기업의 이윤극대화의 조건은? 〔행시〕

① 한계비용=평균비용
② 한계수입=한계비용
③ 한계수입=한계요소비용
④ 한계수입생산=한계요소비용
⑤ 한계수입생산=평균요소비용

6. 완전경쟁하에서 이윤극대화를 추구하는 기업이 생산요소의 한계생산물가치가 요소가격을 초과하고 있다고 판단하면 그 기업은 어떠한 행동을 하겠는가? 〔7급 행정〕

① 이 생산요소의 투입을 감소시킨다.
② 이 생산요소의 투입을 증대시킨다.
③ 다른 생산요소의 투입을 증대시킨다.
④ 다른 생산요소의 투입을 감소시킨다.
⑤ 전혀 반응을 보이지 않는다.

7. 힉스-마샬의 파생수요법칙에서 노동수요의 임금탄력성에 관한 설명으로 옳은 것을 모두 고른 것은? 〔공인노무사〕

Ⓐ 생산될 생산물 수요의 가격탄력성이 클수록 임금탄력성이 커진다. Ⓑ 노동이 다른 생산요소와 대체하기 쉬울수록 임금탄력성이 커진다. Ⓒ 임금탄력성은 단기보다 장기에 더 작아진다.

① Ⓐ ② Ⓑ ③ Ⓒ ④ Ⓐ, Ⓑ ⑤ Ⓑ, Ⓒ

8. 요소의 한계수입생산물 *MRP*와 한계생산물가치 *VMP*의 관계가 바르게 표현된 것은? 〔감정평가사〕

① 생산물시장의 형태와 관계없이 항상 $MRP > VMP$이다.
② 생산물시장이 완전하면 $MRP = VMP$, 불완전하면 $MRP > VMP$이다.
③ 생산물시장이 완전하면 $MRP = VMP$, 불완전하면 $MRP < VMP$이다.
④ 생산물시장이 완전하면 $MRP > VMP$, 불완전하면 $MRP < VMP$이다.
⑤ 생산물시장의 형태와 관계없이 항상 $MRP = VMP$이다.

9. 생산요소시장이 완전경쟁적일 때 생산물시장에서의 독점기업이 얻게 되는 초과이윤을 옳게 표시한 것은? 〔공인회계사〕

① (한계생산물가치 − 한계수입생산물) × 요소고용량
② (한계요소비용 − 한계생산물가치) × 요소고용량
③ (한계수입생산물 − 한계요소비용) × 요소고용량
④ (한계수입생산물 − 평균요소비용) × 요소고용량
⑤ 정답이 없다.

10. 노동시장에 관한 설명으로 옳지 않은 것은? 〔공인노무사〕

① 노동의 한계생산 증가는 노동공급곡선을 이동시킨다.
② 노동절약적 기술변화는 노동수요곡선을 이동시킨다.
③ 비노동소득의 증가는 노동공급곡선을 이동시킨다.

④ 산출물의 시장가격이 변화하면 노동수요곡선이 이동한다.
⑤ 숙련편향적 기술변화는 숙련노동자와 비숙련노동자의 임금격차를 확대시킨다.

11. 이윤극대화를 위한 독점기업이 생산요소시장에서 완전경쟁적일 때 틀리는 것은? (공인회계사)

① $MRP=VMP$ ② $W=MRP$ ③ $MR<P$
④ $MRP_L=MPP_L \cdot MR$ ⑤ $MFC=MRP$

12. 완전경쟁적으로 공급되는 생산요소 A를 완전경쟁적으로 수요하여 재화 X를 독점적으로 생산하는 기업의 이윤극대화 요소고용량 수준을 결정하는 요건으로 가장 옳은 것은? (공인회계사)

① $MP_A \cdot P_X=MR_X$ ② $MP_A \cdot MC_X=P_A$ ③ $MP_A \cdot P_X=MC_X$
④ $MP_A \cdot P_X=P_A$ ⑤ $MP_A \cdot MR_X=P_A$

13. 다른 모든 조건이 같다면 독점적 기업은 경쟁적 기업에 비하여? (공인감정사)

① 더 높은 임금을 지불하고 더 많은 노동을 고용한다.
② 더 높은 임금을 지불하고 더 적은 노동을 고용한다.
③ 더 낮은 임금을 지불하고 더 많은 노동을 고용한다.
④ 더 낮은 임금을 지불하고 더 적은 노동을 고용한다.
⑤ 똑같은 임금을 지불하고 똑같은 양의 노동을 고용한다.

14. 한계요소비용(MFC)에 관한 설명으로 옳지 못한 것은? (감정평가사)

① 요소시장이 경쟁적이면 기업의 MFC는 요소가격과 같다.
② 요소시장이 독점적이면 기업의 MFC는 요소가격보다 낮다.
③ 요소공급이 무한탄력적이면 MFC는 요소가격과 같다.
④ 수요독점적 착취란 MFC와 요소가격 간의 차이를 말한다.
⑤ MFC란 생산요소를 한 단위 더 고용함으로써 발생하는 기업의 총비용의 증가분을 말한다.

15. 수요독점기업의 한계요소비용은? 〔공인회계사〕

① 평균요소비용과 일치한다.
② 요소공급곡선과 일치한다.
③ 평균요소비용의 아래쪽에 위치한다.
④ 요소공급곡선의 아래쪽에 위치한다.
⑤ 평균요소비용의 위쪽에 위치한다.

16. 재화시장이 독점이고 요소시장이 완전경쟁인 상태의 기업에 관한 설명 중 옳은 것은? 〔국민연금 4급〕

① 이 기업의 이윤극대화 조건은 $MC_X = MR_X = P_X$이다.
② 이 기업의 극소비용조건은 $\dfrac{MP_L}{P_L} = \dfrac{MP_K}{P_K} = \dfrac{1}{MC_X}$이다.
③ 이 기업의 경우 한계생산력 균등의 법칙은 성립하지 않는다.
④ 이 기업의 요소 L에 대한 수요곡선은 $D_L = VMP_L$이다.

17. 생산요소에 대한 수요에 관하여 다음 중 틀린 것은? 〔감정평가사〕

① 최종재에 대한 수요가 탄력적일수록 생산요소에 대한 수요도 탄력적이다.
② 기술의 특성이 생산요소의 사용에 있어서 다른 요소들과 일정한 비율을 유지해야 한다면, 생산요소에 대한 수요는 더욱 탄력적이다.
③ 총생산비에서 차지하고 있는 비중이 작을수록 그 생산요소에 대한 수요는 비탄력적이 된다.
④ 수요량은 가격과 역으로 변화한다.
⑤ 생산요소에 대한 수요는 제품수요로부터 유발된 수요이다.

18. 노동공급에 있어서 소득효과가 대체효과를 압도하는 경우는 노동공급곡선의 형태가 옳은 것은? 〔공인회계사〕

① 우하향한다. ② 우상향한다. ③ 직선이다. ④ 후방굴절한다.

19. 생산물시장에서 독점기업인 A는 노동시장에서 수요독점자이다. 노동공급곡선은 $w=100+5L$, 근로자를 추가로 고용할 때 A기업이 얻는 노동의 한계수입생산물은 $MRP_L=300-10L$이다. 이때 A기업이 이윤극대화를 위해 근로자에게 지급하는 임금은? 〔공인노무사〕

① 100　② 150　③ 200　④ 250　⑤ 300

20. 보상적 임금격차에 관한 설명으로 옳지 않은 것은? 〔공인노무사〕

① 근무조건이 좋지 않은 곳으로 전출되면 임금이 상승한다.
② 물가가 높은 곳에서 근무하면 임금이 상승한다.
③ 비금전적 측면에서 매력적인 일자리는 임금이 상대적으로 낮다.
④ 성별 임금격차도 일종의 보상적 임금격차이다.
⑤ 더 비싼 훈련이 요구되는 직종의 임금이 상대적으로 높다.

21. Pigou 효과를 가장 잘 설명하고 있는 것은? 〔행시〕

① 미래 예측되는 소득이 크면 현재의 소비도 커진다.
② 소득이 늘면 소비가 늘고 따라서 총수요가 늘어난다.
③ 물가가 하락하면 금융자산의 실질가격이 상승하고 따라서 소비가 늘어난다.
④ 이자율이 하락하면 저축이 줄고 따라서 소비가 늘어난다.
⑤ 과거소득이 크면 소비습관에 따라 현재소득이 작더라도 소비가 늘어난다.

22. 이자율결정에 필수적인 사항은? 〔7급 행정〕

① 위험의 정도　② 원금의 상환기간　③ 경기에 대한 전망
④ 정부의 경제시책　⑤ 투자의 한계효율과 저축자의 시간선호

23. 토지의 비옥도나 위치 등 자연조건에 관계없이 소유권만으로 발생하는 지대는? 〔감정평가사〕

① 차액지대　② 절대지대　③ 독점지대
④ 준지대　⑤ 자본지대

24. 다음 중 준지대에 해당하는 것은? 〔감정평가사〕

① 총수입 − 초불변비용(TFC)
② 총수입 − 총가변비용(TVC)
③ 총수입 − 총평균비용(TAC)
④ 총수입 − 한계비용(MC)
⑤ 총수입 − 총비용(TC)

25. 준지대에 대한 아래의 설명 중 틀린 것은? 〔공인감정사〕

① 단기적 개념이다.
② 장기적으로 생산요소의 변화를 인정한다.
③ 요소의 공급제한에서 발생한다.
④ 생산요소의 가격에 준지대는 포함된다.
⑤ 요소의 공급탄력도가 무한대에서 발생한다.

26. 다음 중 경제지대를 가장 잘 설명해 주고 있는 것은? 〔7급 행정〕

① 경제지대는 생산요소를 현재의 용도에 그대로 사용하도록 하기 위해 지불해야만 하는 대가이다.
② 경제지대는 리카르도의 토지의 사용대가인 지대와 항상 동일한 개념이다.
③ 경제지대는 공급곡선이 수평인 경우에 존재하지 않는다.
④ 경제지대는 공급곡선이 수직인 경우에 존재하지 않는다.
⑤ 경제지대는 요소공급이 비탄력적일수록 적어진다.

27. 수요곡선이 일정하다면 경제적 '렌트(rent)'를 최대가 되게 하는 공급곡선은 다음 중 어느 것인가? 〔공인감정사〕

① 완전탄력적인 것
② 비교적 탄력적인 것
③ 완전비탄력적인 것
④ 비교적 비탄력적인 것
⑤ 단위탄력적인 것

28. 소득 불평등 지표에 대한 설명으로 옳지 않은 것은? 〔국가직 9급〕

① 십분위분배율의 값이 커질수록 더 평등한 분배상태를 나타낸다.
② 로렌츠곡선이 대각선과 일치할 경우 지니계수는 0이다.
③ 지니계수가 $\frac{1}{2}$이면 소득분배가 완전히 균등하다.
④ 지니계수의 값이 커질수록 더 불평등한 분배 상태를 나타낸다.

29. 국민의 50%는 소득 100을 균등하게 가지고 있고, 나머지 50%는 소득이 없다면, 지니계수는? 〔감정평가사〕

① 0 ② 0.25 ③ 0.33 ④ 0.5 ⑤ 1

30. 지대, 경제적 지대 및 준지대를 설명한 것 중 옳지 않은 것은? 〔공인회계사〕

① 리카도에 다르면, 쌀값이 비싸지면 그 쌀을 생산하는 토지의 지대도 높아진다.
② 경제적 지대는 토지뿐만 아니라 공급량이 제한된 노동, 기계설비 등 모든 종류의 시장에서 나타날 수 있다.
③ 생산요소가 받는 보수 중에서 경제적 지대가 차지하는 비중은, 수요가 일정할 때, 공급곡선이 탄력적일수록 작아진다.
④ 마샬의 준지대는 장기에 소멸되어 존재하지 않는다.
⑤ 준지대는 산출량의 크기와는 관계없이 총고정비용보다 크다.

1032,103

제7장

일반균형분석과 후생경제학

1. 일반균형이론

1) 일반균형과 모색과정

(1) 일반균형의 조건

부분균형이론은 개별상품의 시장균형을 분석하는 이론체계라면 일반균형(general equilibrium)이론은 연관된 모든 시장이 동시적으로 시장균형에 도달하는 이론체계이다. 균형에 도달하는 과정과 조건 그리고 균형의 경제적 의미를 설명하는 모형이라 할 수 있다. 일반균형(general equilibrium)은 경제 내의 모든 생산물시장과 모든 생산요소시장이 동시적으로 균형상태에 도달한 상태를 의미한다.

일반균형의 성립조건은 다음과 같다.

① 모든 소비자는 주어진 예선제약하에서 효용극대화조건을 충족하는 생산물을 수요하고 생산요소를 공급하고 있다.

② 모든 기업은 주어진 예산제약하에서 이윤극대화조건을 충족하는 생산물공급량과 생산요소수요량을 결정한다.

③ 주어진 가격체제하에서 모든 생산물시장과 생산요소시장의 수요량와 공급량은 일치한다.

(2) 일반경쟁균형

소비자는 A와 B, 단 2명만이 존재하고, 교환되는 재화는 X재와 Y재, 단 2상품만이 거래되는 순수교환경제를 가정하자.

〈그림 7 – 1〉은 A는 X재: 20개, Y재: 5개, B는 X재: 10개, Y재: 15개를 교환하는 순수교환경제이고, 이런 상태에서 에지워스상자(Edgeworth box)를 이용하여 일반경쟁균형을 나타내고 있다. 여기서 X재의 총량은 에지워스상자 수평축의 길이인 30개이고, Y재의 총량은 에지워스상자 수직축의 길이인 20개이다. 0_A는 A의 원점, 0_B는 B의 원점이다.

〈그림 7 – 1〉의 I점은 초기부존자원점(initial endowment point)이다. I점은 A와

〈그림 7 - 1〉 순수교환경제에서의 교환의 이익

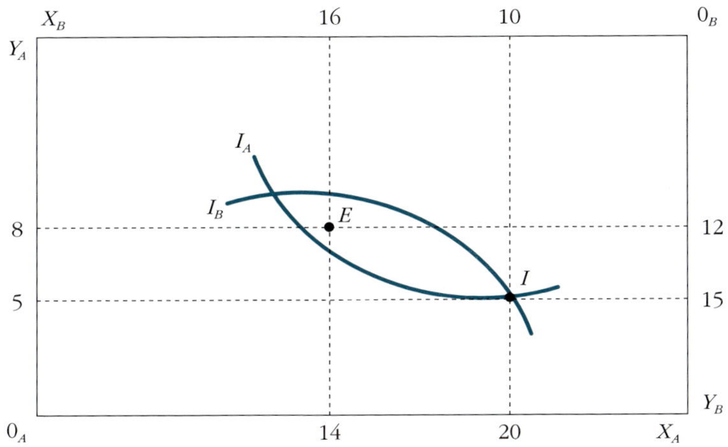

B가 교환하지 않은 상태의 최초의 X재와 Y재 조합점이다. I_A와 I_B는 A와 B의 선호체계인 무차별곡선이다. I의 초기부존자원점에서 E점으로의 이동은 A와 B 사이에 X재와 Y재의 교환이 이루어진 결과이다. 최초의 I점은 A는 X재와 Y재를 (20, 5), B는 X재와 Y재를 (10, 15) 소비하는 상태를 나타낸다. 그런데 A와 B가 교환한 결과 E점에서는 A와 B가 각각 X재와 Y재를 (14, 8), (16, 12) 소비하게 된다. 교환의 조건은 A는 X재 6개를 B에게 주고 Y재 3개를 B로부터 받았으며, B는 Y재 3개를 A에게 주고 X재 6개를 A로부터 받는 거래이다. 초기부존자원점 I에서 E점으로의 이동은 A의 무차별곡선 I_A나 B의 무차별곡선 I_B보다 원점에서 멀리 이동시킨다. 따라서 교환에 의해서 I점이 무차별곡선이 교차하여 만들어진 호 안으로 이동한다면 이것은 교환에 의해서 A와 B 모두에게 교환이익이 발생하게 된다.

〈그림 7 - 2〉는 교환을 통하여 일반경쟁균형이 이루어지는 모색과정을 보여준다. 〈그림 7 - 2〉의 초기부존자원점 I에서 A와 B는 교환에 의해 새로운 선택점(Q_A Q_B)으로 이동했다 하자. A는 Q_A점에서 X재와 Y재를 (16, 15), B는 Q_B점에서 X재와 Y재를 (12, 10)으로 소비하려는 의도이다. 하지만 X재의 경우, 2개의 초과공급(X재의 총량은 30인데 A와 B의 총소비: 16+12=28)이 발생하고, Y재의 경우, 5개의 초과수요(Y재의 총량은 20인데 A와 B의 총소비: 15+10=25)가 발생하여

〈그림 7-2〉 모색과정과 일반경쟁균형

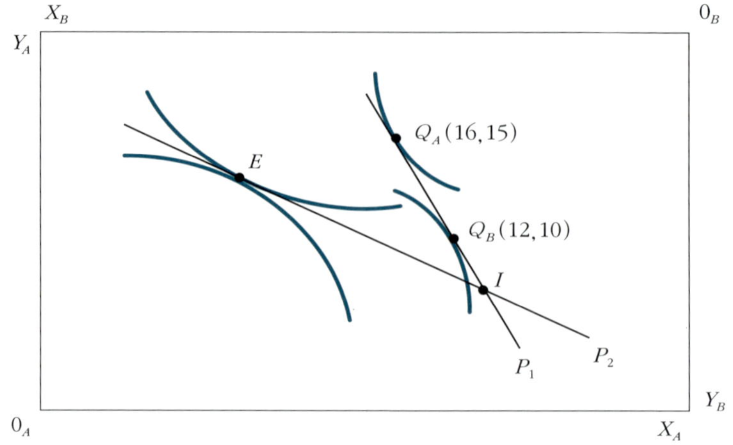

새로운 선택점(Q_A Q_B)에서는 일반경쟁균형이 성립될 수 없다.[1)]

따라서 시장은 초과공급이 발생하는 X재의 가격은 하락시키고, 초과수요가 발생하는 Y재의 가격은 상승시킨다. X재와 Y재의 상대가격의 변화로 인해 〈그림 7-2〉의 가격선은 P_1에서 P_2로 기울기가 $\frac{P_x}{P_y}$로 완만하게 변하게 된다. 따라서 X재에 대한 수요는 증가하여 초과공급을 해소하고 Y재에 대한 수요는 감소하여 초과수요를 해소시킨다. 시장가격의 조정과정을 거쳐 A와 B의 선택은 새로운 선택점 E로 이동하게 된다. 따라서 시장은 가격조정과정(모색과정)을 거쳐 초과공급이나 초과수요를 모두 상쇄시키고 새로운 균형점 E로 귀결하게 된다. 시장가격은 모색과정을 통해 소비자의 모든 선택이 일반경쟁균형으로 수렴하도록 조정하게 되는데, 이것을 왈라스균형(Walrasian equilibrium)이라 한다.

2) 파레토효율성과 계약곡선

어떤 경제 내의 모든 자원이 가장 효율적으로 배분된 상태를 파레토효율성(Pareto efficiency)이라 한다. 파레토효율성은 더 이상 개선의 여지가 전혀 없는, 즉 현

1) 초기부존자원점 I에서 새로운 선택점(Q_A Q_B)으로의 이동은 무차별곡선이 모두 원점에서 멀어지므로 A와 B의 효용은 모두 증가한다.

재의 상태가 최선인 자원의 배분상태를 의미한다. 따라서 파레토효율성을 충족된 상태에서는 어떤 사람의 효용을 감소시키지 않고서는 다른 사람의 효용을 증대시킬 수 없는 조건을 충족해야 한다.

〈그림 7-1〉의 *E*점과 〈그림 7-2〉의 *E*점은 경제적 의미가 서로 다른 균형상태이다. 두 *E*점의 경우 모두 *I*점보다 A와 B의 효용수준을 개선시킨다는 의미를 갖고 있지만 〈그림 7-1〉의 *E*점은 파레토효율 조건을 충족하지 못한 상태이고 〈그림 7-2〉의 *E*점은 파레토효율 조건을 충족한 상태이다. A와 B의 무차별곡선이 서로 등을 맞댄 상태에서 어떤 사람의 효용을 감소시키지 않고서는 다른 사람의 효용을 증대시킬 수 없는 조건을 충족하게 된다.

〈그림 7-2〉의 *E*점은 A와 B의 무차별곡선이 서로 등을 맞대고 있는 상태여서 A의 효용을 증대시키기 위해서는 반드시 B의 효용을 감소시켜야 하고 B의 효용을 증대시키기 위해서는 반드시 A의 효용을 감소시켜야 하는 파레토효율성 조건을 충족하고 있다.

〈그림 7-3〉의 궤적(*a*-*b*-*c*-*d*)을 연결한 선 0_A-0_B를 계약곡선(contract curve)이라 한다. 계약곡선은 〈그림 7-3〉의 계약곡선은 A와 B의 무차별곡선이 서로 등을 맞대고 있어 파레토효율성 조건을 충족한다. 따라서 계약곡선상의 모든 점은 파레토효율(Pareto optimum)을 달성한 상태이다.

〈그림 7-3〉 파레토효율성과 계약곡선

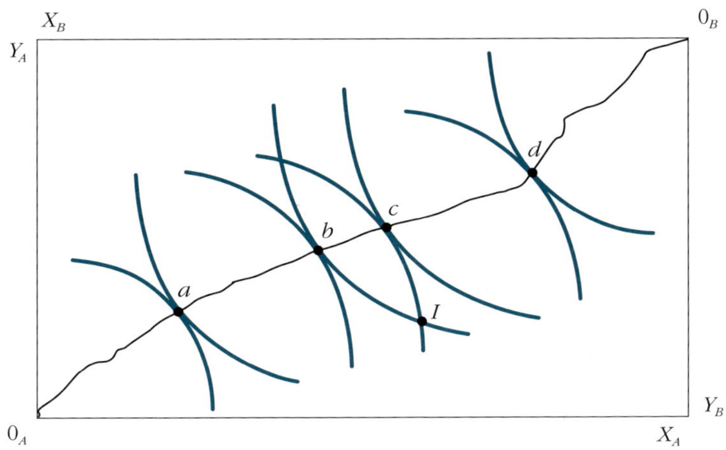

2. 후생경제학

1) 교환의 효율성

〈그림 7 - 4〉의 초기부존자원점 I에서 A와 B는 〈그림 7 - 2〉와 같은 모색과정을 거쳐 효용극대화 조건을 충족하는 계약곡선상의 점 0_A, a, b, c, d, 0_B로 귀착하게 된다. 계약곡선상의 점(a, b, c, d)들은 A와 B의 무차별곡선이 서로 등을 맞대고 있으므로 파레토효율성 조건을 충족한다. 소비자 A와 B의 무차별곡선의 기울기는 MRS_{XY}^{A}와 MRS_{XY}^{B}이고, A와 B의 무차별곡선이 서로 등을 맞대고 있다는 것은 소비자 A와 B의 무차별곡선의 기울기인 MRS_{XY}^{A}와 MRS_{XY}^{B}가 같은 값을 갖는다. 따라서 교환의 파레토효율성 조건은 $MRS_{X,Y}^{A}=MRS_{X,Y}^{B}$이다.

〈그림 7 - 5〉의 효용가능곡선은 〈그림 7 - 4〉의 계약곡선상의 점들(a, b, c, d)을 연결한 계약곡선을 X재와 Y재 좌표에서 소비자 A와 B의 효용좌표 U_A, U_B로 변환시킨 그림이다. 교환의 효율성 조건을 충족하는 점들(a, b, c, d)을 연결한 계약곡선을 A와 B의 효용수준을 나타내는 U_A, U_B 좌표로 옮겨 그리면 〈그림 7 - 5〉의 효용가능곡선(utility possibility curve)이 된다.

〈그림 7 - 4〉 교환의 효율성

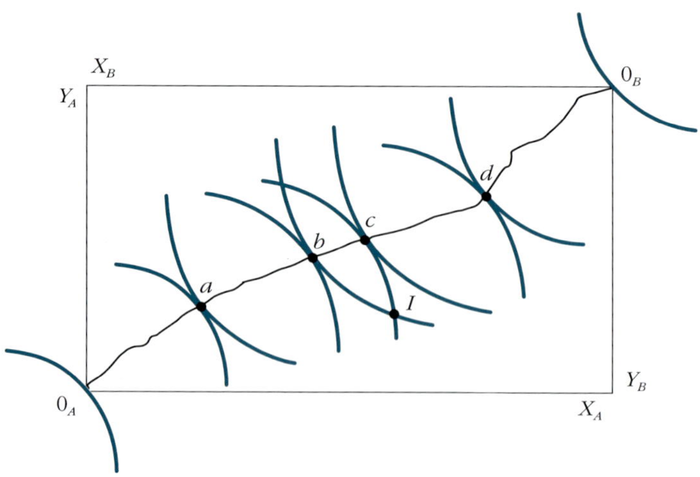

〈그림 7-5〉 효용가능곡선의 도출

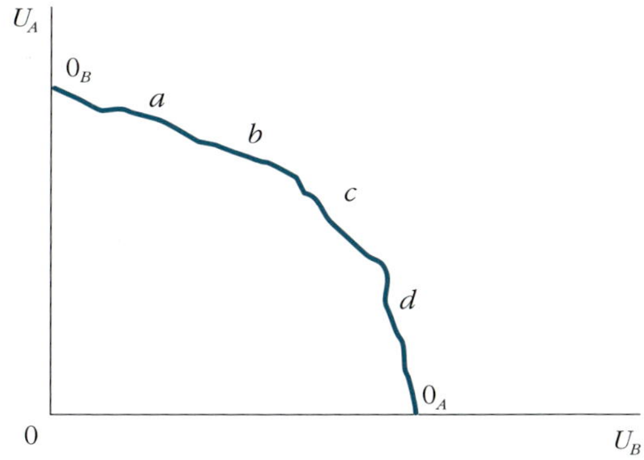

〈그림 7-5〉의 효용가능곡선(utility possibility curve)은 현재 생산된 재화 X재와 Y재를 A와 B에게 배분할 때 소비하는 과정에서 교환의 파레토효율성 조건이 충족되는 점들을 연결한 궤적이다. 따라서 효용가능곡선상의 모든 점들은 더 이상 파레토개선이 불가능한 최선의 배분상태를 의미한다. 교환의 계약곡선상의 모든 점이나 효용가능곡선상의 모든 점들은 소비의 최적성 조건을 충족한다.

2) 생산의 효율성

생산의 파레토효율성은 어떤 재화의 생산을 감소시키지 않고서는 다른 재화의 생산을 증대시킬 수 없는 생산의 최적상태를 의미한다. 〈그림 7-6〉은 생산요소는 노동(L)과 자본(K) 두 가지 생산요소만이 존재하는 것을 가정하고 그려진 에지워스상자이다. 노동의 부존량은 에지워스상자의 가로변의 길이이고 자본의 부존량은 에지워스상자의 세로변의 길이이다. 경제주체는 A와 B 두 사람만이 존재하고, 표준적인 선호체계를 가진다고 가정하자. 또한 생산되는 생산물은 X재와 Y재 두 가지 상품만이 존재하고, 생산함수는 표준적인 생산함수로 가정한다.

〈그림 7-6〉의 0_X, a, b, c, d, 0_Y점들은 등량곡선이 서로 등을 맞대고 있어 생산의 파레토효율성 조건을 충족한 상태이고 이 점들을 연결하면 생산의 계약곡선이 된다. 생산자가 X재와 Y재를 생산함에 있어 어떤 재화의 생산을 감소시키지 않

〈그림 7－6〉 생산의 효율성

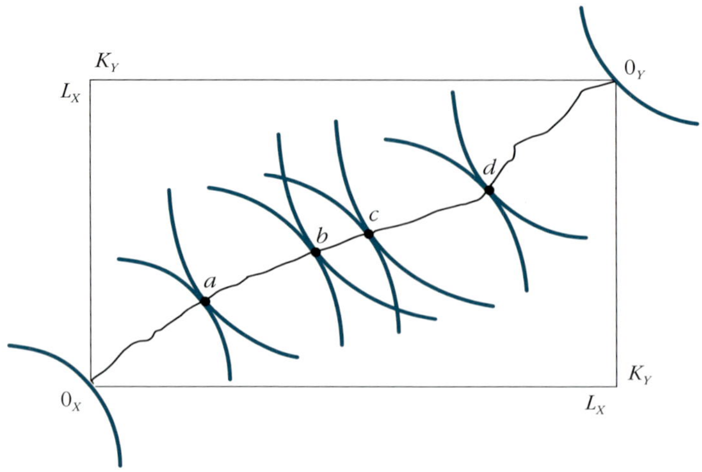

고서는 다른 재화의 생산을 증대시킬 수 없는 파레토효율성 조건을 충족한다.

생산의 계약곡선상의 점들은 등량곡선의 기울기, 즉 X재와 Y재를 생산함에 있어 X재 생산에 대한 한계기술대체율($MRTS_{LK}^{X}$)과 Y재 생산에 대한 한계기술대체율($MRTS_{LK}^{Y}$)이 같다는 것을 의미한다.

따라서 생산의 파레토 효율성조건은 $MRTS_{L,K}^{X}=MRTS_{L,K}^{Y}$이다.

〈그림 7－6〉의 생산가능곡선(production possibility curve)은 현재 주어진 생산요소 노동 L과 자본 K를 조합하여 X재와 Y재를 생산하는 과정에서 생산의 파레토효율성 조건이 달성된 점들을 연결한 궤적이다. 따라서 생산가능곡선상의 모든 점들은 더 이상 파레토개선이 불가능한 최선의 배분상태이고 생산의 최적성을 나타내는 점들이다.

〈그림 7－7〉의 생산가능곡선(production possibility curve)은 〈그림 7－6〉의 생산의 효율성조건을 충족하는 점(a, b, c, d)들을 연결한 L, K좌표(input 공간)의 계약곡선을 산출물 좌표인 X, Y좌표(output 공간)로 변환한 그림이다.

〈그림 7－7〉의 생산가능곡선(production possibility curve)은 현재 주어진 생산요소 노동 L과 자본 K를 조합하여 X재와 Y재를 생산하는 과정에서 생산의 파레토효율성이 달성되는 점들을 연결한 궤적이다. 생산가능곡선상의 점들은 더 이상 파

〈그림 7-7〉 생산가능곡선의 도출

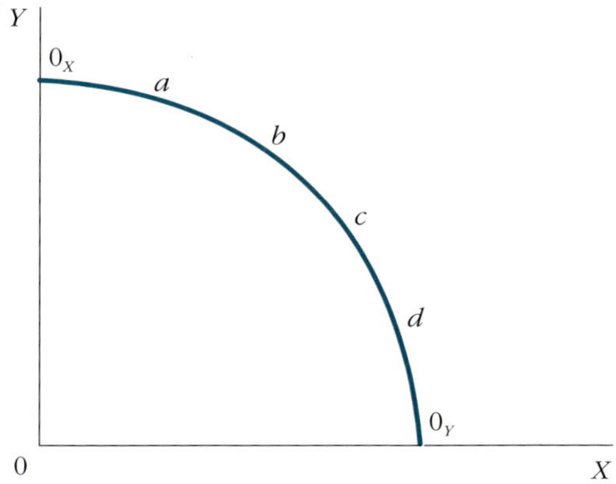

레토개선이 불가능한 최선의 배분상태를 의미한다. 따라서 생산의 계약곡선상의 모든 점이나 생산가능곡선상의 모든 점들은 생산의 최적성 조건을 충족한다. 생산가능곡선을 생산변환곡선(product transformation curve)이라고도 한다.

3) 종합적 효율성

교환과 생산의 종합적 효율성은 생산과 교환이 동시에 파레토효율성을 충족한 상태여서 생산점이 이동하더라도 더 이상 소비자의 효용을 개선시킬 수 없는 상태를 의미한다. 〈그림 7-8〉의 생산가능곡선상의 모든 점은 생산의 파레토효율성을 충족하고 있다. 만약 E점(X재와 Y재)에서 생산점이 주어진다면 X재와 Y재만큼의 에지워스상자가 결정된다. 또한 에지워스상자 안의 계약곡선상의 모든 점들은 교환의 파레토효율성을 충족하고 있다. 따라서 생산의 균형점(E)과 교환의 균형점(e)의 기울기가 같아질 때 교환과 생산의 종합적 효율성 조건이 충족된다.

교환과 생산의 종합적 효율성 조건식은 $MRS_{X,Y}=MRT_{X,Y}$이다.

〈그림 7-8〉에서 생산가능곡선상의 E점에서는

생산의 파레토효율성 조건 $MRTS^X_{L,K}=MRTS^Y_{L,K}$과

교환의 파레토효율성 조건 $MRS^A_{X,Y}=MRS^B_{X,Y}$을 충족하고,

〈그림 7－8〉 교환과 생산의 종합적 효율성

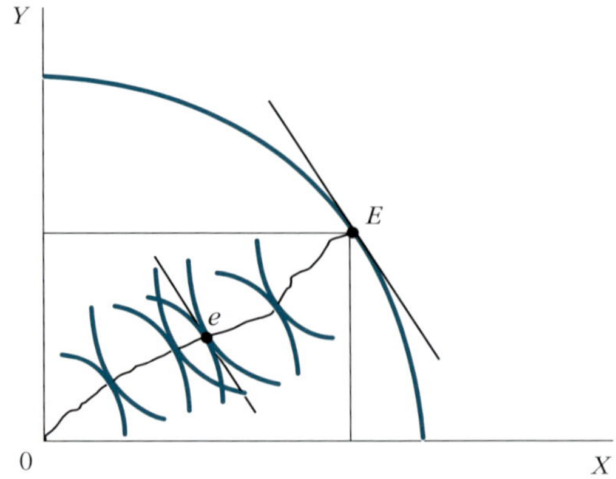

〈그림 7－8〉의 E점을 지나는 접선의 기울기와 e점을 지나는 가격선의 기울기가 동일하다는 것은 동일가격비하에서 교환과 생산의 효율성이 동시에 달성된다는 것을 의미한다.

E점을 지나는 가격선의 기울기는 생산가능곡선의 접선이므로 한계변환율(MRT; marginal rate of transformation)은 $-\dfrac{\Delta Y}{\Delta X}$이라 한다. 따라서 교환과 생산의 종합적 효율성은 교환에서의 한계대체율 $MRS^A_{X,Y}=MRS^B_{X,Y}$과 생산에서의 한계변환율($MRT_{XY}=-\dfrac{\Delta Y}{\Delta X}$)이 같아질 때 달성된다.

교환과 생산의 종합적 효율성의 조건식은 $MRS^A_{X,Y}=MRS^B_{X,Y}=MRT_{X,Y}$이다. E점에서 생산하고 e점에서 소비할 때 소비의 효율성과 생산의 효율성이 종합적으로 달성되는 최적인 생산·소비조합이 된다.

4) 효용가능경계

효용가능경계(utility possibility frontier)는 한 나라 경제 내의 모든 자원을 가장 효율적으로 배분한 점들을 개인 A의 효용좌표 U_A와 개인 B의 효용좌표 U_B 공간으로 〈그림 7－9〉처럼 변환한 그림이다. 〈그림 7－8〉의 E점과 e점은 생산과 교환의 종합적 효율성을 충족하는 점들을 〈그림 7－9〉의 개인 A의 효용좌표 U_A와 개인 B의 효용좌표 U_B의 공간으로 변환하여 효용가능곡선을 도출한다. 또한 〈그림 7－7〉

〈그림 7-9〉 효용가능경계

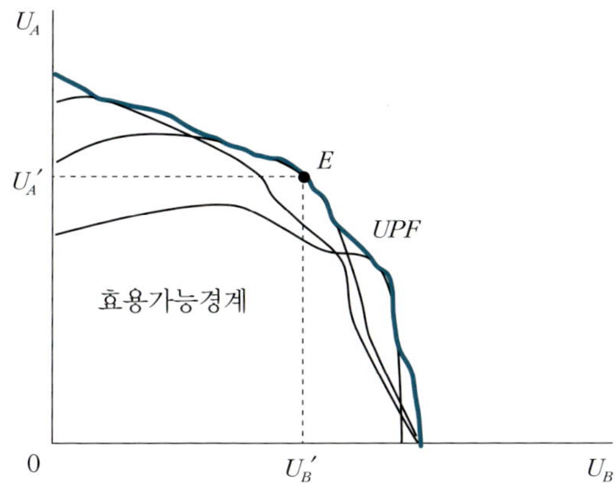

의 a, b, c, d점에 대응하는 e점들을 연결하면 모두 효용가능곡선이 된다.

효용가능곡선의 모든 점들은 ① $MRTS^X_{L,K} = MRTS^Y_{L,K}$, ② $MRS^A_{X,Y} = MRS^B_{X,Y}$, ③ $MRS_{X,Y} = MRT_{X,Y}$ 조건을 충족한다.

효용가능경계는 수많은 효용가능곡선의 포락선이며 〈그림 7-9〉의 대효용가능곡선(grand utility possibility curve)이 된다.

5) 사회후생함수

사회후생함수(social welfare function)는 사회구성원들의 개인적 선호를 집약하여 사회적 선호로 나타내주는 함수이다. 〈그림 7-10〉의 효용가능경계상의 모든 점은 어떤 경제에 주어진 모든 자원을 가장 효율적으로 배분하여 얻을 수 있는 A와 B, 두 사람의 최대효용수준을 나타낸다. 그런데 효용가능경계상의 모든 점들은 효율성 측면에서는 최선이지만 공평성 측면에서는 어떤 상태인지를 평가할 수 없다. 따라서 사회후생함수가 필요하고 사회후생함수에 의해 사회적 선호체계가 반영된 공평성을 평가할 수 있다.

어떤 경제상태가 다른 경제상태와 비교하여 보다 더 바람직한 경제상태인지를 비교하는 두 가지 기준은 효율성과 공평성이라는 잣대이다. 〈그림 7-10〉의 효용가능경계는 효율성을 평가할 수 있는 기준으로 활용되지만 가치판단을 고려하는

〈그림 7 - 10〉 사회후생함수와 효용가능경계

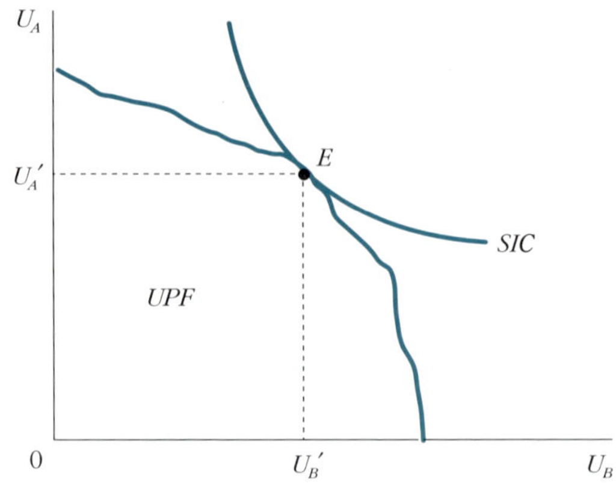

공평성의 기준으로서는 전혀 무용하다.

따라서 어떤 경제상태가 다른 경제상태보다 더 바람직한 경제상태인지를 비교하는 공평성측면에서의 잣대로서 사회후생함수가 활용된다. 사회후생함수에 의해 사회무차별곡선을 도출하고 효용가능경계와 사회무차별곡선을 반영하여 〈그림 7 - 10〉의 *E*점을 도출할 수 있다.

소비자이론에서 효용함수 $U=(X, Y)$는 개인의 선호체계를 반영하여 만들어진 함수이고 이것을 그림으로 나타내면 무차별곡선이 된다. 사회후생함수 $SW=f(U_A, U_B)$의 경우에도 동일한 원리가 적용되어 그림으로 나타내면 〈그림 7 - 10〉의 사회무차별곡선(social indifference curve) *SIC*가 된다.

따라서 〈그림 7 - 10〉의 *E*점은 효율성과 공평성을 모두 충족하는 사회후생의 최적점이라 할 수 있다. 사회무차별곡선(*SIC*)은 가치판단이 반영된 사회후생함수에 따라 달라진다. 어떤 사회적 선호체계, 즉 어떤 가치판단의 성격을 반영한 것이 사회무차별곡선의 형태이다. 사회후생함수에는 ① 공리주의 사회후생함수, ② 평등주의 사회후생함수, ③ 롤스의 사회후생함수 등이 있다.

(1) 공리주의 사회후생함수

공리주의(utilitarian) 사회후생함수는 사회를 구성하는 각 개인의 효용의 합을

〈그림 7-11〉 공리주의적 사회후생함수

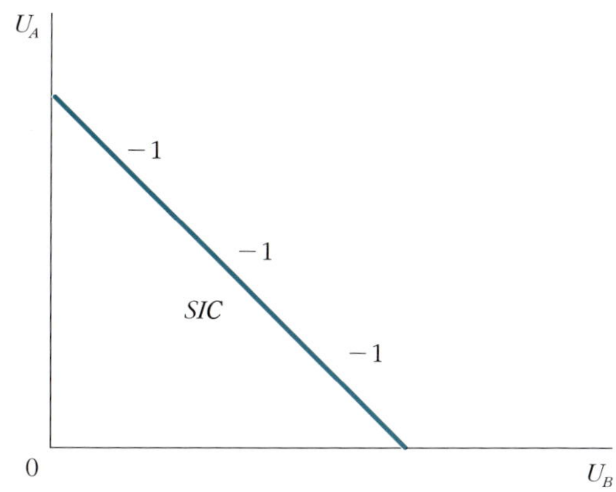

사회적 후생으로 나타내는 특징을 가진다.

공리주의 사회후생함수는 $SW = U_A + U_B$이고, 사회무차별곡선은 〈그림 7-11〉의 후하향하는 직선(선형) 모양을 가진다.

공리주의 후생함수의 사회무차별곡선(*SIC*)은 우하향하며 모든 점에서 기울기가 (−1)로 일정하다. 사회무차별곡선(*SIC*)의 기울기가 일정하다는 것은 A와 B의 효용의 한계대체율($-\frac{\Delta U_A}{\Delta U_B}$)이 일정하다는 것을 의미하고, A가 B보다 아무리 많은 효용수준을 갖는다 해도 A의 1단위의 효용과 B의 1단위의 효용은 항상 동일한 가치로 대체된다는 것을 나타낸다.

따라서 A와 B 사이에 자원이 어느 한쪽으로 모두 배분된다 하더라도 전체 사회후생에는 변화가 없다. 즉, 개인 간의 효용의 배분은 전체 사회후생의 크기와 아무런 연관성이 없으며, 단지 사회 전체의 효용의 크기만이 사회후생의 크기를 결정한다.

(2) 평등주의 사회후생함수

평등주의(egalitarian) 사회후생함수는 고소득층보다는 저소득층에게 효용의 가중치를 높게 부여하는 사회적 가치체계를 반영한 사회후생함수이다.

평등주의 사회후생함수는 $SW = f(U_A,\ U_B)$이고 사회무차별곡선은 〈그림 7-12〉의 원점을 향해 우하향하는 볼록한 곡선으로 나타난다.

〈그림 7 - 12〉 평등주의적 사회후생함수

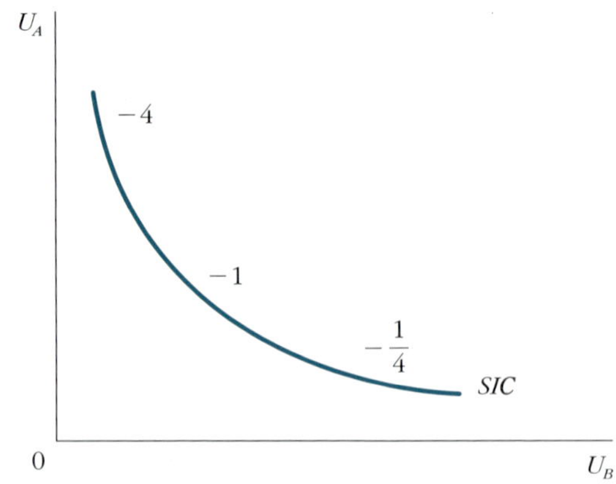

사회무차별곡선(*SIC*)의 모양이 원점을 향해 우하향하는 볼록한 곡선이라는 것은 사회무차별곡선(*SIC*)의 기울기가 체감한다는 것을 나타낸다. A와 B의 효용의 한계대체율($-\frac{\Delta U_A}{\Delta U_B}$)은 〈그림 7 - 12〉의 *SIC*에서 −4, −1, $-\frac{1}{4}$로 절댓값이 작아져 간다. A와 B 중에서 어느 누구든 더 많은 효용을 갖게 되면 효용 간의 한계대체율이 체감한다는 것을 의미한다. 높은 효용수준을 누리고 있는 자의 1단위당 효용의 가치는 체감하고, 낮은 효용수준을 누리고 있는 자의 1단위당 효용의 가치는 체증하게 된다.

(3) 롤스의 사회후생함수

롤스(Rawls)의 사회후생함수는 사회 구성원 중 가장 가난한 계층의 효용수준이 사회 전체의 후생을 결정한다는 사회적 가치체계를 반영한 사회후생함수이다. 롤스(Rawls)의 사회후생함수는 $SW=\min(U_A,\ U_B)$이고, 사회무차별곡선(*SIC*)은 〈그림 7 - 13〉의 L자형으로 나타난다. 〈그림 7 - 12〉의 원점을 향해 볼록한 평등주의 사회후생함수의 극단적인 형태이다.

롤스의 사회후생함수는 가장 가난한 계층의 후생이 개선될 때만이 사회적 후생이 증대한다는 사회적 가치판단을 반영한다. 이것을 최솟값 극대화원리(maxmin priciple), 또는 쇠사슬의 원리라 한다. 〈그림 7 - 13〉의 L자 모양의 사회무차별곡선(*SIC*)은 가장 작은 값 *E*점이 화살표 방향으로 증대(원점에서 멀어지는 것)하기 위

〈그림 7 - 13〉 롤스의 사회후생함수

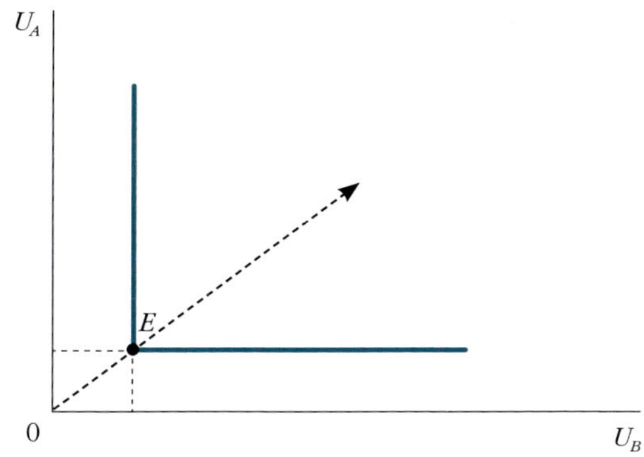

해서는 두 값(U_A, U_B) 중에서 작은 값이 커져야 한다. 두 값 중에서 큰 값이 커지는 경우에는 수평선이나 수직선을 따라 무차별곡선이 길어질 뿐이다. 따라서 사회후생의 증대는 A나 B 중에서 가난한 자의 후생이 증가해야만 가능하다. 최솟값극대화원리가 적용된 결과이다.

(4) 불가능성정리

〈그림 7 - 10〉의 E점은 효율성과 공평성 조건을 동시적으로 충족하는 사회후생 극대화 상태를 나타낸다. 그런데 효율성과 공평성 조건을 모두 충족시키려면 개인들의 선호를 사회적 선호로 변환해야 하고 그러기 위해서는 필요·충분한 조건을 충족해야 한다. 애로우(K. Arrow)는 개인적 선호를 사회적 선호로 변환하여 바람직한 사회후생함수를 도출하기 위한 필요·충분을 제시하고 있다. 애로우(K. Arrow)는 바람직한 사회후생함수를 도출하기 위한 조건, ① 완비성, ② 보편성, ③ 파레토원칙, ④ 제3의 선택으로부터의 독립성, ⑤ 비독재성 등을 검증하였으나 현실적으로 존재할 수 없음을 입증하였는데, 이것을 애로우의 불가능성정리(impossibility theorem)라 한다.

애로우(K. Arrow)의 바람직한 사회후생함수 도출하기 위한 공리는 다음과 같다.

① 완비성(completeness)과 이행성(transitivity)이 충족되어야 한다. 모든 사회적 상태들이 평가되고 무엇이 더 선호되는지 판단할 수 있어야 한다. 또한, 모든 사

회적 상태들 간의 선호에 대한 우선순위가 일관성을 유지하여야 한다.

② 보편성이 충족되어야 한다. 개인들의 선호가 어떤 선호체계이더라도 사회선호를 도출할 수 있어야 한다.

③ 파레토원칙(Pareto principle)이 충족되어야 한다. 어떤 사회적 상태에 대하여 모든 구성원이 A를 B보다 더욱 선호한다면 사회 전체적으로도 A를 B보다 더욱 선호하여야 한다.

④ 제3의 선택으로부터의 독립(independence of irrelevant alternatives)이 충족되어야 한다. 어떤 사회적 상태의 선호관계가 A와 B로 주어져 있고, A와 B 대신 선택할 수 있는 제3의 사회적 상태인 C가 있다 하더라도 C에 의해서 A와 B의 선호관계가 영향을 받지 않아야 한다.

⑤ 비독재성(non-dictatorship)이 충족되어야 한다. 사회 전체의 선호는 사회구성원 전체의 선호에 의해 결정되어야 한다. 사회를 구성하는 구성원 중 어느 한 구성원의 선호가 사회 전체의 선호를 좌우해서는 안 된다.

애로우는 ①, ②, ③, ④ 조건을 만족하는 사회적 선호체계의 경우에는 독재성을 벗어날 수 없음을 검증하였다. 이것은 개인들의 선호를 민주적인 절차를 거쳐 사회적 선호로 도출할 수 없다는 것을 의미한다.

하지만 경제학자들은 대체로 애로우의 불가능성정리(impossibility theorem)에 대해 공리들이 너무 강한 공준을 설정하고 있다는 데에 공감하고 있다. 따라서 비교적 가벼운 공리를 제외시킨다면 합리적이고 민주적인 사회후생함수가 도출될 것으로 평가하고 있다.

6) 차선의 이론

파레토효율성 조건이 모두 충족되는 상태를 최선의 이론이라 할 것이다. 그런데 현실경제에서는 어떤 제약으로든 모든 파레토효율성 조건을 충족할 수 없는 상황에 직면한다. 최선의 상태는 현실적으로 불가능한 상황이다. 그렇다면 차선의 선택은 무엇인가? 립시 – 랭카스터(R. Lipsey & K. Lancaster)는 최선이 아닌 차선의 조건을 제시했는데, 이것을 차선의 이론(theory of the second best)이라 한다.

〈그림 7 - 14〉 차선의 이론

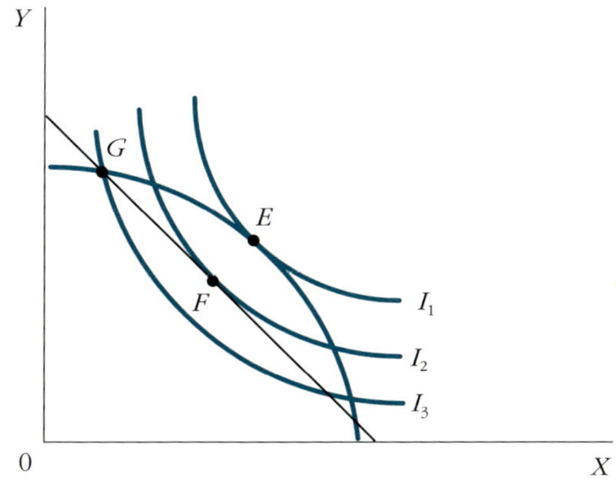

차선의 이론이란 모든 파레토효율성 조건이 동시에 충족될 수 없는 상황에서 더 많은 파레토효율성 조건을 충족한 상태가 그렇지 못한 상태보다 사회적으로 더 바람직한 상태가 아니라는 것을 밝힌 모형이다. 모든 조건이 충족되지 못하는 상황이라면 차라리 모든 조건이 깨어지는 상황이 차선이 될 수 있다는 논리이다.

〈그림 7 - 14〉의 E점은 사회무차별곡선 I_1이 원점에서 가장 멀리 있는 점이기 때문에 사회후생이 가장 높은 최선의 상태이다. 그런데 최선의 조건을 충족하지 못하는 상황인 경우, G점과 F점을 비교해 보면 G점보다 F점이 오히려 사회후생이 높은 수준이다. G점의 사회무차별곡선 I_3가 F점의 사회무차별곡선 I_2보다 원점에서 멀리 있기 때문이다.

그런데 G점은 생산가능곡선상에 위치하기 때문에 생산의 효율성조건을 충족하고 있는 반면 F점은 생산가능곡선의 내부에 위치하기 때문에 생산의 효율성조건조차도 충족하지 못한 점이다. 따라서 F점은 G점보다 효율성조건을 덜 충족하고 있음에도 불구하고 사회후생수준은 F점이 G점보다 높다는 것을 보여준다. 효율성조건이 모두 충족되지 못한다면 차라리 모든 조건을 파기하는 것이 오히려 더 효율적일 수 있다는 논리이다. 이것이 차선의 이론이 담고 있는 경제적 함의이다.

예를 들어 모든 파레토효율성 조건을 충족하지 못하는 현실경제가 있다 하자. 이런 상태에서 몇 개의 추가적인 파레토효율성 조건을 충족하기 위해 부분적인 개혁이나 개선을 추진해야 하는가? 그 결과는 그렇지 않았을 경우보다 오히려 사회후생을 감소시킬 수 있다는 논리이다. 그렇다면 더 많은 부분에서 파레토효율성 조건을 무너뜨리는 것이 개선일 수 있을 것이다. 따라서 차선의 이론에 의하면 부분적인 개선이 아닌 모든 부분에서 전체적이고 동시적인 개선을 추진할 때만이 사회후생을 증가시킨다는 논리이다.

연습문제 EXERCISE

1. '파레토' 효율성 개념은? (행시)

① 외부경제성을 없애기 위한 하나의 방법이다.

② 사회후생의 극대화를 얻기 위한 것이다.

③ 주관적 가치판단을 개입시키지 않고 여러 경제상태를 비교하기 위한 것이다.

④ 적정소득분배와 동시에 최적자원배분을 해결하기 위한 개념이다.

⑤ 공공재와 외부경제성이 존재할 때 최적자원배분을 얻기 위한 개념이다.

2. 갑과 을에게 X와 Y의 상품을 분배하는 경우 '파레토'의 최적상태(Pareto's optimum)에 있으려면? (7급 행정)

① 갑에 있어서 X와 Y의 한계대체율이 을에 있어서 X와 Y의 한계대체율보다 작다.

② 갑과 을에 있어서 X와 Y의 한계대체율이 1이어야 한다.

③ 갑과 을에 있어서 X와 Y의 한계대체율이 영이어야 한다.

④ 갑에 있어서 X와 Y의 한계대체율이 을에 있어서 X와 Y의 한계대체율과 같다.

⑤ 갑에 있어서 X와 Y의 한계대체율이 을에 있어서 X와 Y의 한계대체율보다 크다.

3. 파레토최적(Pareto's optimum)에 관한 설명 중 틀린 것은? (국민연금 4급)

① 갑과 을 두 사람에게 X와 Y의 상품을 배분하는 경우, 소비에 있어서의 파레토최적에 있으려면 갑의 한계대체율(MRS_{xy})과 을의 한계대체율(MRS_{xy})이 같아야 한다.

② 계약곡선(contact curve)상의 모든 점은 파레토최적점이다.

③ 모든 개별소비자의 후생을 증대시킬 여지가 있는 상태를 파레토최적이라 한다.

④ 생산에서의 파레토최적 조건은 해당되는 모든 재화의 생산에서의 한계기술적 대체율($MRTS$)이 같아야 한다.

4. 경제 전체의 파레토 효율성을 만족시키는 상황에 관한 설명으로 옳지 않은 것은? 〔국회 8급〕

① 각 재화 생산요소들의 한계기술대체율과 각 재화의 가격비가 일치한다.
② 각 재화의 한계변환율과 한계대체율이 일치한다.
③ 소비자들의 각 재화의 한계대체율이 일치한다.
④ 각 재화 생산요소들의 한계기술대체율이 일치한다.
⑤ 각 재화의 가격비와 한계변환율이 일치한다.

5. 모든 소비자의 선호체계가 강단조성을 갖고 경제 내에 외부성이 존재하지 않는다. 이 경우 파레토최적에 관한 설명 중 옳지 않은 것은? 〔보험계리사〕

① 파레토최적 상태에서는 한 사회의 자원이 효율적으로 배분된다.
② 소비자의 선호체계가 원점에 대해 볼록한 모양을 갖지 않을 경우, 시장에서 파레토최적은 완전경쟁상태(일반경쟁균형)를 의미한다.
③ 소득분배가 불균등하더라도 파레토최적은 이루어질 수 있다.
④ 한 상태에서 다른 상태로 이동할 경우 적어도 한 사람이 손해를 보는 상태가 파레토최적 상태이다.

6. 파레토최적 개념은 여러 가지 가능한 경제상태들을 평가함에 있어 (a) 자원배분의 효율성과 (b) 소득배분의 균등성 중 어떤 것에 근거를 두고 있는가? 〔감정평가사〕

① (a)와 (b) 다 함께
② (b)에만 근거되어 있다.
③ (a)에만 근거되어 있어 탈가치개념이다.
④ (b)에만 근거되어 있어 가치관의 표현이다.
⑤ 위의 아무것도 아니다.

7. 효용가능곡선(utility-passivity curve)을 잘 설명하고 있는 것은? 〔공인회계사〕

A. 효용가능곡선상의 각 점은 파레토최적을 나타낸다.
B. 효용가능곡선상의 각 점은 최적소득분배를 나타낸다.
C. 사회후생함수를 나타낸다.

① A ② B와 C ③ A와 C ④ A와 B ⑤ A, B, C 모두

8. 사회후생함수가 주어졌다면? 〔공인회계사〕

① 효율적인 자원배분과 동시에 최적소득분배문제를 해결할 수 있다.
② 사회의 후생을 극대화하기 위하여 기업가들과 소비자들을 통제할 수 있다.
③ 시장구조의 불완전경쟁적 요인을 찾아내 좀더 경쟁적으로 만들어 자원배분의 효율성을 증가시킬 수 있다.
④ 실증적인 경제이론을 검정하는 데 도움이 된다.
⑤ 사회후생을 극대화하기 위한 가격구조를 설정할 수 있다.

9. 생산요소가 K와 L, 생산물이 X와 Y, 생산자이면서 동시에 소비자인 A와 B로 구성된 경제에서, 모든 해가 내부해인 일반균형조건에 대한 설명 중 옳지 않은 것은? 〔공인회계사〕

① 경제 전체의 효율성은 생산과 교환의 효율성을 만족시키며, $MC_xMU_x = MC_yMU_y$가 성립된다.
② 효용가능곡선상의 모든 점에서 $\left(\frac{M_x}{M_y}\right)^A = MRS_{xy}^B$를 만족한다.
③ 생산가능곡선상의 각 점은 생산요소평면상 계약곡선의 어느 한 점에 1:1로 대응된다.
④ 생산가능곡선상의 모든 점에서 $MRTS_{LK}^x = MRTS_{LK}^y$를 만족한다.
⑤ 독점이 발생하면 파레토 효율성을 만족시키지 못하게 된다.

10. 다음 중 파레토(Pareto)최적 개념과 가장 관계가 먼 것은? 〔공인회계사〕

① 계약곡선 ② 생산가능곡선 ③ 경쟁적 균형
④ 사회적 정의 ⑤ 다수결 원칙

11. 완전경쟁시장의 일반균형에 대한 다음 설명 중 가장 옳지 않은 것은? (공인회계사)

① 각 생산자의 이윤이 극대화되고 양의 값을 가진다.
② 예산집합에서 각 소비자의 효용이 극대화된다.
③ 일반균형배분은 파레토 효율적이지만 공평성을 보장하지 않는다.
④ 한 소비자의 후생을 높이려면 반드시 다른 소비자의 후생이 낮아져야 한다.
⑤ 선호체계와 생산기술에 대한 몇 가지 가정이 성립할 때, 초기부존자원을 적절히 재분배하여 임의의 파레토 효율적 배분을 일반균형이 되게 할 수 있다.

12. 사회후생함수에 대한 설명으로 옳지 않은 것은? (세무사)

① 공리주의적 가치관에 따르면, 사회후생함수는 개인의 효용을 더한 것으로 정의된다.
② 평등주의적 가치관에 따르면, 사회후생을 결정할 때 효용수준이 높은 사람이나 낮은 사람이나 동일한 가중치를 적용해야 한다.
③ 롤스의 사회후생함수는 사회구성원들 중에서 효용수준이 가장 낮은 사람의 효용이 그 사회의 후생수준이라고 본다.
④ 애로우는 불가능성정리에서 어떤 사회의 여러 가지 상태를 비교, 평가할 수 있는 합리적 기준이 존재하지 않음을 입증하였다.
⑤ 차선이론은 하나 이상의 효율성 조건이 이미 달성되지 않은 상태에서는, 만족되는 효율성 조건의 수가 많아진다고 해서 사회적 후생이 더 커진다는 보장이 없다는 이론이다.

13. 후생경제학에 대한 설명으로 옳은 것을 모두 고르면? (국회 8급)

Ⓐ 생산가능곡선상에 있는 어느 한 점에서도 모든 재화와 서비스의 한계대체율이 동일하다.
Ⓑ 모든 사람들의 한계대체율이 동일할 때 생산의 파레토효율이 달성된다.
Ⓒ 주어진 상품 조합을 두 사람 사이에서 배분할 때, 두 사람이 얻을 수 있는 최대 효용수준의 조합을 효용가능곡선이라고 한다.
Ⓓ 주어진 경제적 자원이 모두 고용되더라도 효용가능곡선상에 있지 않을 수 있다.
Ⓔ 효용가능곡선상에 있는 점에서는 항상 사회후생이 극대화된다.

① Ⓐ, Ⓑ, Ⓒ　② Ⓐ, Ⓒ, Ⓓ　③ Ⓐ, Ⓒ, Ⓔ
④ Ⓑ, Ⓓ, Ⓔ　⑤ Ⓒ, Ⓓ, Ⓔ

1032,103

제8장

시장의 실패와 공공경제

1. 시장의 실패

1) 독점과 자연독점

불완전경쟁시장은 가격이 한계비용보다 높은 수준($P>MC$)에 있고 완전경쟁시장보다 과소생산이 이루어지며 자중적 손실(deadweighted loss)을 발생시킨다. 독점이나 자연독점은 비효율을 발생시켜 시장실패의 원인이 된다. 독점의 비효율에 관하여는 시장이론에서 다룬 바 있다.

자연독점(natural monopoly)은 자연적 요인, 즉 기술적인 비용체감현상에 의해 나타나는 어느 한 기업에 의한 독점상태를 의미한다. 〈그림 8-1〉의 LAC곡선의 우하향하는 구간은 (규모에 대한 보수체증)비용체감산업(decreasing cost industry)[1]을 나타낸다. 비용체감산업의 경우에는 초기의 투자 자본비용이 막대하여 경쟁이 불가능하고 독점상태라 할지라도 장기평균비용곡선의 최저점 $LAC=LMC$(최적생산규모)보다 적은 생산규모 Q_E에서 산출량을 결정하게 된다. 생산규모 Q_E에서는 $LMC=P_E$조건을 충족해야 효율적인 시장가격인 P_E수준에서 가격이 결정되어야 한다는 것을 의미한다. 그런데 〈그림 8-1〉에서 P_E는 $P_F=AC$보다 낮은 수준이므로

〈그림 8-1〉 비용체감산업=자연독점

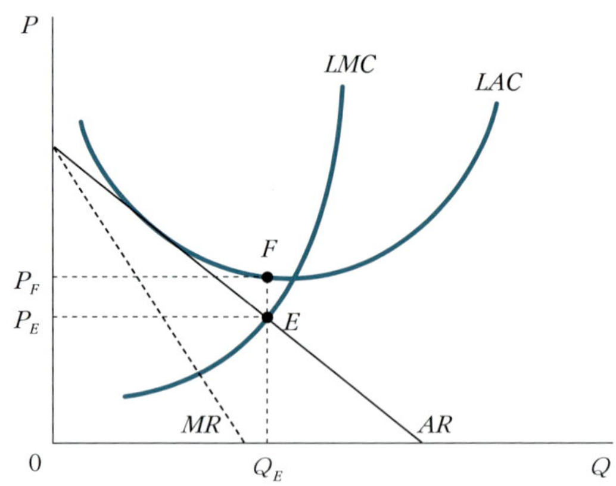

1) 이것은 규모의 경제(economy to scale)라고도 한다.

이 기업은 □$P_E P_F EF$만큼의 손실을 부담하게 된다. 기업의 손익분기점($TR=TC$)은 $P=AC$점이기 때문이다. 따라서 비용체감산업의 경우 효율적인 가격수준 $P=MC$에서 가격을 결정한다면 그 기업은 생산을 지속할 수 없게 된다.

따라서 시장에서 비용체감산업의 경우, 효율적인 가격수준에서는 생산이 이루어질 수 없으므로 시장은 실패하게 된다. 이 같은 시장실패를 보완하기 위해 정부는 다음과 같은 정책으로 시장에 개입할 수 있다. ① 비용체감산업을 국영기업으로 운영할 수 있다. ② 정부가 P_F수준으로 가격을 관리할 수 있다. ③ 이부가격제(two part tariff)나 최대부하가격제(peak load princing)를 운영할 수 있다. ④ 정부가 보조금(subsidy)으로 손실을 보전해 줄 수 있다.

2) 공공재

공공재(public goods)란 비배제성(non-excludability)과 비경합성(non-rivalry)이 강한 재화를 의미한다. 사적재는 배제성과 경합성이 강한 재화이다. 공공재는 어떤 경제주체에 의해 생산되는 즉시 모든 사회구성원들이 소비할 수 있는 재화이다. 이런 특성을 비배제성(non-excludability)과 비경합성(non-rivalry)라 한다. 공공재의 비배제성이나 비경합성으로 인해 공공재의 경우, 시장에서 충분한 공급이 이루어질 수 없다. 공공재는 시장에서 충분히 공급될 수 없기 때문에 시장실패의 요인이 된다.

① 공공재는 비배제성이라는 대가를 지불하지 않은 자를 배제할 수 없는 특성 때문에 공공재에 대한 무임승차자(Free rider)문제가 발생할 수 있다. 국방, 치안, 소방 같은 공공재의 경우, 대가를 지불하지 않은 자로부터 공공서비스의 이용을 배제시키기 어렵다.

② 공공재는 비경합성이라는 한번 생산되면 모든 사회구성원들이 공동소비할 수 있는 결합소비의 특성을 갖고 있다. 따라서 추가수요가 발생하더라도 추가생산 없이 추가소비가 가능하다. 이같은 공공재의 특성으로 인해 공공재의 효율적인 가격은 0이 된다. 한계비용이 0이기 때문이다.

①의 공공재 특성으로 인해 시장에서 공공재에 대한 수요가 있는 그대로 표출되지 않는다. 이같은 왜곡된 수요를 의사수요(pseudo-demand)라 한다. ②의 공공재 특성으로 인해 공공재는 시장에서 충분히 공급될 수 없다. 시장은 소비자들이 원하는 공공재를 최적수준 공급할 수 없는 시장실패에 직면하게 된다. 따라서 정부는 공급재를 직접 공급하는 방식으로 시장에 개입하여 시장실패를 보완한다.

3) 외부성

현실경제에서 외부성이 발생하면 시장은 효율적인 자원배분에 실패하게 된다. 외부성(externality)이란 어떤 경제행위자의 행동이 제3자에게 의도하지 않은 이익이나 손실을 발생시키고 그 손실이나 이익에 대한 대가를 시장을 통하여 지불하거나 지불받지 못하는 현상을 말한다. 외부성은 생산과정이나 소비과정에서 발생한 편익이나 비용이 시장가격에 모두 반영되지 않고 생산수준이 결정되기 때문에 과대생산이나 과소생산의 문제를 발생시킨다. 따라서 완전경쟁시장이더라도 외부성이 발생하면 시장은 실패하게 된다.

외부성은 이익이 발생하는 경우 외부경제(external economy)라 하고, 손실이 발생하는 경우 외부불경제(external diseconomy)라 한다.

(1) 외부경제

외부경제(external economy)는 어떤 경제주체의 경제행위가 제3자에게 이익(효용)을 발생시키고 시장을 통해 보상받지 못하여 시장이 실패한 상태를 의미한다. 외부경제만큼의 효용이 시장시스템에 반영되지 않게 되어 사적비용(private cost)은 사회적 비용(social cost)보다 커지게 된다.

외부경제가 발생하면 어떤 경제주체는 사회가 부담해야 할 비용을 개인이 부담하는 입장에 놓이게 된다. 따라서 어떤 경제주체는 그 재화를 과소생산하게 되고 이로 인해 시장은 실패하게 된다.

〈그림 8-2〉의 E점은 외부경제가 발생했을 경우, 시장균형점을 나타낸다. E점은 D'만큼 발생한 외부경제(이익=효용)를 시장수요곡선 D_1에 반영하지 못한 상태에서 성립된 시장균형이다. 따라서 외부경제가 제외된 시장균형 E점 Q_1수준에

〈그림 8-2〉 외부경제와 과소생산

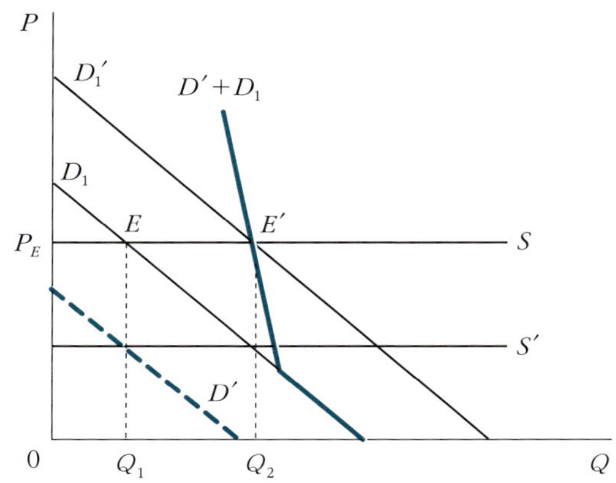

서 생산이 이루어진다. 〈그림 8-2〉의 D'만큼 발생한 외부경제(이익=효용)를 시장수요곡선 D_1에 반영하면 시장수요곡선은 $D'+D_1$으로 변하게 된다. 외부경제가 반영된 새로운 시장균형은 〈그림 8-2〉의 최적균형점은 E'가 되고 최적생산수준은 Q_2에서 결정된다.

따라서 외부경제가 발생하면 시장균형이 $E'-E$만큼 왜곡된 것이고 〈그림 8-2〉의 Q_2-Q_1만큼의 과소생산이 이루어진다. 시장이 성공하려면, 즉 시장균형이 〈그림 8-2〉의 최적균형점 E'가 성립하려면 사적비용과 사회적 비용이 일치돼야 한다. 정부는 외부경제로 인한 시장실패를 보완하기 위해 사적비용을 줄일 수 있는 정책수단으로 시장에 개입하게 된다. ① 정부는 수요보조금을 지급하여 수요곡선을 D_1-D_1'로 상방이동시킴으로써 시장균형을 최적수준 E'에서 성립시킬 수 있다. ② 정부는 공급보조금을 지급하여 공급곡선을 S'로 하방으로 이동시킴으로써 시장균형을 최적수준 E'에서 성립시킬 수 있다.

(2) 외부불경제

외부불경제(external diseconomy)는 어떤 경제주체의 경제행위가 제3자에게 손실(비용)을 발생시키고 시장을 통해 배상하지 않게 되어 발생하는 시장실패이다. 외부불경제만큼의 비용이 시장시스템에 반영되지 않게 되어 사회적 비용(social cost)이 사적비용(private cost)보다 커지게 된다.

외부불경제가 발생하는 경우, 어떤 경제주체는 자신이 부담해야 할 사적비용을 사회에 부담시키는 현상이 발생한다. 따라서 어떤 경제주체는 그 재화를 과대생산하게 되어 시장은 실패하게 된다. 외부불경제는 사적비용(private cost)보다 사회적 비용(social cost)이 커지는 현상으로 인해 시장균형은 과대생산에서 이루어진다.

〈그림 8-3〉의 E점은 외부불경제가 발생하는 경우, 시장균형점을 나타낸다. E점은 S'만큼의 외부불경제(손실=비용)를 시장공급곡선 S_1에 반영하지 못한 상태에서 성립된 시장균형이다. 따라서 외부불경제가 제외된 시장균형 E점 Q_1수준에서 생산이 이루어진다. 〈그림 8-3〉의 최적균형점 S'만큼 발생한 외부불경제(손실=비용)를 시장공급곡선 S_1에 반영하면 시장공급곡선은 $S'+S_1$으로 변하게 된다. 외부불경제가 반영된 새로운 시장균형은 〈그림 8-3〉의 최적균형점은 E'가 되고 최적 생산수준은 Q_2에서 결정된다.

따라서 외부불경제가 발생하면 시장균형이 $E'-E$만큼 왜곡된 것이고 〈그림 8-3〉의 최적균형점 E'가 성립하려면 사적비용과 사회적 비용이 일치돼야 한다. 정부는 외부불경제로 인한 시장실패를 보완하기 위해 사적비용을 높일 있는 정책수단으로 시장에 개입하게 된다.

외부불경제가 공해인 경우에는 ① 법률로 직접 규제하여 생산수준을 최적수준

〈그림 8-3〉 외부불경제와 과대생산

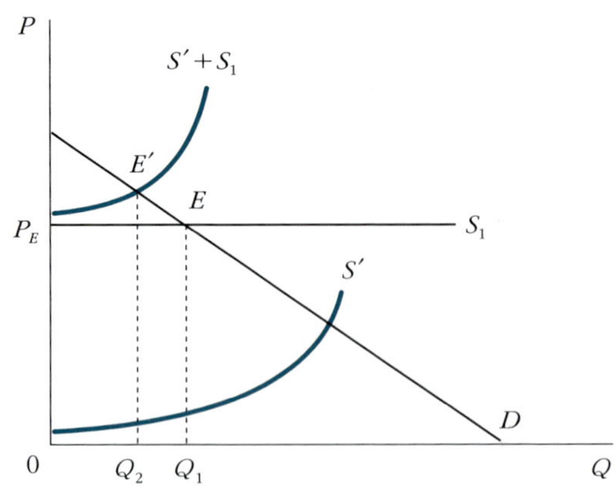

으로 줄일 수 있다. ② 배출부과금(effluent fee)이나 공해세(Pigouvian tax)를 부과하여 간접적으로 생산수준을 최적수준으로 줄일 수 있다. ③ 환경에 소유권을 부여하는 외부성의 내부화방식으로 생산수준을 최적수준으로 조정할 수 있다.

4) 정보의 부족

완전경쟁시장에서 효율적인 시장균형이 달성되려면 모든 경제주체가 완전한 정보(perfect information)를 가지고 경제적 선택을 한다는 조건이 충족되어야 한다. 또한 정보비용이나 정보의 불균형의 문제도 발생하지 않는 것으로 가정한다. 하지만 현실경제에서는 정보부족에 따른 불확실성과 위험(uncertainty and risk), 그리고 정보의 불균형으로 인한 비효율의 문제까지 발생한다. 소비자의 선호와 생산기술, 그리고 경제주체들의 예상 등에 불확실성이 발생하면 시장가격은 종잡을 수 없이 요동치고 효율적인 자원배분을 위한 한계비용가격설정이 어려워질 수 있다. 현실경제에서 불확실성이 존재한다 하더라도 만약 모든 위험을 커버할 수 있는 완벽한 보험시장이 존재한다면 시장은 효율적인 자원배분에 성공할 수 있을 것이다.

하지만 현실경제에서 완벽한 보험시장은 존재하지 않는다. 보험시장의 경우에도 정보의 비대칭성이 지배하기 때문이다.

정보의 비대칭(asymmetric information)은 도덕적 해이(moral hazard), 역선택(adverse selection)의 문제를 발생시킨다. 또한 본인-대리인의 문제(principal-agent problem), 승자의 불행(winner's curse)이라는 비효율의 문제도 발생시킨다. 본안-대리인의 문제는 정보의 비대칭으로 인한 본인-대리인 간의 도덕적 해이나 역선택을 말하는 것이고, 승자의 저주는 비대칭적 정보로 인해 경쟁과정에서 승자가 지불한 승리비용이 너무 높아 승자가 실질적으로는 손실을 입는 현상을 말한다.

정보의 비대칭성이란 경제적인 이해관계가 있는 경제주체들 간에 정보의 차이가 존재하는 상태를 의미한다. 정보의 비대칭성은 감추어진 특성(hidden characteristic)이나 감추어진 행동(hidden action)으로 인해 발생하는 도덕적 해이나 역선택의 원인이 된다.

도덕적 해이란 정보가 비대칭인 경우 정보가 충분한 경제주체가 정보가 부족한 경제주체에게 바람직하지 않은 행동(숨겨진 행동)으로 인해 발생한다. 대리인이 본인을 위해 최선을 다하는지에 대한 정보가 비대칭적이어서 발생하는 본인-대리인의 문제(principal-agent problem)도 숨겨진 행동으로 인해 발생한다.

역선택이란 정보가 비대칭인 경우 정보가 부족한 경제주체가 부족한 정보로 인해 불리한 상대방(숨겨진 특성)과 거래할 가능성이 높아지는 현상을 의미한다. 중고차시장에서 겉은 번지르르하지만 성능의 질은 좋지 않은 자동차를 선택하는 개살구시장(lemon market)이라든지, 자동차보험시장에서 사고를 낼 가능성이 높은(숨겨진 행동) 운전자를 보험에 가입시키는 현상도 역선택에 해당한다.

따라서 도덕적 해이나 역선택 문제는 시장에서 시장거래규모를 축소시키거나 아예 거래 자체를 방해하는 요인이 되어 시장의 효율적인 자원배분을 왜곡시키는 시장실패의 원인이 된다. 따라서 정부는 경제주체 간의 비대칭적 정보를 대칭으로 만들 수 있는 정책수단들로 시장을 보완할 수 있다. 정부는 ① 완전한 조건부상품시장을 갖추어 불확실성을 제거하는 방법, ② 정부가 정보비용을 제공하거나 완전한 정보를 제공하여 불확실성을 제거하는 방법 등을 이용할 수 있다.

역선택의 경우에는 선별(screening)과 신호보내기(signalling)로 정보의 비대칭성문제를 해결할 수 있다. 선별이란 보험회사가 사고확률이 높은 대상에게 더 높은 보험요율을 적용한다든지, 신용도가 낮은 채무자에게 높은 이자율을 부과하는 방식을 말한다. 신호보내기란 자격증을 취득한다든지, 품질보증서를 발행한다든지 상대에게 적극적으로 정보를 알리는 행태를 말한다.

도덕적 해이의 경우에는 감시나 담보설정 등으로 정보의 비대칭성문제를 해결할 수 있다. 감시란 금융기관이 채무자(기업)의 행동을 주기적으로 모니터링하는 행태에 해당하고 담보설정이란 금융기관이 채무자에게 담보를 부담하게 하여 위험이 높은 곳에 투자하지 못하도록 견제하는 행태에 해당한다. 주인-대리인문제에 대한 해결방안으로는 주식옵션이나 성과금 등으로 정보의 비대칭성 문제를 해결할 수 있다. 주식옵션이나 성과금은 유인설계의 일종으로 주인의 이익이 대리인의 이익과 연계시키는 행태이다.

2. 공공경제

1) 정부의 개념

우리는 현실적으로 혼합경제에서 살고 있다. 혼합경제란 시장경제를 바탕으로 시장의 실패를 정부가 보완하는 경세시스템을 말한다. 정부경제는 공공경제를 의미한다. 공공경제는 국민을 대변하는 정치인, 관료집단에 의해 강제적이고 집단적인 의사결정과정, 즉 정치적 과정으로 만들어지는 경제현상으로 정의할 수 있다.

공공경제는 다음과 같은 특성으로 시장경제와 구분된다.

① 정부는 국민이 직접 선출한 사람(정치인)이나 선출된 사람에 의해 임명된 사람들(관료)에 의해 운영되는 집단적 성격을 가진다.
② 국민들(시장)에 대해 강제성을 가진다. 납세나 국방은 자유로운 선택이 아닌 국민으로서의 기본적인 의무이다.
③ 정부에 의해 생산된 재화나 서비스는 주로 비시장배분(non-market rationing)방식에 의해 국민들에게 배분되는 특징을 가진다. 국방, 경찰, 소방서비스는 시장에서 공급되는 상품과는 다르게 대가없이 누구나 이용할 수 있다. 또한 보조금이나 이전지출은 대가없이 배분되고 지출된다.

정부의 본질적 의미는 다음과 같은 2가지 관점에서 비롯된다.

① 정부가 존재하는 본질적 의미를 유기체적 관점에서 찾고 있다. 사회 전체를 하나의 유기체로 인식하고 정부는 그 유기체의 심장부로 이해하는 관점이다. 정부(공적영역)가 개인(사적영역)보다 우월한 존재라는 인식에서 출발한다. 개인의 자유나 권리를 보장하기 위해 정부가 필요하다는 인식이 지배한다. 적극적인 정부의 개입주의(큰 정부)나 전체주의에 대한 논리적 근거가 될 수 있다.
② 정부가 존재하는 본질적 의미를 기계론적 관점에서 찾고 있다. 사회 전체를 하나의 기계적인 존재로 인식하고 정부는 개인의 목표달성을 돕기 위해 고안된 하나의 기제(mechanism)로서 이해하는 관점이다. 정부는 개인의 자유를 최대한

보장하기 위한 하나의 수단이나 장치로 인식된다. 따라서 최소한의 정부(자유방임주의) 내지는 자유주의, 무정부주의에 대한 논리적 근거가 될 수 있다.

2) 정부의 역할과 기능

혼합경제에서 정부의 존재하는 논리적 근거는 시장실패에서 비롯된다. 정부는 시장이 실패하는 경우, 직접규제방식이나 간접규제 방식을 통해 시장경제의 운용을 통제하거나 방향을 조정하여 시장경제를 보완한다. 또한 정부는 시장경제가 원활하게 작동할 수 있는 규칙을 만들고, 자신이 직접 경기자가 되기도 하며, 원활한 경기진행을 위한 심판이 되기도 한다.

정부는 시장에서 벌어지는 경쟁이라는 게임규칙(재산권의 확립 등)을 마련하고, 그 규칙에 대한 준수 여부를 감시하거나 분쟁을 해소하는 심판자역할을 수행할 뿐만 아니라 정부도 하나의 경기자로서 생산과 소비에 직접 참여하기도 한다.

정부는 다음과 같은 기능을 수행한다.

① 자원배분(allocation)의 효율성(efficiency)을 촉진시킨다. 시장이 실패하는 부분을 보완하거나 조정하는 역할을 수행한다.

② 소득재분배(redistribution)를 통해 공평성(equity)을 강화한다. 누진적인 조세제도나 사회보장제도를 통하여 시장에서의 소득분배를 공평하게 재조정한다.

③ 경제안정화(stabilization)를 달성한다. 시장에서 초과수요(shortage)나 초과공급(surplus)이 발생하는 경우(인플레이션이나 실업) 총수요나 총공급을 관리함으로써 경제를 안정화시킨다.

④ 경제가 지속적으로 성장(growth)할 수 있도록 경제의 성장동력을 창출하는 데 기여한다. 투자와 기술개발, 새로운 일자리의 창출 및 혁신을 촉진하는 정책을 수행한다.

⑤ 경제의 성장과 발달이 삶의 질을 개선하도록 유인하고 조정한다. 인적 물적자원의 개발, 쾌적한 환경, 범죄 없는 안전한 사회, 행복지수가 높은 경제사회를 위한 정책을 수행한다.

3) 정부의 실패

혼합경제(mixed economy)에서 정부는 시장에 개입하여 시장의 실패를 보완한다. 그런데 정부의 개입이 오히려 시장경제를 왜곡시키거나 비효율을 조장할 수 있다. 따라서 정부의 개입으로 인해 시장경제의 효율성이나 공평성이 오히려 훼손되는 현상을 정부의 실패(government failure)라 한다.

다음과 같은 이유 때문에 정부는 실패한다.

① 제약된 정보로 인해 정부는 실패할 수 있다. 정부의 정책은 정치가나 관료에 의해 수립되고 실행된다. 그런데 정책을 설계하고 실행하는 과정에서 필요한 모든 정보를 정치가나 관료가 완전하게 인지할 수 없다. 따라서 어떤 정책이든 그 정책의 실행결과를 정확하게 예측할 수 없고, 의도하지 않은 정부정책의 결과가 초래될 수 있다.

② 정부의 정책을 수립하는 과정에서 민간부문이 어떻게 반응할 것인가를 정확하게 예측하기 어렵고, 정부정책이 실행되는 과정에서 민간부문의 반응이 예측을 벗어나는 경우 그것을 통제할 수단이 부족하다.

③ 정부의 정책은 모든 경제주체들의 이익을 증진시킬 수 없다. 어떤 정책으로 인한 경제적 이해관계는 서로 상충하고 그 정책을 결정하는 과정조차도 정치적 과정을 거치게 된다. 따라서 어떤 정책이든 그 정책으로 인해 이익을 얻는 집단이 있는가 하면, 손실을 보는 집단도 존재하게 된다. 서로 상충하는 이해관계는 정치적 세력이나 이익집단의 로비능력에 의해 좌우된다. 따라서 경제가 경제적 효율성의 논리가 정치적 힘의 논리에 의해 왜곡될 수 있다.

④ 정부의 정책은 정책의 설계, 집행, 효과의 시기가 서로 다를 수 있다. 개입시기와 그 결과가 나타나는 시기가 서로 다른 경우, 정부의 정책은 소기의 목적을 달성하기 어렵다(정책의 시차: time lag).

⑤ 모든 정책의 결정은 정치인들이 수행한다. 하지만 그 정책을 실행하는 것은 관료조직이다. 관료조직은 주인인 국민을 위해 일해야 하지만 그들의 이익을 위해 일할 여지는 항상 존재한다. 관료조직에 대한 통제가 불가능하여 정부의 정책은 실패할 수 있다. 관료가 국민을 위해 일하지 않는 경우 정치인이 관료조직을 완

벽하게 통제할 수 있어야 하는데, 정치인에 의한 완벽한 관료조직의 통제는 현실적으로 불가능하다.

4) 공공선택이론

정부의 경제행위는 집단적 의사결정(collective decision making)이며 정치적 과정(political process)에 해당한다. 따라서 정부의 선택이 무엇이고 어떻게 이루어지며 그 결과에 대한 경제적 의미를 밝히는 이론체계가 중요하다. 이와 같은 이론체계를 공공선택이론(public choice)이라 한다. 정부의 선택은 공공선택(public choice)이고 정치적 과정을 거치게 된다. 정치적 과정에는 직접민주제와 대의민주제가 있다. 직접민주제는 국민이 직접 참여하는 정부의 의사결정을 과정을 의미하고, 대의민주제는 국민의 대리인이 참여하는 정부의 의사결정과정을 의미한다.

(1) 직접민주제하의 공공선택

직접민주제하에서는 과반수제, 전원합의제, 점수투표제와 같은 의사결정방식이 있다. 집단적 의사결정에서 중요한 요소는 표의 배분과 의사결정 기준이다. 1인당 몇 표인지, 의사결정 정족수는 전원합의로 할 것인지, 과반수(1/2, 2/3, 3/4)로 할 것인지를 결정해야 한다.

① 전원합의제(unanimity rule)는 어떤 의결사항에 구성원 모두가 동의하는 의사결정방식이다. 구성원 모두가 만족하는 가장 이상적인 방식이라 할 수 있다. 하지만 구성원 모두가 동의하는 과정에서 많은 비용이 발생할 수 있다. 또한 어느 한 구성원이 의사결정을 전략적으로 방해할 수 있다는 단점을 가진다.

② 과반수제(majority rule)는 어떤 의결사항에 구성원의 과반수 이상이 동의하는 의사결정방식이다. 신속한 의사결정으로 시간과 비용을 절감할 수 있다. 하지만 과반수제는 다수의 횡포(tyranny majority)와 소수의 비극(tragedy minority)이라는 약점을 갖고 있다. 또한 의안을 표결하는 순서에 따라 의사결정이 달라지는 투표의 역설(voting paradox)도 발생한다. 이론적으로는 최적다수결제(optimal majority)와 같은 발전된 제도가 존재하지만 이 제도를 현실에 적용하기에는 너무 추상적이다. 의사결정비용(decision making costs)과 의사결정에서 소외된

사람들의 불만비용인 외부효과(external costs)를 산출하기 어렵기 때문이다.

③ 점수투표제(point voting rule)는 1인 1표제가 갖고 있는 문제점을 개선한 의사결정방식이다. 1인 1표제는 어떤 사람이나 안건에 투표하면 다른 사람이나 다른 안건에는 100% 부정적인 의사표시를 한 것처럼 처리되는 단점을 가진다. 점수투표제는 일정한 점수를 여러 사람이나 안건에 자신의 선호만큼 배분해서 투표할 수 있다는 장점을 가진다. 하지만 어떤 투표자가 자신의 모든 점수를 한곳에 몰아주어 의도된 결과를 도출하려는 전략적 행위가 가능해지는 단점도 가지고 있다.

(2) 대의민주제하의 공공선택

대의민주제하에서 정부의 의사결정은 대부분 대리인(agency)에 의해 이루어진다. 정부를 움직이는 대리인은 정치인, 관료, 특수이익집단으로 분류할 수 있다. 따라서 정부의 의사결정을 이해하는 과정에서 이들(대리인)에 대한 성격과 행동 그리고 의사결정결과에 담긴 경제적 함의를 이해하는 것은 매우 중요하다.

① 정치가를 설명하는 모형으로는 득표극대화모형(vote maximization model)과 중위투표자이론(median voter theorem)이 있다. 득표극대화모형은 정치가(politicians)들도 시장이론에서 경제주체인 소비자와 생산자처럼 자신의 이익을 위해 최선을 다한다는 가정에서 출발한다. 따라서 정치가는 권력을 장악하는 것이 자신의 목표이고 이것을 달성하기 위해서는 자신에 대한 지지표를 극대화하려 행동한다는 모형이다. 한편 중위투표자이론은 정치가가 자신의 목표 달성(권력의 획득)을 위해 지지표를 극대화하기 위해서는 중산층을 위한 정치를 해야 하는 이유를 설명하는 모형이다. 양극단의 정치적 성향이나 예산규모를 크기순서로 나열하고 과반수를 적용하여 표결하면 중도적인 성향의 사람이나 중간 정도의 예산규모가 채택되는 원리이다.

② 관료제를 설명하는 모형으로는 니스카넨(W. Niskanen)모형과 미그-빌레인지모형이 있다. 관료제모형에서는 관료조직의 비효율성이 관료들의 역량부족에서 비롯된 것이라기보다는 관료제가 안고 있는 유인구조의 부족에서 비롯된다는 것을 설명해 준다. 관료들도 정치인과 마찬가지로 주인인 국민의 이익을 위

해 최선을 다하는 것이 아니라 자신들의 목표(그들이 행사하는 특권이나 권한)를 위한 예산규모확대에 관심을 가진다. 따라서 관료들은 사회적 순편익이 극대화되는 규모에서 예산규모를 결정하는 것이 아니라 총비용과 총편익이 같아지는 수준(사회적 순편익은=0)에서 예산규모를 결정하려 한다. 따라서 관료제모형은 과잉예산의 편성이나 예산집행의 비효율성을 이해하는 데 유용하다.

③ 정치가와 관료만큼이나 대의민주제의 의사결정에 영향력을 행사하는 집단이 특수이익집단이다. 동일한 이해관계를 가진 사람들이 자신들의 이익을 보호하기 위해 집단적으로 행동하는 조직을 특수이익집단(special interest group)이라 한다. 이들은 로비를 통해 자신들의 이익을 지키려 한다. 정부의 의사결정에 소위 로비력을 동원하여 자신들의 이익을 극대화하려고 노력한다. 정치인, 관료, 특수이익집단을 철의 삼각지(iron triangle)라고도 한다. 이 세 집단이 정부의 의사결정에 가장 막강한 영향력을 행사하기 때문이다. 또한 소규모집단이 대규모집단에 정치적으로 승리할 수 있는 이유를 합리적 무시(rational ignorance)라고 한다. 이런 현상은 편익은 집중(concentrated benefits)되고 비용은 분산(diffuse costs)되는 정치적 과정에서의 특성으로 인해 특수이익집단(special interest group)이 정치적으로 승리하는 이유를 설명할 수 있다.

5) 정부의 규제

(1) 독점규제

정부의 독점규제란 자원배분의 효율성을 개선시키기 위해 시장경쟁을 촉진시키는 데 그 목적이 있다. 정부는 경쟁을 촉진하기 위해 자연독점의 통제기능을 맡는 공적규제기관을 설립하거나 독점의 확장을 억제하기 위한 제도화 내지는 법제화 노력을 지속하고 있다.

우리나라의 경우에는 독점규제 및 공정거래에 관한 법률이 1980년 제정되고 1986년 개정되었는데 규제내용은 다음과 같다. ① 사업자의 시장 지배적 지위의 남용과 과도한 경제력 집중의 방지, ② 부당한 공동행위 및 불공정거래 행위의 규제, ③ 대규모기업집단에 대한 상호출자의 금지 등을 내용으로 하고 있다.

독점규제의 정책적 효과에 대해서는 구조주의적 견해와 행동주의적 견해가 대립하고 있다. 독점규제에 대한 구조주의적 견해는 시장점유율이 높은 기업들은 독점기업처럼 행동한다. 따라서 시장점유율이 높은 기업들을 구조적으로 분할시킴으로써 기업들의 행동과 성과를 개선시킬 수 있다고 설명한다. 반면에 독점규제에 대한 행동주의적 견해는 시장의 구조는 기업의 행동 및 시장의 성과와는 상관관계가 미약하거나 불분명하다고 주장한다. 독점기업의 시장점유율이 높은 이유를 기술수준의 우월성, 상품의 우수성, 규모의 경제로 인한 비용의 감소에서 찾고 있다. 따라서 독점기업이 효율적인 경영과 우월한 기술을 개발하여 상품의 질을 개선하고 합리적 가격을 설정할 수 있다면 단지 시장점유율이 높다는 이유만으로 독점을 규제하는 것은 옳지 않다는 주장이다. 현재의 독점은 시간이 흐름에 따라 새로운 기술에 의해 잠식되고 파괴되는 창조적 파괴의 진행과정이라 주장한다. 대부분의 경제학자들의 경우에는 독점규제를 약탈적이거나 남용적인 독점력을 대상으로 규제하는 현실적인 유효한 제도로 평가하고 있다. 주로 가격담합(가격담합, 입찰조작, 시장분할 등의 합의)이나 반경쟁적 기업결합(주로 수평결합)을 규제함으로써 시장의 경쟁과 효율성을 증대시킬 수 있다는 데 동의하고 있는 것이다.

(2) 산업규제

자연독점현상은 규모의 경제가 나타나는 비용체감산업(decreasing cost industry)에서 발생한다. 장기평균비용곡선이 우하향하는 초기고정비용이 대규모로 투입되는 산업의 경우(전력, 상수도, 천연가스 등) 자연독점현상이 나타난다. 이런 상황에서는 여러 경쟁기업에 의한 생산·공급보다 단일 기업에 의한 대규모 생산방식이 장기평균비용을 줄일 수 있다. 따라서 자연독점현상이 나타나는 대부분의 공익사업의 경우에는 오히려 독점이 경쟁보다 더 효율적인 생산방식이다. 이런 이유로 인해 정부는 자연독점산업에서 독점을 허용하거나 오히려 장려하는 경우가 발생한다. 하지만 자연독점의 성과를 개선시키고 그 성과를 사회적으로 공유하기 위해서는 정부가 가격을 규제해야 한다는 반론도 강력하다. 이런 주장들은 공익기반규제이론에 근거한다. 공익기반규제이론이란 자연독점기업이 독점가격을 부과하지 못하도록 정부가 가격을 규제함으로써 소비자와 사회가 자연독점의 성과를 공유하도록 유도해야 한다는 이론체계이다.

정부가 자연독점을 규제하기 위해 공적 소유방식과 공적 규제방식을 사용하는데, 공적규제방식을 산업규제라 한다. 정부는 자연독점의 성과, 즉 평균비용의 감소에서 발생하는 이익의 일부를 소비자나 사회가 나누어 공유할 수 있도록 가격을 규제할 수 있는데, 이것을 산업규제라 한다. 전기요금, 가스요금, 전화요금 같은 경우에 규제기관이 생산비용을 충당하고 적정한 수익을 얻을 수 있는 수준에서 가격을 설정하는 방식을 사용하는데 산업규제에 해당한다.

하지만 이와 같은 산업규제 방식은 X－비효율을 야기하는 원인이 된다는 주장도 있다. 자연독점기업의 입장에서 생산비용을 줄이는 합리적 경영을 달성하더라도 가격규제에 의해 기업의 이윤은 증가할 수 없는 문제에 다다르게 된다. 이 같은 상황은 자연독점기업의 입장에서는 경영합리화에 대한 유인기능이 존재하지 않는 X－비효율의 문제를 야기할 수 있다.

또 다른 산업규제의 문제점으로는 새로운 기술의 등장으로 더 이상 자연독점의 요건이 존재하지 않는데도 불구하고 독점규제가 지속되는 독점의 고착화현상이 나타날 수 있다. 뿐만 아니라 경쟁의 잠재력이 있는 산업임에도 불구하고 정치인과 자연독점기업의 이익이 일치하는 경우 그들은 담합하여 독점규제를 합법화해 버리는 기현상이 발생할 수 있다.

이런 문제를 해결하기 위해 1970년대와 1980년대에 걸쳐 항공산업, 트럭운송, 은행, 철도, 천연가스, 통신, 전기산업에 이르기까지 광범위하게 탈규제가 진행된 바 있다. 탈규제가 경쟁을 촉진한 결과로 인터넷, 팩스, 휴대폰, 광케이블, 마이크로파 통신 등의 새로운 기술개발이 촉진되고 새로운 상품이 출현할 수 있는 시장구조를 만들었다.

(3) 사회규제

산업규제가 가격수준, 비용, 이윤 등에 초점을 맞춘 정부의 규제라면, 사회규제는 생산여건, 생산이 사회에 미치는 영향, 재화 자체의 물리적 성질 등을 관리하고 통제하는 데 초점을 맞춘 정부규제라 할 수 있다. 사회규제는 제품의 안전성, 환경오염기준, 생산현장의 안전성 등을 확보하기 위한 목적의 규제이며, 또한 각 경제주체들의 경제적 기회의 균등을 보장하고 시장경제의 모순을 시정하기 위한 목적의 규제이다.

사회적 규제를 유형별로 구분하면 다음과 같다.

① 식품, 화장품, 의약품과 같은 제품들의 유통기한, 또는 광고에 대한 안정성과 유효성에 관한 기준에 대한 규제가 있다.
② 인종, 성, 나이, 종교 등에 따른 근로자의 고용, 승진, 그리고 해고와 관련한 차별을 금지하는 규제가 있다.
③ 생산현장에서의 안전과 보건 위생을 확보하기 위한 기준에 관한 규제가 있다.
④ 제품의 생산과 소비과정에서 발생하는 대기 및 수질오염 그리고 소음공해에 대한 기준과 규제가 있다.
⑤ 장난감을 비롯한 각종 소비제품의 안정성보장을 위한 기준과 규제가 있다.

경제학자들은 사회규제에 대한 필요성에 대해서는 대체로 의견일치하는 경향을 보이고 있다. 하지만 대부분의 경제학자들은 사회규제의 최적수준에 관해서는 아직까지 일반론이 존재하지 않은 상태여서 다양한 논의가 진행 중이다. 사회규제를 찬성하는 경제학자들은 사회규제로부터 발생하는 편익이 규제에 들어가는 비용보다 훨씬 크다고 주장한다. 사회규제로부터 보장되는 안전한 식품, 깨끗한 대기, 안전한 작업장, 안전한 자동차 등에 대한 편익을 제대로 평가해야 한다고 주장한다. 반면에 사회규제를 반대하는 경제학자들은 대부분의 사회규제에 관한 법률들이 부족한 정보를 바탕으로 입안되었고, 규제의 목적이나 기준이 명료하지 못할 뿐만 아니라 시장경제에 적대적이며 규제의 역효과를 제대로 평가하지 못한 결과라고 주장한다. 또한 지나친 사회규제는 상품의 소비자 가격을 상승시키고, 생산과정에서 오히려 기술혁신을 방해하며, 시장에서 경쟁을 위축시킬 수 있다고 주장한다.

하지만 사회규제는 아직까지 시장경제의 남용을 억제하고 시장경제의 단점을 극복할 수 있는 유용한 정책수단으로 활용되고 있다.

(4) 규제비용

정부가 시장에 개입하는 이유는 ① 규제를 통해 시장을 효율화시키고, ② 시장의 단점을 보완하며, ③ 사회적 목적의 달성을 촉진시키는 데 있다. 하지만 정부의 규제에도 모든 경제법칙처럼 규제에서 발생하는 다양한 비용이 존재한다. 규제에 대한 논쟁은 규제로부터 얻는 편익뿐만 아니라 규제로 인해 발생하는 비용을 꼼꼼하게 따져보아야 한다는 지점에서 시작된다.

각종 직업면허제도와 같은 규제의 경우에는 편익보다 규제비용이 더 높다는 주장도 제기된다. 예를 들어 의사협회나 변호사협회 같은 특수이익집단은 국민들을 무면허 돌팔이나 허풍쟁이들로부터 보호해야 한다는 명분을 강조하며 까다로운 면허제도나 자격요건을 강화하려 노력한다. 그런데 이런 규제의 결과는 특수이익집단들의 합법적인 카르텔과 같은 역할을 수행하여 그들에게 일종의 독점이윤을 보장해 주는 결과를 낳는다. 각종 면허자격시험을 어렵게 하고 합격정원을 줄일 수 있다면 그들의 입장에서는 그런 규제들이 그들의 독점적 지위를 강화해주는 높고 견고한 진입장벽에 해당한다.

또 한 가지 주목해야 할 관점으로는 정부가 규제를 활용하여 정부의 정책목표를 달성하려는 시도가 이루지고 있다는 현실이다. 최근에는 정부가 시장에 비해 공공부문이 비대해지자 예산규모의 확대가 아닌 다양한 규제수단을 활용하여 정부의 활동영역을 확장하는 전략을 구사하고 있다. 규제라는 수단을 이용하면 정부는 예산을 편성·집행하지 않으면서도 정책의 목표를 달성할 수 있는 유용성이 있기 때문이다.

예를 들어 최저임금제도 같은 규제방식은 정부가 저소득 근로자들에게 소득보조를 해 주는 대신 기업에게 소득보조에 대한 부담을 전가시킬 수 있는 정책수단이다. 소득재분배와 관련하여 정부의 예산규모는 그대로이지만 실제로는 예산규모를 확대시킨 것과 같은 재분배효과가 발생한다.

정부가 공공정책의 목표를 달성하려면 예산을 지출해야 한다. 그런데 규제라는 방식을 사용하면 지출해야 할 예산비용이 규제비용으로 전환되고 그 규제비용은 개인이나 기업으로 전가되는 결과를 초래한다. 예를 들어 정부가 환경기준이나 안전성 기준을 강화하면 기업의 입장에서는 공기나 물에 대한 정화시설비용이나 안전디자인비용 등을 추가로 지불하게 된다. 따라서 정부의 입장에서는 실제로 정부가 부담해야 하는 환경정책이나 사회정책에 대한 예산지출을 줄일 수 있다는 논리이다.

연습문제

EXERCISE

1. 시장의 실패란? (7급 행정)

① 바람직한 자원배분이 이루어지지 않는 경우를 말한다.
② 가격이 신축적으로 움직여 주지 않는 경우를 말한다.
③ 수요·공급에 의해 경제문제가 해결되지 않는 경우를 말한다.
④ 가격에 대한 통제로 암시장이 생기는 경우를 말한다.
⑤ 수요에 대한 통제로 암시장이 생기는 경우를 말한다.

2. 시장실패에 대한 다음 설명 중 옳지 않은 것은? (공인회계사)

① 사회적 비용이 사적 비용을 초과하는 외부성이 발생하면, 시장균형생산량은 사회적으로 바람직한 수준보다 크다.
② 사회적 편익이 사적 편익을 초과하는 외부성이 발생하면, 시장의 균형생산량은 사회적으로 바람직한 수준보다 작다.
③ 코즈정리에 의하면 외부성이 존재하는 경우, 일정 조건하에서 이해관계 당사자 간의 협상을 통해 파레토 효율성을 달성할 수 있다.
④ 공공재는 비배제성과 비경합성으로 인하여 시장실패의 원인이 될 수 있다.
⑤ 공공재의 공급을 사기업이 수행하게 되면 과잉공급이 이루어진다.

3. 다음 중에서 공공재에 대한 설명으로서 가장 옳은 것은? (보험계리사)

① 외부성은 두 사람 사이에서 벌어지고, 공공재는 다수의 사람들 사이에서 벌어지는 현상을 의미한다.
② 공공재는 구매하지 않는 사람의 소비를 막기 어렵다는 비배제성의 성격을 갖는다.
③ 비경합성이란 공공재를 위해 경합하지 않아도 자연히 모든 사람들이 소비할 수 있음을 의미한다.
④ 일반적으로 정부의 개입이 없다면 공공재는 지나치게 많이 공급된다.

4. 공공재 및 시장실패에 관한 설명으로 옳은 것을 모두 고른 것은? [공인노무사]

Ⓐ 정(+)의 외부효과가 있는 재화의 경우 시장에서 사회적 최적수준에 비해 과소생산된다.
Ⓑ 공유지의 비극은 배제성은 없으나 경합성이 있는 재화에서 발생한다.
Ⓒ 공공재의 경우 개인들의 한계편익을 합한 것이 한계비용보다 작다면 공공재 공급을 증가시키는 것이 바람직하다.

① Ⓐ ② Ⓐ, Ⓑ ③ Ⓐ, Ⓑ, Ⓒ ④ Ⓐ, Ⓒ ⑤ Ⓑ, Ⓒ

5. 갑, 을, 병, 정 네 사람이 살고 있는 마을에 범죄예방을 위한 CCTV를 설치하고자 한다. CCTV 1단위당 한계생산비용이 10이라면 이 마을의 적정 CCTV 공급량은 몇 단위인가? [보험계리사]

단위가격	수요량			
	갑	을	병	정
1	11	11	20	10
2	9	10	13	9
3	8	9	9	8
4	7	8	8	7

① 11단위 ② 10단위 ③ 9단위 ④ 8단위

6. 공공재 Z재에 대한 소비자 갑과 을의 수요함수와 한계비용이 아래와 같을 때 사회적으로 바람직한 이 공공재의 공급량은 얼마인가? [보험계리사]

소비자 갑의 수요함수: $Q=450-3P$
소비자 을의 수요함수: $Q=320-2P$
한계비용: $MC=30+\frac{1}{3}Q$

① 90 ② 120 ③ 180 ④ 240 ⑤ 280

7. 시장실패의 원인이 아닌 것은? 〔공인회계사〕

① 이기적 효용함수 ② 독점적 요소 ③ 공공재
④ 외부경제 ⑤ 정보의 비대칭성

8. 시장기구에서 경제적 효율이 달성되기 어려운 이유에 해당되지 않는 것은? 〔공인회계사〕

① 공공재 ② 외부비경제 ③ 불완전정보
④ 빈부격차 ⑤ 독과점

9. 다음과 같은 총비용곡선을 갖는 사업에 대한 설명 가운데 옳은 것은? 〔공인회계사〕

① 가격구조에 맡김으로써 경제적 후생을 극대화할 수 있다.
② 한계비용과 가격이 같도록 정부에서 가격정책을 써야 한다.
③ 평균비용과 가격이 같도록 정부에서 가격정책을 써야 한다.
④ 한계수입과 한계비용이 같도록 정부에서 가격정책을 써야 한다.
⑤ 정답이 없다.

10. 외부효과에 관한 설명 중 틀린 것은? 〔행시〕

① 댐건설로 농업용수 공급이 원활하여 인근 농민의 수입이 증대된 것은 외부경제이다.
② 고속도로의 생성으로 인근 공장이 방음설비비용 때문에 원가 압박을 느끼면 외부비경제이다.
③ 중동의 원유가 인상으로 한국의 석유화학공업이 원가 압박을 받게 된 것은 외부비경제이다.
④ 양봉업자가 접근함으로써 과수원의 수확이 증대된 것은 외부경제이다.
⑤ 예배당이 신축되어 종소리 때문에 이웃집 값이 떨어진 것은 외부비경제이다.

11. 외부효과에 관한 설명으로 옳은 것은? 〔감정평가사〕

① 생산의 외부불경제가 존재하는 경우 사회적 최적 생산량은 시장균형생산량보다 많다.
② 소비의 외부경제가 존재하는 경우 사회적 최적소비량은 시장균형소비량보다 적다.
③ 외부효과의 내부화로는 외부효과의 비효율성을 해결할 수 없다.
④ 교정적 조세는 경제적 효율을 향상시키면서 정부의 조세수입도 증대시킨다.
⑤ 오염배출권 거래제에서는 정부가 오염배출권의 가격을 먼저 설정함으로써 사회적 총오염 배출량이 결정된다.

12. 외부성에 관한 사실로서 옳지 않은 것은? 〔감정평가사〕

① 외부경제가 있는 재화의 사회적 편익을 사적 편익보다 크다.
② 외부불경제가 있는 재화의 사회적 비용은 사적비용보다 크다.
③ 외부경제가 있는 재화는 시장에서 과소생산이 된다.
④ 사회적 편익이 사회적 비용을 초과하는 재화는 시장에서 과잉생산이 된다.
⑤ 사회적 비용이 사적비용을 초과하는 재화는 시장에서 과잉생산이 된다.

13. 공해산업에 대한 설명 중 맞는 것은? 〔행시〕

① 사회적 한계비용이 사적 한계비용보다 크다.
② 사적 한계비용이 사회적 한계비용보다 크다.
③ 외부경제를 실현한다.
④ 과소생산 현상을 초래한다.
⑤ GNP 산출에서 제외된다.

14. 적정오염수준(optimum pollution level)을 바르게 표현한 것은? 〔감정평가사〕

① 오염이 전혀 없는 상태
② 환경정화의 사회적 한계편익과 사회적 한계비용이 일치하는 상태
③ 환경정화의 사적 한계편익과 사회적 한계비용이 일치하는 상태
④ 환경정화의 사회적 한계편익과 사적 한계비용이 일치하는 상태
⑤ 환경정화의 사적 한계편익과 사적 한계비용이 일치하는 상태

15. 시장유인을 통한 환경오염규제정책이 아닌 것은? (감정평가사)

① 재산권의 부여
② 협상 및 합병
③ 오염배출부과금의 부과
④ 오염방지보조금의 지급
⑤ 환경기준의 설정

16. 시장기능에 의한 효과를 가장 기대하기 어려운 것은? (국회 7급)

① 치안, 국방 등 공공재의 적정 공급
② 독과점 폐해규제
③ 부와 소득의 불균형 해소
④ 불완전고용과 인플레이션 문제
⑤ 공해와 환경오염의 문제

17. 공공재의 경우 시장기능이 효율적 자원배분을 하지 못하는 이유는? (감정평가사)

① 수익자부담의 원칙이 적용되지 않기 때문이다.
② 모든 소비자들이 동시에 소비하기 때문이다.
③ 공공재는 항상 정부가 공급해야 되기 때문이다.
④ 공공재가 외부비경제성을 내포하고 있기 때문이다.
⑤ 위의 아무것도 아니다.

18. 정부실패의 원인으로 옳지 않은 것은? (공인노무사)

① 이익집단의 개입
② 정책당국의 제한된 정보
③ 정책당국의 인지시차의 존재
④ 민간부문의 통제 불가능성
⑤ 정책 실행시차의 부재

19. 외부성에 관한 설명 중 옳은 것은? (국회 8급)

① 어떤 재화의 생산에 의해 외부불경제가 발생한다면 사적 최적 산출량은 사회적 최적 산출량에 비해 과소하게 된다.

② 외부경제의 경우에는 정부개입의 근거가 없으나 외부불경제가 있을 경우에는 정부가 개입할 필요가 있다.

③ 외부불경제가 문제가 되는 것은 사적비용과 사회적 비용 간에 차이가 발생하기 때문이다.

④ 외부불경제의 경우는 시장실패를 야기하지만 외부경제의 경우는 그렇지 않다.

⑤ 외부성은 항상 당사자 간에 대칭적으로 발생한다.

20. 시장실패에 대한 다음 설명 중 옳지 않은 것은? (공인회계사)

① 시장실패를 교정하려는 정부의 개입으로 인하여 오히려 사회적 비효율이 초래되는 정부실패가 나타날 수 있다.

② 타 산업에 양(+)의 외부효과를 초래하는 재화의 경우에 수입관세를 부과하는 것보다 생산보조금을 지불하는 것이 시장실패를 교정하기 위해 더 바람직한 정책이다.

③ 공공재의 경우에 무임승차의 유인이 존재하므로 사회적으로 바람직한 수준보다 작게 생산되는 경향이 있다.

④ 기업 A와 기업 B 사이에 발생하는 양(+)의 외부효과로 인한 시장실패는 두 기업 간 합병으로 외부효과를 내부화함으로써 교정할 수 있다.

⑤ 거래비용의 크기에 관계없이 재산권이 확립되어 있으면 당사자 간 자발적인 협상을 통하여 외부효과에 따른 시장실패를 해결할 수 있다.

21. 다음은 공공재에 대한 글이다. 맞는 것은? (7급 행정)

① 공공재란 내가 소비한다고 해서 다른 사람의 소비가 불가능하게 되지 않는 재화를 의미한다.

② 공공재는 아무런 비용이 들지 않는 자유재이다.

③ 모든 재화는 완전한 사적재이거나 완전한 공공재이다.

④ 정부의 공공재의 공급이 없어도 시장에는 일정한 공공재의 공급이 있다.

⑤ 국방은 공공재의 성격을 지니지 않는다.

22. 정부가 연 소득 2,000만원까지는 10%의 세금을 부과하고, 추가적인 3,000만원에 대해서는 20%, 5,000만원을 초과하는 소득에 대해서는 30%의 세금을 부과한다면, 연 소득 7,000만원에 대한 평균세율과 한계세율을 바르게 연결한 것은? 〔국가직 9급〕

	평균세율	한계세율
①	20%	30%
②	20%	25%
③	30%	25%
④	30%	30%

23. 재화는 배제성과 경합성의 정도에 따라 사적재화, 공유자원, 공공재, 클럽재(club goods)로 분류한다. 다음 재화에 대한 분류를 바르게 연결한 것은?

Ⓐ 막히는 유료도로, Ⓑ 막히지 않는 유로도로, Ⓒ 막히는 무료도로, Ⓓ 막히지 않는 무료도로

	Ⓐ	Ⓑ	Ⓒ	Ⓓ
①	사적재	클럽재	공유자원	공공재
②	사적재	공공재	클럽재	공유자원
③	사적재	공유자원	클럽재	공공재
④	사적재	클럽재	공공재	공유자원

24. 공공재에 대한 설명으로 옳지 않은 것은? 〔국가직 9급〕

① 공공재에 대한 시장수요함수는 개별수요함수를 수직으로 합하여 얻어진다.
② 비배제성은 충족되지 않으나 비경합성은 충족된다.
③ 특정 소비자를 공공재의 소비로부터 배제할 수 없다.
④ A, B 두 사람만 존재하는 경우 두 사람의 한계편익의 합이 한계비용과 일치하는 수준에서 최적 산출량이 결정된다.

25. 다음 글에 따를 때 살충제 시장의 생산자가 외부효과를 고려하지 않았을 경우의 살충제 생산량과 사회적으로 바람직한 살충제 생산량으로 옳은 것은? 〔국회8급〕

- 살충제 시장은 완전경쟁시장이다.
- 살충제 생산은 환경오염을 초래한다.
- 환경오염으로 인한 환계외부비용의 크기는 살충제 생산의 한계사적비용의 크기와 동일하다.
- 살충제의 시장공급곡선은 $Q_s=\frac{2}{5}P$이고, 시장수요곡선은 $Q_d=60-\frac{2}{5}P$

① 20, 10 ② 20, 15 ③ 30, 10
④ 30, 15 ⑤ 30, 20

26. 다음 그림은 A재 시장의 사적 한계편익과 사적 한계비용을 각각 반영하는 수요와 공급곡선이다. 이 재화 생산을 위해서는 오염물질 발생이라는 부정적 외부효과가 생긴다. 이 시장에 대한 설명으로 옳은 것은? 〔국가직 9급〕

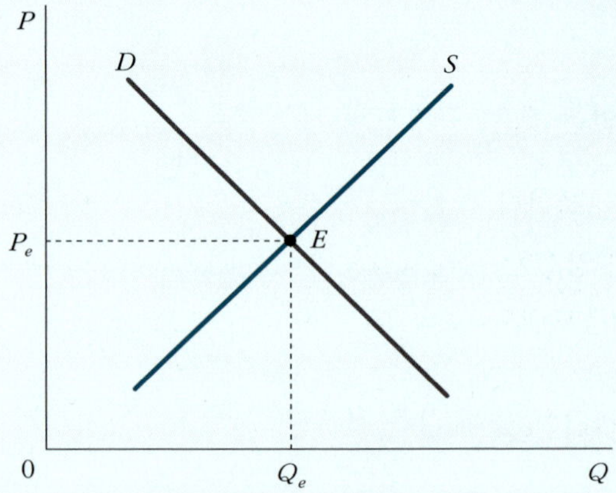

① A재의 사회적 한계비용은 사적 한계비용보다 작다.
② 시장균형 E점은 사회적으로 가장 효율적인 자원배분을 달성한다.
③ 시장균형가격 P_e는 외부효과를 고려한 사회적 최적가격보다 높다.
④ 시장균형 생산량 Q_e는 외부효과를 고려한 사회적 최적생산량보다 많다.

27. 역선택과 도덕적 해이는 정보의 비대칭성에 의해 발생하는 문제들이다. 건강보험과 관련된 다음의 두 가지 현상을 일컫는 용어로 바르게 연결한 것은? (국가직 9급)

Ⓐ 자기부담률이 낮은 보험은 과잉진료 수요를 초래할 수 있다. Ⓑ 건강한 사람보다 건강이 좋지 않은 사람이 보험에 가입할 가능성이 더 크다.

	Ⓐ	Ⓑ
①	역선택	역선택
②	역선택	도덕적 해이
③	도덕적 해이	역선택
④	도덕적 해이	도덕적 해이

28. 시장실패를 일으키는 요인이 아닌 것은? (국가직 9급)

① 공공재 ② 완전한 정보 ③ 긍정적 외부효과 ④ 독과점 구조

29. 역선택과 관계가 없는 것은? (국가직 9급)

① 악화가 양화를 구축한다.

② 채무지불능력이 양호한 기업임에도 불구하고 은행으로부터 대출을 받지 못한다.

③ 기업이 자사 제품브랜드에 대한 명성을 쌓으려고 노력하는 것은 역선택 문제를 해결하는 방법일 수 있다.

④ 주인 – 대리인문제는 역선택 현상을 일반화한 것이다.

30. 외부효과와 코즈 정리에 대한 설명으로 옳지 않은 것은? (국가직 9급)

① 코즈 정리에 따르면 시장이 효율적인 결과에 도달하는지의 여부는 이해당사자들의 법적 권리가 누구에게 있는가에 따라 달라진다.

② 코즈 정리와 달리 현실에서는 민간 주체들이 외부효과 문제를 항상 해결할 수 있는 것은 아니다.

③ 외부불경제를 정부 개입을 통해 해결하려는 방식으로 피구세(교정적 조세)가 있다.

④ 외부불경제는 완전경쟁시장이나 불완전경쟁시장 모두에서 발생할 수 있다.

31. 공공재에 대한 설명으로 옳지 않은 것은? (국가직 9급)

① 공공재에 대한 시장수요함수는 개별수요함수를 수직으로 합하여 얻어진다.
② 비배제성은 충족되지 않으나 비경합성은 충족된다.
③ 특정 소비자를 공공재의 소비로부터 배제할 수 없다.
④ A, B 두 사람만 존재하는 경우 두 사람의 한계편익의 합이 한계비용과 일치하는 수준에서 최적산출량이 결정된다.

32. 비대칭 정보하에서 발생하는 현상에 대한 설명 중 옳지 않은 것은? (공인회계사)

① 역선택현상이 발생할 수 있다.
② 정보를 가진 사람은 이를 이용하여 자기의 이득을 증가시킬 수 있고, 이는 정보가 없는 사람에게 피해를 줄 수 있다.
③ 시장에서 거래가 위축되는 현상이 발생할 수 있다.
④ 정보를 많이 갖고 있는 사람은 정보를 덜 갖고 있는 사람에 비하여 항상 피해의 규모가 작다.
⑤ 사고 운전자에 대한 보험료 할증은 도덕적 해이를 완화시킬 수 있다.

33. 도덕적 해이에 관한 설명으로 옳지 않은 것은? (공인노무사)

① 팀별 발표의 경우 팀의 구성원 중 일부는 발표준비를 게을리 한다.
② 에어백을 설치 한 후 자동차의 운전자는 설치 이전보다 부주의하게 운전한다.
③ 화재보험에 가입한 후 보험가입자는 가입 이전보다 화재방지 노력을 게을리 한다.
④ 은행이 대출이자율을 높이면 위험한 사업에 투자하는 기업들이 자금을 차입하려 한다.
⑤ 성과급 제도가 없는 회사의 경우 일부 직원들이 태만하게 근무한다.

34. 다음은 정보의 비대칭성과 관계된 경제적 현상을 설명한 것이다. 가장 부적절한 설명은 어느 것인가? 〔공인노무사〕

① 화재보험회사에서 화재가 발생했을 때, 손실의 일부만을 보장해주는 제도를 도입한 것은 도덕적 해이를 완화시키기 위해서이다.
② 유인설계를 잘할 경우, 도덕적 해이를 어느 정도 완화시킬 수 있다.
③ 정보를 많이 가진 측의 감추어진 특성으로 인해 발생하는 문제를 역선택이라 한다.
④ 신호발송이란 정보를 가진 쪽에서 자발적으로 자신의 특성을 알리려는 노력이고, 선별이란 불완전한 정보를 가진 쪽이 그에게 주어진 자료와 정보를 이용하여 상대방의 특성을 파악하려는 것이다.
⑤ 정부가 자동차보험의 책임보험을 의무적으로 가입하도록 하면 역선택의 문제를 방지할 수 있지만, 사고 위험성이 높은 사람에게는 불리한 제도이다.

35. 도덕적 해이에 관한 설명 중 옳은 것을 모두 고르면? 〔감정평가사〕

ㄱ. 본인－대리인문제는 도덕적 해이의 한 예이다.
ㄴ. 보험계약에서 사고 피해액의 일정비율을 가입자가 부담하면 도덕적 해이의 문제가 완화된다.
ㄷ. 보험 계약에서 통계적으로 사고가 날 확률이 높은 집단에 속한 사람에게 비싼 보험료를 요구하는 것은 도덕적 해이의 문제를 완화시킨다.
ㄹ. 개인의 실적에 따라 성과금을 지급하는 것은 도덕적 해이의 문제를 완화시킨다.

① ㄱ, ㄴ ② ㄱ, ㄷ ③ ㄷ, ㄹ ④ ㄱ, ㄴ, ㄹ ⑤ ㄴ, ㄷ, ㄹ

1032,103

제9장

미시경제이론의 확장

1. 지식경제학

제4차 산업혁명으로 우리는 현재 지금까지의 인류역사에서 변화가 가장 빠른 시대에 살고 있다. 모바일 혁명과 소셜미디어는 초연결사회를 창출해가고 있다. 사람과 사람뿐만이 아니라 사람과 사물, 사물과 사물까지도 서로 네트워크가 설정돼 있고 서로 정보를 주고받는다. 제4차 산업혁명의 요소 중 하나가 디지털 혁명이라 할 수 있고, 무어의 법칙, 사물인터넷 그리고 클라우드가 디지털 혁명의 기반을 구성한다.

① 무어의 법칙(Moore's law)은 컴퓨터의 성능(마이크로 칩)이 2년마다 2배로 증가하는 현상을 말하는데, 이 법칙은 지난 50년 동안 지속돼 왔다. 이처럼 빠른 변화는 경제사회의 모든 면에서 범위와 깊이를 가늠하기 어려울 정도의 혁신을 일으키고 있기 때문에 아마도 국가, 기업, 산업 사회 전체의 모든 시스템을 혁명적으로 변혁하게 될 것이다.

② 사물인터넷(internet of things)은 모든 사물이 센서를 통해 언제든지 자신의 상태를 전달함으로써 사물이 수행하는 작업을 즉시 조정하거나 예측가능하게 하는 네트워크이다. 사물인터넷은 사람과 사물, 사물과 사물, 그리고 현실과 가상세계까지 연결하고 교환하며 상호작동하는 초연결사회를 추동하고 있다.

③ 클라우드(cloud)는 인터넷상에서 작동하는 소프트웨어와 서비스를 의미한다. 어떤 소프트웨어나 자료이든 클라우드에 저장하면 인터넷이 연결되는 어느 곳에서나 모든 디지털기기들로 자료나 정보를 내려받을 수 있을 뿐만 아니라 누구든 어느 곳에서든 세상의 모든 정보에 접근하고 활용할 수 있다.

무어의 법칙, 사물인터넷, 클라우드라는 기술들이 디지털혁명을 이끌고 있고 전 세계의 수많은 사람들이 인터넷으로 작업하며 소통하고 빅테이터를 만들어가고 있다. 전자상거래, 전자정부, 전자교육, 전자 보건, 전자화페 등 인터넷산업이 확산되고 심화되고 있다. 인터넷 산업이란 인터넷을 활용하는 인터넷에 기반을 둔 모든 산업을 인터넷 산업이라 할 수 있다. 인터넷산업을 이해하기 위해 인터넷경제학이라는 용어도 등장하고 이론도 발전하고 있다.

인터넷경제학이 다루는 인터넷시장의 특징을 정리하면 다음과 같다.

① 시간과 장소의 제약 없이 언제 어디서든 정보를 실시간으로 활용할 수 있어 거래비용이 작아진다. 또한 소비자와 생산자, 소비자와 소비자가 언제 어디서나 선호와 정보를 교류함으로써 구매와 판매 그리고 교환에 대한 시간적 공간적 제약이 없어진다. 소비자의 다양한 선호가 직접 즉시적으로 반영될 수 있게 되어, 시장구조를 소비자주권이 강화되는 완전경쟁시장이나 경합시장으로 변화시킨다. 미국의 연구결과에 의하면 인터넷시장의 소비자들의 수요의 가격탄력성이 일반시장보다 탄력적인 것으로 나타났는데 이는 탐색비용이나 교체비용, 즉 거래비용이 낮기 때문이다.

② 인터넷 경제는 정보재(information goods)를 통한 규모의 경제가 확산된다. 정보재란 소프트웨어나 웹사이트 같은 디지털화할 수 있는 상품을 말하고 초기개발비용은 높지만 추가생산비용은 거의 제로에 가깝다는 특징을 가진다. 따라서 한계비용이 제로(0)이므로 정보재에 대한 효율적인 시장가격을 책정하기 어렵다.

③ 인터넷 경제는 사용자수가 증가할수록 상품이나 서비스의 가치가 높게 증가하는 특징을 가진다. 이를 네트워크 외부효과라 하고 맷캘프의 법칙(Metcalfe's law)이라고도 한다. 맷캘프의 법칙($V=n^2$)이란 네트워크의 가치(V)는 네트워크 사용자 수(n)의 제곱에 비례한다는 내용이다.

이런 현상으로 디지털상품의 경우에는 수확체증의 법칙을 작동하게 한다. 스마트폰과 같은 대규모 네트워크는 다양한 보완재의 개발을 가능하게 하여, 소비자가 다양한 상품을 저렴한 가격에 소비할 수 있도록 효용을 증대시킨다.

④ 인터넷경제는 소비자가 기존의 상품에서 다른 상품으로 쉽게 바꿀 수 없는 잠김효과도 나타난다. 컴퓨터를 구입하면 운영체계, 응용프로그램과 같은 보완재들을 추가로 구입하기 때문에 다른 회사의 제품으로 쉽게 교체하기 어려운 현상이 나타난다.

미래학자 버크민스터 풀러는 인류의 지식 총량은 100년마다 2배씩 증가한다는 지식두배증가곡선(knowledge doubling curve)을 도출한 바 있다. 그런데, 1900년

대부터는 지식두배곡선의 기울기가 가파르게 증가하기 시작한다. 1900년대에는 인류의 지식 총량이 2배 되는데 25년이 소요되었고 현재는 13개월 소요되고 있으며, 2030년에는 지식 총량은 3일마다 2배씩 증가할 것으로 예측된다. 지식 총량이 2배로 증가하는 기간이 짧아지는 것은 그만큼 지식변화의 속도가 가속화된다는 것을 의미한다. 경제적 측면에서도 부의 증가 속도와 지식총량의 증가속도는 정(+)의 상관관계를 갖고 있으며 세계의 평균 1인당 GDP 수준이 국가별 지역별 차이가 있긴 하지만 1900년대 이후부터 급증한 것으로 나타난다.

제4차 산업혁명에서 중요한 또 하나의 키워드는 빅데이터이다. 소위 디지털 발자국(digital foot print)이라는 우리의 모든 언행이 CCTV, 인터넷 글, 모바일에 남겨져 데이터로 활용되고 있는 것이다. 개인의 행동, 말뿐만 아니라 모든 경제활동까지 기록으로 남아 빅데이터가 되고 분석되어 활용된다. 빅데이터는 2020년에는 현재의 10배 이상 증가할 것으로 예상되는 상황이어서 데이터가 원유처럼 사용되는 테이터의 빅뱅시대가 열리고 있다. 이런 엄청난 변화는 30년 만의 변화이다. 1980년 초 IBM PC가 출현하고, 1995년 인터넷이 등장했으며, 2007년 애플의 스마트폰이 출현했다. 그리고 유비쿼터스 모바일 인터넷, 저렴하고 강력해진 센서, 인공지능과 기계학습능력이 모바일 혁명과 소셜미디어혁명을 불러일으켰으며 우리 사회를 초연결사회(super-connected society)로 이끌고 있다. 데이터를 활용하고 인터넷, 스마트폰, 수많은 앱을 통해서 생활은 편리해지고 생산성은 배가되고 있다. 빅데이터의 활용으로 기업의 효율성을 1%만 증가시켜도 전 세계 GDP가 약 15조원 증가하는 것으로 추정된다.

우리는 지식과 정보의 홍수시대에 진입해 있다. 지식이란 체계화된 정보를 말한다. 지식은 공공재처럼 비경합성과 비배제성을 가진다. 지적재산권으로 인한 예외는 존재하지만 기초과학이나 지적소유권은 유효기간이 설정되어 있기 때문에 장기적으로는 비배제성을 갖고 있다. 지적재산권은 새로운 기술개발을 위한 유인기능을 하고 있다. 지식재산권으로 인해 새로운 기술을 개발하면 독점이윤을 확보할 수 있기 때문이다. 지식과 관련된 비경합성은 새로운 지식이 널리 활용되면서 경제 전체의 생산성을 높일 수 있고 지적재산권의 배제성은 새로운 지식을 창출하는 기제가 되고 있다.

제4차 산업혁명은 디지털 플랫폼이 중시되는 공유경제(sharing economy), 온디멘드경제(on-demand economy)를 촉진시킨다. 디지털 플랫폼은 개인이나 조직이 자산을 활용할 때 발생하는 거래비용이나 마찰비용을 크게 떨어뜨리고 있다. 기존의 산업생산과 달리 한계비용을 거의 제로수준으로 낮추는 것이다. 다양한 제품과 서비스를 디지털 플랫폼을 통해 낮은 가격으로 구매하고 공유까지 가능하다.

물리적 한계가 분명한 오프라인 플랫폼에 비해 정보통신기술은 가상공간에서의 개방과 공유를 통해 새롭고 다양한 플랫폼으로 진화해 간다. 플랫폼은 인간과 인간, 서비스와 서비스(O to O), 기술과 기술(peer to peer)들을 모이게 하고 공생과 협력으로 새로운 가치를 창출해 간다. 하드웨어적 사고에서 소프트웨어적 사고로의 전환은 플랫폼 혁명을 촉진시킨다. 플랫폼혁명의 핵심은 하나의 천재가 아닌 수많은 사람들의 공생과 협력에 의해 혁신과 기술적 혁명이 가능해지는 것을 의미한다. 개방과 공유의 플랫폼은 한 명의 천재가 선도하는 시대가 아닌 다수의 지혜(crowding wisdom)가 협력하는 공동창조의 시대를 열어가고 있다.

공유경제는 이용자와 중개자뿐만 아니라 사회 전체 모두가 이익을 공유하는 윈윈(win-win)전략을 지향한다. 모든 거래 당사자들이 이익을 얻고 거래 자체가 본질적으로 자원절약과 환경문제 해소에 기반함으로써 사회 전체이익에도 부합한다. 공유경제는 인터넷 접근성, 네트워크와 공유를 중시하는 문화, 환경지향적 소비습관, 가성비를 중시하는 소비문화 등의 기반이 중요하다. 온디멘드 경제는 공유경제에서 O2O와 핀테크가 융합되면서 온라인 또는 모바일 네트워크를 통해 차세대 비즈니스 전략으로 주목받고 있다. 디지털 플랫폼과 기술력을 가진 기업이 수요자가 요구하는 대로 서비스나 물품 등을 온라인이나 모바일 네트워크를 통해 즉각 제공하는 공급중심이 아닌 수요중심의 시스템을 지향한다. 휴대폰의 앱 하나로 제품에 대한 맞춤형 소비욕구를 충족시키는 수요중심의 메커니즘이 핵심을 이룬다.

한편, 제4차 산업혁명은 소프트웨어, 네트워크, 정보서비스분야에서 수확체증의 법칙을 가능하게 하는 네트워크 외부성을 확장해 가고 있다. 또한 네트워크와 플랫폼이 결합하면서 더욱 많은 새로운 가치들이 창출되는 추세이다. 다른 한편으로는 다수의 사람들은 소외되고 소수의 사람들에게만 가치와 혜택이 집중되는 플랫폼 효과(platform effect)가 나타나는 것도 현실이다.

2. 행동경제학

주류경제학은 경제행위의 주체인 소비자나 생산자가 합리적인 선택으로 일관성 있는 경제행위를 영위하는 경제인(homo economicus)으로 가정하고 최적선택의 모형을 다루어 왔다. 하지만 심리학에서는 인간은 감정적이고, 이타적이며 공정성을 추구하는 측면이 있다는 것을 밝혀왔으며, 최근에는 경제학계에서도 심리학적 접근방법을 적용하여 경제현상을 현실적합성있게 분석할 수 있다는 방법론이 받아들여지고 있는 추세이다. 따라서 심리학을 결합한 새로운 형태의 경제학, 즉 행동경제학(behavioral economics)이 새로운 경제학적 탐구영역으로 주목받고 있다. 최근 인지과학, 즉 인지심리학, 인공지능, 언어학 등 인간의 지능과 인식에 대한 다학문적·학제적 연구가 진전되면서 인간의 합리성이나 이기심에 대한 반론과 새로운 과학적 증거들이 대두되고 있다. 인간의 기억, 사고, 지각, 동기부여 등에 관한 연구결과와 경제학의 접목에 주목해야 할 이유이다.

행동경제학은 주류경제학과 비교할 때 서로 다른 가정을 기반으로 성립한다.

① 주류경제학은 인간의 행동을 모두 합리적인 것으로 간주한다. 완전한 정보, 정보의 완전한 처리, 극대화, 최적화를 선택하는 완전한 합리성을 가정한다. 행동경제학은 인간의 행동을 비합리적인 패턴으로 간주하고 적정한 정보, 정보의 적정한 처리, 적정한 이윤 등 제한적 합리성을 가정한다.

② 주류경제학은 인간의 심리가 실제행동에 중요한 요소가 아니라고 본다. 행동경제학은 인간의 심리가 실제행동에 중요한 영향을 미친다고 가정한다.

③ 주류경제학은 정보가 충분하면 할수록 좋은 선택을 할 수 있다. 행동경제학은 정보가 너무 많으면 선택하는 과정에서 혼란과 어려움을 준다.

④ 주류경제학은 합리적인 이기심을 선호관계의 주축으로 본다. 행동경제학은 공정성이나 정의심도 선호관계에 영향을 미친다고 가정한다.

⑤ 주류경제학은 비합리성, 이타심, 심리적 요인 등이 사회 전체에 영향을 주지 않는다. 행동경제학은 비합리성, 이타심, 심리적 요인 등이 사회 전체에 중요한

영향을 미친다고 가정한다.

트버스키나 카네만 같은 행동경제학자들은 합리성보다는 "휴리스틱(heuristic)" 개념을 사용하여 인간의 경제적 선택을 설명하고 있다. 그들은 시간이나 정보가 불충분하여 합리적인 판단을 할 수 없거나, 굳이 체계적이고 합리적인 판단을 할 필요가 없는 상황에서는 사람들은 신속하게 사용하는 주먹구구식이나 어림짐작(heuristic)의 기술을 사용한다고 주장한다. 현실적으로 시간이나 정보가 충분하지 않은 상황에서 사람들은 보편적으로 체계적이거나 합리적인 분석을 통한 종합적인 판단에 따르는 인지적 부담을 느낀다는 점에 주목한다. 더욱이 현실적으로 경제주체로서의 인간은 합리적 판단을 위해 정보수집과 분석에 최선을 다하기보다는 경험이나 감정 같은 요소들에 지배당하는 어림짐작으로 신속한 의사결정에 쉽사리 경도된다고 주장한다.

사람들은 현실의 상황을 판단하고 선택하는 일은 매우 복잡성을 동반하기 때문에 이를 단순화하기 위해 3가지 어림짐작(heuristic)을 주로 사용한다고 주장한다.

① 우리가 어떤 대상이나 사람을 판단함에 있어 선입견이 작용하는 편향을 대표성 휴리스틱이라 한다. 즉, 어떤 범주의 전형적인 특성이나 대표성을 근거로 판단하는 오류에 해당하는 것인데, 이것을 도박사의 오류라고도 한다. 실험횟수가 작은데도 평균치에 가까운 결과가 나오리라 기대하는 어림짐작에 해당한다. 동전던지기 게임에서 앞면이 몇 번 나왔기 때문에 다음에는 뒷면이 나올 확률이 높다고 판단하는 현상을 대표성 휴리스틱이라 한다.

② 어떤 사건이 발생한 빈도를 판단할 때 그 사건의 객관적인 정보를 활용하는 것보다는 사건에 관한 구체적인 예를 얼마나 떠올리기 쉬운가를 근거로 발생빈도를 판단하려는 편향을 가용성 휴리스틱이라 한다. 예를 들어 사망원인에 대한 판단에서 방송에서 교통사고에 대한 뉴스를 자주 접한 사람은 교통사고에 의한 사망을 우선순위로 갖게 되고, 자기 주변에 암 환자가 많은 것을 체험한 사람은 암에 의한 사망에 대해 우순순위를 갖게 되는 어림짐작이 가용성 휴리스틱이다.

③ 기준점 효과(anchoring effect)는 어떤 비율을 추정할 때 그 기준점을 문제의 본질과는 관계가 없는 숫자인데도 그 숫자를 기준점으로 생각하는 편향을 말한다.

닻을 내리고 있는 배는 그 배가 흔들린다 해도 물결에 따라 그 부근에서 맴돈다는 현상의 비유이다. 예를 들어 어떤 물건을 살 때 정가와 할인가를 보고 정가를 기준으로 얼마나 할인했는가가 비싼 것인지 싼 것인지를 판단하게 하는 정가기준의 오류가 발생할 수 있다. 그 물건의 기준점은 정가인 것이고 이것을 조정한다면 모든 판단이 달라질 수 있다.

휴리스틱과 같은 인간의 비합리적 성향 때문에 발생하는 특이현상(anomaly)은 다음과 같다.

① 현상유지편향(status quo bias)은 현재의 상황을 유지하려는 성향인데 귀차니즘이라고도 한다. 합리적인 선택은 아니지만 나름대로의 일관성을 가진 행동으로 취급된다. 상황이 변화했음에도 불구하고 현재의 상황에서 벗어나지 않으려는 성향을 말하는데 어떤 변화를 선택하는 경우, 손실회피성향이 발동하여 현상을 유지하려는 관성작용에 해당한다.

② 부존효과(endowment effect)는 어떤 물건이나 상태(재산, 지위, 권리, 주장 등)를 소유할 때 그런 것들을 소유하지 않았을 때보다 더 높게 평가하는 성향이다. 사람들은 동일한 상품이더라도 자신이 소유한 것에 대해 가치를 높게 부여하는데, 이런 형상은 보유효과와 손실회피로 설명된다. 손실회피란 사람들은 똑같은 금액이라도 손실을 이득보다 더 높게 평가하는 성향을 말한다.

③ 틀짜기효과(framing effect)는 어떤 선택을 할 때 특정한 결정 틀(decision frame)을 사용하여 결정하는 성향을 말한다. 똑같은 사안인데도 불구하고 자신의 틀이 어떤 것이냐에 따라 서로 다른 선택을 하는 현상을 말하는데, 사람들의 의사결정이 질문이나 문제의 제시방법에 따라 달라지는 현상을 설명한다.

④ 심적회계(mental accounting)는 어떤 금전적 선택을 할 때 다양한 요인이나 선택대안에 대한 종합적 평가에 의해 결정하는 것이 아니라 특정한 틀에 끼워 결정하는 성향을 말한다. 사람들은 마음속에 장부를 기록해 두고 어떻게 생긴 돈이며 어디에 쓸 돈인지를 다르게 선택하는 것을 말한다. 똑같은 돈인데도 우연히 번 돈과 정상적으로 번 돈은 사용하는 방식도 서로 다르게 나타난다. 이것은 어디에 쓸 것인지 마음에 정한 계정에서 돈의 가치를 다르게 평가하는 경향에

해당한다. 도박이나 복권으로 번 돈은 땀 흘려 어렵게 번 돈보다 쉽게 쓰는 현상을 심적회계로 설명할 수 있다.

현실적으로 인간은 비합리적인 선택으로 많은 문제에 직면한다. '넛지'라는 개념은 비합리적인 선택을 명령이나 통제가 아닌 다른 방법으로 합리적인 선택을 유인해 내는 하나의 아이디어에 해당한다. 2017년 노벨경제학상을 수상한 시카고대학의 석좌교수인 리처드 탈러는 인간의 비합리성을 전략적으로 활용하여 보다 합리적인 선택으로 유도한다는 '넛지'라는 개념을 창안한 바 있다. '넛지'는 자유주의적인 개념이면서 개입주의가 가미된 황금률의 법칙으로서의 비대칭적 개입주의라 정의할 수 있다. 합리적 인간이 가정된 경제학에서는 넛지라는 개념은 존재할 이유가 없다. 완벽한 경제주체(합리적인 설계자+합리적인 대중)가 존재하고 그들은 완벽한 시장에서 경제행위를 선택한 결과로 시장은 반드시 성공한다는 원리를 주장하기 때문이다. 모든 경제주체가 자신의 이익을 추구하는 합리적 선택을 추종하더라도 그 결과는 공공이익을 함께 극대화한다는 논리체계이다.

그런데 최근의 인지과학과 신경경제학(neuroeconomics)에서는 인간행동의 비합리성을 밝혀내는 연구들이 성과를 얻고 있다. 이런 연구물들은 사람들의 행동을 변화시킬 어떤 개입이 필요하다는 이론적 배경을 뒷받침한다. 따라서 명령이나 통제가 아닌 유인에 의한 개입주의, 자유주의적 합리성을 충족할 수 있는 넛지에 주목하게 된다.

다른 사람의 팔을 끌어당겨서 어떤 행동으로 강제하는 것이 아니라 단지 팔꿈치로 툭툭 치는 정도에서 합리적인 방향으로 넌지시 어떤 행동을 유인한다는 '넛지'의 유용성은 널리 증명돼가고 있다. 운동이나 다이어트 같은 경우에는 비용은 즉시 발생하지만 효과는 한참 후에나 나타나는 특성을 갖고 있다. 흡연이나 알코올 같은 경우에는 쾌락은 즉시 일어나지만 고통스러운 결과는 장래에 발생한다. 합리적 선택을 어렵게 하는 이유이다. 또한 다원적 무지(pluralistic ignorance), 비합리적인 사회적 관행들에 대해서 우리가 그것을 좋아하거나 옹호할 가치가 있어서 동조하는 것이 아니라 다른 사람들이 대부분 좋아할 거라는 착각에서 옹호한다는 비합리성이 현실을 지배한다. 독재나 나치주의도 이와 같은 비합리성의 결과물이다. 따라서 이런 모든 비합리적 선택에는 넛지가 필요하다. 넛지는 사람들에게 명령이나 지시 또는 계몽 같은 직접적 수단을 배제하고 교묘한 이벤트나 엔터테인먼트 같은 형식으로 사람들을 설득하고 유인하는 기술에 해당한다. 좋은 넛지의 사례로는 소변기의 파리라든지, 주유소의 연료공급 노즐의 차별화, 병원에서의 약물투입 노즐과 연결관을 약물마다 서로 다르게 설계하는 것 등을 들 수 있다.

행동경제학은 경제주체가 경제행동을 선택함에 있어 경제적 합리성 이외에도 심리적 사회적 요소를 반영하여 주류경제학보다 사회현상들을 폭넓게 설명하는 장점을 가진다. 하지만 행동경제학은 아직 주류경제학을 대체할 만큼 완성된 이론체계를 갖췄다고 평가할 수 없는 수준에 있다. 따라서 행동경제학은 주류경제학의 한계를 보완하면서 경제학의 새로운 지평을 여는 길잡이로 활용될 수 있을 것이다.

찾아보기

기타

저자 약력

강남호 교수

원광대학교 경제학부 교수로서 20여 년 간 경제학원론 교과를 담당하고 있다. 대통령 직속 국가균형발전위원회 전문위원 및 전라북도 지역혁신협의회 위원으로 국가균형발전을 위한 정책수립에 참여하고 있다. 원광대학교 경영대학 학장 및 경영대학원장, 기획부처장, 평생교육원장, 그리고 인력개발처장 직을 수행하면서 대학교육발전에 기여한 바 있다. 여성대학, 행정대학원 최고여성지도자과정 및 법학전문대학원에서 강의하였으며 특강, TV토론, 신문의 칼럼 등을 통하여 국민경제교육에 노력하고 있다. 국가고시(행정고시, 7급 공무원, 9급 공무원)문제선정, 평가 및 면접위원 등으로 활동하였고, 농촌진흥청 정책과제심의위원, 전라북도 재정사업민간평가위원 등으로 활동 중이다.

연구논문으로는 '우리나라 임대주택시장과 법적규제에 관한 연구' 외에 다수의 논문이 있고, 저서로는 경제학원론(공저, 2019), 경제와 사회(2019), 지방재정학(공저, 1997), 테마경제(1998), 잘사는 사회 위대한 사회(2008), 경제학(Boys & Melvin, *Fundamentals of Economics*, 공동번역, 2013), 경제학(2016)을 출간하였다.

미시경제학입문

초판 인쇄 2020년 3월 2일
초판 발행 2020년 3월 10일

지은이 강남호
펴낸이 김중용

총괄기획 박노일 · 최준규
편 집 심성보

펴낸곳 도서출판 **정독**

경기도 파주시 책향기로 441, 1004동 1004호(동패동, 책향기마을)
등록 제406-2014-000093호

전 화 070)7550-3758 팩 스 02)718-8554
홈페이지 www.jeongdok.co.kr 이메일 pnc@pncmedia.co.kr
ISBN 979-11-89675-54-7 93320

정 가 23,000원